誰も知らない埼玉

鶴崎敏康

さきたま出版会

目次

ぷろろーぐ　あなたは本当の「黒部ダム」を絶対に知らない！　8

人間

青春の後姿を　人はみな忘れてしまう…〈渋沢栄一〉
檄 その後の煌《きらめ》く出世で、「詩人的小説的」若き栄一は、危なく眩《まぶ》しすぎて　14

就職列車にゆられて着いた…〈関口義明〉
歌 東京駅でなく、「上野駅」が埼玉から生まれたなんて、それはびっくり　31

今はもう秋　誰もいない海…〈甲斐姫〉
涙 処刑場の景色に舞う「火の玉」と女郎。「東国無双の美人」の〈涙橋〉　42

夢幻

走れ走れ　コウタロー…〈大宮競馬場〉
馬 バウムクーヘンの一つの層になった、お父さんたちの一攫千金の夢の跡　58

Be silent Be silent　あなたの…〈埼玉の美女〉
美 像、塚、神まではまだわかるが、街まで「美女」にしちゃうのは風土？　72

遺産

景 時をかける少女　愛は輝く舟…
景観の中の違和感が、まるでオーパーツ。素敵な〝場違いの遺物〟たち 〈魚道と配水塔〉 94

輪 まわるまわるよ時代は回る…
車のない江戸時代の「ラウンドアバウト」。それに〈水〉の「ラ・ア」 〈比例円筒分水堰〉 113

創造

穴 おいらはナァ　生まれながらの炭坑夫…
誰にも見られず刻々とアル物を移送している秘密のトンネル＝ライン 〈世界最長〉 130

洞 あなたと越えたい　天城越え…
まるで菊池の『恩讐の彼方へ』のような「年5、6頭」を救った隧道 〈手掘りトンネル〉 141

橋 一生忘れぬ橋がある…
誰もその正式な名前など口にせず、みんな「おらく橋」と呼んできた 〈高砂橋〉 154

自然

滝 滝の音はたえて久しくなりぬれど…
もう一つあるんだったら、あっちは「日光華厳の滝」と言わなくちゃ 〈二つの華厳〉 162

…富士の高嶺に雪はふりける　〈埼玉の富士山〉
山　「日本一」がこんなにもあり、埼玉にもなんと四つもあった〈富士山〉　177

木曽の御岳さんはナンジャラホイ…　〈槍と御岳〉
岳　ヘンな名前の山、同じような名前の山、他県のような岳がなぜあるの　202
【空海さんまで登場させてオヤジが見えない？】　202
【御嶽と御岳、どう違うの。同じじゃないんだ】　206
【プロの憧れ〈槍〉と富士・御岳全部そろった】　217
【埼玉に四国も伊豆半島も引っ越してきたみたい】　218

あぁ…故郷の九頭竜川よ…　〈九頭龍川〉
河　本家の「竜」より、さらにバージョンアップしたこちらの「龍」の河川　223

愛　あなたと二人…　〈愛の町から幸福川へ〉
川　愛ちゃん、幸ちゃん、北海道みたい。「棺おけ」を連想させる川、地名　231
【愛の町】から【幸福《しあわせ》川】では、まるで北海道だ　231
【がんがら落】って「棺おけ」それとも「雁の柄」　241
【九十】【九十九】へ〜。それにもまして【七重】　244
【会の】と【合の】【会之】。み〜んな〈あいの？〉　258

自慢

花の東京のどまン中　ぐるりまわるは…　〈幻の首都〉
都　まかり間違えば「首都＝本庄」だったが残念ながら幻で終わっちゃった　266

淋しげに柿くふは碁を知らざらん　〈天才本因坊〉
碁　灯台下暗し。三代も続けて天才「本因坊」がこの埼玉で現れていたのだ　274

哀しい嘘の　つける人…　〈業平・将門・浅草〉
嘘　許せない東京の図々しさ、と小声でだらしない埼玉の明暗をわけた三話　286

数字

熱海の海岸散歩する…　〈高い埼玉・重い埼玉〉
貫　昔の悪ガキは「百貫デブ」と悪たれたが、埼玉の「二貫・三貫・千貫」　314

神様お願いだ　僕のあのひとに…　〈98000神社〉
神　まるで茨城の高校か「七十七銀行」か。県内の数列の神々　340

【98000】という「暗号」に秘められた〈謎〉　343
【1】という、始原の数の奥に隠された〈神秘〉　350
【1】に封印された哀しすぎる神社名の〈秘密〉　353
【1】という〈栄光〉の数を冠したその他神社　355

【2〜18】の数字を名前にしちゃった神社たち　357
【99】という「つくも」が神社名になる〈悲劇〉　381
【１０００】に変身し、変転を得意とする神社　384

仏　家並がとぎれたら　お寺の鐘がきこえる…〈数の巡礼〉
「百」の天才と季節の「七」をはじめ、仏様だって負けていない　389

【１００】を発想した天才プロデューサーの企画　389
【７】草を巡るコースで季節を味わう長瀞の仏　401
【８】福神など日本にはないが、栗橋にはある　411
【12】の寺々。「八百屋お七」も！　千支巡礼　417
【13】の秩父十三仏霊場は「１０８」キロコース　422
【33】の観音札所巡り。プラス1の秩父以外の　425
【36】の不動様たちで「発心」から「涅槃」へ　426
【88】の仏様たちは、四国だけの特権ではない　430
【数字】から感じられる、「神」と「仏」の違い　436

えぴろーぐ　「ゴミ箱」からの生還——《埼玉シリーズ》第三弾を書き終えて　439

ぷろろーぐ

あなたは本当の「黒部ダム」を絶対に知らない！

世の中には、変わった人がいる。

トンデもなくヘンなことを思いつく人がいるのだ。

まずは本書を購入し、読みはじめようとしているあなたが、ヘンな人なのかもしれない。

そして、それ以上に――この私がそうなのだろう。

「マニア」というコトバが使われるようになって、どのぐらいたつのだろう。

マンホールカード

　最近静かなブームを呼んでいるのが、「インフラ・ツーリズム」とか「ダム・ツアー」などという〈旅〉である。各地のダムや大規模なインフラを訪ね、その壮大で、非日常的な景観などを楽しむ、という目的らしい。なかでも、女性に人気のあるのが「工場夜景」のようだ。まるで宇宙基地のような、無機質ではあるが幻想的な夜の煌《きらめ》きのシーンに、日常では味わえない神秘的景観を体験しよう、という試みらしい。

また、「ダム・ツアー」では、目指すダムで「カード」※をもらい、「ダムカード」を集める、という楽しみからか、「ダムマニア」などという言葉が、市民権を得はじめている。おまけに現地で「ダムカレー」を食べる楽しみもあるようだ。

※ 最近では、いろんな種類のカードがある。「橋カード」や、全国に先駆けて埼玉県で発行しはじめた「TOLLROADカード（有料道路）」などだが、中でもびっくりするのは、「マンホールカード」である。その地の名所や特産品、風物詩などがデザインされたマンホールのフタは、いまやアートの「サブカルチャー」になりつつある。

ことわっておけば私の場合は、その種の「マニア」でも「オタク」でもない。しかし小学生のころ母に連れられ、天竜川に完成したばかりの佐久間ダム（当時、日本最大）を見に行き、その壮大なスケールに魅了されて以来、私もダムはめっぽう好きである。

ダムカード

つい先ごろ、湯西川温泉に行ってきた。せっかく来たからには、「鬼怒川上流ダム群」（五十里、川俣、川治、湯西川の四つのダム）を見てみようと足を伸ばし、まずは江戸から五十里ということから名づけられたという、その名前にひかれて、五十里《いかり》ダムに行ってみた。資料室に「スタンプラリーにチャレンジ!!」と題したパンフレットがあった。パンフの裏には略式地図が描かれており、その地図になにげなく目を落としていたときである。思わず「ウン!?」、と目が一点にとまってしまった。〝釘づけ〟状態である。地図には、そこには「あってはならないモノ」が印刷されていたのだ。

なんと――「黒部ダム」である。

黒部ダムといえば、富山県の有名なダムである。**「黒部の太陽」**※でも知られ、説明もいらないほど日本人に知られている、通称「黒四ダム」だ。パンフレットに描かれた絵のような略式地図からは、まあ砂防ダムに毛が生えた程度のモノであろう、ぐらいの想像しかうかばなかったが、とりあえず向ってみた。「川治ダム」と「川俣ダム」のちょうど中間点あたりにそのダムはあり、周りの静かさとともに、私を迎えてくれたのだった。

※　**熊井啓**監督の映画。**石原裕次郎**の石原プロモーションと**三船敏郎**の三船プロダクションが、当時の大手映画会社（五社）と敵対しながらも完成させた話題作。敗戦後の復興に、全力で取り組んでいた男たちの、〝汗くさい〟作品ということで大ヒットした。

ところが、着いてみてびっくり。〝アッと驚くタメゴロ〜！　ナヌ？〟状態であった。（私も古いねぇ〜。若い人には、このギャグは通じないかもね。いやだイヤダ、昭和は遠くなりにけりだね！）すごいダムである。

なにが「すごい」のか。なんと日本で最初の、発電用コンクリートダムだったのだ。見た目の型式は、重力式アーチダムで、土木学会から「日本の近代土木遺産」に選定されている、まさに由緒正しいダムである。もっとも最近では、重力式コンクリートダム、というようにその型式が見直されてはいるが、そのゆるやかなアーチ状は、とても美しく、優しささえ感じさせるカーブになっている。

大正元（一九一二）年に、利根川水系の鬼怒川を堰きとめて造られたダムであるが、竣工が大正ということからすれば、あちら（富山県）のほうが〈分家〉で、こっちが〈本家〉ということなのに、いつのまにか立場は逆転。むこうはスポットライトを常にあび、こちらは誰にも知られずひっそりと働き続ける、ということになってしまっている。この本家のはずのダムを見ていると、ムラムラと頭に血がのぼってきた。

それに「黒部川」という名前の川だって、千葉県にもちゃんと流れている。利根川の支流で、延長18・1㌔、流域面積48平方㌔の一級河川なのだ。

こうした現象は、他にも多々ある。しかし「多々ある」では、すまないのではないか。〝あちらはあんなに有名なのだから、こちらは黙って無名に甘んじるしかないよな〟と悔しい思いを噛みしめ、そっと涙を流している〈被害者〉は、全国にいっぱいいる（ある）はずである。そうした「無名」にされているようなモノ、トコロなどに、誰かが光をあててやらないと、と思っている。ということで私の中の怒りは、いつのまにか決意に変わっていたのである。

と同時に、「光をあてた」瞬間、

「だから、なんなの？」

「それが、どうしたの！」

という冷たい声が、どこからともなく聞こえてくるのかもしれない。たしかに世の中には、別に知らなくてもどうということもない、という類のものはけっこうある。

そう考えれば、「誰にも知られていない」モノに、わざわざ「光をあてた」本書などは、まさにその典型――「それが、どうしたの！」――なのかもしれない。知っていても何のトクにもならない、日常生活にはまったく必要ではない事例のオンパレード、といわれてしまうかもしれない。

しかし、〈トク〉とか〈必要〉ということなら、小説だって絵画だって、日常生きていくうえで、なんのトクにもならないし、無くてもなんら困らないモノである。〈必要性〉という点だけで判断すれば、そもそも「芸術」、もっといえば「文化」そのものだって、〈不必要〉というジャンルに入ってしまうだろう。日本が世界にほこる、あの最高芸術品といわれている縄文土器だって、機能性という点からは、むしろジャマなゴテゴテ感でいっぱいである。

しかし――しかしである。

人生には、「芸術」だって「文化」だって絶対に「必要」だし、もっというなら、「ムダ」だって必要なのだ、という〈正しい〉声に勇気づけられ、「黒部ダム」は断固として栃木県にこそあるのだ、という事実を、声を大にして叫びたいのである。

ということで本書は、この「黒部ダム」のような事例――「えっ！そうだったのだ!?」という例ばかりを、しかも「誰も知らない」であろうと思われるものばかりを集めた、きわめて真面目だが、ジミでムダといわれてしまうかもしれない作品なのである。有名なモノ、知られつくしているトコロなど、ガイドブックにまかせておけばいい。誰も知らない、見向きもされないモノ（トコロ）にこそ、光をあててあげなければ、と本家の黒部ダムが私に訴えていたのだ。

こうした〈きわめてジミ〉で〈役にもたたないムダ〉のような本書をわざわざ購入し、読んでいただいているあなたは、やっぱり〈ヘンな人〉なのかもしれない。

しかし読み終えたあなたの目からは、確実に、「うろこ」が落ちているはずである。そして〝埼玉、なかなかヤルじゃないか！〟と自信があふれ、正しい埼玉人になれること、間違いなしである。

だから、勇気を出して、

この〈ヘンな本〉を読もう！

そして――もっともっと〈埼玉マニア〉を増やそうではないか。

関連市町村

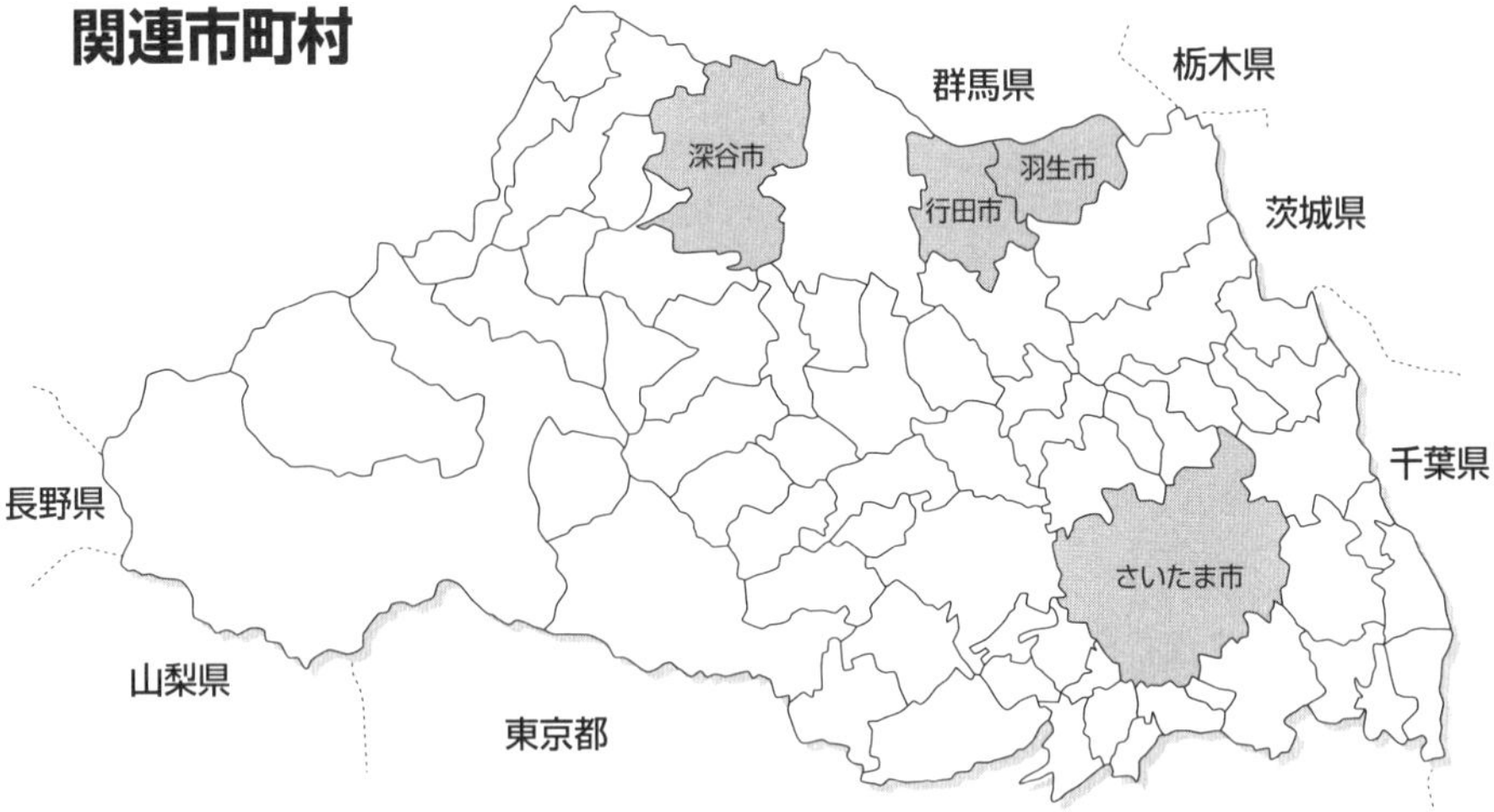

人間

青春の後姿を　人はみな忘れてしまう・・・　〈渋沢栄一〉

檄　その後の煌《きらめ》く出世で、「詩人的小説的」若き栄一は危なく眩《まぶ》しすぎて

あの日にかえりたい

泣きながら　ちぎった写真を　手のひらに　つなげてみるの
悩みなき　きのうのほほえみ　わけもなく　にくらしいのよ
青春の後姿を　人はみな忘れてしまう
あの頃のわたしに戻って　あなたに会いたい

（詞・曲・歌　荒井由美）

ノーベル文学賞を受賞した**大江健三郎**のすごさは、もちろんその内容・文体――軟弱のようでいて、ハードな難解さ――にもあるが、タイトルのつけかたにも、彼らしさがにじみでた作品が多い。たとえば、『**洪水はわが魂に及び**』とか『**われらの狂気を生き延びる道を教えよ**』などであるが、思い出してみると、こんな不思議なタイトルもあった。

『万延元年のフットボール』である。

「万延元年」（一八六〇年）といえば、雪がしんしんと降っていた春（3月3日）の朝に勃発した、「桜田門外の変」※で有名だが、この忌まわしい事件のためか、元号はすぐに改められ、そのため「万延2年」はなかった。「文久」という元号に変えられたのである。しかし元号が変わっても、時代の息吹は変わらず、尊王攘夷派の活動はますます規模を大きくし、深くし、全国的な広がりを見せはじめていく。

※　勅許のない日米和親条約への調印や、尊皇攘夷論者らへの大弾圧「安政の大獄」に憤激した尊攘派志士18人が、登城中の大老**井伊直弼**《なおすけ》を襲撃し、暗殺した事件。18人の構成は、水戸浪士17人、薩摩浪士1人だったが、この事件を耳にした**西郷**の「挿話《エピソード》」が、実に面白い。

この報をきいた西郷隆盛は、奄美大島へ流刑されていたが、

「よか、よか！」

叫びつつ、まさに狂喜乱舞の体《てい》で興奮さめやらず、ついに、みずからの陰毛をひきぬき、あたりへまき散らしながら、よろこんだという。

野生的な西郷の一面が躍如としている挿話だ。

（『開国と攘夷』世界文化社　日本歴史シリーズ17）

たしかに、いくらなんでも場所が悪すぎた。将軍のお膝元である「桜田門」を出たところで、しかも白昼堂々と、幕府の最高権力者が暗殺されてしまったのである。この事件により、幕府の権威は急速に失墜し、革命派に倒幕の勢いを与えることになった。陰毛を「まき散らし」た西郷の気持ちも、よく理解できる。そんななか古都で、一昔前なら考えられない〈ヤジ〉がとんだ。その様子は――、

桜田門外の変から三年後の文久三年（一八六三年）、京都に入った十四代将軍家茂《いえもち》の行列に対し、

「いよう、征夷大将軍！」

と、芝居の大向うみたいに声をかけた者がいた。将軍に供奉《ぐぶ》する幕臣たちはとがめだて一つせず、下をむいて屈辱と無念の涙をこらえたという。

（司馬遼太郎『この国のかたち　四』）

といった感じであった。「声をかけた者」が、後に幕府との戦争で勝利をおさめ、幕府の倒壊を早めた高杉晋作であることは、有名な話である。

このように幕府の権威が地に落ちはじめた、「文久」という年号の3年目にあたる1863年は、明治維新という大きな歴史の〈うねり〉のなかでも、一つの画期をなす〈瞬間〉であった。この時代性を、専門家は――、

しかしながら尊攘運動はすでに一つの段階に達して次に進むべき性質のものであった。個々の攘夷運動がしだいに結合して一大運動と化すのは時局の趨勢《すうせい》であり、文久三年の春になってその極盛期を迎えた。

（桑田忠親『日本の合戦　八　明治維新』）

と、「極盛期」という言葉で表している。私の好きな言葉「人類の星の時間」※とでもいう姿を現わしていた。5月には長州藩が外国船を砲撃し、7月には「薩英戦争」が勃発している。8月になると薩摩・会津中心の「8・18の政変（クーデター）」で、倒幕の最先頭を走っていた長州が、都落ちした年でもある。

※　オーストリアの作家シュテファン・ツヴァイクの造語。『人類の星の時間』（1927年）の中で彼は、どんな芸術家もその生活の一日の二十四時間じゅう絶えまなく芸術家であるのではない。彼の芸術創造において成就する本質的なもの、永続的なものは、霊感によるわずかな、稀な時間の中でのみ実現する。～中略～常に無数の坦々たる世界歴史の時間が流れ去るからこそ、やがていつかほんとうに歴史的な、人類の星の時間というべきひとときが現れ出るのである。～中略～そして一個人の生活、一国民の生活を決定するばかりか全人類の運命の経路を決めさえもするのである。

と、その意味を説明している。

これらの事件は、どんな教科書にも書かれている史実であるが、逆に、どんな教科書にものっていない事件も、この年に起こっている。たとえば千葉の九十九里海岸を中心にくり広げられた「真忠組事件」などは、ほとんどの日本人が知らされていない史実であろう。しかし明治維新を「革命」と考えたとき、この「真忠組」の戦いは、その徹底性、根源性※といった点で、「赤報隊」の闘いと並び、維新史の白眉《はくび》として燦然《さんぜん》と輝いている、といわざるをえない。また成功事例としても、その8年後に起こる、フランスのパリ・コミューンにも匹敵するような闘いであった。

※　「真忠組房総支配所」（彼ら決起組の政府）の活動は、「四民平等」をもたらし、そのために全員に「姓」をつけさせ、一切の差別を撤廃している。また公開裁判を実施し、民衆にわかりやすい「法の遵守」を徹底させていた。資金の調達についても、あくまでも個人名での借用証を発行し、責任の所在を明確にしている。この点では、まったく責任感のなかった**高杉晋作**や**坂本龍馬**、新選組らと比べれば、その近代的責任性は抜きん出ていた。
残念ながら彼らの闘いは、幕府を倒すということにはならず、反対に幕府によってつぶされてしまう。活動期間、ほぼ2ヶ月。この期間も、パリ・コミューンと同じである。まさに壮大なる〈解放〉の一瞬の輝きであった。私はこの彼らの解放闘争を、〝九十九里コミューン〟と呼んでいるが、日本史の中では、きわめて珍しい闘いであった、といわざるをえない。

渋沢栄一

これからなにも、明治維新の話をしようというわけではない。ここでのテーマはあくまでも「渋沢栄一」なのだ。しかし読者のあなたは——、おかしいなぁ〜、渋沢といえば埼玉の偉人中の偉人であり、誰でも知っている人ではないか。どうして「誰も知らない――」とタイトルしたこの本でとりあげるのか？

と、眉をひそめているのかもしれない。確かに「渋沢」は、埼玉では超有名人であり、日本全体でも「日本資本主義の父」として、今でも尊敬を集めている人物である。一万円札の肖像画にならないことが不思議なぐらいの、偉人・有名人である。

しかし、と同時に、血気盛んな若かりし日の彼の〝過激性〟については、あまり知られていないのも、また事実である。そしてその〝過激性〟が、先ほどの「文久3年」という「極盛期」の中のたった一日という〈瞬間〉に、繋がっていくのである。

ではその「たった一日」とは、いつだったのか。

それは――「11月12日」である。

では何が、11月12日なのか。一言でいえば、「決起」の日であった。この日は、関東に点在した尊皇攘夷派の、倒幕のための一斉蜂起の日、正確には「一斉蜂起をするはずの日」だったのだ。

具体的にいえば、**桃井可堂**《もものい》（儀八）率いる「慷慨組《こうがい》」の挙兵、先ほど記した**楠音次郎**を首領とした「真忠組」の蜂起、そして渋沢栄一が中心となって準備を進めていた「天朝組」の決起、これらにはすべて、「11月12日」を決起の日と決めて動いていたフシが、見受けられるのである。この日は、旧暦では冬至の日にあたる。そのため作家の**城山三郎**は、

焼打ちには、火のはやく走る季節がよい。しかも、行動は夜間だから、早く闇の下りる時期が好都合である。こうして、冬至の十一月十二日（旧暦）が選び出された。

（『雄気堂々』）

と、その理由を記している。確かに決起するには都合がいい日だが、歴史的にみた場合、この「11月12日」には、もっと深い、別の面もこめられていた。関東同時蜂起、という側面である。

このことは、たとえば「真忠組」の決起に際して書かれた「触書」などからも、その〈同時性〉が透けて見えてくる。「以二書付一申触候事」と題された「触書」は、

この世に生を受けたる者にして四民平等の世を願わぬ者なかるべし
という文ではじまり、檄文の途中には、
我等は全国津々浦々の義勇の志ある者と同盟を結び身命を投じて　救国救民倒幕を旗じるしとして事挙げするもの也
という文も見られる。また彼らが発した「布告」にも、
我等全国の義士義民と同盟し　万民安堵世直しの為蹶起すという文言がある。
（以上の引用は、林清継『九十九里叛乱』）
この「触書」や「布告」で用いられた「全国津々浦々」とか「全国の」「同盟」などというコトバからは、関東同時決起という〈構想〉が、透けて見えてくる。もちろん小説のなかの「触書」であり、「布告」であるが、史実に基づいて書かれた作品であることから、こうした背景は十分考えられるのである。
では誰がこれらの「全国の」とか「同盟」といったような、かなり高度な政治的結束を保証し、その先に見えてくるであろう「倒幕活動」をまとめていたのか。複雑な地域事情、思想的背景を、誰が統一し、戦線を一つにしようとしていたのか。
結論からいえば――**相楽総三**※ということだ。

※　戊辰戦争の火ぶたを切った鳥羽伏見での戦闘のあと、新政府軍は錦旗をひるがえしながら、江戸への進発を開始した。進軍ルートは三つあったが、そのうちの東山道軍の先鋒を務めたのが赤報隊で、その隊長が相楽だった。彼は年貢半減をかかげ、「世直し・世均し」のスローガンで進軍していたが、新政府軍の方針転換により、一転「偽官軍」とされ、下諏訪宿で処刑された。しかし昭和3（一九二八）年には名誉が回復され、天皇から正五位が送られ、靖国神社にも合祀されている。

長谷川伸の『相楽総三とその同志』や**島崎藤村の『夜明け前』**には、この「偽官軍事件」が取り上げられており、特に長谷川の作品には渋沢も登場し、相楽について回想するシーンが興味深い。

相楽氏が関東の浪士でなく、すこし大きな藩の士～中略～なら、今ごろは坂本龍馬や高杉晋作や水戸の武田耕雲斎などより有名になっている人だった。存命でいられたら立派に天下を料理する人だった。実に惜しむべきだ。不幸な英傑だったと思う。

（**長谷川伸「木村亀太郎泣血記」／『相楽総三とその同志』**）

相楽の孫・木村亀太郎に当時を述懐している、渋沢の言葉である。また、総三については、こんな評価もある。

「栄光」から「悲劇」へという両極端を経過した相楽総三は、当時にあっては特筆すべき人物であろう。幕末政情の中にあって、現れては消え、消えては現れるうたかたの如き存在であった草莽の士の中で総三ほど明白に人生の両極をあゆんだ人もまれであろう。

（**大町雅美『草莽の系譜・明治維新への底流』**）

この相楽、天保10（一八三九）年に江戸赤坂檜町で生まれた。しかし彼のルーツは、もとは下総の相馬郡（現・茨城県取手市）の豪農であった小島家であり、父（兵馬・満茂）の代のとき江戸に土地を求めて移り住んでいる。彼はその兵馬の四男で、本名は小島四郎佐衛門将満といった。四男ではあるが、兄らが養子に出たり、事故死したりで、小島家の家督を継ぐ立場であった。そのため生きていくうえでは、何の苦労もしなくてもいい身分だった。ところが彼のほとばしる才能が、その人生を狂わしてしまうのである。

若い頃から国学と兵学を学び、私塾を開いて100人を超える門弟をかかえていたのだが、その彼が歴史の表舞台に登場するのは、記録の上では、元治元（一八六四）年の「天狗党の乱」※のとき、といわれている。その後、**西郷隆盛**や**大久保利通**らとの交流を深め、特に西郷からは絶大な信頼をとりつけていった。こうして慶応3（一八六七）年、彼は西郷の密命をおび、江戸での破壊工作を展開していった。大政奉還をはたした幕府をさらに挑発し、その結果、庄内藩の「江戸薩摩藩邸焼討」という事態を導きださせたのである。この事件をキッカケに薩・長の方針は、「倒幕」から「討幕」へとシフトされ、鳥羽伏見の戦いへとつながっていく。その陰の立役者こそが、相楽であった。

※ 首謀者は、幕末の思想的指導者**藤田東湖**の四男の**小四郎**と**武田耕雲斎**。水戸藩内外の尊皇攘夷派らが、3月27日筑波山で決起し、幕府軍と激しい戦闘になった。「元治甲子の変」ともいう。叛乱収束後、逮捕者828人のうち、352人が処刑された。斬首の任務を志願したのは、彦根藩士であった。桜田門外の変での主君**井伊直弼**の無念を晴らすためである。処刑地は日本海側の敦賀であったが、これが縁になり昭和40（一九六五）年、水戸市と敦賀市は姉妹都市となっている。

歴史を逆戻りさせ、話を「文久三年」に戻す。

この相楽が歴史の表舞台に登場するのは、すでに述べたように、「天狗党の乱」からであった。しかし時代のうねりを誰よりも感じていたであろう彼は、それ以前から地下深くもぐり、各地に転戦し、各地の戦線を結合しようと活動を先鋭化していた。※そんな中、問題のその年（文久3年）の夏と秋、二つの「乱」が壊滅させられた。

※ **川合貞吉『土着の反権力闘争と民乱』**では、この点について、
文久元年、総三は二十三歳のとき、父から五千両の大金をひきだし、秋田・上州・野州をかけまわり、関東一帯の農民蜂起を組織して、尊攘の挙兵活動を展開した。

としている。
8月13日に決起した「天誅組の乱」と、10月12日に決起した「生野の乱」※である。

※「天誅組の乱」とは、尊攘派公卿**中山忠光**を擁した**伴林光平**《ともばやしみつひら》らが、大和国五条の代官所を襲撃し、吉野に転戦した反乱。「生野の乱」は、福岡藩の脱藩浪士**平野国臣**らが、但馬国の農民らと生野の代官所を襲った反乱。

これらの惨敗を真摯にうけとめた相楽は、同じ間違いを繰り返さないよう、戦略の転換を深く考えたようである。「機は熟している。なのになぜ負けたのか?」と、真剣に敗戦を分析した彼がたどりついた結論は、「各個撃破」だった。つまり、単独での叛乱では、強大な幕府のすばやい反撃にあい即座に壊滅させられる、という事実だった。こうして彼は、「では、同時多発的な叛乱を組織してみよう」という方針を決めたのである。

相楽が「歴史の表舞台に登場する」ためには、家督を捨て、家を出なければならない。記録では、彼は23歳で家を出ている。そして、ここが大事なことであるが、彼は家を出るとき「五千両」もの大金を、持ち出しているのだ。この額がどれほどのものであったかは――、

文久元年になると、国学と兵学を講じてきた私塾を閉じた。そして父兵馬から金五千両をひき出して、奥羽方面に旅をすると言い残して出立した。金五千両といえば、途方もなく莫大な金額であった。たとえば、慶応三年十二月の王政復古後の政権が設置した「金穀出納所」への献納額をみると、すくなくとも翌戊辰の年一月二十日までの間に、三井や小野などの都市特権商人も加えて、一口五千両に達したものはない。

文久元年にくらべると、慶応三年には金相場も急激に下落していた。

（高木俊輔『維新史の再発掘』）

というように、財閥であった「三井」や「小野」さえも出せなかった額である。ではなぜこのような大金を、彼は必要としたのか。「奥羽方面に旅をする」ことに、これほどまでの大金が必要であるはずがない。状況的に考えれば、この「五千両」が、倒幕のための軍資金になったということは、火を見るよりも明らかなことである。

事実、こんな証言が残っている。

のちにみる岩松俊純（新田満次郎）自らの訴状に、桃井可堂が決起を促しに来たとき、

「同志之内豪家共より差当三千金も取寄可二差出一候間、軍用之儀等において少（し）も差支無レ之」（前掲書）

と言ったとしているが、これこそ父兵馬からひき出した金の一部であったのだろう。

こうした「証言」などから、かつてある歴史学者は――、

関東一円における一斉蜂起の「秘密中央部」なるものも、連絡協議会的なものとして存在していたと思うし、その事業に専念していた人物も存在したと思う。（寺尾五郎『革命家　吉田松陰』）

と推理し、次のように結論づけている。

関東一斉蜂起の中心オルグこそ、相楽総三その人であったと推定している。

たしかに寺尾が「推定」したように、この「五千両」の存在が、「秘密中央部」や「中心オルグ」を可能とした、としか思えない。さらにはこの〈軍資金〉に加え、地理的な近接性も、かなり何かを語りかけている。

渋沢らの「天朝組」の決起の内容は、まず高崎城を乗っ取り、たてこもってさらに同志を増やし、拡大した勢力で鎌倉街道を一気に南下し、横浜の外国人居留地に火をつけ、他の尊攘派とともに幕府を倒す、とい

うシナリオであった。かなり、過激である。と同時に、かなり稚拙で大雑把《おおざっぱ》でもあった。渋沢は、この計画をたてた責任者であり、決起部隊の副将という立場でもあった。

ここでちょっと話を脇道にはずし、渋沢の心の中に分け入ってみたい。というのは、彼をここまで〈過激〉にしたのは、なにか、ということである。もちろん時代が、激動の幕末だった、ということは大前提である。しかしたとえ〈状況〉がそうであっても、それだけでは、彼の心の中の〈情況〉説明にはならない。そのときの彼の心の中の〈動機〉が問題なのだ。

これについては、一つの思い当たるエピソードがある。17歳のときの、苦い体験である。

安政3（一八五六）年のある日、栄一の村に、岡部陣屋までの出頭命令が届いた。内容は、御用金の調達、つまり幕府が、金をよこせ、といってきたのだ。村の主《おも》だった者たちと、栄一も出頭した。病気の父のかわりである。しかし出頭した彼は、なんとそこで代官にケンカを売ってしまうのだ。その頼もしい光景は、こんなふうであった。

村へ千五百両、栄一の家へは五百両の割当てであった。

「金子入用《きんす》につき申しつける」

代官は、頭ごなしに命令した。すでに栄一の家だけでも、領主の先祖の法要だとか、姫さまの嫁入りだとかで二千両あまり調達している。形は貸付だが、実は召上げである。さらに五百両ほしいなら、他に口のきき方もあろう。

栄一は、腹が立った。宗助たちは、

「ありがたくお受けします」

と平伏したが、栄一は顔を起したままであった。

（城山三郎『雄気堂々』）

栄一は即答をせず、家に持ち帰り検討する、と答えたのだ。つまり最大限の抵抗、当時としてはありえない不穏当《ふおんとう》な態度を示したのだ。

百姓のせがれの口から思いがけぬ返事をきいて、代官はとまどった。この男ばかではないかと、あざける気にもなった。

「その方、いくつになるか」

「十七歳でございます」

「その歳なら、女あそびもするであろう。三百両や五百両、何でもない金ではないか。御用を足せば、身柄もよくなる。世間への面目も立つ。この場でお受けせよ。いったん帰ってなど、手ぬるいことは許さぬ」

代官は、おどしたり、ののしったりした。宗助たちもうろたえ、しきりに栄一の頭を下げさせようとする。栄一は、ますます腹が立った。ただ同じ返事をくり返すだけ。ついには、後はどうなってもよい、代官めがけてなぐりかかろうという気にさえなった。

しかし、びっくりしたのは権力に胡坐《あぐら》をかいている代官のほうである。

代官にしてみれば、御用金調達は、一応は相談という形をとるものの、命令と変わりはない。その場で受けぬ者はなかったのに、栄一ひとり若いくせに言を左右する。それに少しもおそれいったところがない。まことにふらち千万というわけであった。

おそれいるどころか、栄一の心の中には、幕府という理不尽で不合理な存在にたいする、敵愾心《てきがいしん》が生まれていたのであった。このことが栄一に倒幕を決意させた、と結論づけることは、いささか乱暴な推理であるが、遠因のひとつとして、彼の心の中で燻《くすぶ》り続けていったであろうことは、十分に考えられよう。

話をもどして、この渋沢らが住んでいたのは、血洗島村《ちあらいじまむら》（現・深谷市）である。その隣村は、北阿賀野村であり、なんと桃井可堂が生まれた村である。決起する直前では、桃井は中瀬村に住んでいた。中瀬村は血洗島から2㌔の距離である。その真ん中には下手計村《てばかむら》があり、そこには天朝組の主将を務めた**尾高藍香**《らんこう》※1が住んでいた。これらの地は、すべて「武州榛沢郡《はんざわぐん》」である。利根川の南岸の半径2㌔ほどの円のなかに、「慷慨組」と「天朝組」の首領および指導者たちが、ひしめきあうように住み、活動していたのだ。お互いの行動を、関知していないわけがない。お互い知らなかった、というほうが、奇妙で不自然なことである。

長年この研究にたずさわってきた研究者も、

奇しくも同じ時、同じ場所の人たちによって横浜異人襲撃という同じ目的の政治的行動が計画されたことは、単なる「奇遇」という言葉で葬り去ることはできない。

（大町雅美『草莽の系譜』）

と、先ほどの高木や寺尾と同じような結論＝「一斉決起」に到っている。しかしこの関東一斉決起の勢力を調べれば、長州藩士**大楽源太郎**《だいらく》※2をはじめとする、さまざまな地域から参加した、多くの志士の名前※3が見うけられるのである。それだけにその彼らから発せられる熱から生まれる企ては、一地域の叛乱というスケールを、はるかに越えていたのである。

※1　「藍香」は号、名は「惇忠《じゅんちゅう》」で通称は「新五郎」。波乱万丈の人生を送った。渋沢とは従兄弟で、彼に『**論語**』や、当時最も過激だった水戸学の尊皇攘夷思想などを教え、若き渋沢に多大なる影響を与えた。渋沢にとっては、生涯の師という存在である。妹の**千代**は、渋沢の妻になる。幼馴染で従兄妹同士の結婚であった。決起が不発に終わった後

は、「天狗党」にかかわり、さらには新政府と戦うため上野で「彰義隊」に加わり、「振武軍」を結成し、飯能で敗北。このとき弟の**渋沢平九郎**は黒山三滝近くで自刃している。維新後は、いまや世界遺産となった富岡製糸場の初代工場長になり、第一国立銀行仙台支店の支配人をつとめている。また娘の**ゆう**は、富岡製糸場の第一号の伝習工女であった。

※2　天保3（一八三二）年～明治4（一八七一）年。長州藩士。安政の大獄では藩から蟄居を命じられ、その後大老**井伊直弼**暗殺計画が未然に漏れ、禁固に処せられた（桜田門外の変とは別）。また禁門の変では敗北し、その後**高杉晋作**の決起に参加し、「忠憤隊」（奇兵隊）を組織して戦った。維新後もその反抗精神は衰えず、そのため新政府から危険人物として惨殺されている。面白いのは、彼の門弟に、**大村益次郎**を暗殺した者もおり、後に内閣総理大臣になった**寺内正毅**も、彼の門人である。維新の前後で、波乱万丈の人生を送っている。

※3　羅列してみると、埼玉郡常泉村（現・加須市）から小田熊太郎、長州藩から福原美禰助、久留米藩からは池尻嶽五郎、水田謙次、権藤真卿、九州島原からは梅村真一郎、宇都宮からは広田精一、出羽国松山からは川俣茂七郎、須賀川村（現・群馬県沼田市）からは星野要助、越後国刈羽郡からは湯本多門之助らである。

これらの状況証拠が示す内容は、周到に準備された「関東一斉決起」の幻影である。

たしかにこれらの決起は、「真忠組」を除いて、〈幻〉で終わってしまった。「11月12日」の直前に、栄一は江戸に行っている。それまでも何回も江戸に出かけている。江戸での彼の活動は、**海保漁村**[※1]の塾での学問修行と、神田のお玉ヶ池にあった玄武館[※2]での剣術修行であった。玄武館はもちろん**千葉周作**の道場である。しかし栄一の真の目的は、それらの塾で同志を探すことであった。彼は、それらの塾や道場を「梁山泊」[※3]と考えていたようなのだ。事実、玄武館には幕末を彩る**清河八郎**、**山岡鉄舟**などの門人がいた。また身分の差を否定し、塾生に平等に接した漁村の出身地は、上総《かずさ》国（現・千葉県）の清水村である。現在の横芝光町であり、九十九里浜の出なのだ。「真忠組」決起の場所である。首謀者の**楠音次郎**や**三浦帯刀**らとの関係は、地下で結ばれていた可能性が大きい。桃井もふくめて彼らは、そのとき江戸で集結していたのであろう。もちろん相楽もいたと考えられる。[※4]こうして、革命派の意志が一つになった〈瞬間〉が、生まれたのである。立位置は別だが、同じ目標の四人が、それぞれ歴史を動かそうとして、密会していたのである。**司馬遼太郎**風にいえば、

　歴史は、生身の人生の集積である

というような、熱くて密度の濃い人間関係＝連帯が生まれ、それらは〈地下水脈〉として繋がっていった、と考えられる。

※1　江戸後期の儒学者。尾高長七郎や渋沢は、塾に寝泊りして、大勢の塾生たちの世話をしていた。

※2　千葉周作が開いた、北辰一刀流の剣道場。**坂本龍馬**もこの玄武館の門弟であったといわれるが、正確にいえば違う。流派は同じであるが、道場主は、周作の弟である**千葉定吉**で、桶町（現・中央区）に道場があった。龍馬はこの定吉の門下生である。おもしろいのは、天保水滸伝でおなじみの**平手造酒**《みき》も門人だったことである。

※3　「豪傑、野心家の集まる所。昔、中国の梁山に大盗賊が陣したことから。」（『**岩波　国語辞典**』）

※4　維新後渋沢は、赤報隊の隊員で碓氷峠で新政府軍に粛正された**竹内廉之助**のために、自ら「篆額《てんがく》」の揮毫《きごう》をしている。

　碓氷峠の戦死者が世間から忘れられ～中略～賊名の冤雪《えんそそ》がれず、今日になっているが、竹内廉之助だけは、千葉県～の東漸寺境内に、大正二年四月三日、記念の碑が建った。篆額は旧友なる渋沢栄一子爵、～除幕の日、綾小路俊実の子の大原重朝伯爵が参列した。

（**長谷川伸『相楽総三とその同志』**）

「篆額」とは、石碑の上に篆字で彫った題字のことだが、なぜ渋沢が揮毫したのかについては、この作品ではただ「旧友」としか書かれていない。しかし篆額を作るほどの「旧友」とは、どんな関係であったのか。「同志」であったことは、明らかであろう。

しかし、渋沢たちの決起は、ぎりぎりの段階で中止になった。熱い激論を交わし、同志討ち寸前まで白熱しながら、決起は見送られた。この年（文久3年）の8月18日に起こった、京都御所を中心とした反革命派（薩摩・会津）のクーデターによって、革命派（長州）が追放された状況のなかでは、渋沢たちの決起も、関東一斉蜂起も、いずれも絵に描いた餅になってしまったのである。

栄一、そのとき24歳で、妻はもちろん、親も子もある身であった。にもかかわらず、実に純真で、火傷しそうに〈過激〉な人生を歩もうとしていた。しかしその「純真」さは、言葉を変えれば、素人のただの憤り、という程度のモノであったのも、また事実である。こうした「純真」さを、かつて自らも〈理想〉と〈意気〉に燃える作家と称された『**五重塔**』の作者は——、

桃井の方はその程度は不明だが、長州と糸をひいているのだからまだしもだが、尾高、渋沢の方は後援を得るみちなしにこの如きことをあえてするとせば余りにも詩人的小説的であって・・・

（幸田露伴『渋沢栄一伝』）

とまで、その程度の低さを酷評している。その後の栄一の立場からは、想像すらできない、「もう一人の別の栄一」「詩人的小説的な栄一」が、そのとき確かに、この埼玉で息づいていたのだ。続けて**露伴**は、

風裏の落葉はただ空をとぶか、風がなくなってみると静かに地におちぬわけにはいかぬ。時の勢にお

若き日の渋沢栄一

されて血気の多いままに一づにはやり立って国家のためとばかりに突飛な計画をたててその進行に熱中していた栄一は、一旦その狂行妄動たることを覚っては自ら顧みて空中よりもとの地上に帰ったような感に打たれたであろう。

（前掲書）

と、挫折後の栄一の〈心境〉を、推察している。

露伴がいうように、空中をひらひらと舞う落ち葉が、風がなくなって大地に落ち、その落ちた地点でまったく新しい人生の第一歩を踏み出していった渋沢だった。しかし、若かりしころの栄一の「幻像」は、その後のあまりにも輝かしい功績の眩《まぶ》しさのため、いまではその残像ですら、見ることはなかなか難しいのである。

反対に、これ以後の渋沢の輝かしい人生については多くの文献があり、本書であつかう内容ではない。

就職列車にゆられて着いた・・・〈関口義明〉

歌 東京駅でなく、「上野駅」が埼玉から生まれたなんて、それはびっくり

詞　関口義明
曲　荒井英一
歌　井沢八郎

ああ上野駅

どこかに故郷の　香りをのせて
入る列車の　なつかしさ
上野は俺らの　心の駅だ
くじけちゃならない　人生が
あの日ここから　始まった

まずはじめにコトワッテおくが、この章題をサラッと読めば、「えェ？ 東京駅はたしかに埼玉のレンガで造られたみたいだが、上野駅もそうだったんだ」※と勘違いするかもしれない。タイトルのつけ方が悪いのかもしれないが、「埼玉から生まれた」という章題は、そういう意味ではない。

※　平成24年に、建設当時の原型に復元された東京駅。丸の内側の駅舎は、大正3（一九一四）年に完成している。設計者は**辰野金吾**で、いま国の重要文化財になっている。しかし、その象徴的な赤レンガが埼玉で造られたことは、意外に知られていない。使用されたレンガ数は、926万個にものぼり、わが国最大のレンガ建造物である。これらのレンガのほとんどは、柔らかくて良質な粘土が採れる榛沢郡《はんざわぐん》上敷免《じょうしきめん》村（現・深谷市）に造られた、日本煉瓦製造株式会社の工場から出荷されたものである。この会社、郷土の偉人**渋沢栄一**によって創業されている。つまり、渋沢→日本煉瓦→東京駅というラインである。この会社のレンガは、旧最高裁判所、旧法務省、旧三菱一号館、日本銀行旧館、迎賓館赤坂離宮などでも使われている。そして驚くべきことにこの会社、つい最近（平成18年）まで、レンガを製造していたのである。
　一方、上野駅は、北海道の小樽駅や真岡駅（ホルムスク南駅・樺太西線）、大連駅（中国・南満洲鉄道）のモデルになった駅舎でもある。

今では誰も、さも当たり前のようにうけとっている駅の発車のベル。鉄道のホームに流れる、いわゆる「ベル」の音であるが、日本で最初に導入されたのは、実は上野駅で、明治45（一九一二）年1月8日からである。しかしよく耳を澄ましてみると、それらの音は、駅によって、また各ホームによって、微妙に音色が違っている。高音や低音、さまざまなのだ。また最近では、けたたましいベルにかわって、曲が流れてくるところも増えてきている。事実この上野駅においても、2013年7月28日から「ああ上野駅」が、発車メロディーとして採用されている。ただしこの曲は、16・17番線のみである。それは、これらのホームが、東北・高崎線用だからだ。それ以外のホームは、いまだに「ベル」が使用されている。その理由は、集団就職などで上京した人たちにとって、発車をつげる「ベル」の音は、いまだに強い思い入れがある、という配慮かららしい。上野駅の、深くて温かい思いやりということである。
　若い頃私は、戦後この国に起こった奇跡の時代＝高度成長期をこう記した。

一九五五年から助走を開始したこの国の高度成長は、〜中略〜地方（農村）から供給された若年労働力の低賃金によって支えられた。そしてそのモーレツなる成長の嵐は、しだいに田舎の風景を破壊し、情景も人の心も変えていった。こうした懐死する風景が、日本列島のあちこちで見られた時代は、同時に人と人との関係そのものすらも変質した時代であり、人の生き様、つまり人生そのものをも巨大な外部からの力で変えていった時代でもあった。

かつて私の畏友・高野庸一は――

「故郷」がホテル街に様変わりし、東京下町の風景が色濃く存在している路地裏の「民家」が、マンションになる、といった経済成長の必然は、もしかすると、近代化・都市化といった名によって、かつての戦争よりも大きな破壊をもたらしたのかも知れない。戦争による破壊は、大量の人間を殺し、都市を焦土とした。しかし、人間どうしの関係の様式や生活スタイル、家族や夫婦の絆までは変えなかった。しかし、戦後の急激な成長は、それらを一変させてしまった。

『戦後転向論』

――と記したが、まさに高度成長とは、一つの〈革命〉ですらあったのだ。長いトンネルをぬけると、人びとはそこに新しい風景を発見していた。

（拙著『アカシアの雨に打たれてこのまま死んでしまいたい』少年社）

「一つの〈革命〉ですらあった」この奇跡を生んだ原動力は、ひとえに「若年労働力の低賃金」だった。そしてその新鮮で、有能な労働力は、今では死語となっている「集団就職列車」※に「ゆられて着いた」のである。東北本線などの終着駅である、「上野」（現在は東京駅）に。

※ 地方の農家の長男以降の子どもたちは、中学を卒業すると、〈東京〉に職をもとめて上京した（させられた）。彼ら

（彼女ら）は、集団で専用列車に乗せられ、上野駅にはそれぞれの就職先の「社長さん」たちが出迎えていた。彼ら（彼女ら）は町工場など、おもに中小・零細企業に就職し、日本の高度成長を底辺から支えていったのである。こうした時代の状況を映画にしたのが、つい先ごろ大ヒットした『ALWAYS　三丁目の夕日』である。

その体験をし、そのときの光景を鮮明に覚えている私の知人がしみじみと、

まるで戦地に運ばれていく、軍用列車のようだったよ。ただ違うところは、戦争のような絶望感はなく、みんな「金の玉子」といわれたし、小さな胸に〈希望〉を秘めての上京だったけどね・・・・

と、遠い昔をふりかえって、静かに話してくれたのを、ついきのうのように覚えている。しかし、〈希望〉が実現した「金の玉子」たちは、実際のところそんなにはいなかったのも、また事実である。それどころか、その時代を振り返ったとき、こんな証言もあったのだ。

日本じゅうが「高度成長」「技術革新」のカケ声にわき立っていたころ、東北地方のある小さな村の村長さんが、

「村から男衆のいなくなること、先の大東亜戦争のとき以上だ」

と嘆いていたが、まさしくそのとおりだったのだろう。一銭五厘の赤紙（召集令状）こそ来たわけではないが、それは60年代的な「徴兵」だったのでは——と、いまにして私は思う。

（池田信一「それは『別れの一本杉』で始まった」『ホリック』１９８５年７月号）

雪融けの故郷の寂しい駅で見送られる、という映画の涙のシーンのような光景の真実は、案外このようなものであったのかもしれない。強制的に〈動員〉されたのでも、自発的に〈上京〉したのでもなく、他に路がなく、家族に「送られてきた」——これが集団就職の真相だったのかもしれない。ひょっとしたらあの時

代が、臨時的に作った〈誘導路〉だったのかもしれないのだ。

その誘導路を「軍用列車」ならぬ「集団就職列車」が、中学を卒業したばかりの、まだ子供のような「若年労働力」を運び続けたのは、昭和29（一九五四）年4月から昭和50（一九七五）年の3月までだった。

「歌は世につれ、世は歌につれ」といわれるが、この時代の流行歌は、まさにそのとおりであり、ほとんどの歌謡曲が、「集団就職列車」のような望郷気分を歌にしている。代表的な作品を列記してみると、その情景がはっきりする。

昭和	題　名	歌　手	「さび」の部分
27年	赤いランプの終列車	春日　八郎	別れ切ない　プラットホーム
28年	津軽のふるさと	美空ひばり	あの頃の想い出　ああ　今いずこに りんごのふるさとは　北国の果て
30年	ふるさとの燈台	田端　義夫	ふるさとの　小島よ　燈台の岬よ
	別れの一本杉	春日　八郎	遠い　遠い　想い出しても遠い　空 必ず東京へ着いたなら　便りおくれ
31年	東京の人さようなら	島倉千代子	風も吹かぬに　泣いてちる 東京の人よ　さようなら
	東京の人	三浦　洸一	しのび泣く　恋に泣く　東京の人
	リンゴ村から	三橋美智也	おぼえているかい　別れたあの夜 泣き泣き走った　小雨のホーム
	哀愁列車	三橋美智也	惚れていながら　行く俺に

	早く帰ってコ	青木　光一	旅をせかせる　ベルの音 田舎へ帰ってコ　東京ばかりが なんでいいものか
32年	東京だよおっ母さん	島倉千代子	おっ母さん　ここが　ここが二重橋 記念の写真をとりましょうね
	チャンチキおけさ	三波　春夫	故郷出るとき　持ってきた 大きな夢を　さかずきに
33年	夕焼とんび	三橋美智也	そこから東京が　見えるかい 見えたらここまで　降りて来な
	赤い夕陽の故郷	三橋美智也	呼んでいる　呼んでいる 赤い夕陽の　故郷が
34年	南国土佐を後にして	ペギー葉山	都へ来てから　幾歳ぞ 思い出します　故郷の友が
	僕は泣いちっち	守屋　浩	僕の恋人　東京へ行っちっち 僕の気持ちを　知りながら
35年	達者でナ	三橋美智也	わらにまみれてヨー　育てた栗毛 今日は買われてヨー　町へゆく
37年	星屑の町	三橋美智也	瞼を閉じて　帰ろう まだ遠い　赤いともしび

これらの歌にはすべて、一本の主軸〈東京―地方〉と、三つの視座〈東京〉〈東京へ〉〈東京から〉※しかない。そしてそれらが「サビ」となって、歌詞全体を組み立てていた。

※　戦後からこの時代にかけて、タイトルに「東京」およびそれに類推される地名がつけられた歌が、びっくりするほど多い。今では考えられない現象だが、「東京」がブランドのような作用をしていたのであろう。発表順に列記してみると――「ニュートーキョー・ソング」「東京の花売娘」「夢淡き東京」「東京よさよなら」「東京の屋根の下」「東京の空青い空」「銀座カンカン娘」「東京キッド」「東京シューシャインボーイ」「東京悲歌」「東京の椿姫」「東京ティティナ」「東京アンナ」「東京の人さようなら」「東京の人」「東京見物」「東京午前三時」「東京だよおっ母さん」「東京のバスガール」「夜霧の第二国道」「有楽町で逢いましょう」「おさらば東京」「羽田発7時50分」「東京詩集」「銀座の蝶」「銀座九丁目水の上」「西銀座駅前」「有楽町0番地」「銀座の女占師」「東京ナイトクラブ」「東京カチート」「東京ドドンパ娘」「銀座の恋の物語」「東京五輪音頭」「東京ブルース」「ああ上野駅」「東京の灯よいつまでも」「あばよ東京」――と、まさにあきれるほどの、異常な東京志向ぶりがうかがえる。

こうした、望郷をテーマにした歌謡曲の集大成ともいうべき**「ああ上野駅」**が、**井沢八郎**の歌声によって爆発的にヒットしたのは、昭和39（一九六四）年であった。そしてその年は、奇しくも東京オリンピックの年だった。高度成長の成果が、形となり、街の景観としても見えはじめた時期であった。

作詞したのは――**関口義明**である。

四里の道は長かった。其間《そのかん》に青縞《あおじま》の市《いち》の立つ羽生の町があった。
（田山花袋『田舎教師』）

という冒頭文で有名な小説の舞台となった羽生《はにゅう》で、昭和15（一九四〇）年1月23日、関口は生まれた。地元の川俣中学をでて、羽生実業学校を卒業した彼は、県内の銀行へ就職した。ところが歌謡曲に興味を持っていた彼は、勤務のかたわら作詞活動を熱心に続けていたのである。

「ああ上野駅」のレコードジャケット

ある日彼は、仕事帰りに上野駅に行った。頭で温めていた詞のイメージを、型に流し込むためである。「型」はもちろん、上野駅だった。そのとき彼が温めていたテーマは、失恋をした女性が東北へ帰郷する、というものだった。そんなとき、電車の網棚に置き去りにされていた夕刊紙が、彼の目に入った。その新聞を、ふと手にしたとき、彼の体に電流が走った。新聞の記事は、集団就職の様子を伝えていたのである。思わず〝これだ〟と直感した彼は、方針を一変し、息つく暇もなく詞をなぐり書いた。不朽の名曲「ああ上野駅」が生まれた瞬間だった。

そして、書き上げたばかりの歌詞を、雑誌「家の光」に投稿した。その詞は審査員の目にとまり、なんと一等賞になり、東芝レコードに採用されたのである。東芝はその詞に曲をつけ、新進気鋭の歌手で、声におもいっきりノビのある井沢八郎に歌わせることにした。

昭和39（一九六四）年5月、レコード「ああ上野駅」は発売を開始し、同時にラジオ、テレビからも全国に届けられるようになった。東京オリンピックのわずか5ヶ月前というタイミングにもかかわらず、レコードは売れに売れた。東京が、近代的な大都市の風格をそなえはじめたこの時期に、それとは逆なちょっとあか抜けしないこの歌が、爆発的にヒットしたのである。そして井沢は一躍、大スターへの道を歩きはじめた。井沢は、自らの人生を変える歌に、歌手として出会ったのである。

一方、作詞をした関口のほうも、トントン拍子にプロへの階段を上りはじめた、といいたいところだが、井沢とはまったく正反対であった。「ああ上野駅」の大ヒットで自信をつけた彼は、昇進がきまっていた銀行を辞め、当てもなく上京してしまう。プロ作詞家を目ざしたのだ。しかしプロへの道は予期せぬほどのイバラの道となった。〈書けない〉〈売れない〉という芽の出ない作詞家生活のなかで、心はくじけ、挫折を味わっていた。そんなとき彼は、いつも自分の歌「ああ上野駅」を聴き、自らを慰め、励ましていたのである。

関口が「ああ上野駅」を書いたのは、23歳のときであった。それから苦節20年、自らの歌を聴きながら、自らを励ましていた彼に、再びチャンスが到来した。昭和59（一九八四）年、彼が書いた新曲が、久しぶりにヒットしたのだ。タイトルは、「ほたる川」※。そしてその歌を唄ったのは、なんと当時全盛をきわめていた相撲取りだった。**朝潮太郎**こと第四代の朝潮（大関）である。また時代が平成になってからも、彼の作詞意欲は衰えず、平成11（一九九九）年、**金田たつえ**が歌った「お母さん」（花笠薫作曲）のヒットで、彼は作詞家としての階段を、確実に登りつつあったのだ。

※　作曲は**横山聖仁郎**だが、名曲は新しい歌手によって、何度も唄われるものである。この歌は、２０１２年、**五条哲也**のカバー曲として、再度唄われている。

たしかに彼は階段を登っていった。しかし、彼がどんなに階段を登りつめても、私には、彼が最初のヒラメキを越えた、とは思えないのである。それはよくいわれる、〝作家は処女作を越えられない〟ということなのかもしれない。しかしほんの少し彼をかばえば、戦後、とくにあの高度成長期という奇跡のような時代を生きた私たちにとっては、あの「ああ上野駅」の衝撃を超える歌など、どだいムリなのかもしれないのだ。

（２）就職列車にゆられて着いた　遠いあの夜を　思い出す
　上野は俺らの　心の駅だ

配達帰りの　自転車を　とめて聞いてる　国なまり
（3）ホームの時計を見つめていたら　母の笑顔に　なってきた
上野は俺らの　心の駅だ
お店の仕事は　辛いけど　胸にゃでっかい　夢がある

ノスタルジックな望郷歌として、また郷愁を誘《いざな》う人生の応援歌として、時代を超えて今でも歌い継がれている歌である。さらには、今の若い人にも歌われる名曲となっているのだ。それはそうだろう。誰にも〈故郷〉があり、誰にだって〈心の駅〉はあるのだから。

この歌を作った彼は、50年にわたる作詞家人生のなかで、300を超える詞を書き、60代なかばからは、故郷の羽生市の教育委員を務め、平成24年8月、その人生に幕をおろしている。まだ若い、72歳だった。

生前、彼はどこかで、

「あぁ上野駅」は、いい意味で人生を狂わせてくれた作品です。

と語っていた。では、何が彼を狂わせたのであろう。言葉をかえれば、羽生の景色の中で成長した彼が、なぜ体験もしていない「集団就職」の情況を描きえたのか、ということである。たとえ、網棚に捨てられていた新聞との出会い、というキッカケがあったにしても、その記事からインスピレーションを感じたのは、間違いなく彼の心であったはずである。なぜそのとき、彼の心に霊感が走ったのか、長い間、私には謎であった。

そんなときである。私にも閃《ひらめ》くものがあった。

そうか――羽生でも「集団就職列車」は見られるのだ。

羽生はちょうど東北本線と高崎線（上越線）のルートの真ん中に位置している。銀行マンとして、あちこちとびまわって営業活動をしているとき、渺々《びょうびょう》と広がるのどかな田園風景の遠くに、若年労働力を運び続けていた集団就職列車の光景を、彼は何度も目撃していたはずである。彼らもがんばっている。オレも負けずにがんばらなきゃ、と列車が走る景色を眺《なが》めながら、若い関口は必死に努力していたのであろう。

そうした意味で、「ああ上野駅」は羽生の遠景から生まれ、上野駅は「埼玉から生まれた」、といっても許されるであろう。

今はもう秋　誰もいない海…〈甲斐姫〉

涙　処刑場の景色に舞う「火の玉」と女郎。「東国無双の美人」の〈涙橋〉

誰もいない海

今はもう秋　誰もいない海　知らん顔して　人がゆきすぎても
わたしは　忘れない　海に約束したから
つらくても　つらくても　死にはしないと

詞　山口　洋子
曲　内藤　法美
歌　トワ・エ・モア

ふだん何気なく渡っており、そのうちの多くは、名前も知られていないような存在である橋。人の生活にとっては、便利で必要欠くべからざる構築物・インフラであるが、ではあらためて考えるに、「橋」とは、いったい何なのか。もちろんインフラとしての橋の意味を問うているわけではない。もう少し心理的な意味での「橋」とは、ということである。

古来、橋は、意外にも宗教者によって造られてきた。たとえばローマ教皇の正式職名は『Pontifex

Maximus 最高司教」である。この司教にあたる「Pontifex」は、「Ponti 橋」と「Fex 作る」から成り立っている。つまり、キリスト教（ローマカトリック）の最高指導者は、「橋を作る人」という意味なのだ。※そして不思議なことに、地球の反対側の中国や日本でも、橋は仏教僧によって作られることが多かった。事実、**行基**や**空海**なども、土木技術者という面も持ち合わせていたようである。意外にも、古代においては、橋と宗教がセットのようになっていたのである。

※　アメリカの大統領選のさなか（2016年2月）、排外主義的な移民政策を掲げ、メキシコ国境に〈壁〉を建設する、と主張していた**トランプ**候補を批判したローマ・カトリック教会の**フランシスコ法王**の言葉、橋を架けることではなく、壁を築くことばかり考えている人はキリスト教徒ではないは、あまりにも〈象徴的〉で、ローマ法王ならではの表現、といわざるをえない。

では、橋はいつごろからあったのか。

記録では、紀元前4000年ころのメソポタミヤには、すでに石造りのアーチ橋が架けられていたし、同じく前2200年ころのバビロニアには、長さ200㍍もの本格的なレンガ橋が、ユーフラテス川に架かっていた。

日本では、いつごろから橋の記録があるのか。

『**万葉集**』にこんな歌がある。

千鳥鳴く佐保の川門《かわと》の瀬を広み打橋渡す汝《な》が来と思えば

意味は——千鳥が鳴く佐保の渡り場は、川幅が広いので、あなたが来てくれるのであれば、打橋を架けておきますからね——というもので、彼氏を待っている女心がよく表されている。ということは、ここでの橋は、インフラというよりは、「恋心の橋」といった意味で使われている。

こうした視点からみていくと、橋にはいろいろな顔があることがわかる。たとえば1970年代に、浅川マキがかなり暗く、カッタるく歌った**「赤い橋」**は、

不思議な橋が　この街にある　渡った人は帰らない
昔むかしから　橋は変わらない
水は流れない　いつの日も
不思議な橋が　この街にある　渡った人は帰らない

いろんな人が　この町をでる　渡った人は帰らない
赤く赤く塗った　橋のたもとには
赤い赤い花が　咲いている
不思議な橋が　この街にある　渡った人は帰らない

不思議な橋が　この街にある　渡った人は帰らない
みんな何処へ行った　橋を渡ってから
いつかきっと　私も渡るのさ
いろんな人が　この橋をわたる　渡った人は帰らない

（詞　北山　修
曲　山木幸三郎）

といった詞であった。ステージでも煙草を燻《くゆ》らせ、**寺山修司**に〝娼婦っぽい〟といわれた衝撃的なイメージの歌手であった彼女は、「時代に合わせて呼吸するつもりはない」と、すべてに挑戦するかのように歌っていたが、ではこの「渡った人は帰らない」という「不思議な橋」、どう理解すればいいのか。

出稼ぎに行ったお父さんが、帰ってこなかったのか、それとも罪人が処刑場にいく橋なのか、さらには特攻隊基地の入口に架かった橋なのか、想像はふくらむばかりである。では、こうも考えられないだろうか。渡るのは大人になっていく青年たちであり、大人になってミズミズしい感性をなくしていく、つまり青年から大人へ変わっていくときの心の橋では、という解釈である。このように、ただ〈橋〉といっても、いろいろな性格の橋がある。そのためその内容にそって、橋にはいろいろな形容句がつけられていく。

たとえば、未来に向けて橋を架けようとしたのは、**サイモンとガーファンクル**の**「明日に架ける橋」**だったし、歌手の**北島三郎**は「親子を繋ぐ橋」だとか「一生忘れぬ橋」などと歌っていた。[※1]さらには**デヴィッド・リーン**監督の映画**「戦場にかける橋」**[※2]などもあり、一方こんな使い方の「橋」もあった。

物質と生命の間に橋のかかるのはまだいつの事かわからない。

（寺田寅彦「春六題」『寺田寅彦随筆集』）

鐘楼から鐘楼へ綱をはりわたし、窓から窓へ花飾りを、星から星へ金の鎖をはりわたし、さておれは踊る。

（A・ランボー『断章』／『地獄の季節』粟津則雄訳）

※1　154頁の「おらく橋」の冒頭歌を参照のこと。

※2　1957年に英・米合作で製作された映画で、アカデミー賞受賞作品。原作は、フランスのピエール・ブールの『The Bridge on The River Kwai』で、劇中に流れるスクリーンミュージック「クワイ河マーチ」（「ボギー大佐」）も、その軽快なメロディーで有名な曲になっている。

天才としか形容しようのない詩人A・**ランボー**[※1]は、都市あるいは〈橋〉という構造物に、異様なまでの関心をよせ、自らの作品でたびたび取り上げている。ただしかなり象徴的にではあるが。学生のころ**夏目漱石**に強い影響を受けた**寺田**[※2]は、その後、物質（科学）と生命（人間）を追求していった。

※1　アルチュール・ランボー（1854～91年）。20代前半で、すでに詩作を放棄したフランスの詩人。かつて**三島由紀夫**は「早熟な天才以上のもの」「人の世にあらはれた最も純粋な〈魂〉そのもの」と表現した。**ゴダール**監督の映画**『気狂いピエロ』**（1965年）の結末が、ランボーの「永遠」（『地獄の季節』）の朗読だったのが、印象的であった。

※2　寺田寅彦（1878～1935年）。物理学者、随筆家、俳人。第五高等学校（熊本）時代に、英語の教師として赴任していた**漱石**に影響される。後に東京帝国大学教授になる。科学の貧困を常に嘆いていた彼の名言「大災は忘れた頃に来る」は、あまりにも有名になってしまったが、たしかにこの種の句は彼の作品にはあるが、ズバリこの警句は、どこを探しても見つからない。

一方、内面的な葛藤などを露骨に表した「思案橋」というネーミングなども日本にはある。表の意味では、歴史上の偉人などが、渡ろうか渡るまいか、いったん止まって思案した橋[※1]、などと語られるが、裏の意味では、男どもが遊郭[※2]に行こうか、行くまいかと思いあぐねた橋、という意味から生まれた橋の名前である。

※1　この代表的な例は**静御前**の場合である。埼玉と県境の茨城県猿島郡の総和町下辺見の国道354号線に架かっている橋の名が「思案橋」である。下に流れているのは、利根川の支流・向堀川である。名前の由来は、かなり古い。江戸時代の末期に、**赤松宗旦**によって書かれた利根川流域の地誌である**『利根川図志』**には、

日光駅程見聞雑記上巻　茶屋新田条に、是より東の方十町余行けば、南に逸見村と大堤村といふ両村の間に上水あり。其の所に在る土橋を静御前の思案橋といふ。静義経の跡を慕いこの所に来り、奥州へ行かむやと、思案せし所なりと書かれている。

※2　江戸の吉原、京都の島原、長崎の丸山などが有名であるが、各地にあったこうした廓《くるわ》・遊郭の基本的な造りはすべて同じで、周囲を高い塀や堀・溝で囲まれていた。そのためそこに行くには、唯一の入口である大門《おおもん》を通らなければならず、大門の前には必然的に橋があった。これが、「思案橋」である。

こうして、いろいろな情況から誰いうともなく、意味のふか〜い〈思橋〉〈思ひ川橋〉[※1]〈思案橋〉[※2]〈縁切橋〉〈戻《もどり》橋〉[※3]それに〈ささやき橋〉〈涙橋〉[※4]などと名づけられた、意味のおも〜い橋が、各地に出現したのである。

そして大都市さいたまのような街にも、なんとその中の一つである「涙橋」と呼ばれた、悲し〜い橋があった。

※1　京都の左京区にある貴布禰総本宮「貴船神社」の奥宮参道の入口の前には、「思ひ川」が流れている。この川、かつては「御物忌川《おものいみがわ》」と呼ばれていた。参詣の際、この川で心身を清めたのである。げんに**和泉式部**も、夫との寂しい関係をなんとかしたい、と祈りにきて、こう詠っている。

ものおもへば沢の蛍もわが身よりあくがれいづる魂《たま》かとぞみる　（『後拾遺集』）

（恋しくて悩んでいたら、沢に飛んでいる蛍も私から抜け出した魂ではないかと見えてしまう）

話はちょっと脱線するが、この歌には、面白い付録談がある。この歌への返歌であるが、この神社の神様「貴船明神」が返した（式部の耳に聞こえた）、という歌が、やはり『後拾遺集』に載っているのだ。

おく山にたぎりて落つる滝つ瀬の玉ちるばかりものな思ひそ

（奥山にたぎり落ちる滝の水玉が飛び散るように、魂が飛び散ってしまうほど思い悩んではダメですよ）

付録はまだ終わらない。**無住道暁**によって編さんされた『**沙石集**』では、このときの様子が詳しく書かれている。和泉式部が巫女《みこ》に、夫との愛の行くすえのよきならんことを祈願したとき、巫女は式部に「着物の裾をめくってあなたの大切な陰部を神の前に露出させなさい」と勧めた。もちろん彼女は拒否したのだが、その光景を夫の**藤原保昌**が物陰から見ていた。夫は彼女の態度に感じ入り、その後は夫婦円満になった、というのだ。

　こうした「想い」からか、いつのまにか「御物忌川」は「思ひ川」になった、といわれている。今そこに架かっているのは「思ひ川橋」で、

思ひ川たえず流るる水の泡のうたかた人に逢はで消えめや　（伊勢『後撰集』）

と詠われている。

※2　昭和43（一九六八）年に**高橋勝とコロラティーノ**が歌った長崎のご当地ソング「思案橋ブルース」であるが、不思議なことに長崎にはこの名前の橋はない。この場合の「思案橋」は、歓楽街の地名である。

※3　たとえば京都の「一条戻橋」などは、謎を秘めたパワースポットとされている。伝説では**源頼光**《らいこう》の四天王の一人**渡辺綱**《つな》が妖怪鬼女の腕を切り落とした場所であり、明治の参議であった**三善清行**《きよつら》が生き返った場所ともいわれている。また陰陽師《おんみょうじ》で有名な**安倍晴明**の式神（12体の鬼の人形）が、橋の下に埋められている場所でもある。彼を祀った晴明神社は、この橋の北100㍍の所にある。

※4　あるがままの人生に身をゆだねた、鎌倉時代の**後深草院二条**は、自らの体験を赤裸々に綴った日記・紀行文『**問はず語り**』のなかの「涙川」の節で、

我が袖にありけるものを涙川しばしとまれといはぬちぎりに

と詠っている。しかし残念なことに、その川に架かっていそうな「涙橋」はでてこない。


　浦和から大宮のほうに中山道を歩いてくると、右側に旧三菱マテリアル跡地の広大な場所がある。その地の一番北側あたりの歩道上に、赤い屋根の小さな祠《ほこら》のようなモノが目に入ってくる。南側を向いた小さな屋根の下には、二つの石像が並んでいる。

　――「火の玉不動尊」と「お女郎地蔵」である。

　不思議な名前のこの二つの石像は、何もいわず歩道の上に、仲良く静かに立っている。しかしほとんどの

人には、まったく気づいてももらえない。たとえ何人かの人が気がついても、なぜこんなところに、と誰も考えたりしない。けれどもこれら二つの仏様にも、それ相当の理由・物語があって、この地に祀られているのである。

その物語とは――、

江戸時代、この近くに「柳屋」という旅籠《はたご》があった。そこで女郎として働いていたのが、千鳥と都鳥という美しい姉妹だった。そのうち材木屋の若旦那と姉の千鳥が恋に落ち、二人は将来を約束し、幸せを目の前にしていた。ところがそこに割って入ってきたのが、関八州を荒らしまわっていた大盗賊の頭目、つまり親分の**神道徳次郎**[※1]だった。この男、盗むのは小判だけではなく、女も盗もうとしたのである。千鳥に横恋慕し、彼女を横取りしようとたくらみ、彼女をさし出さないなら「旅籠に火をつけるぞ」と脅《おど》すありさまだった。そんなことをされては旅籠に申し訳ない、かといって徳次郎に身をゆだねることなど考えられない、と思いつめた千鳥は、ついに死を選び、近くの高台橋[※2]から身を投げてしまったのである。

「火の玉不動尊」と「お女郎地蔵」

※1　史料によっては「真刀」あるいは「神稲」だったりもする。盗賊の名前にしては、「神」「徳」とか「真」などと、似合わない字が使われているのが面白い。

※2　今は赤いレンガの橋で、「さいたま新都心駅」のホームの下を横断している。そのため、中山道からはちょっと見えにくいが、立ち止

まれば見ることができる。さいたま市では珍しい貴重な歴史的建造物である。この高台橋の下を流れているのが見沼用水で、八代将軍徳川吉宗が、享保14（一七二九）年に建設した灌漑用水である。見沼代用水から水を引さ入れ、沼沢地を開拓した。

この事件の後、あまりに悲しい千鳥の境涯を哀れに思った近くの者たちが、高台橋の近くにお地蔵さんを建立したのである。

ところがその後、その高台橋の近くで夜な夜な、火の玉がさまようようになった。町の人たちが、「千鳥の火の玉だ」とささやくなか、徳次郎がその火の玉に切りかかったのである。大盗賊といえども、負い目は感じていたのであろう。千鳥の死が気になっていたのだ。徳次郎が切りかかると、「ギャー」という叫び声があがり、「オレは不動明王だ、お前に剣を切り落とされた！」といって消えてしまった。翌朝村人が見に行くと、その地に祀られていた不動明王像には、いつも右手に持っていた剣がなかった。以来、この不動明王は、「火の玉不動尊」と呼ばれるようになった。

——という話である。

話はこれで終わったわけではない。

その高台橋の近く、いまでいう吉敷町の街外れである。ずっ～と昔この辺りは原っぱで、草がぼうぼうと生えていた。この草っぱらのなかに、刑場があった。罪人を処刑する場所である。江戸でいえば、『鈴ヶ森』「小塚原《こづかつぱら》」のようなところであり、「下原《しもはら》刑場」といわれていた。いまでも大宮には「下町《しもちょう》」があるが、その「下町にある原っぱ」ということで、こう名づけられたのである。

この刑場では、多くの罪人が処刑されたが、それらのうちもっとも有名な者は、先ほどの徳次郎だったのかもしれない。この彼を捕縛し、斬首と言い渡したのがこれまた有名で、池波正太郎の小説『鬼平犯科帳』の主人公にもなり、テレビでは中村吉右衛門などが演じた長谷川平蔵※だった。

「捕えた盗賊は数知れず。江戸の人々は、彼を〝鬼平〟と呼んだ。」

とコピーされた男である。身分は「火付盗賊改方《あらためかた》」。

※ 正確にいえば、延享2（一七四五）年、400石の旗本家の長男として生まれた長谷川宣以《のぶため》。「平蔵」は、長谷川家の親子三代の通称である。初代は「宣雄」で火付盗賊改方、京都奉行であった。その子供が二代目「宣以」で、『鬼平犯科帳』のモデル。さらにその子供が「宣義」で、いずれも「平蔵」を通称としていた。

徳次郎がその一族郎党とともに処刑されたのは、寛政元（一七八九）年4月のことである。どのような罪人であっても、処刑されるとなると、遺された家族や親族が、この世の別れを惜しみ嘆き悲しむのは、いつの時代もおなじである。

この刑場に送られてくる罪人の通るコースに、一つの橋が架けられていた。下町から中山道を横切って流れていた溝川に架かった、「中之橋」という名前の石橋だった。これを過ぎると、まさに土壇場《どたんば》＝処刑場である。家族や知人のつきそいも、この橋の手前で見送るしかすべがない。当然、遺された者たちは、この場で泣き、涙することになる。こうしてこの橋は、いつしか「涙橋」と呼ばれるようになった。「中之橋」という正式な名前があるにもかかわらず。

だが、こうした話はどこにでもあり、げんに小説でも描写されている。

刑場に曳かれてゆく科人《とがにん》が、家族や縁者と今生《こんじょう》の訣れをする場所にちなんで、そこをながれる川は立《たち》会《あい》川と呼ばれた。立会川に架かった浜川橋には泪《なみだ》橋と別名がつけられ、鈴ヶ森という名だかい刑場のなごりを今にとどめている。

（村松友視『泪橋』）

その字、「涙」と「泪」が違うが、物語は同じである。「鈴ケ森」のほうは、いまでもそこにあるが、埼玉の「涙橋」のほうは、いまそこにはない。しかし、その跡地――中山道の端《はた》、第四銀行大宮支店のビルの横※――には、「涙橋」と刻まれた碑が、ひっそりと置かれている。しかしその碑には、どこにも「中之橋」とは書かれていない。もちろん、「下原刑場」もいまはない。通りすがる人も、そんな碑には誰も見向きもしない。まさに、**トワ・エ・モア**の歌のように、今はもう秋　誰もいない海・・・状態である。

※　第四銀行大宮支店がこの地に開業するにあたり、敷地を造成したおり、橋桁の砕石が発見された。それを機に、昭和61（一九八六）年4月、地元自治会「下町明美会」によってその砕石が、遺跡として顕彰された。

橋桁の砕石

御一新を成立させた**明治天皇**が氷川神社に行幸したのは、明治元（一八六八）年であるが、このとき地元から嘆願書が新政府に出された。内容は、下原刑場の廃止である。天皇が通過する際、目に入れさせたくない、という配慮からである。現在その地は、「さいたま新都心」の一角になっており、「さいたま新都心駅」の東側である。

21世紀のなかで、政令指定都市さいたまの〈へそ〉のような地になっているこの場所で、その昔身投げがあり、その場所に刑場があったこと、そのために涙橋がうまれたことなどは、誰にも知られず、削除された歴史のようになっている。

話はガラッと変わって、行田にも「涙橋」がある。ただしこちらの「橋」は、同じ〈涙〉でも、ちょっと質が違う。行田にある忍城は、つい先ごろ『**のぼうの城**』（**和田竜**※1）というベストセラー小説で、あるいは映画で、全国的に有名になった城である。ということで、ここでは詳細をはぶき筆を進める。

こちらの「涙橋」の主人公は、**甲斐姫**※2である。

※1　この忍城の戦いについては他にも、**風野真知雄『水の城　いまだ落城せず』**もある。

※2　映画「のぼうの城」では、**榮倉奈々**がその役をつとめた。「東国無双の美人」といわれた甲斐姫は、同時にそうとうなオテンバで、「男子であれば、成田家を中興させて天下に名を成す人物になっていた」ともいわれていた。和田竜も風野真知雄も、その点をこう描いている。

甲斐姫は、男が身構えるや太刀を一閃《いっせん》し、刀の柄《つか》を握った小手《こて》を叩き斬った。さらにそのまま返す刀で頸《くび》を断ち斬った。斬ったが首は落ちない。甲斐姫が刀を鞘《さや》に収め、背を向けてからようやく首が胴から離れたというから並の技量ではない。（『のぼうの城』）

美貌の姫がこれは見事というべき手綱捌《さば》きで狭い蓮池の中の道を突っ走ると、続いて早くも息を切らし始めた一《ひと》塊《かたまり》の老勇士たちが、転げ落ちそうになりながらも負けじと疾駆《しっく》していく。そのさまは、遠目に見れば心を沸き立たせる戦国絵巻の一幕であった。（『水の城　いまだ落城せず』）

女好きの**秀吉**が、その美貌を見落とすわけがない。彼女は側室にされ、成田家の血を残している。もともと忍城をめぐる戦いは、この美貌の姫を「差し出せ」という、秀吉側の要求に抵抗した闘い、という面もあった。

天正元（一五七三）年、忍城の城主であった**成田氏長**は、その妻※をやむなく離縁した。理由は、妻の実家との関係悪化である。戦国時代では、よくあることである。彼女は、まだ2歳になったばかりの甲斐姫の母であった。離縁された母が、いよいよ城を去る日、父の腕に抱かれた甲斐姫は、裏門から上荒井曲輪まで見送ったが、いかんせん忍城は別名〝水の城〟といわれたように、四方はすべて池・沼で囲まれていた。駕籠に乗った母を見送る最終地点は、城門に架かっていた橋までである。母が橋を渡れば、もう他人になってしまう。しかし、縁を切られてしまった母は、渡らなければならない。

涙橋跡の碑

※　甲斐姫は、氏長の最初の正妻となった**由良（横瀬）成繁**の娘との間に生まれている。由良氏は上野《こうずけ》国（現・群馬県）の金山城城主であった。北条氏との関係で、両家は敵対関係になってしまったのだ。ちなみにさきほどの「オテンバ」だが、遺伝からであろう。彼女の祖母も母も、武芸に秀でており、特に祖母（**妙印尼**）については、天正12（一五八四）年金山城が北条氏に襲撃されたとき、その籠城戦を指揮し、果敢に戦ったという記録が残っているほどである。そのとき祖母は、71歳だったという。

また、城門の橋から50㍍ほど北には、一本の川が流れていた。その川に架かった橋を越えると、見送ってくれた夫も、彼の腕の中にいる愛娘の姿も、もう見えなくなる。再び会うことはおろか、見ることさえできなくなってしまう。母としての彼女にできる最後のことは、振りかえりふりかえり、二人の顔を自らの心に焼きつけておくことだけだった。振りかえれば視線の先に幼いわが娘が、まだ見える。しかしその可愛らしい娘を見れば、涙は止まらない。涙をいっぱい流して、自らの運命を嘆くだけだった。やがて彼女の乗った駕籠《かご》は、甲斐姫の視界から消えていった。

こうしていつしか、城門の橋は「縁切橋」と呼ばれ、一方、川のほうの橋は「涙橋」と呼ばれるようになった。悲しい母子の、橋物語である。

明治のころまでは、この二つの歴史的な橋は健在で、風雨にさらされながらもそこにあった。そのため、そのころの若い男女はこれらの橋を決して渡らなかった、という伝承がいまでも伝えられている。しかし、どちらの橋も今はない。堀も川も埋め立てられてしまったのだ。そして今、その地にはどちらも、ギョウギョウシクも「行田市教育委員会」という責任の所在を明記した、いかにも新しい立派な石の碑が建てられている。『のぼうの城』で一躍観光地になってから、それこそあわてて建てたのが、見えみえである。

縁切橋跡の碑

事実、この二つの碑は、どちらもその裏側に「平成二十五年五月　建立　行田ライオンズクラブ」と刻まれている。また涙橋のほうには、「協賛　小沢光太郎」とも刻まれていた。和田の『のぼうの城』初版の発行は、平成19年12月3日である。どう考えても、その作品がベストセラーになってから、あわてて建てたとしか思えない。しかし、にもかかわらず、この「涙橋」も「縁切橋」も、観光客はもちろんのこと行田市民にも、全然知られていない。

なぜだろう。行田市の観光を推進しているのは、市の商工観光課である。その商工観光課が、責任を持って発行している『行田観光ガイドブック』は、「これさえあれば行田はカンペキでしょ」というサブタイトルが記載されているにもかかわらず、この二つの橋は、取り上げられていない。つまり、記載されてないのだ。同様に「ぎょうだ便利マップ」にも、やはりのせられていない。こちらのほうには、「おっとこれは使えるネ」とサブタイトルが書かれているにもかかわらず、描かれてないのだ。これでは、観光客が訪れるはずもなく、市民も、そこに橋があったなどとは誰も知らないであろう。げんに、私が現地で探したとき、通行人の何人にもその場所を聞いてみたが、例外なく全員が知らなかった。しかし、ここまではまだ許せる。問題は、商工観光課に行ったときの〈事実〉である。

——商業観光課の、誰も知らなかったのだ！

超弩級の〈衝撃〉をうけてしまった。あきれてものがいえない、とは、こんなときに使うコトバなのであろう。

甲斐姫もこうした事実を知ったら、もう一度涙を流し、まさに〈平成の涙橋〉となってしまいそうである。

関連市町村

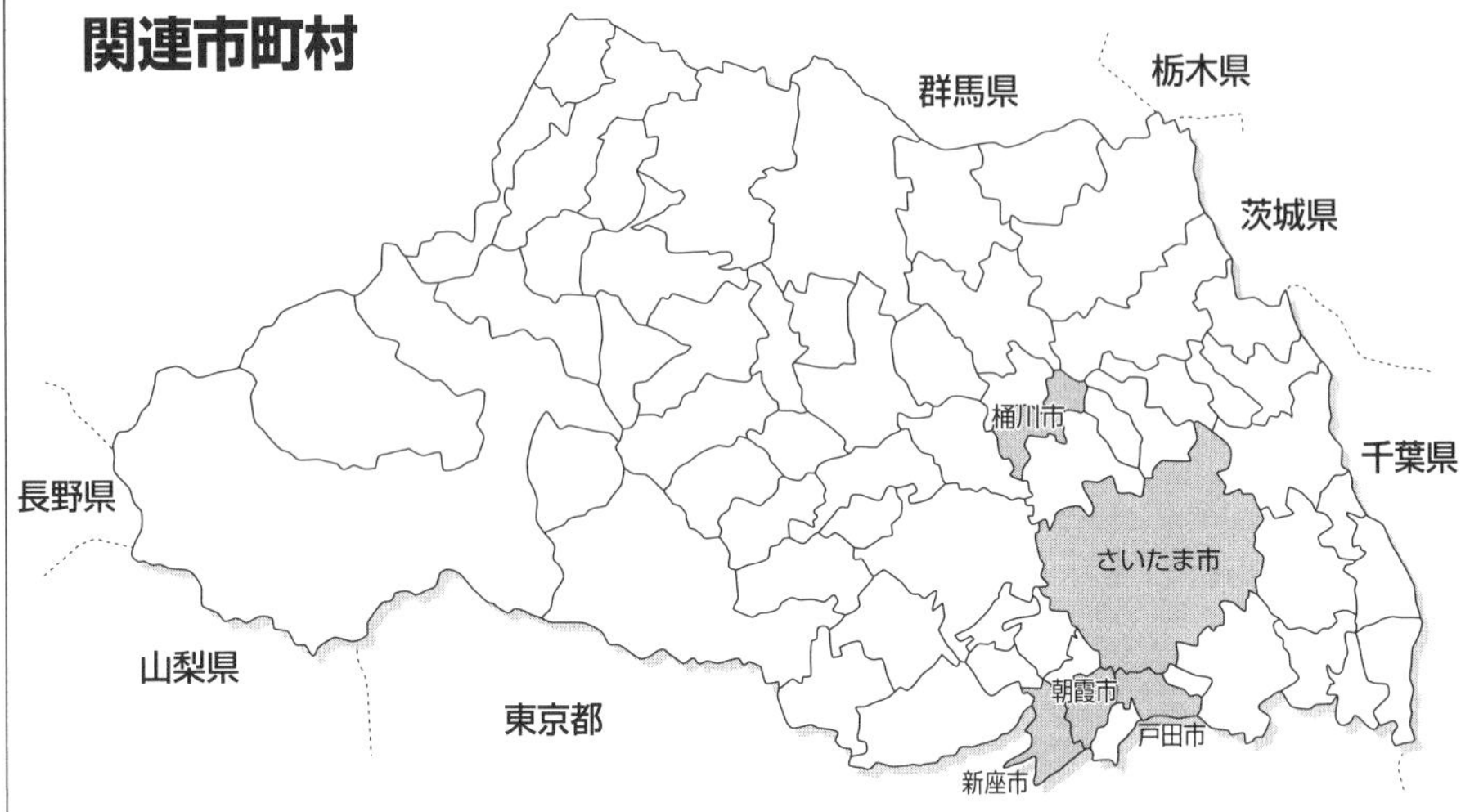

夢幻

馬 〈大宮競馬場〉
走れ走れ コウタロー・・・
バウムクーヘンの一つの層になった、お父さんたちの一攫千金の夢の跡

走れコウタロー

これから始まる　大レース　　ひしめきあって　いななくは
天下のサラブレット　四歳馬　　今日はダービー　めでたいな
走れ走れ（走れ）　コウタロー　　本命穴馬　かきわけて
走れ走れ（走れ）コウタロー　追いつけ追いこせ　引っこぬけ

詞　池田　謙吉
曲　池田　謙吉
　　前田　伸夫
歌　ソルティー・シュガー

普段なにげなく通っている踏切。事故に遭わないよう、ひたすら安全を確認するだけで精一杯なのが踏切というものである。ということで、多くの人は、踏切の名前など気にしたこともないし、日常会話の中でも、「きのうね、所沢駅のヨコの踏切でサ、事故があったんだってよ!」というように、踏切そのものの名前が登場することはまずない。しかし多くの踏切には、ちゃんと名前がつけられており、看板が掲げられている

のである。

　大宮駅から出ている東武野田線の最初の駅は、「北大宮駅」である。この駅の北側に踏切がある。野田線はもちろんのこと、東北本線、それに東大宮車両基地に延びている引込線が通っており、とても長い踏切である。武蔵一の宮の氷川神社の裏参道のほうからきた道は、この踏切を渡ってさらに北のほうに向っている。そして問題は、この踏切の名前である。注意してみると、黄色の看板にはっきりした黒字で、

――「乗馬踏切」

乗馬踏切

と書かれている。一瞬、「なぜ!?」っと声をあげてしまいそうである。都会のど真ん中で、なぜ「乗馬」なのだ、と首を傾けてしまった。その瞬間、あぁそうか、横浜にも「馬車道」という通りがあったか、という思いが浮かんだ。ということは、ここはその昔、馬が通ったのかもしれない、と調査を開始した私であった。調べていくとこの踏切名は、はからずも、一つの碑に繋がっていたのだ。

　その踏切から、まっすぐ北に歩いてみた。やがて道は、北区役所にいたり、一基の碑にたどり着いた。高さ3㍍ほどのとても立派な碑が、ポツンと建っていたのだ。立派なわりには、通りすぎていく人たちの誰も、見向きもしない。いや、その辺りに住んでいる人も、この碑がここにあることをおそらく知らないのでは、と思われるような場所である。たとえその存在を知ったとしても、こんな碑がな

ぜこんなところに立っているのか、と逆に思われてしまいそうである。
中山道（県道164号線）を大宮駅のほうから上尾方面に向かっていくと、やがて右手のほうに近代的都市の景観が見えてくる。「ステラタウン」だ。さいたま市の北区役所をはじめとする行政施設とショッピングモール、それに住空間がセットになって、一つの街区を形成しているタウンである。その街区の一角の生垣の中（北区役所の北西の駐車場入口あたり）に、大きな石の、

大宮競馬場建設記念碑

「大宮競馬場建設記念碑」

が静かに立っている。なぜこんなところに、競馬場の碑があるのか。ひょっとしたら、間違って立っているのでは、と思わされてしまうような街の光景である。というのも、たしかこの街ができる以前（ついこの前まで）は、かなり遠くからでも見え、大宮の名物・ランドマークとさえいわれた、太っちょの大煙突が立っていたはずである。高さ50㍍、底内部直径3・8㍍で、てっぺんの広さが「畳8畳」もあった、レンガ造りの大エントツ※で知られた工場だったはずである。

※　背の高さ半分を使って書かれていた「富士重工」という文字が、遠くからでもよく見えた。このエントツは、エンジンの試運転のときの排気を目的としていた。零式艦上戦闘機、いわゆるゼロ戦に用いられた「栄」や、紫電改、銀河などに使われた「誉」の試運転である。「栄」「誉」は、もちろんエンジン名である。

昭和12（一九三七）年7月7日、盧溝橋事件をキッカケに、日本は中国との泥沼の全面戦争に突入していった。翌年には「国家総動員法」が制定され、兵器の製造が至上命題となった。こうして昭和18（一九四三）年3月、この地に建てられたのが、「中島飛行機大宮製作所」※であった。そう、日本海軍の主力戦闘機「ゼロ戦」や、陸軍の「隼」を作っていた工場である。

※会社としての中島飛行機は、大正6（一九一七）年から昭和20（一九四五）年まで存在した、世界有数の航空機メーカー。ただしゼロ戦の設計は、三菱であった。社名の「中島」は、海軍機関大尉を退役した**中島知久平**の創業による。

中島飛行機大宮製作所

ではなぜ、戦闘機を製作していた工場跡地に、競馬の碑がたっているのか。「馬」と「ゼロ戦」になにか深い関係があるのか。ということで、この「地」の歴史をしらべてみると――、

大宮競馬場は昭和～中略～十四年廃止となり、競馬場跡は変じて中島飛行機製作所となり、航空機の生産工場と変わった。

（大宮市『大宮のむかしといま』）

ということである。なるほど、工場は競馬場の跡地に建設されたのだ。つまり昔ここには、本当に競馬場があったのだ。だから、このような近代的街区の中に、あのような碑が立っていたのだ。

やっと、「乗馬踏切」に繋がった。

競馬の歴史は、ムリにさかのぼれば古代ローマの戦車による競馬

などにたどりつくし、日本においても、たとえば文武天皇《もんむ》（在位697〜707年）が端午の節句のさい、「走馬」を見た、という記述が『続日本紀《しょくにほんぎ》』にあり、さらに時代が進んだときの清少納言もその作品で、

むねつぶるるもの　競馬《くらべうま》見る。

（『枕草子』百五十四段）

（現代訳＝胸がドキドキするものは、競馬を見ているときである。）

と記しており、負けん気の強い彼女の一面をのぞかせている。こうした伝統は、時代を超えて引きつがれ、鎌倉時代末期には兼好法師が――、

五月五日、賀茂のくらべ馬を見侍りしに、車の前に雑人立ちへだててみえざりしかば、各々おりてらちのきはによりたれど、ことに人おほくたちこみ、分け入りぬべきやうもなし。

（『徒然草』第四十一段）

と、「賀茂のくらべ馬」が大勢の見物客でいっぱいで見られなかった、という光景を描写している。もちろんこの文章のあとで、チクリと人間の生き様を風刺しているところが、兼好らしいというか、『徒然草』らしいのであるが。

しかしこれらは、あくまでも「走馬」「くらべ馬」を主目的にし、神さまへの奉納という理由で行なわれていたのであり、今のような〈賭け〉を主目的とする「競馬《けいば》」とは、その趣《おもむき》がちがっていた。

そういう意味からすれば、今のような、いわゆる近代競馬の歴史は、意外にもそれほど古くはない。その歴史は、1540年にイギリスのチェスターに最初の常設競馬場ができて以来、ということになる。そう、近代競馬――馬を走らせ、金を賭けるギャンブル――は、イギリスで生まれ、イギリスで発達したのだ。余談になるが、その競馬の歴史の中でも、ジェームズ1世王（1566〜1625年）※が競馬に貢献したことは、意外と知られていない。優秀なアラブの馬から、純粋競走馬サラブレッドを作り出したのも、やはりイ

ギリスであった。このイギリス発の競馬が、フランス、アメリカなどに渡ったのは、せいぜい今から200年ほど前のことである。

※「ガイ guy」という呼び方がある。たとえば**石原裕次郎**は「タフガイ」、**小林旭**は「マイトガイ」というように。このガイ、もともとは人名の一部だった。ジェームス1世王を暗殺しようとした男の名前「ガイ・フォークス」からである。またジェームス1世は、イングランドとスコットランドを統一しようとした王であり、自らを「グレートブリテン王」と名のり、両国共通の貨幣「ユナイト」を発行し、今の英国の国旗の基になった「ユニオン・フラッグ」を作ったりしている。ということで後に4カ国が合併して現在のイギリスになったとき、その国旗は「ユニオン・ジャック」と呼ばれたのである。「ジャック」は、もちろんジェームズのラテン語読みである。競馬王とユニオンジャックの知られざる関係である。

では、その競馬がいつ日本に伝わったのか。これが「仏教伝来」とか「鉄砲伝来」となれば、学校の教科書でそれこそ〈正規に〉教わるのだが、いかんせんギャンブルである。いくら政府公認といえども、学校で〈賭博のようなモノ〉※を教えるわけにはいかない。教えた瞬間に、PTAの怖〜いママたちに怒られてしまう。おそらく政府も、どこか気が引けているのであろう。その証拠に、競馬、競輪、競艇、オートレースは、政府公認の「賭博 gambling」にもかかわらず、それらは一括して「公営競技」と呼ばれている。なぜか。おそらくこの言葉からは、ギャンブルの臭いがしない、明るい競技 sports のイメージを感じさせる、ということから使われてきたのであろう。どこかで隠そうとしているのであり、そのためわが国の国民のほとんどが、競馬場に足を運んでいる、いないにかかわらず、それらの歴史を知らされないできた。

※「賭博《とばく》」という言葉は、「賭事《とじ》」と「博戯《ばくぎ》」から成っている。「賭事」とは、勝負事の結果に関与できないものであり、一方「博戯」のほうは関与できるものをさす。競馬や野球賭博、宝くじなどは関与できないが、マージャンやゴルフ、トランプなどでは、たとえ賭けたとしても関与できる。

日本にそれが伝わったのは、江戸時代がもう終わろうとしているころであり、記録では万延元（一八六〇）年に、横浜の元村（現・中区元町）で行なわれている。当時そこは、外国人居留地だった。文久2（一八六二）年に通訳として来日したイギリス人外交官の**アーネスト・サトー**は、その回想録で当時の横浜の様子を、こんなふうに記している。

だれもかれもが一、二頭の馬を飼い、頻繁な宴会のごちそうに三鞭酒《シャンペン》を景気よく抜いたものだ。春秋の二期に競馬が催され、時には本物の競馬馬も出場した。（『一外交官の見た明治維新』）

しかしこのときは単純な馬の競走であり、賭け行為はなかった。次の開催は、翌年の文久元（一八六一）年に行なわれた。居留地内の海岸（現・中区相生町五丁目、六丁目）を埋め立て、そこに馬場を建設し、外国人が競馬を楽しんだようである。

はじめて日本人が楽しんだ競馬が登場するのは、慶応2（一八六六）年であり、幕府が横浜競馬場（根岸競馬場）を建設してから、ということになる。当時、幕府は賭博を禁じていたが、競馬においては治外法権という理由で、馬券が発売されている。つまり、このときはじめて賭けが行なわれ、言葉の厳密な意味で、日本でのはじめての競馬の登場、ということになる。

ではわが埼玉での最初の開催は、いつだったのか。その皮切り興行は、昭和2（一九二七）年の秋父での開催である。[※1] この年、農林省・内務省の省令として、「地方競馬規則」[※2]が制定され、そのため全国の「地方」で、競馬がはじまった。本県で「競馬」がデビューした瞬間、であった。それにしても、イギリスから遅れること387年、横浜から遅れること67年という、超スロースタートな本県での競馬であった。

※1　ただしこのときは、あくまでも「競走」であり、馬券の発行はなかった。記録では、次の年には熊谷でも行なわ

れている。
※2　現在、日本には中央（10）・地方（15）あわせて、25の競馬場がある。意外なのは、「中央競馬」と「地方競馬」は、単に「国」と「地方」の違いではなく、そもそもの発生もその仕組みも異なっている、という点である。中央競馬は、馬券の発売が黙認されていた時代に、政府が公認した競馬会によって行なわれた、馬券発売を基にした競馬であり、対して地方競馬は、競馬規則に基づき、地方長官（首長）の許可によって開かれるが、当初は馬券の発売は認められていなかったのである。現在、埼玉県には残念ながら（？）地方競馬としての「浦和競馬場」しかない。そしてこの馬場、その歴史はきわめて浅い。発足は、実に戦後なのだ。

しかしとにもかくにもスタートしたのだが、この秩父での開催は、長くは続かなかった。理由はよくわからないが、2年後の昭和4年には、川越に移転している。また「※1」で記した熊谷での競馬も、昭和8年にはこの川越に移転してしまっている。ところが今度は、この集約されたはずの川越競馬場そのものが、移転されることになってしまったのである。そしてその移転先こそが、大宮だったのだ。

いま私は、さらっと「大宮だった」と記したが、大宮に決まるまでには、開催地をめぐっての熾烈《しれつ》な争奪戦が、くりひろげられた。競馬の収益による財政の健全化を各自治体が期待し、すさまじいまでの誘致運動が展開されたのだ。こうした争奪戦をへて昭和6年8月、開催地は大宮と決定された。それからのスピードには、目を見張るものがあった。なんと9月8日には、地鎮祭が行なわれ、11月の末には競馬場が完成したのである。モタモタしていると、他の地にスキを与えてしまう、と判断したのか、今では考えられない行政のスピーディーな対応であった。いわゆる〝お役所仕事〟ではない、行政の執行であった。こうして、新しく新設された大宮競馬場で、本格的な競馬がはじまった。「決定」からわずか4ヵ月後の、12月11日のことであった。「本格的」とは、その施設の規模からきている。

先の史料には――、

> 昭和四年、川越（赤松園）競馬が開催された年、加藤睦之介（北足立郡畜業組合長）等が中心となって、同年八月になると大宮競馬場の計画が具体化された。当時、町長大作徳郎は地元発展のため積極的に協力、大宮町土木課中野元一技師の設計監督によって、宮原村字加茂宮地内の一〇万坪を競馬場～中略～として決めた。馬場は一、六〇〇㍍、幅員二七㍍、内馬場一〇㍍で、競走面で一、六〇〇㍍のコースで本格的に行なわれるようになったのは大宮競馬場がはじめてであった。（前掲書）

と記してあるが、注目すべきは、川越に移転されたその年にすでに大宮は誘致活動をはじめていた、という事実である。大宮の誘致活動が、本腰をいれた本物だったことがよくわかる。そしてこの「本物」という熱意が、「本格的」な施設を生み出したのである。

昭和10年大宮競馬場（現ステラタウン）

競馬場にとって、「馬場は一、六〇〇㍍」ということは、決定的なことなのだ。コースの長さが、1600㍍というこの数字が意味するものは、1マイル※ということである。つまりイギリス生まれの競馬として、本場のマイル・レースが味わえる本格的馬場、ということになるのだ。もちろん、日本ではじめての快挙だった。移転・統合を続けてきた本県の競馬であったが、この大宮の地に腰をおろすことで、ようやく本格的な競馬が実施できることになったのである。

※　1マイル＝1609・31メートル

日本初の本格的施設というおかげで、競馬を楽しむ人だけではなく、競馬には無関心な多くの人びとの耳目をも集めることになった。もちろん、興業面でもすばらしい成果をもたらし、全国でもトップクラスの営業成績をあげていった。当時の新聞は、そのときの様子を――、

大宮競馬について、昭和九年七月十六日の大宮夕刊は次のように報じている。

「大宮競馬空前の人出に、二日目の売上二五万。今日も午後からファン殺到、きのう大宮競馬会第二日目照りもせず曇りもせぬ絶好の競馬日和、しかも日曜の事とて押かけたファンは正午までに早くも数万を算し、スタンドは勿論スタンド前大広場は観衆で身動きもならぬ状態である。」　（前掲書）

と記している。「数万を算し」「身動きもならぬ状態」の結果は、「売上二五万」であった。

昭和10（一九三五）年の入場券売り上げを見てみると、第1位は東京の羽田競馬だが、2位を神奈川の川崎競馬と争っていたのだ。事実、昭和9年、10年の売上高は、170万円をカル〜ク突破していた。この170万円が、どのぐらいすごいのかといえば、たとえばこの競馬場ができる前の年である、昭和5（一九三〇）年の大宮町の年間予算が35万49円だったことと比較すると、そのスケールがよくわかる。しかもその当時は、まだ今のような馬券の発売が許可されていない状態だった。観客たちは景品券が添付されただけの入場券で、我慢していたのである。にもかかわらず、この売り上げだったのだ。そのため当時の競馬関係者らは、「羽田」「大宮」「川崎」は「全国三大競馬」と称し、マスコミなども注目し、ファンはファンで開催日には全国から押しよせてきた。競馬関係者たちは「さあ、もっと稼ぐぞ！」と鼻の穴を大きくふくらましていたのだが、彼らの鼻息とは逆に、時代は極端に悪いほうに向いつつあった。先に述べたように、戦争の足

音が響いてきたのである。政府は「軍需工業動員法」を施行し、合法的に競馬場などの用地を接収していった。大宮競馬場も、もちろん例外ではなかった。時代の雰囲気は、競馬どころではない、という様相を現わしはじめてきたのだ。

しかし、いきなりの廃業命令ではあまりにも寂しすぎる、ということで、昭和14（一九三九）年8月18日から4日間、涙の「お別れ競馬」が開催されている。これを最後に、大宮での競馬は終焉し、全国に誇った本格的な馬場は解体されてしまった。その跡地が、航空機の生産工場いわゆる中島飛行機製作所となったのである。

やがて戦争も終わり、この工場での生産は平和産業に転換されていった。[※1] 会社も富士産業（株）大宮工場[※2]と変わったが、〝競馬を復活しよう〟という声は、ついにあがらなかった。それどころではなかったのかもしれない。戦争は、この国からすべてのモノをなくしてしまったのだ。こうして富士重工としての大宮工場は、自動車のフル生産を続け、戦後の高度成長の一翼を担っていったのである。

しかし高度経済成長、バブル期をへて時代はさらに変わり、今度はモノ作りの地方移転がはじまっていった。こうした時代の波には勝てず、平成7（一九九五）年10月、同社も工場を北本市に移転させ、その跡地に、冒頭の部分で述べたステラタウンが出現したのである。そう、この街《タウン》の名前は、昔ここにあった「スバル」の工場名と、スバル自動車の車種名「ステラ」からきていたのだ。

※1　中島飛行機は戦後、占領軍の「財閥解体」で12もの会社に分割された。そのうちの五つの会社が合併してできたのが、富士重工（スバル）である。「ケンとメリーのスカイライン」や「愛のスカイライン」で一世を風靡し、当時の若者に絶大なる人気を誇った、プリンス自動車工業の経緯などから考えれば、極端にいえば、中島飛行機のその後は、スバルと日産に別れていった、ともいえよう。

※2　この会社名も、昭和20年8月に「富士産業」となり、25年には「大宮富士工業」、30年には「富士重工業」と、めまぐるしく変わった。2017年4月、富士重工（株）は、社名を「SUBARU（スバル）」に変更した。もともとの富士重工は5社が合併してできた会社だったが、その後さらに関連会社5社を合併して、昭和55年、現在の富士重工ができた。ということで、6社を「統《す》べる」という意味で、「六連星《むつらぼし》」のスバルを愛称のようにしてきたのである。ちなみに「スバル」はおうし座に属するプレアデス星団の和名で、「昴」と書く。「統《す》ばる」という意味の、れっきとした日本語である。古くは高松塚古墳やキトラ古墳の石室天井にも描かれていた。また文字での最古の記録は、平安時代に編さんされた『**和名類聚抄**』で、「須波流」と記されている。また**清少納言**は『**枕草子**』で、「星はすばる、ひこぼし、ゆふづつ。よばひ星、すこしをかし。尾だになからましかば、まいて。」（星はすばる、彦星、宵の明星がいい。流れ星も少し趣がある。尾を引かなければもっといいのだけれど。）と述べ、スバルが星の中では一番いい、と書いている。

と同時に、ここに工場があった痕跡が、景色の中から完全に消されてしまった。数少なくなった証言者は、いかにも寂しそうに、

戦後間もない48（昭和23）年ごろ、近くで子ども時代を過ごした西区の村田秀男さん（76）は、「工場には大きな池があった。釣りをしたり、泳いだりするため、敷地内によく入ったものです。当時は木造の大きな観覧席が残っていた。今はもう跡形もないですが」。そう語る顔は、ちょっぴり寂しそうだった。

（「埼玉新聞」2016・10・26）

と語っている。「池があった」とか「木造の観覧席が残っていた」という貴重な証言は、これから先、ますます聞かれなくなってしまうのであろう。事実、この記事を取材し、執筆したのはタウン記者の**白幡洋一**だが、彼はこの原稿を書いた直後、帰らぬ人になってしまった。彼の死を悼んだ記事が、「埼玉新聞」に掲載され、そのなかでこの場所の歴史が、再度取り上げられている。失われていく景観と、苦労話である——。

「当時を知る人を見つけるのが大変だった」と語り、「この80年で地上がバウムクーヘンのように重ねて変化した感動を表現したかった」と述懐した。

（「さきたま抄」／「埼玉新聞」２０１６・12・２）

「」内は、もちろん白幡の口から出た言葉である。この競馬場のあった場所は、彼がいうようにまさに「バウムクーヘンのように」変貌をとげたのである。

そのバウムクーヘンの一つの層は、たしかに競馬場だったのだ。ここにはたしかに、競馬場があったのだ。ここで、馬たちが走り、多くのお父さんたちが〈夢〉、一攫千金の夢を見たのだ。だから「大宮競馬場建設記念碑」がこの地に建っているのである。間違って立っているわけではなかったのだ。たしかにその碑の下には、

プラザノースを含めたこの一部は、昭和初期、大宮競馬場が開設され、羽田・川崎競馬と並ぶ、全国三大競馬の一つとして隆盛を誇っておりました。その往時を伝える貴重な資料が、この碑です。

と説明された案内板が設置されていた。しかし、立ちどまってこの説明看板をじっくり読まないかぎり、この地にかつて競馬場があった、などということは、夢にも想像できない街並みになってしまっている。碑は、静かになにもいわず、時代の流れに身をまかせ、変わっていく風景を見続けているのである。

さて最初に戻ってもう一度「乗馬踏切」だが、往時は大宮駅まで鉄道で運ばれてきた競走馬たちが、大宮駅からはこの踏切を通過して歩いて競馬場まで運ばれた、という名残の名前であった。たしかに地図で見ると、競馬場があった場所は大宮駅のほぼ真北である。その途中に、この踏切はあるのだ。

そして踏切の話、もうひとつ。東北本線（宇都宮線）の大宮駅の次は、「土呂駅」である。この駅の南脇には「中島踏切」がある。しかし、鉄道が引かれた頃この辺りが「島」だった、という記録はどこにもない。

また近くに「中島さん」という有力者が住んでいた、という痕跡もない。ということはこの「中島踏切」の由来は、「中島飛行機」からきているのだろうか?

最後にもう一度「北大宮駅」に話を戻す。先ほど「さらに北のほうに向っている」と記した道の話である。この駅、昭和5(一九三〇)年に、当時の「総武鉄道」の駅として開業し、大宮競馬場にもっとも近い駅であった。ということで多くの人々がこの駅を利用し、競馬場に向ったり、帰ってきたりした。そのとき「乗馬踏切」を通るのだが、ご存知のとおりたいていは負け戦になる。往きは心の中で軍艦マーチを口ずさみ、帰りはしょんぼり肩を落として、しょぼしょぼと歩いてくる。この光景を見て、誰がいったか、いつのまにかこの道、「オケラ街道」と呼ばれるようになった。

いつの世でも、〈馬〉で家を建てた人はいないが、〈馬〉で人生を失った人のなんと多いことか。

やっぱり、賭け事はほどほどにしなければ・・・。

中島踏切

Be Silent Be Silent あなたの・・・〈埼玉の美女〉

美 像、塚、神まではまだわかるが、街まで「美女」にしちゃうのは風土？

美・サイレント

Be Silent Be Silent Be Silent Be Silent

あなたの○○○○が 欲しいのです

燃えてる×××が 好きだから

女の私にここまで言わせて じらすのは じらすのは 楽しいですか

（詞 阿木燿子
曲 宇崎竜童
歌 山口百恵）

その昔、ジャズ評論家の**平岡正明**が――、

沈む眼だけは人為的に出せないし、演技もできない。虚無の底をのぞき込まないと沈む眼にはならない。デビュー時、14歳の山口百恵はすでに沈む眼をしていた。

（『山口百恵は菩薩である』）

と、今では伝説の中でしか語られない**山口百恵**を評し、彼女を「菩薩」と断定したことがあった。その「菩

薩」が歌い、例によって大ヒットした曲**「美・サイレント」**の一節である。おぼえている人もいると思うが、歌詞の最大のサビ「○○○○」と「××××」の部分は、百恵が声に出さない、いわゆる口パクだった。歌って、声を聴かせて〈ナンボ〉の歌手が、その美声を観客に聴かせないのだ。まさに、歌手としての〈自殺行為〉――テレビだからよかったものの、ラジオの時代では考えられない行為――であるにもかかわらず、当時は、ファンはもちろん一般聴衆も「何だろう」と必死に詮索をしたものである。歌っていた本人の百恵は、どこかで、

あの部分は、本来歌詞がありませんから

と、素っとん狂なコメントをしていたが、当時、TBSの歌番組「ザ・ベストテン」では、字幕スーパーで「じょうねつ（情熱）」とか、「ときめき」「ひととき」などのフレーズを画面に流していたのを思い出す。今となっては、もうなんでもいいのだが、歌詞のなかの「Be」を、タイトルで「美」と置き換えた**阿木燿子**のアイデアが、すばらしかったということであろう。

ということで、ここでは〈美〉である。

美人の産地、と聴かれれば、フツーは「京美人」「秋田美人」「博多美人」かな、と多くの人は口にするだろう。そして残念なことに、「埼玉美人」という言葉は、誰も口に出してくれない。

では気を取り直して、「埼玉」「美女」、という二つのコトバをムリヤリ組み合わせたとしたら、どんな美人が生まれてくるのだろう。まるで〈無〉から〈有〉を作り出すような、中世の錬金術みたいなイメージをもたれるかもしれないが、ひょっとしたら〝秩父美人〟というコトバが、苦しまぎれの中から、生まれてくるかもしれない。この言葉、誰も聞いたこともないコトバかもしれないが、けっして根拠がないわけではな

い。この言葉には、ちゃんとしたカガク的リロンが備わっているのである。

ご存知のように、秩父地方は典型的な盆地である。しかも急峻な山国である。

であるから——、

秩父の美しさは、その影の中にこそある。それは、秩父が山国であり、南から西に二〇〇〇米クラスの奥秩父の背稜が、屏風を立てかけたように、視界を遮っているために、この盆地に生活する人々は、常に影を見て暮している。

（清水武甲「秩父の自然と文化」／浅見清一郎『秩父祭と民間信仰』）


といわれるような生活環境のもとで、人びとは暮している。

つまり日照時間の関係で、女性はどうしても色白になり、美人が多くなる、というリクツである。たしかに地理的、医学的に論証できる根拠かもしれない。さらには、秩父には温泉も多く、しかもそのほとんどが美肌の湯である。美容液のようなトロトロした湯感で、pHの高い強アルカリ性の温泉なのだ。ということで、たしかにカガク的根拠は、そろっている。にもかかわらず、なぜ「秩父美人」という言葉は、生まれなかったのか。

このカガク的根拠を信じ、現地視察を敢行してみた。その涙ぐましい努力から、ついに「美人」を発見、出逢えたのだ。しかし奇跡的に出遭えたのは、なんとナスの「菜色美人」※だった。これでは話にならない、ここでは〈幻〉を追いかけるわけにはいかないのである。

※　秩父産ナスで、ＪＡ全農さいたまのブランド品。色と形、それに味が最高のナス。ついでにいえば〈美人〉は、ナスだけではなかった。深谷の隣の街・本庄では、埼玉を代表する超ブランドの「深谷ネギ」に対抗して、なんと「本庄美人葱」を生産し、発売しはじめた。白い部分がとても綺麗で、美味しいので、色白美人から命名したそうである。

では気をとり直して質問を変え、「埼玉で、〈美人〉といえば誰?」っと聞いてみよう。多くの埼玉人が、沈思黙考したあと頭を過《よ》ぎるのは、**甲斐姫**ではないだろうか。〝東国無双の美人〟といわれた彼女については、すでに「涙橋」のところでふれておいたので、ここではサラッとパスして、「美女・美人」についてこうさつ《考察》してみよう。

美人のきらいな男はいない。いや、女だって、男以上に憧れているかも。しかし美人という「概念」は、きわめてアイマイで、主観的、相対的なものともいわれている。その結果、この世にはさまざまな美人がいることになり、同時に、比較の結果「不美人」などとされることもある。つまり、これが美人だ!という判定はなかなか難しいようである。

たとえば、フランスを代表する女優であった**ジャンヌ・モロー**[※1]などは、意外にもデビューしたときから「不美人」と呼ばれてきた。ほぼ同世代の女優で「正統派美人」とか「クール・ビューティー cool beauty」などと賛美された**グレース・ケリー**[※1]との比較から、あのヌーベルバーグ[※2]の旗手をつとめた美女が「不美人」などと評されてきたのだ。数々の賞を授与され、シャネルやカルダンを自由に着こなし、哲学的雰囲気を醸《かも》しだしていた美女が、なんと「不美人」とされてきたのを、私たちは目《ま》のあたりに見てきた。

※1　ジャンヌ・モロー(1928～2017年)。女優、脚本家、映画監督、歌手。主演作品は、『**死刑台のエレベーター**』『**雨のしのび逢い**』『**クロワッサンで朝食を**』ほか多数。映画監督の**オーソン・ウェルズ**は彼女を「世界で最も偉大な女優」と評し、亡くなったとき当時のフランス大統領**E・マクロン**は「映画、舞台界の伝説的女優だった彼女は真の自由とともに人生を疾走したアーティストであった」と悼んだ。

グレース・ケリー(1929～1982年)。モナコ公国大公妃。もともとはアメリカの女優。主演作品は、『**真昼の決闘**』『**ダイヤルMを廻せ!**』『**喝采**』ほか。人気絶頂の最中、カンヌ国際映画祭でモナコ大公**レーニエ3世**に、その「美」をみそめられ、シンデレラ的結婚をする。若くして、交通事故で死去。

※2　訳としては「新しい波」。1950年末にはじまったフランスにおける映画運動。哲学や文学、さらには政治運動のジャンルにも影響を与えていった。

『種の起源』を著し、あらゆる生物の根源について考察し、「進化論」を完成させたあの**ダーウィン**も、人間にとっての美とは、普遍的な基準が人間の心のなかにあるのではなく、文化などの違いによってその美醜の評価は異なる、とまるで**アインシュタイン**顔負けの相対性理論を展開しているのである。

そういえば、あの世界的文豪が、その代表作の冒頭でこんなことをいっていた。

幸福な家庭はすべてよく似よ《ママ》ったものであるが、不幸な家庭はみなそれぞれに不幸である。

（トルストイ『アンナ・カレーニナ』）

ここでの「幸福な家庭」を「美人」に、「不幸な家庭」を「美人でない女性」に置きかえると、なんとなく「普遍的な美」があるように思われるのだが、置きかえを反対にすると、「美人はそれぞれに美人である」となって、やはり相対性理論になってしまう。まぁ理論的にはいろいろあるが、この世には、普遍的・客観的な美人・美女は絶対にいる、と信じたいのが男の本心である。つまり、誰しもが認めざるをえないような、それこそ絶対的な美人は、いるはずなのである、と考えたいのが男である。そうした「誰しもが認めざるをえない」美人の、一つの典型的な例が、**常盤御前**なのかもしれない。そう、**源義朝**の妻※であり、**義経（牛若丸）**の生母である。

※　「妻」といっても、当時の力ある男には何人もの「妻」がいて、それぞれの妻に子供がいた。たとえば義朝の正妻的な「妻」は、熱田神宮の大宮司の娘で、三男の頼朝の母である。また六男の**範頼**の母は、遠州池田宿の遊女といわれ

ている。常盤は最も若い妻で、今若、乙若、牛若の三児を産んでいる。

彼女の「客観性」は、わが国初の〈美人コンテスト〉によってうらづけられている。コンテストまでのイキサツを説明すると――、

平安時代の末期、太政大臣藤原忠通《ただみち》と、弟の左大臣頼長《よりなが》が、激しい勢力争いをしていた。ところが父（忠《ただ》実《ざね》）は、弟のほうを可愛がっていた。あせった兄は、藤原伊通《これみち》の娘呈子《ていし》を養女に迎え入れ、中宮として入内《じゅだい》させようとしたのだ。いわゆる、姻戚作戦である。そしてこの作戦の目玉として、ド派手な企画＝美人コンテストが行なわれたのだ。世論を味方につけ、イッパツ逆転を考えた忠通は、呈子の入内にあたって、鳴り物入りの侍女を供につける作戦を敢行したのである。

いいかお前たち、美女といわれる娘を、かたっぱしからスカウトして来い！

と家来に命令した（かどうかはわからないが、そんな状況であった）のだ。

こうして各地から、〈美女〉が1000人集められた。（残念ながら、彼女らを見た男どもがヨダレをたらした、という記録は残っていない。）次にその1000人の美女の中から、100人を選び出す「第二次審査」が行なわれた。そして第三次審査で、ベスト・テンの10人に絞られた。もうここまでくれば、すべてがそうとうな美女であろう。しかし、必要なのはたった一人。こうして第四次審査＝最終審査が行なわれ、ついに一人が選出された。

栄冠を手にしたのは――常盤御前、だった。

バツグンだったらしい。彼女は後に源氏の棟梁であった義朝に嫁ぎ、三人の子を産んでいる。先ほど述べ

た、今若・乙若・牛若である。平治元（一一五九）年の「平治の乱」で、**平清盛**に敗れた源氏一派は、一族が壊滅させられてしまった。しかし、女は強い。美女はさらに強い。

「平家にあらずんば、人にあらず」と言わしめた、当時の最高権力者の平清盛に、その美しさをみそめられ、彼の〈女〉として生きていくことを決意したのである。※さらにその後は、一条大蔵卿**藤原長成**の妻になっている。

※　清盛は、彼女の〈美しさ〉と交換条件に、三人の男の子の命を助けた。しかしこの判断が、平家を滅亡させたのだ。成長した牛若が義経となり、平家の息の根を止めた史実は、有名すぎるほど有名である。

つまり、彼女の一生は、すべてが〈美女〉としての人生だったのである。

ここまで徹底した「選びぬかれた美女」とはいかないが、実はこの埼玉にも、「選ばれた美女」たちが、いるにはいた。時は、ず～っとくだって明治のことである。きっかけは、こちらもやはり最高権力者であった。その真相は、こんなふうだった――。

明治9（一八七六）年5月、内務省から一つの通知が埼玉県に届いた。天皇の奥州巡幸実施計画だった。これだけなら、なんでもなかったのだが、同封されていたのが「道筋心得」なる、「管下令達」（命令）であった。そして天皇の巡幸スケジュール表によれば、6月3日「南埼玉郡蒲生村」にて休憩をとる、となっていた。そのときの埼玉県令（今でいう知事）は、**白根多助**であったが、彼は頭をかかえてしまった。さっそく緊急会議を招集し、集まってきた県の幹部連中に、どうしたものかと相談をした。県内を通過するだけなら、警備を万全なものにすればいい。しかし、休憩するとなれば、話は違ってくる。陛下にどのように休んでいただくか、という頭を悩ます大問題が発生するのである。

会議ではいろいろな案が出たが、季節はちょうど田植えの頃であることから、その光景をご覧いただこう、という「接待案」にきまった。しかし相手は、「現人神《あらひとがみ》」ともいわれた最高権力者の天皇である。ただの田植えでいいのか、という不安がつきまとい、またまた頭をかかえてしまった。絶対に、ただの田植えではダメだ。なんとか陛下に、素敵な田植えをご覧になっていただこう、と悩むになやんだ。そこで出てきたのが、〈美人〉だった。

美女の田植えを演出しよう、という案である。つまり、ビジュアル系の「接待」を企画したのだ。こうして、涙ぐましい悪戦苦闘がはじまった。

まずは人員確保と、ミス農婦ならぬミス田植え嬢をと、地元蒲生村をはじめ近くの村々より美女数百人を選出、さらには同数の男を加えた。そして当日の服装は、しぼりの野良着に菅笠かぶり、紅白のタスキで色をそえると決定された。（篠原　孝『さいたま世相史＝明治の警察史話＝』）

文中の「蒲生村《がもう》」とは、昭和29（一九五四）年に当時の越谷町と合併し、現在は越谷市となっているのだが、「蒲生村をはじめ近くの村々より美女数百人を選出」という記述からすると、コンテストとまではいかないが、ある一定の基準か何かあって、現在の「草加」「越谷」「春日部」あたりから、そうとうの「美女」を選出したであろうことは、間違いない。

こうした、平安末期に行なわれた美人コンテストや明治のはじめに県が実施した「美女選出」などのように、万人にわかりやすい〈美人〉決定方法であれば納得できるが、これがたとえば**小野小町**となると、突然「?」の世界になってしまう。

誰が決めたか「世界三大美人」というコトバがある。**クレオパトラ**に**楊貴妃**、そしてワレラガ**小野小町**だそうだ。しかし本当に西洋でも、「小野小町」はそういわれているのか？　クレオパトラだって、最近の研究では〝ゼンゼン美人じゃなかった〟（美人だったのは妹のほうだ）といわれているし、小町だって最近の研究では、不美人説がササヤカレテいる。ということで、客観性に基づかない〈美人・美女〉はもう、言ったもの勝ち、みたいな雰囲気になっている。

しかしながらよく考えてみると、〈美人・美女〉といった類は、イメージとして存在していれば、それでいいのだ。さらにダイタンにいえば、ただ〈いる〉と思うだけで、世の中は幸せになれる、そんなものなのかもしれない。

で本論なのだが、〈美人・美女〉に関するものが、埼玉には少なくとも四つある。〈美人〉が、「神」「塚」「像」それに「地名」になって生きているのである。

美女神社

ということでまずは、〈美の神〉としての、**「美女神社」**をとりあげよう。

この神社名、たんに美人を祀っている神社、という意味ではない。なんと、その正式名称が「美女神社」なのだ。全国で数ある（およそ8万社）神社の中でも、この名前の神社は他にはない。つまり、ここだけという、栄光のOnly一なのだ。

場所はかつて、尾崎豊と本田美奈子というスーパースターが住んでいた朝霞市で、新河岸川に架かる「新盛橋」の近くである。創建は不明だが、『新編武蔵風土記稿』には、

美宮　土人宇津久志の宮と云、祭神詳ならず

と書かれている。つまり「地元の人」は「宇津久志の宮」といっているが「祭神」はわからない、ということだ。では、「宇津久志」が「美しい」になったのか。

神社の「説明」では、

御祭神、市杵島姫命《いちきしまひめのみこと》は、～中略～古事記・日本書紀にも載っている宗像三女神の一人で九州の宗像神社・広島の厳島神社の御祭神である。美女神社の名前の由来～中略～は「いちきしま」が「いつくしま」となり「うつくしま」に転化し美女神社になったとも言われている。

となっている。「いちきしまひめのみこと」は、神話に登場する水の神様であり、『古事記』では「市寸島比売命」、『日本書紀』では「市杵嶋姫命」と表記され、スサノオの剣から生まれた五男三女神の一柱である。だがこれ以上の説明は、もういいだろう。祭神が誰であろうと、神社の沿革がどうであろうと、「美女神社」と命名したこの地域の人たちの〝勇気〟を褒めたたえるべきであろう。

さぞかし全国から女性の「にわか信者」が連日潮のごとく訪れ、拝礼した後は、全員が「美女」になって帰っていくかな、との思いを馳せ、出かけてみたが、あにはからんや誰もいなかった。拍子抜けしてしまった。

しかし、なんてったって――「美女神社」である。いつか全国から、いや全世界から、女性がゾクゾクと訪れ、やがて〈美人の聖地〉になるであろうことは、マチガイないと信じている。

次は、〈美の塚〉である。

武蔵野の雑木林がいまだ残り、どこともなくせせらぎの音が聴こえてくる新座市。この街のほぼど真ん中に、いまだ森閑とした緑をたたえ、武蔵野の面影を今に留めているのが平林寺である。かつてこの寺を訪れた明治の小説家は——、

平林寺は好い静かな寺だ。それから雑木山越しに、野火止に近道して出て來るあたりも好かった。

（田山花袋『北武蔵野』）

と記し、その景観をほめている。この寺、もともとの開山は岩槻（さいたま市）※の地であったが、寛文3（一六六三）年、**松平輝綱**《てるつな》によってこの地に移された名刹である。知恵伊豆と呼ばれ、川越藩主だった父**信綱**の強い遺志を実現しての移設だった。その西側を「野火止用水」が流れ、景観的にも優れたロケーションである。

※　いまその跡地には、「金鳳山平林寺址」と書かれた碑のみが建っている。近くを走っている国道122号線には「平林寺橋」という交差点があり、東北高速道路をまたいで「平林寺橋」も架かっている。もちろん平林寺が建っていた辺りは、今でも「平林寺」という地名である。

木々が鬱蒼と茂る神聖なこの寺の広大な敷地の一角に、ひっそりと「野火止塚」がある。ちょっと見、古墳のような形をしているが、この塚、歌枕※とまではいかないが、意外と有名である。

※　古歌によまれた名所。（『岩波国語辞典』）

たとえば文化5（一八〇八）年5月25日に江戸を出発した**小林一茶**は、上州の草津温泉までの旅を、後に**『草津道の記』**としてまとめている。彼はそのなかで、「野火止」※について——、

野火留の里は、昔男の「我もこもれり」とありし所と聞くに、そのあたりに思はれてなつかしく、この辺り西瓜《すいくわ》を作る。

瓜《うり》むいて芒《すすき》の風に吹かれけり

往還より南に平林寺といふ大寺あり。大水樋《みづひ》ありし、寺を通りて村中に入る。

と記している。文中の「大水樋」は「野火止用水」のことである。また「昔男の」とは、もちろん「昔、男ありけり」ではじまる**『伊勢物語』**のことを指しており、「我もこもれり」は、その中の「東下《あずまくだ》り」にでてくる、

武蔵野はけふはな焼きそ若草の　つまもこもれり我もこもれり

という歌をさしている。この地で一茶は、はるか昔の『伊勢物語』の世界に想いをはせ、「芒の風に吹かれ」つつ通りすぎていった。

※　江戸時代までは「野火留」と書かれていたが、明治以降は「野火止」にかわっている。また「野火止塚」は、他に「九十九《つくも》塚」とも呼ばれた。造られた目的については、野火の見張台という説が有力である。

そして、一茶から300年以上さかのぼった文明19（一四八七）年、**道興准后**もこの地を訪ね、

此のあたりに野火どめのつかといふ塚あり。けふはなやきそと詠ぜしによりて、烽火忽にやけとまりけるとなむ。それより此の塚をのびどめと名づけ侍るよし、国の人申し侍りければ、

わか草の妻もこもらぬ冬されに　やかてもかるるのびどめの塚

（『廻国雑記』）

と詠んでいる。ここでも『伊勢物語』の「つまもこもらぬ」というフレーズが取り上げられている。『伊勢物語』の主人公**在原業平**がこの地にきたのは、そのさらに500年も昔のことである。

※　道興准后については、181頁の※を参照のこと。

このように「野火止」は、はるか昔から有名な地であり、歌枕のような場所だった。そのため多くの歌人、俳人が訪れ、さまざまな歌を詠んでいる。ではなぜこの地が有名なのか。それは色男で、女たらしの業平※と、「青前」という美しい娘の悲恋物語がこの野火止塚で繰り広げられた、という『伊勢物語』の〈世界〉からである。

※　**在原業平**（825～880年）。**平城天皇**《へいぜい》の皇子である**阿保親王**《あぼ》を父とし、**伊登内親王**《いと》を母とする。「六歌仙」「三十六歌仙」に数えられる歌人。色男でプレイボーイの代名詞のようにいわれ、生涯の〈女〉の数は「3733人」を数えた。同時に、腕力でもすごかった。若い頃の**宇多天皇**を相撲で投げ飛ばしている。『伊勢物語』では、**清和天皇**の女御になることが決まっていた**藤原高子**《たかいこ》を背負って逃げた、とされているほどのマッチョであったらしい。

『伊勢物語』の内容については、ここでは述べないが、この〈世界〉から、一つの伝承が語られるようになった。それは――、

　この塚のまわりを、息を止め、目をつむって三周すると、たちまちのうちに美女が現れる

とか、

　誰にも知られず、この塚を息をとめて三回まわると、美女にめぐり会える

といったものである。これが本当の話なら、男だったら誰だって試みるであろう。ところが、これがなかなか難しい。というのは、この塚の直径は、ざっと見て10㍍以上はあるだろう。ということは、三周では100㍍にもなる。よほどの根性か、マラソン選手ぐらいの肺活量がなければ、とてもムリというものだ。しかし、話には続きがあった。落ちこぼれのための、もう一話。

平林寺の山門から一直線に進んでいったところに「野火止塚」はあるが、そのさらに奥に、もう一つの塚がある。その名も、「業平塚」。実はこの塚も、そこそこ有名である。事実、江戸時代後期の天保年間に**斎藤月岑**《げっしん》によって書かれた『**江戸名所図会**《ずえ》』には、

古へ野火を遮り止むるために築きたりしものなるべきを後世好事の人、伊勢物語によりて名付けしなるべし。塚上石碑を建てて和歌の一首をちりばめたり。

と記してある。「和歌の一首」とは、

むさし野にかたり伝へし在原のその名を忍ぶ露の小塚

であるが、この「露の小塚」が「業平塚」なのだ。そしてこの「業平塚」、「野火止塚」とくらべれば、ちょっと小さい。にもかかわらず、その「伝説」の中味は同じである。とすれば、こっちを選べば本当に〈美女〉に会えるのだ、と奮起した男どもが続出したのかもしれない。いわば、敗者復活戦みたいな伝説である。色男の業平にまでアヤカッテ、美女伝説を創作する気合は、見上げたものなのか、笑ってすますのか、判断にこまる話である。しかし、やはり埼玉は、美女に弱いのかも。

「弱い」と判断したところで、次は〈美の像〉である。

2009年10月、この埼玉に忽然として、美女が舞い降りた。といっても、静岡の三保の松原に降り立った、羽衣伝説のような天女ではなく、現代的な美少女なのだ。ということで、この美女が身につけているのは、羽衣ではなく水着だった。しかもかなり過激に、真っ赤な超ビキニなのだ。現れたのは、県道12号線（川越栗橋線）の下日出谷（桶川市）あたりに、新しくできた交差点の角である。

桶川の美少女

これが本物の美女だったら、大変なことになるのだが、現れたのは、コンクリートの「像」である。等身大よりも少し大きめのこの像、作品名は「桶川の美少女」。

作者は、

やっぱりこういった若い女の子の物の方が見てもいいしね・・・（「埼玉新聞」２０１３・１・16）

と語っている、大工の岡野靖夫である。この作者、県展（埼玉県美術展覧会）で過去3回も入選した、レッキトシタ芸術家らしい。設置した動機について彼は、

渋谷のハチ公じゃないけど、待ち合わせ場所みたいになってにぎわいの場になってくれれば（前掲新聞）

と、抱負を語っている。

この「美少女」、水の上に立っているビキニ姿である。プロポーション抜群の身体の線には、かなりの衝撃さとリアリティーを感じさせる。肉感的で、セクシーな身体からは、「美少女」というくくりからははるかに越え、かなりの色気がタダヨッテいる。と同時に、長い黒髪を両手でつかんでいるあどけなさからは、ナチュラルな少女そのものを想わせている。

だが――しかし、である。

私には、どうしても〈美人〉には見えなかった。不美人とはいわないが、どうひいき目で見ても〈美少女〉

ではない。

だが――しかし、もう一度しかしである。

美人、美少女とは思えないが、なにか気になる。なにが気になるのだろう、と考えてみたがよくわからない。そんなとき、若いころ読んだ**フロイト**を思い出した。「美」とは性的な興奮に起源を持つ、という彼らしい定義を思いだしたのだ。彼にいわせれば、「美」とはもともと性的に刺激するモノである。その性的な刺激になんらかの魅力を感じれば、その瞬間、男どもは心の中で「美」を再構成してしまうのだ。つまり、「美」とは、エロスを感受する心から生まれる、という彼のリクツである。

このように、男を性的に引きつける魅力こそが、「美」の根源だとすれば、たしかにこの「美少女」像は、まちがいなく「美人」であり、「美少女」といわざるをえない。なぜなら、少なくともこの私は、その像を目にしたとき、なにか気になったのである。つまり、ソソラレタという感じなのだ。

ということは「美人」とは、つまるところやっぱり主観性の問題、男の心の中から生まれる幻想※だったのか、と思わせるような「桶川の美少女」であった。

※ 戦後最高の思想家**吉本隆明**は、その主著『**共同幻想論**』で、
共同幻想というのは、おおざっぱにいえば個体としての人間の心的な世界と心的な世界がつくりだした以外のすべての観念的世界を意味している。いいかえれば人間が個体としてではなく、なんらかの共同性としてこの世界と関係する観念の在り方のことを指している。

と、自らが造語した「共同幻想」を説明しているが、解ったようで、ゼンゼンわからない〈幻想〉である。私などは、「共同幻想論」よりむしろ「美女幻想論」に興味があり、文章化したあとで、吉本に批評してもらいたかった、ぐらいに思っている。

美女木の標識

埼玉での「美」の四つ目は、〈美の地〉である。

中央自動車道「小仏トンネル」の相模湖側出入口の北側に、鄙《ひな》びた温泉がある。道路マップには「鉱泉」と記された、一軒宿の温泉場である。相模湖や高尾山あたりをハイキングする人には重宝な、山里の隠れ湯のような存在である。しかしこれだけの特徴なら、こうした温泉場は日本列島他にもいっぱいある。ところが、この温泉場、他には絶対ないような特徴を秘めているのだ。それは、その名前である。

なんと——「美女谷温泉」。

小野小町と並び称された絶世の美女、**照手姫**《てるて》※1が生まれた地ということから、こう名づけられたらしい。理由はともあれ、衝撃の地名であることにかわりはない。残念ながら神奈川（相模湖町）の温泉場なので、ここではとりあげられない。※2しかし、同じような話は、埼玉にもある。

※1　説話などに、小栗判官の愛人として登場する、伝説上の美女。小栗判官も同様伝説上の人物であり、中世以降の各種物語の主人公である。

※2　「とりあげられない」と記したが、この温泉、その衝撃的名前に惹かれ、勇躍行ってみてわかったのだが、実は5年ほど前に閉鎖されていた。中央本線・中央道と並行している国道20号線を走っていくと、中央道に架かった巨大な赤い鉄橋のほぼ下に、大きな「美女谷温泉入口」の看板を目にした。曲がった瞬間から、山道だった。途中「美女谷橋」を通過し、クネクネと曲がった道路を5分ほど登っていくと、右側に廃墟のような温泉宿があった。宿の看板ははずされ、駐車場の奥の草叢《くさむら》のなかに捨ててあった。また、この温泉場からさらに500㍍ほど道にそって上っていくと、照手姫の水鏡「七ツ淵《ぶち》」という旧跡があった。道路脇には「甲州古道　底沢・美女谷」と書かれた、現代的な道標もあった。その昔は、甲州往還だったのであろう。それにしても「底沢」とはよくいったものだ、と感心した。

地形は「美女谷」というよりも、たしかに「底沢」そのものだった。

新大宮バイパスを走っていると、いつもドキッとする標識が目に飛び込んでくる。その標識は、戸田の交差点にあり、「美女木」と書かれているのだ。神奈川の「谷」にたいして、こっちは「木」である。私だけでなく、ほとんどの男たちが、この標識を目にし、目じりを下げるのであろう。

しかしその瞬間――「なんで?」という思いもうかぶはずだ。

なぜ地名が「美女・木」なのだ、という疑問である。世の中には、「美女木」などという「木」は、どこにもない。とすれば、「美女」が住んでいて、「木」がいっぱい生えていた地、ということなのか。いったい、どういうことなのか。

ところがこの「美女木」という地名は、決して最近つけられたものではない。その初出は、すでに「應永五年九月十日」と日付がされた『鶴岡事書日記』に見られるということなのだ。西暦でいえば、1398年である。意味不明な争乱といわれた応仁の乱が起ったのが1467年だから、それよりも70年も古い記録である。ということは、かなり古い、伝統のある地名ということになる。

その名の由来については、『新編武蔵風土記稿』に――、

もと上笹目と云いしが、古え京都より故ありて、美麗の官女数人当所に来り居りしことあり、其頃近村のもの当村をさして美女来とのみ呼しにより、いっとなく村名の如くなりゆきて・・・

と記されている。つまり、都から「美麗の官女数人」が「上笹目村」に来て住みついたので、いつのまにか「美女来」という村名になって、それが「美女木」になった、ということらしい。残念ながらその「美女」たちが、いつ来たのか、「数人」とは何人だったのか、そしてもっとも興味がわく、どれぐらい美しかった

のか、などについては、この文献からは想像できない。

しかし、なるほど、なるほど、うむ、うむ、とうなずき、満足していたら、なんと伝説はもう一つあった。

源頼朝にまつわる伝説である。

それは、奥州平泉に逃げ込んだ弟の**義経**を討つべく、鎌倉側が軍団をさしむけたときのことである。遠征途中、頼朝はこの地に鎮座していた八幡社で休憩した。なにせ八幡社は、源氏の守護神であるからだ。そしてその時、彼には、身の回りの世話をするための美しい女性たちが、同行していた。それを目撃した村の男どもが口々に、「美女だ、美女だ」とうわさしあったようである。この、すごい美女が来た、という噂が「美女来」となり、時がたつうちに「来」が「木」になった、という伝説なのだ。

たしかにこの地には鎌倉街道（中道《なかつみち》の支道）が通っており、また鎌倉の鶴岡八幡宮を勧請したという「八幡社」※もあった。そしてその神社に残っている碑には、頼朝来訪の説明が記されている。また時代もはっきりしている。平泉への遠征ということであれば、文治5（一一八九）年であり、先ほどの『鶴岡事書日記』の記述とも、年代的には矛盾していない。ということで、一笑に付すわけにもいかない伝説なのかもしれない。

※　現在の「美女木八幡社」。今でもかなり立派な神社であるが、もともとこの地は、先ほどの『新編武蔵風土記稿』にも記されていたように、「佐々目郷」（鎌倉時代では、この字が使われていた）と呼ばれ、鶴岡八幡宮の社領地であった。

これらの伝承に通底するキーワードは、いずれも〈美女〉である。しかしいくら美女でも、それが村の名前になるということは、尋常ではない。想像するに、よほどの美人だったのであろう。しかし、それにしても「美女」が村の名になるのは、全国探しても、かなり珍しいといわざるをえない。さすが美人好きの〈埼玉〉、ということである。

ところがさらに調べていくと、こうした〈美女伝説〉を否定する、トンデモナイ説もあった。それも、ご丁寧に三つも。一つは、かなり権威に包《くる》まれた人の説なので、ちょっと困ってしまう。『遠野物語』などで有名な、民俗学者の元祖**柳田国男**であるが、彼は冷静にこう書いている。

美女石美女木という類の名所は、結局は同じ旅の上臈が、山に入って神秘の修法をした故跡に他ならぬ

（「女性と民間伝承」／『定本柳田国男集』八巻）

と「他ならぬ」などと訳知り顔で、断定してしまっているのである。たしかに一般論では、そうかもしれない。しかしこのあたりには「山」などない。修行するような険しい地でもないのだ。だいたい「上臈《じょうろう》」※が、なぜ「美女」になるのだ。前後の文章をいくら熟読しても、真意はさっぱり伝わってこなかった。

※【上臈】①年功（＝臈）を積んだ、地位の高い僧。○下臈（げろう）。②「上臈女房」の略。二位・三位の典侍。③江戸幕府の大奥の職名。御殿女中の上位の者。④身分の高い婦人。

（『岩波国語辞典』）

となっているが、「山に入って神秘の修法」ということであれば、ここでの「上臈」は、①ということになる。

少し腹を立てながら、もう一つの邪説に移れば、次は〈馬〉に関わる説である。

それは——、

美女木は、流鏑馬《やぶさめ》による「飛射騎《びしゃき》」の呼称が年とともに変化した呼称である。

（岩井茂『さいたま地名考』）

という説であるが、なんと夢のない話であろう。しかも著者は、ここでは「である」という断定的表現を使

用している。タイトルにつけられている「考」からすれば、かなり強い自信に満ちた表現である。他の地名のところを読んでみると、「だろう」とか「であろう」という、いかにも「考」にふさわしい言葉を選択しているのに、この「美女木」のところでは、なんと「である」なのだ。これでは、美女は、馬になってしまう。夢が破れてしまうではないか。

ヤブレカブレにもう一話。「美女」の「ビジョ」は、「泥濘《でいねい》」（ぬかるみ）を意味し、低湿地帯をさす言葉である、という地名学者たちの説である。いわゆる、水などを頭からかぶったときなどによく使う、「ビショビショになっちゃった」などという、あの「ビショ」である。「馬」のつぎは「泥」である。ここまでくると、もう溜息しか出なくなる。学問・言論の自由という大前提の前では、どうすることもできない。ただ神に救いを求めるしか、道はないのであろう。

しかし、ホンネをいえば、はるか昔に思いをはせ、ロマンの香りただよう「美麗の官女」「頼朝の美女」のどちらかの説に、ただひたすらすがりつきたい、妄信したい、という心境である。そういえば、埼玉を代表する歌人が、「美女木」の随筆を書いている中で、かなり醒《さ》めた目で、

男《お》の子らの美女へのあこがれ虚虚実実〈見てきたよう〉に語り継がれて

（沖ななも『埼玉地名ぶらり詠み歩き』）

と、詠っていたっけ。

ああ、「美女木」も、「虚虚実実」のなかで〈見てきたように〉「語り継がれて」きたのだろうか。そういえば、先ほどの『新編武蔵風土記稿』でも、よく読むと最後のほうに「いとおぼつかなき説なれども」と書いてあった。これでは、まるで四面楚歌であり、美女好きの読者たちは、立ち直れないかも。

関連市町村

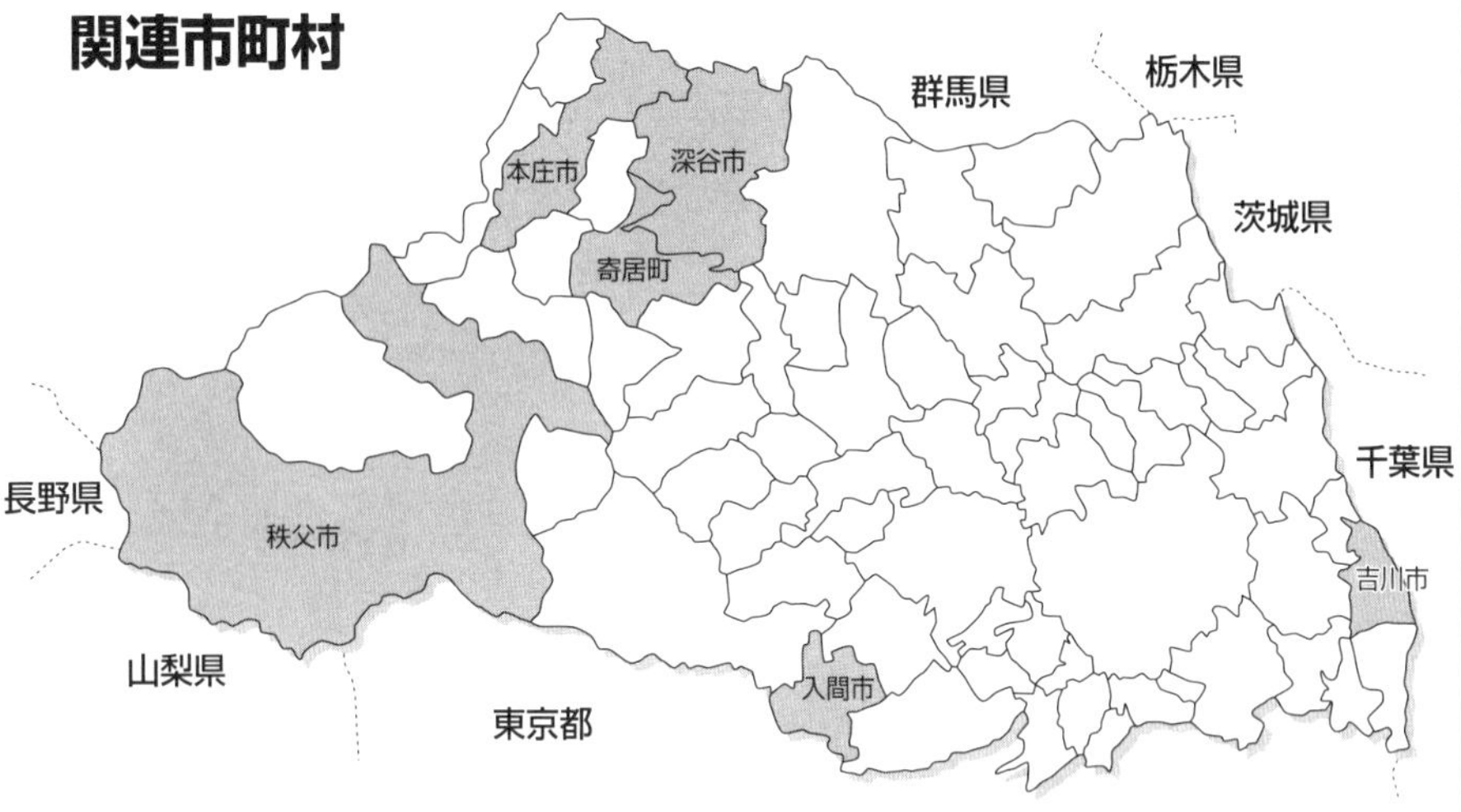

遺産

時をかける少女　愛は輝く舟・・・〈魚道と配水塔〉

景　景観の中の違和感が、まるでオーパーツ。素敵な〝場違いの遺物〟たち

時をかける少女

あなた　私のもとから　突然消えたり　しないでね
二度とは会えない場所へ　ひとりで行かないと誓って
私は　私は　さまよい人になる
時をかける少女　愛は輝く舟
過去も未来も星座も越えるから　抱きとめて

（詞・曲　松任谷由美
歌　原田　知世）

いまや、世界中の誰でも知っており、誰もが使っている「西暦」の始点は、もちろんイエス・キリストの生誕からである。※ **ちびまる子**ではないが、「そんなの、ジョオシキー」といわれてしまいそうだ。では彼はいつ死んだのか、となると、これがなぜか意外と知られていない。学者の間では、西暦33年頃となっている。

ではついでに、彼の墓はどこ?とたずねて、「実は、青森県にあるんです」といわれたら、それはもうビックリであろう。

※ 正確にいえば「西暦」とは、イエス・キリストが生まれた年の翌年を元年（紀元）とした紀年法である。彼は12月25日に生まれているが、その年ではなく、あくまでも次の年から数えはじめる暦法になっている。

昭和10（一九三五）年8月、そのあたりの誰も見たこともない黒塗りの乗用車が、突然、青森県の十和田湖近くの村に入ってきた。そしてその車から降り立ったのは、皇祖《こうそ》皇太《こうたい》神宮の神官たちであった。そして、一行のうちの一人が※——、

ゴルゴダの丘で十字架にかかったのは、身代わりになった弟のイスキリで、本人は日本に逃れ、この地で死んだのだ！

と、ノタまったのだ。なんでも、彼が発見した古い文献に、書かれていたそうである。

※ 「一行のうちの一人」とは、いわゆる「竹内文書《もんじょ》」で有名な竹内巨麿《きよまろ》であった。「皇祖皇太神宮」とは、この巨麿が明治33（一九〇〇）年に開いた、御嶽教天都教会からはじまる。数度にわたる政府の弾圧（危険思想、不敬罪など）を受けるも、戦後まで生きのび、今は「皇祖皇太神宮天津教」を名のっている。神道の国際版・原理主義のような教義で、特定の神だけを祀るのではなく、すべての神々（ユダヤ教、道教、儒教、キリスト教、仏教、イスラム教そして日本神道などすべて）を包括する、万教帰一という宗教である。戦前では、2・26事件などで有名な**荒木貞夫**や右翼の**頭山満**をはじめ、有力軍人、政治家に信奉者が多かった。戦後は「大日教」などと名を改めたこともあった。本部は、茨城県北茨城にある。

「十和田湖近くの村」とは、戸来村《へらいむら》（現・新郷村《しんごうむら》）であるが、もちろん村は、大騒ぎになった。ところが調べてみると、まんざら嘘っぱちでもない〈状況証拠〉が、ぞくぞく出てきた。まず「戸来《へらい》村」そのものが、

ヘブライ（ユダヤ）とは音《おん》で連なり、当時、村では父を「アダ」、母を「エバ」と呼んでいた。まるでアダムとイブ（エバ）である。また、赤ちゃんの額に「十字」を書いて魔よけとする「ヤッコ」という風習が、古くから行なわれていたし、ダビデの星を家紋としている家が、多くあった。また毎年の盆踊りでは、ナニャドヤラ～　ナニャドナサレノ　ナニャドヤラ～※などと、訳のわからない不可解なフレーズをくり返してきた。そして決定打は、笹にうもれていた二つの土塚であった。この二つの塚は、イエスの墓とイスキリの遺品を埋めた塚である、と神官たちが主張したのだ。

※　この呪文のような謎めいた唄は、なんと古代ヘブライ語で「汝の聖名を褒め称えん、汝に毛人を掃討して、汝の聖名を褒め称えん」という意味だとされる。

以来、この村は、「キリストの墓がある村」として、そこそこ有名になってしまい、今その塚にはイエスの十字架が復元されている。あってはならない、あるはずがない、というモノがあったという理由から、〝神秘の村〟として有名になったのである。

こうした話と似ているものに、オーパーツというコトバがある。〝場違いな工芸品〟といわれるもので、語源的には、out of place artifacts を略して「OOPARTS」※ということである。日本では「時代錯誤遺物」とか「場違いな加工品」などと意訳されることもある。有名なのは、大きいのでは南米ペルーのナスカの地上絵であり、中規模のものではイギリスなどで見られるストーンヘンジ、小さいものではコロンビアで発見された、黄金の「戦闘機の模型」だろう。世界中から、こうしたオーパーツは、続々と発見されている。

※　アメリカの動物学者、**アイヴァン・サンダーソン**の造語。彼はこの言葉を、「発掘品」にあて、伝世品に関しては オープス、**out of place thing**（OOPTH）と呼んでいた。

こうしたオーパーツを〝場違いの遺物〟としてとらえ、そこに潜む、時代・歴史との矛盾性を、宇宙との関連から読み解こうとしている「宇宙考古学」なる研究も、世界中で進んでいる。広義の意味では、ピラミッドなどの謎に新しい視点を導入した、**グラハム・ハンコック**※などの理論も含まれるのかもしれない。

※ 1950年生まれの英国人。1995年（日本では翌年）に発表された『**神々の指紋**』は、有史以前の超古代文明を独特の切り口で考察し、全世界で600万部を超える、空前のベストセラーになった。他にも『**神の刻印**』『**惑星の暗号**』『**創世の守護神**』などがあり、『**神々の世界**』では、与那国島の海底遺跡が考察されている。

オーパーツの神髄は、歴史のはるか遠い昔に、すでに現代の高度な文明の片鱗・証拠が見られる、ということにあるのだが、その逆はなんといったらいいのか。つまり時代にとり残されてしまったために、現代では〝場違いの遺物〟として見られているモノである。しいていえば、Out of Modern View あるいは View を Sight や Scene に置き換えてもいい。

これらの〝遺物〟は、オーパーツとちがって、そこに〈謎〉があるわけでもないし、「宇宙考古学」が進出してくる余地もない。しかし、違和感だけは確かにある、といった性格のモノなのだ。

けれども、その「違和感」は、周りとの時代の〝差〟であって、けっして景観を損なうとか、風景を壊している、といった類ではない。それどころか、現代の景観の中で、逆に独特の輝きを発信していたりする。つまり〈過去〉を現代の中にコラージュさせ、その時代を超えた存在が、貴重な歴史的財産としてキラメイテいる、といったようなモノである。

こうした〝遺物〟は、丁寧に探してみれば、各地に残っているはずである。そしてそれらの多くは、現代の中でますます輝きを増し、その存在はますます貴重なものとなっている。

いうなれば〝一周遅れのトップランナー〟、といったところであろう。

ここでは、そうした〝トップランナー〟としての、芸術的な三つの〈塔〉をとりあげてみる。

日本で「塔」といえば、まずは東京タワーである。ではスカイツリーができてからは、その「昭和の塔」は、その意義を終えたのか。同じように、埼玉で「塔」といえば、川越の「時の鐘」だが、この「江戸の塔」も、電子時計の普及でその役目を終えたのか。そんなことはない。どちらもますますその存在が輝いている現役の「塔」である。さらにいえば、そこに絶対になくてはならない貴重な構築物、その地の歴史の〈証人〉そのもの、といえよう。


武蔵七党※の児玉党の本拠地であった児玉町（現・本庄市）。歴史と文化が香る街、といったイメージのこの町も、本庄市との合併で、最近その個性はぼんやりとして見えにくくなった感がする。しかし、ＪＲ八高線の児玉駅を降りると、まだこの街の個性はしっかり生きていた。駅から真西に歩いていくと埼玉の偉人**塙保己一**の記念館があるが、南西方面にいくと建物の隙間から突如として、その巨大でシンボリックな構築物が、圧倒的な〝唐突さ〟で目に飛び込んでくる。

※　平安時代後期から鎌倉・室町時代にかけ、武蔵国を中心に勢力をはっていた同族的武士団の総称。横山党・猪俣党・野与《のいよ》党・村山党・児玉党・西（西野）党・丹（丹治）党・私市《きさい》党・綴《つづり》党の九党あるが、文献（著者）によってこれらから随意に七つを選び、武蔵七党としている。ただしこれらの名称は、鎌倉時代の歴史書『**吾妻鏡**』には見られないため、南北朝以降の呼び方とされている。

その姿は、懐かしいようでいて、そのくせ実に斬新さを印象づける。見るからに古いにもかかわらず、そこいらの景観からは若干〝違和感〟を感じさせるが、どこか新鮮で、最先端の芸術のモダンなニオイを発信しているのだ。

高さ1㍍ほどの、昔を思わせる石垣で囲まれた高台の上に、そいつは一人慄然《りつぜん》として立っていた。

全体はクリーム色で、所どころは緑がかったブルーでアクセントのように塗られている、高さ17・7㍍のコンクリート建築物である。容ぼうは写真のように、ドーム型の天井をもつ、ずんぐりした円筒形だ。見ようによっては、燈台のようでもあり、また、**ドン・キホーテ**が駄馬ロシナンテに乗って突撃を試みた、オランダの「不埒なる巨人」（風車）のようでもある。ただし、この塔（男っぽいから以下、「彼」と呼ぶ）には、風車のような羽根はないが。

彼の名前は――「児玉水道旧配水塔」である。

児玉水道旧配水塔

昭和3（一九二八）年に着工され、3年かけて竣工している。埼玉県内では三番目に造られた近代的水道配水施設であり、給水人口は5000人にもおよんでいた。が今はその役目もおわり、この地域の近代化のシンボルとして、住民から愛され、親しまれている。

建築以来、周りの景色がどんどん変わっても、時がずっーと過ぎ去っていっても、彼はこの地に同じ姿で、ただ黙って立ちつづけてきた。まるで時代から取り残されたかのように、あるいは時間の迷路に迷いこんだかのように。そして今では、あたかも自分が配水塔であったことを、忘れてしまっているかのようにも見える。まるで永久の時の中で、それこそ永遠の構築物かのように、そこに立ち続けている。まるで自分が児玉のランドマークだと思っているかのように。たしかに彼は、しっかりと大地に、足を踏んばっていればいいだけなのだ。時間はまわりで刻々と過ぎていき、景色はそれにつれてゆっくり変わっていった。そしてそれらが変われればかわるほど、変わらない彼の価値・存在感は上がっていったのである。ひょっとしたら、その沈黙のたたずまいこそが、逆説的にも最大の〈雄弁〉を保障してきたのかもしれない。そう、日本人が特に不得手とする〈雄弁〉を。

ヨーロッパにあって日本に移植されなかった、あるいは移植困難であったものが二つある。それは「論理」と「雄弁」である。論理のほうは別として日本には雄弁の伝統というものがまるでなかった。ふしぎなことであるが事実、そうである。

（多田道太郎『しぐさの日本文化』）

よく見ると彼、日本人には見えない。どう見ても、近代西洋的な容姿である。ということは、生まれたときから先天的に、「雄弁」のDNAを持っていたのかもしれないのだ。ただ話すための口が、なかっただけなのである。しかし日本では、「沈黙は金」[※]ともいう。この〈沈黙の雄弁〉が功を奏したのか、いま彼は、国の登録有形文化財とされ、押しもおされもしない、貴重な遺物＝建築物とされたのである。

※　はじめにロゴス（ことば・論理）があったとされる西洋キリスト教文明に対して、釈迦は「空」を原点にし、老荘思想などの東洋哲学では「無」（虚無）を根源としている。「有」の西洋、「無」の東洋なのだ。

そもそも彼は、なぜこの地に立っているのか。

それは――このあたりの地形が扇状地[※]、ということからきている。児玉町のあたりはよく、秩父山地の前衛とも、外秩父とも呼ばれる。関東平野の一番奥に位置し、山地がはじまるところに位置しているからだ。そして秩父山地などから、槻川や兜川などが流れ出しており、山地と平野の周縁部には、大量の土砂が堆積する。こうして、典型的な扇状地が形成された。いったん扇状地ができてしまうと、運ばれた砂利が水をすってしまう。そのため、水利には恵まれず、生活用水の不足が常態化する。ということで、扇状地に住むこの地の人びとにとって、こうした近代的な水道施設は、永年の悲願であったのだ。

※　河川が山地から平野に移るところにでき、土砂などが山側を頂点として扇子のような形にひろがり、堆積することから、そう呼ばれている。土砂には大小さまざまな礫が多くふくまれており、そのため水は深く沈み、地下水となってしまう。その結果地上では、水不足が生じる。

配水の原理は、隣接地に造られた地下の集水池から、塔の一階に設置されたポンプによって、塔の上層部にある水槽（容量130立方㍍）に水を汲み上げ、そこにいったん貯水し、自然流下のかたちで各戸に配水するというものであった。つまり水を高いところに揚げ、その重み（水圧）で各家庭に供給する、という仕組みである。どこにでもあるごく普通の仕組みだが、ここでの問題はその外形・容姿である。

見てお判りのように、現代にはない型《タイプ》である。まさに、大正をひきずった古き昭和の意匠であるが、当時としては近代的な最先端のモダンだったのであろう。当時の人たちにとってその威容は、〝驚異とあこがれ〟が、ごっちゃになって現れたのかもしれない。異国風のドーム屋根をのせ、曲線をふんだんに用いたアールデコ風な外観は、現代人には、見ただけで〈郷愁〉と〈レトロ〉を感じさせる。表札にも、そのレトロ性が現れている。正面入口のドアの上に、配水塔と大きく書かれているが、その配列が実にレトロモダンなのだ。一文字ずつ四角に囲まれ、次頁上のようにヨコに並んでいる。

見ておわかりのように、その方向が今とは逆なのだ。つまり右から読むように配置されているのである。昔の新聞のヨコ見出しを思い出す。また向って左側には、これまた最近では見られない火の見やぐらが立っており、反対の右側にはコンクリート製の管理棟のような建物もあるが、それがみごとに傾いていた。その傾きが無言で、見る人に時の流れを感じさせている。

塔水配

今は、水を配給するという役目を終え、ただ黙ってそこにポツネンと立っているだけだが、ただ立っているだけで、周りの住民に安心感を与え続けているようだ。水の配給は終わったが、住民に日夜〈癒し〉〈ノスタルジー〉を届けているかのようである。

しかし見ればみるほど、存在感がある。ドン・キホーテが後に理解したように、たしかに「不埒なる巨人」ではないが、「ボクは昔、この地のアイドルだったんだよ!」と、ちょっとナルシズムに陥っている可能性は十分ある。ひょっとしたら彼、見られていることを意識しているのかもしれない。いや、心の中では絶対に、「ねえ、見てよ、もっと見て!」と思っているにチガイナイ、と確信させられてしまった。

そんな無邪気で、愛すべき遺跡に、

キミは今でも、いや、今こそこの地のアイドルなんだよ。周りの景観が変貌すればするほど、キミの輝きはますます光をはなち、そのレトロな姿でこの地の人びとを魅了し続けているんだよ

と慰めをささやきかけながら、この児玉のランドマークに別れを告げたのだが、帰り道、一つの疑問がわいてきた。こいつを設計したのは、当時、県の技手であった宮原雄次郎である。彼は設計するとき、時代がかなりへた後、こいつがモニュメントとして多くの人たちから愛されることまで計算したのであろうか、という疑問である。

次は、この児玉のアイドルとは、フォルムもその遍歴も、まったく正反対なイメージの給水塔である。

ＪＲ高崎線の深谷駅で下車し、東の方に3キロほど歩いていくと、深谷市立の常盤小学校、幡羅中学校が県道263号線にならんで建っている。中学校の角を左に（北に）まがり、200メートルほど行くと、民家がとだえ畑の風景になる。その地点で首を右に向けると、その建物の上部が突如として目に飛び込んでくる。

高い木に囲まれ、このあたりではめずらしい、背高ノッポで直方体の形をした、鉄筋コンクリート5階の建築物である。目立つわりには、辺りの景観には、なんとなくなじめないかのように、ひたすらそこに無言で立っている。高さは、児玉のアイドルよりも高く、実に18メートルもある。大きさからいえば、十分にランドマークとしての存在になれそうなのだが、なぜかそうさせない雰囲気でおおわれている。暗い歴史を生きてきたかのように、また、人にはいえないような遍歴をしてきたような、不思議な雰囲気を漂わせている。見るからに古く、イメージも前世紀を思わせる構造物である。遠くから見ればまるで廃墟のようにも見えるが、玄関には人が住んでいるという証《あかし》であるかのように、ちゃんと表札があった。

旧配水塔（深谷市）

この「ノッポ」、ずーっとここに建っていたのだ。このあたりの景色を見続け、流れ行く時間には関係ない存在として、ずーっとここに立っていたようである。

この不思議な建造物、昭和19（一九四四）年に建設され、その正式名称は、

――「旧東京第二陸軍造兵廠深谷製造所給水塔」※

といった、ずいぶん長ったらしい名前である。簡単にいえば、先の〈児玉のアイドル〉と同じような給水塔であり、旧陸軍が太平洋戦争の末期の昭和19（一九四四）年に、周辺の軍事施設（軍火薬製造工場）に給水するために造ったものである。だがどう見ても、給水塔には見えない造りをしている。また〈児玉のアイドル〉とは対照的に、なぜか隠れるように、ひっそりと立ちすくんでいる。見る人に、そんなイメージを与える〈塔〉なのだ。

※「第二」というからには、当然「第一」がある。第一は、昭和12（一九三七）年上福岡市（現・ふじみ野市）に造られた「東京第一陸軍造兵廠川越製造所」と、昭和15年に造られた「東京第一陸軍造兵廠大宮製造所」である。すべて埼玉なのに、なぜか「東京ディズニーランド」のように「東京」を名のっている。旧日本陸軍の「東京軍管区」からであろう。

しかし、正確にいうと、任務は給水だけではなかった。油の供給もしていたのだ。油といっても、石油ではない。あの伝説の松根《しょうこん》油《ゆ》※である。

※松の切り株から抽出された油状液体。石油を止められたために戦争に突入した日本は、アメリカとの開戦前に、すでにこの松根油の研究に取りくんでおり、記録では昭和10年に、6000キロリットル生産されている。戦争末期には、ゼロ戦などはこの松根油で飛ばされていた、という話がよく聞かれるが、実際には実用化には到らなかった。しかし日本列島のあちこちで、松が大規模に抜かれたのは事実である。

若い人に話しても、笑われてしまいそうだが、当時の日本では、真剣にとりくまれていた。いや、とりくまざるをえなかったのだ。なにせ日米開戦時のときのわが国の石油備蓄量は、わずか二年分しかなかったのである。それも、平時のときの使用量で、という状態だったのだ。そのため、戦争末期には日本中の松の木が掘りかえされ、ゼロ戦などの戦闘機の燃料にしようと試みられていた。この松根油を供給する装置が、この建物の1階から4階にかけて配置されていたのだ。もちろん最上階には、本来の目的である給水設備があった。

しかし昭和20（一九四五）年8月15日、日本の敗戦によって戦争は終わった。戦争の終結は、この建築物の無用化を表すことである。当然、国は手放さざるをえない。こうして10年後の昭和30年、国はこの無用となった国有財産を、払い下げることにした。民間への競売が発表されたのである。今の時代なら、誰も見向きもしないであろう、と思われるが、なんと二人が応募した。その二人の動機が、それぞれ実に面白い。

一人は、くず鉄業を営む者であった。しかし彼はこの建物がほしいのではなく、実はこの建物の骨組みがほしかったのだ。金属類が不足していた時代である。彼はこの給水塔を解体し、中の鉄筋を売ろうと考えたのである。

もう一人は、この建造物に住みたい、と切望していた病院の事務長だった。彼は終戦を滋賀でむかえたのだが、その直後に故郷の深谷にもどってきた。帰ってきた彼は、この塔のような高い建物に興味をだき、毎日この塔を眺めて暮らしていた。それはそうであろう。というのも、当時の日本には、まして深谷の街には、このような高層建築物はなかったのだから。そして興味は、いつのまにか憧れに変わり、憧れは現実的な欲望に変わっていった。「あぁ～、あの塔に住みたいなぁ～」という望みである。そんなときであった。国がこの建物を払い下げる、という情報が、彼の耳に入ってきたのである。もちろん彼は、競売に応募した。

こうして、二人の入札が行なわれた。入札の結果、病院事務長が落札した。彼の名前は、栗原だった。入札の経緯も、彼のフルネームも、クズ鉄屋の名前も、はっきりとはわからない。だが、運命の女神は、栗原という男に微笑んだのだ。

さっそく彼は、この給水塔を住居にするためのリフォームに取りかかる。もちろん設計は彼が行い、2階に寝室、食堂、台所、バス、トイレを造った。最上部の5階部分は、水のタンクになっていたので使えなかったが、4階から下は、自由に使えたのである。実は彼、このとき結婚したばかりであり、この殺風景な給水塔が、ハネムーンの新居となったのである。二人だけの甘い生活なら、塔全体を使うような大きな空間はいらない。ということで、当初は3階以上は手をつけなかった。ところが建物自体がガランドウだったため、3階以上には窓ガラスもなく、そのため鳥が巣をつくり、木の葉がたまるいっぽうであった。なんとかしなければ、と思っていた矢先、長男が誕生し、さらなるリフォームをせまられたのである。こうして2年後には、3階に子供部屋を新築し(長男・長女の)、その後も改築を続け、今の状態になったのは、実に昭和40(一九六五)年のことであった。

いまこの建物のある敷地には、「ティーサロン詩季」というお店があり、森の中のカフェテラスといった雰囲気をかもしだしている。平和の象徴のような文化とおしゃべりが、今この敷地のなかで見られるのである。

しかしよく考えれば、もし先ほどの「くず鉄業を営む者」が落札していたら、国の「登録有形文化財」(平成14年10月)に指定されたこの「ノッポ」は、確実に残らなかったということである。戦後すでに70年以上の歳月が流れている。戦争遺跡がこれほどの期間ここにあり、しかも現役で活躍していること自体、奇跡といわざるをえない。そうした意味からか、この構造物、まわりの景色からすれば、なんとなく不釣合いで、景観になじめないような雰囲気をただよわせている。

たしかにこの「ノッポ」、いつも無表情で、無言であった。自分からは何も発しようとせず、ただただ見る者の心がそこに投影され、読み取られることを願ってきたかのように。しかし、そうであればあるほど、この構築物、それだけ自らの存在感を高めているのである。この「ノッポ」の存在によって、戦争当時の失われゆく記憶が風化されず、この地で確実に残っていくからだ。戦争の記憶がこの国の人びとの心のなかから消えていこうとする情況のなかで、この国民的財産ともいえる「ノッポ」がその姿をとどめ——たとえ無言でも——、そのままの形として残ればのこるほど、この建物の〈奇跡〉は、続いていくのであろう。

さて、もう一つの〈塔〉に話を移そう。

この塔、どこからどう見ても、まるでヨーロッパにある中世の城のようなのだ。その「中世の城」がある場所は、山また山の奥である。まるで**深沢七郎**の小説の出だしのように——、

山と山が連っていて、どこまでも山ばかりである。（『楢山節考』）

といった感じの、森閑とした山の奥である。

秩父方面から国道140号線（彩甲斐街道）を、山梨方面に向かって車をとばしていく。途中には、三峯神社の参道入口などがあり、さらに行くと、突然、巨大なダムが目に入ってくる。2008年に完成した滝沢ダム※である。中津川をせき止めて造られ、埼玉県では最大の規模である。ダムのまん前には、これまた恐ろしいほど巨大なループ橋が架かり、ぐるっとまわってダムの後ろ側に行く。左側に湖が見えてくる。一般からの応募によって「奥秩父もみじ湖」と名づけられたダム湖である。このあたり一帯、秩父多摩甲斐国立公園であり、風光明媚な景色が楽しめる。

※　高さ132㍍、幅424㍍の堂々たる重力式ダム。その直下の下流には、高低差120㍍を接続するための巨大なループ橋（「大滝大橋」と「廿六木《とどろき》大橋」）があり、景観はバツグン。二つの橋は、あわせて「雷電廿六木橋」と命名されている。

ダムから3㌔ほど進んだところで右折し、県道210号線に入る。中津川に並行している道路で、中津峡方面に向かう。両岸は奇岩がそそりたつ絶景だ。『**新編武蔵風土記稿**』には、

　牛馬の通路もなき険阨《やく》の土地

と記されており、その詳しい様子は、こんな感じであった。

岩壁は両岸より迫り、本流は滝、滑、淵などを形成して流れ下っている。このような険悪な谷であるこの区間は「中津川四十八瀬」の名があり、むかしの谷沿いの道は、幾度となく危険な流れを丸太橋で渡り返さなければならなかった。

（『秩父滝沢ダム水没地域　総合調査報告書』下巻・人文編）

つまり、昔は道らしい道もなく、丸木橋のような橋を渡って、中津川の瀬を行ったり来たりしながらの通行だった、ということである。そのため誰いうとなく、「四十八瀬越え」などといわれてきたのだが、この「四十八」という数字は、決してオーバーな表現、語呂のいい表現などではなく、実際に48ヵ所の丸木橋程度の橋が架かっていたのであり、げんにこの「調査報告書」には、その地図まで表記されている。

さらに進んで行き、上流に向うこと約14㌔、季節が秋ならば、この地区の名所とされている「女郎もみじ」が目に入ってくるあたりに、細い道（中津川林道）が左手に見える。この道、埼玉県内では最も西に位置する自動車通行可能な道路であり、正式名は「秩父市道大滝幹線17号線」という。しばらく行くと、道沿いに「彩の国ふれあいの森・森林科学館」がある。周りは〈幽邃《ゆうすい》〉の山峡である。そこから河原に入る。岩魚や

鮎の渓流釣りの場所であり、考えられないほど澄んだきれいな水に、岩魚が銀鱗をひらめかしていた。２００㍍ほど先の上流に、大きな砂防ダムが見える。
そしてその脇に――その「城」が見えた。中世の城が中津川の流れの中に建っていた。
なぜこんなところに、「城」があるのだろう。発見した瞬間、私の脳裏に一つの文章が突然浮かんだ。

その店を見たとき、突然、〈デジャヴュ〉という奇妙な言葉が江間隆之の頭にうかんだ。

〈Deja vu＝既視感《きしかん》〉
彼が大学の学生だったころ、心理学の授業で教わった用語である。

（五木寛之『戒厳令の夜』）

はじめて見る光景なのに、なぜか以前に見たような気がする感覚のことである。ではその時、私のなかを駆けめぐった「既視感」とは、なんだったのか。しばらく目を閉じ、思い出してみた。記憶の古層から突如、50年も前に読んだ文章が甦ってきたのだ。かなり難解だったという思い出とともに――。

倫敦《ろんどん》塔の歴史は英國の歴史を煎じ詰めたものである。過去と云う怪しき物を蔽《おお》へる戸帳《とばり》が自づと裂けて龕中《がんちゅう》の幽光を二十世紀の上に反射するものは倫敦塔である。凡《すべ》てを葬る時の流れが逆しまに戻って古代の一片が現代に漂ひ來れりとも見るべきは倫敦塔である。人の血、人の肉、人の罪が結晶して馬、車、汽車の中にとり残されたるは倫敦塔である。

（夏目漱石「倫敦塔」）

漱石の文壇デビューは、『**ホトトギス**』に発表した「**吾輩は猫である**」の第一編からである。明治38（一九〇五）の一月号であった。と同時に彼は、この作品と並行して多くの短編を発表している。「**倫敦塔**」は同年の『**帝國文學**』一月号に掲載され、漱石のもっとも初期の作品といえる。イギリスでの留学生活のなかでためておいた〈紀行文〉のような作品であるが、文章の硬さといい、文字の難しさ※といい、今の時代では難解そのものである。しかし、中津川の奥で発見したその「城」の第一印象は、漱石が著した、この「倫敦塔」のイメージであった。

※ 引用文の中の「龕」は、「ガン」「カン」「コン」などと読み、意味は岩壁や仏塔の下に彫りこんだむろ、を表し、中に仏像や宝物をおさめる、という意味。漢字そのものは、「龍」に「合（ふたをしてとじる）」で、とじて中に大切なものを入れこむ所、を表している。それにしても難しい漢字である。しかし最新の『漱石全集』（岩波書店）でも、この字が使われていた。

そこは人煙まれな山峡であり、誰も住んではいない。では、誰も住んでいない静謐《せいひつ》なこんなところに、なぜ「中世の城」があるのか。それだけで、すでに十分〈オーパーツ〉なのに、その建造物の正体を知れば、驚き百倍なのかもしれない。

実はこの建造物――なんと「魚道」※なのだ。

※ 魚が川を遡行するときに、さまざまな障害物（ダムや堰など）で、その遡行が妨げられるような箇所に造られる、魚の遡行を助けるための工作物。

しかし私たちがよく目にするのは、川の脇に造られた緩やかな階段状の水路である。たしかにこうすれば、魚たちも川を遡行できるだろうな、と素人にも理解できる形状の工作物である。ところがこの「城」、その高さなんと6㍍ほどあるのだ。これがどうして「魚道」なのか、と頭を傾けてしまった。たしかに横には、立派な大規模な砂防ダムが造られている。魚道が必要な箇所であることは、理解できた。しかし、6㍍もの落差を、この城がどのようにして解消するのか。外から眺めているだけでは、さっぱり見当もつかない。

中をのぞいて、やっとわかったのだが、この城、中は螺旋状のスロープになっている。上流側で分かれた水が、すべり台のような樋によって塔の上に流れてくる仕掛けになっていた。塔の上に届いた水は、巨大な塔の中を3回転半してゆっくり流れ落ち、その後本流に合流する、という仕組みなのだ。

しかし理解はできるが、やっぱりこの建造物、見た目は「城」のほうが正解のような気がしてならない。

ちなみにこの「城」、その正式名称は、

——「中津川治山堰堤魚道」という。

平成8年に、県によって造られた構造物である。帰りしなに、反対側の道路の上からもう一度眺めて見たが、やっぱり「中世の城」、それもライン川にそって点在している城の一つ、たとえば「ライヒェンシュタイン城」というような、かっこいい名前の城に見えてくる。漱石が記したように、たしかにこの「城」は——、

奥武蔵の歴史を煎じ詰めたもの
であり、
二十一世紀の上に反射するもの
であり、

時の流れが逆しまに戻って古代の一片が現代に漂い来たれり
という印象を、見る人にあたえている。ただし、

人の血、人の肉、人の罪
というイメージは、この城からは、まったく感じることはなかった。

中津川治山堰堤魚道

むしろ、不思議な印象を見る人にあたえ、魚たちには〈命の流れ〉を保障しているのである。
それにしても、ずいぶんもったいない〈城〉である。もっと多くの人に見てもらいたいだろうな、と思った刹那、今度は――、

見る人もなき山里の桜花ほかの散りなむのちぞ咲かまし
（伊勢『古今集』）

が、脳裏をかすめた。

児玉の配水塔も深谷の給水塔も、さらにはこの魚道も、けっして世界遺産などという大げさな〈遺産〉ではないかもしれないが、〈地域遺産〉〈まちかど遺産〉さらには〈近代の遺産〉であることは、まちがいない。そしてそれらは、長い時間そこに〈ある〉ことによって、それぞれの歴史と物語を創り上げ、私たちに無言で語りかけている。こうしたガンバッテイル〈遺産〉を見るたび、それらはもっともっと有名になるべきである、と思ってしまった。

まわるまわるよ時代は回る・・・〈比例円筒分水堰〉

輪 車のない江戸時代の「ラウンドアバウト」。それに〈水〉の「ラ・ア」

時代

まわるまわるよ時代は回る　別れと出逢いをくり返し
今日は倒れた旅人たちも　生まれ変わって歩きだすよ

（詞・曲・歌　中島みゆき）

私が住んでいるところのすぐ近くに、「六道」と呼ばれている交差点がある。3本の道が、一点で交差している場所である。かといって、こうした交差点が〝珍しい〟といいたいわけではない。「六道」とか「六つ路」あるいは「六辻」と呼ばれる地点＝交差点は、全国でもけっこうある。しかし交差点の標識が、そのままストレートに「六道」という表示になっている場所は、おそらく全国でも一カ所だけであろう。

大宮駅を出た上越新幹線が北に向い、その高架のとなりを、オモチャのように可愛いニューシャトル※の車両が、すべるように走っている景色が見える伊奈町。そのニューシャトルのルートに、「羽貫」という駅がある。その駅から県道87号線を西に5分も歩いていくと、左側に伊奈寿郵便局がある。さらに100㍍ほど進むと、上尾市との境になり、その市境に交差点がある。

※　すでに退役したNASAの、宇宙と地球を往復する「スペースシャトル」と同じ意味で、機織機《はたおりき》の「杼《ひ》」のように行ったり、来りするところから、「杼」の英語である「Shuttle シャトル」と命名された。大宮と伊奈町を行ったり来りするからである。

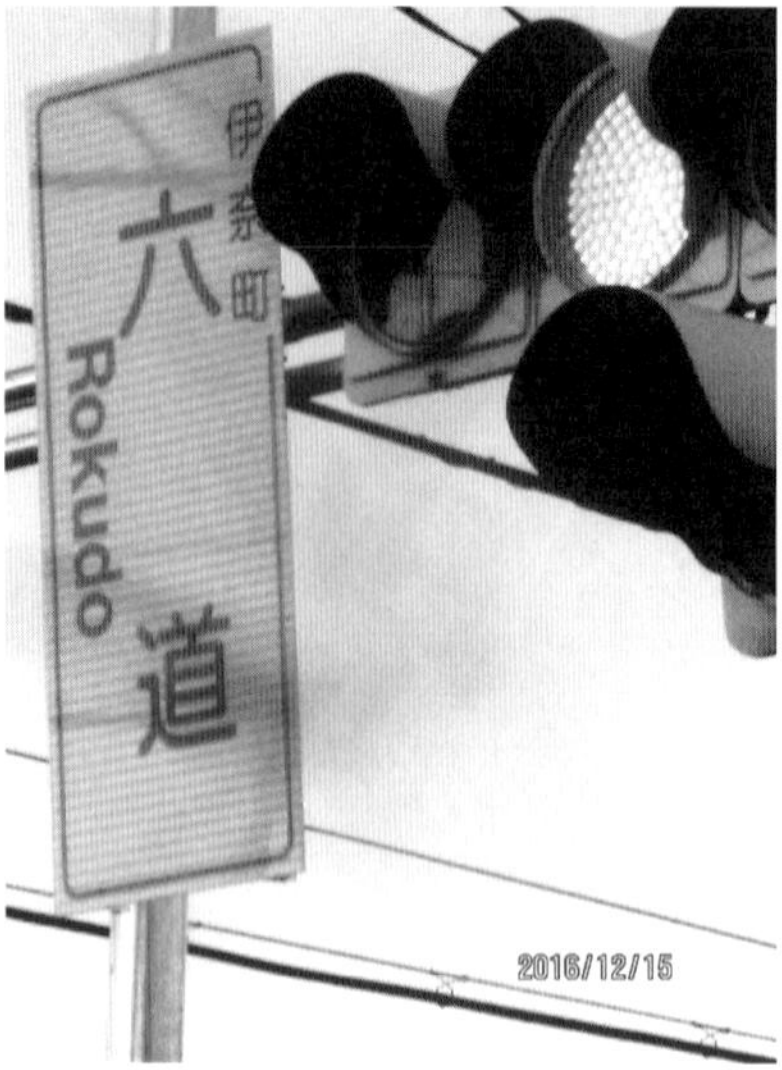

六道の信号

信号には――「六道」という標識がついている。

そう、全国でここしかない、と私が断言している「六道交差点」である。一般的に道路標識は、「桜木町」「熊谷駅入口」とか「市役所前」といったように、地名や公共施設名が使われることが多い。ところがこの「六道」、実は地名でもなんでもない。※ しかし、たしかに地名ではないが、固有名詞であることには間違いない。つまり交差点そのものが、固有名詞になってしまった、珍しい例なのである。

※　ここの地名は「寿町」である。一方、さいたま市の南浦和にある交差点「六辻」は、昔からの地名・村名である。また多くの市民に日常会話の中で「六辻」とか「六道」と呼ばれている、さいたま市西区にある交差点には、ちゃんと「清河寺《せいがんじ》」という地名の標識が掲げられている。

ではこの「六道」、いつごろから固有名詞として使われてきたのか。古い記録を調べてみると、道路法が制定された大正9（一九二〇）年の埼玉県の告示には、すでに「六道辻」と書かれていた。また今でも、

1927（昭和２）年

1962（昭和37）年

「伊奈六道線」と名づけられた都市計画道路がある。つまりこの「六道」、かなり昔からそういわれてきており、現在でも使われているということなのだ。歴史的・伝統的であり、同時に現在でも現役の「六道」交差点なのである。

ところがこのように有名な「六道」が、実際には「五道」しかない、としたら、じゃあサギか、と怒られてしまいかねない。しかし、冗談ではなく、本当に「五道」なのである。

コトの真相はバイパス工事にあった。上の図を見ていただきたい。この交差点、あまりにも危険で、慢性的な渋滞が生じていたため、1960年代後半に、交差していた三本のうちの一本「大宮菖蒲線」（現・さいたま菖蒲線）が、この地点を避け、付け替えられた結果、「五道」となってしまったのである。

サギといわれようと、地名でもないのにおかしい、と思われようと、今でもちゃんと「六道」なのだ。日本でここだけ、というプライドをもち、今日も交通安全のためがんばっている交差点なのである。

しかし珍しい交差点は、ここだけではない。もっと〝衝撃的〟な交差点もある。

日本海に面し、翡翠《ひすい》で有名な糸魚川市（新潟県）。富山県との県境に位置する古い町である。この市の「土塩《つちしお》」（地元では「つっちょ」と発音）という地区に、珍しい、衝撃的な交差点がある。その交差点は三叉路で、それ自体はどこにでもあるような辻で、別に珍しいわけではない。だが、交差点の真ん中にあるものが、実に衝撃的なのだ。何があるのか。

なんと――墓なのだ。

個人の墓石が立っているのだ。なぜこんなところに、と誰しも首を傾《かし》げるだろう。

原因は30年ほど前の工事である。墓地の脇を走っていた道路を、市が広げようとした。しかし拡幅するには、墓地の移転が必要になる。ということで、その工事にとりかかった。ここまではいい。ところがその後である。墓のあたりを掘ったら、人骨がわんさか出てきたのだ。調べてみるとこのあたり、かなり前から墓地だったのだ。こまったのは市である。計画を変更せざるをえなくなってしまった。つまり、墓はそのままにして、道路を曲げて拡幅したのである。その結果が、三叉路のド真ん中に墓が残ってしまった――という話である。

つまり、交差点がまるでロータリーになり、そのロータリーの真ん中に墓がにょきりと立っている、というキワメテ不自然なものになってしまったのだ。日本でここだけの衝撃の光景が、生まれてしまったのである。

そもそも交差点というものは、2本の道路が、一点で交差しているのがほとんどである。しかし中には「五辻」とか「六道」という型になってしまうこともある。こうした場合、たとえ信号をつけても、どうしても〝危険な交差点〟になってしまう。また渋滞も増えてくる。こうした課題を解決するために考えだされたのが、道路を直接に交差させるのではなく、交差地点に円が加わったような交差点――まさにこの糸魚川の「三叉路」のような現代的辻——が、いま日本で生まれつつある。※「輪」の形をした環状交差点である。

※「生まれつつある」のは日本であり、こうした交差点の歴史はかなり古い。たとえばパリのエトワール広場（シャルル・ド・ゴール広場）の建設目的は、5本の道路が集まる場所を広場として整備し、その中心に凱旋門を立てよう、というものだった。上から見れば「輪」の型の交差点であり、真ん中の「島」に凱旋門が建っている。この型の交差点は、古代ローマでもかなり見られる交通システムであった。近代の車社会のなかでは、英・米が1990年代に導入している。

ラウンドアバウトの概要

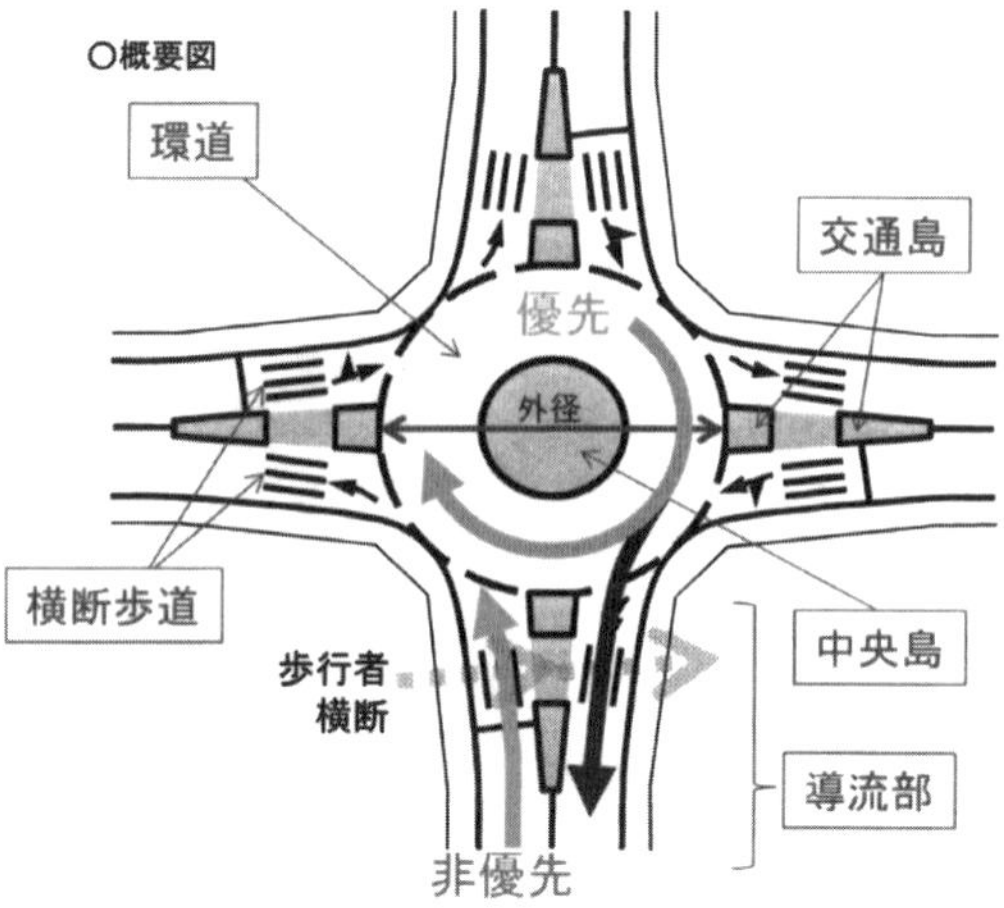

2013年6月14日、道路交通法が改正され、この「輪の形をした環状交差点」は、「環状の交差点における右回り通行」と、新に定義された。その内容は、

車両の通行の用に供する部分が環状の交差点であって、道路標識等により車両が当該部分を右回りに通行すべきことが指定されているものをいう※（「道路交通法」第4条第3項）

というもので、この「環状の交差点」が、いわゆる「ラウンドアバウト」と呼ばれているものである。日本では、宮城県や近畿地方に多く、国内全体でもまだ150カ所に満たない現状である。わが埼玉では、ようやく5カ所で導入されたにすぎない。そしてそのうちの一カ所が、世にも不思議なラウンドアバウトなのである。さすがに墓はないが、似たようなものなのだ。

六道地蔵

※　わざと難解にしている法律の文章では、真意が伝わらない。で、わかりやすく解説すれば、ラウンドアバウトとは図のように、左折してロータリーに入り、時計回りに進み、行きたい方向へ左折して出て行き、ロータリー内の車両が優先、というシステムである。もちろん信号機はない。

埼玉県での指定第一号は、
入間市にある――「六道地蔵」交差点である。

しかしこの「指定」には、実に面白い歴史が隠されている。

この「六道地蔵」、西武池袋線の武蔵藤沢駅の西のほうに位置し、上藤沢というところにある。国道463号線から、ほんのちょっと北に入ったところなのだが、まわりの景色は、住宅地のど真ん中、という感じである。そのため、交通量はさほど多くはない。しかもその真ん中の、直径11㍍のロータリーの中には、「六地蔵」よろしく、六体のお地蔵さんが円をなしている。なぜこんなところに、ぐるりお地蔵さんを並べた環状交差点を造ったのか、不思議に感じた。

しかしこの考えは、完全に間違っていたのだ。

どう間違っていたのか。順序が逆だったのだ。つまり、もともとあった6本の道を生かして、街づくりがされたのである。そのとき、交差点改良として、ラウ

ンドアバウトを採用したのだ。しかし、環状交差点ができてから、今のような整然とした街並みができた、ということもいえるのである。と、ここまでは、ちょっと不思議ぐらいであるが、理解できないわけではない。ところが、ではなぜ近代的なラウンドアバウトの真ん中に、お地蔵さんたちがいるのか、となると、〈ミステリー〉が頭の中を駆け巡ることになる。

詳しく解説すると、この「六道地蔵」交差点、はっきりとはわからないが、少なくとも約300年近く前から、ここにあったのだ。

——なぜ?

江戸時代中期、八王子と日光を結ぶ日光脇往還が整備された。その道が、この地から川越にのびている河《か》岸《し》街道と交差したとき、この場所は〈六道〉となった。なぜならばもう一本、田んぼのあぜ道のような道路が、その前にこの辻で交差していたからである。こうして3本の道が一点で交差することになり、その結果「六道」※が生まれたのである。

※　正確にいえば、現在では「五道」である。街づくりのなかで、あぜ道が廃道となったのだ。だから上空から見ると、きれいな星型になっている。

そして、それらの道の脇にそれぞれ石のお地蔵さんが、村人たちによって立てられたのである。そもそもここが、他とは違っていたのだ。普通「六地蔵」といった場合、お寺や墓地の入口に、六体並べて立てられている。つまり直線的に一列に並べられるのだ。ところがここでは、はじめから、道路の交差するところに、別々に立てられたのである。つまり辻そのものの角地に立てられたのだ。だから上空から見ると、それらのお地蔵さんは、まるで円をなすかのような配列になっていた。しかも年代を異にし、大きさも違っていた。

昭和46年頃の六道地蔵（入間市立図書館所蔵）

昭和46（一九七一）年に撮影された写真が、入間図書館に残されていたが、その様子がよくわかる。これらのお地蔵さんは、もともと「上藤沢の六道地蔵」と呼ばれ、人びとから長く愛されてきた。入間市の説明によると、

　上藤沢の六道地蔵は、藤沢村講中の人びとが江戸中期に愛宕神社を信仰し、無病息災の願いをこめて造立したものである。お寺や墓地の入口に立てられた六地蔵と違って、鎌倉街道・河岸街道などの古道の五差路に、しかも年代を異にし、大きさや形式も違って立てられている点が珍しい。

（現地の案内板）

というものである。ちなみに文中の「愛宕神社」は、入間市役所の近くにある。これらのお地蔵さんには、それぞれ制作年代が刻まれており、それらを西暦に直すと、次のようになる。

「天和　二年」↓（1682年）
「享保　四年」↓（1719年）
「享保　八年」↓（1723年）
「享保　十年」↓（1725年）
「享保十六年」↓（1731年）
「享保十九年」↓（1734年）

古いもので335年、もっとも新しいものでも、283年も昔のお地蔵さんたちである。

しかし自動車の出現によって、またこの地が宅地化されるにともない、それぞれの道路の幅は広くされた。

その結果、道路の端《はた》に立っていたお地蔵さんたちが、邪魔になってしまったのだ。こうして彼らは、辻の真

ん中に造られたロータリー内に移設され、「六道地蔵」を中心とした環状型交差点が出現した。ロータリーの真ん中部分に、まさに円をなすように並べられたお地蔵さんたちは、お互い内側を向き、時間がたつのも忘れ、周りの景色が変わっても、ずーっと話し合っているかのように立っているのである。

こうして――〝江戸時代の〟ラウンドアバウトが出現してしまった。

古いふるい、とても古いこの〈辻〉が、長い歴史をへる中で、いつのまにか〈新しさ〉のトップを走ることになったのである。改正道路法が推奨する、最新の交差点システムを、300歳にもなるお地蔵さんたちが、いつも慈顔で見守っているのだ。彼らは、江戸時代がはじまったころから、すでに心の中で交通安全祈願の準備していたのであろうか。事実、この交差点での事故は、いまだにまったくない、ということである。

六道地蔵の環状型交差点

ミステリーサークルならぬ、ミステリーロータリーなのである。

ロータリーの真ん中に植えられている二本の桜の木が、その季節になると春色にそまり、この街に彩をあたえ、夏には強い陽射しからお地蔵さんたちを守っている。入間市の「景観50選」にも選ばれた「六道地蔵」であるが、ただ一つだけ残念な点があった。それは、ロータリーを守っている、白いガードレールの存在である。たしかに、なければ危険かもしれないが、景観的にはないほうが、はるかに美しい。

たった一つの、〈残念〉であった。

さて、次は〈水〉の「ラ・ア」である。タイトルでは省略したが、正確には〈水のラウンド・アバウト〉という内容である。

先に、「ミステリーロータリー」といったが、実は、〈水〉の世界にもその種のミステリーなロータリーがある。ただし、あるといっても、そうそうあちこちにあるわけではない。おそらく、ほとんどの人は見たことがないかもしれないが、埼玉県内には少なくとも二つある。その一つが、吉川市にあった。

江戸川の向こうは千葉県である。その江戸川沿いのまさに県境に、吉川市が広がっている。その吉川の最北部に、〈水〉のミステリーロータリーはあった。住所的にいえば、吉川の「上内川」で、「東埼玉テクノポリス入口」という交差点のすぐ近くである。そしてそこは埼葛広域農道の起点にあたり、その起点から、「元用水路」「中用水路」「新用水路」の三本の用水路が、ちょうど扇子を90度ひらいたように放射状に広がり、それぞれがずっと先まで伸びていっている。

金野井分水工

問題は、その起点ともいえる「一点」である。その一点は、大きな円形の井戸のようなもので、不思議な構造をしている。周りは鉄柵でぐるっと囲まれており、そのためその幾何学的な内部構造をじっくり観察することはできないが、印象としては、まるで**ジュール・ヴェルヌ**※の代表作『**地底探検**』に出てきてもおかしくないような、〈大地に開けられた穴〉のようだった。

※ フランスの冒険小説家。1828〜05年。SFの父と呼ばれ、日本にも多大な影響をおよぼした。特に『海底二万里』『八十日間世界一周』『十五少年漂流記』などは、世代をこえていまだに読まれている。

この穴、よく見ると三方向に出口があり、あふれだした水は、別々の出口からそれぞれの方向に流れていっている。

正式名は――「金野井分水工」(以下「分水工」)※。

※ この名称、工事名のように思われるが、完工した設備にも使われており、ちょっとややこしい名称かも。構造はサイフォンの原理を利用して円筒の中心部に水を導き、その水が円筒を越した際に、図のように外縁部に作られた仕切りや、穴の数で水を比例的に、正確に分配する方式である。大正時代から造られはじめたようである。

分水工図

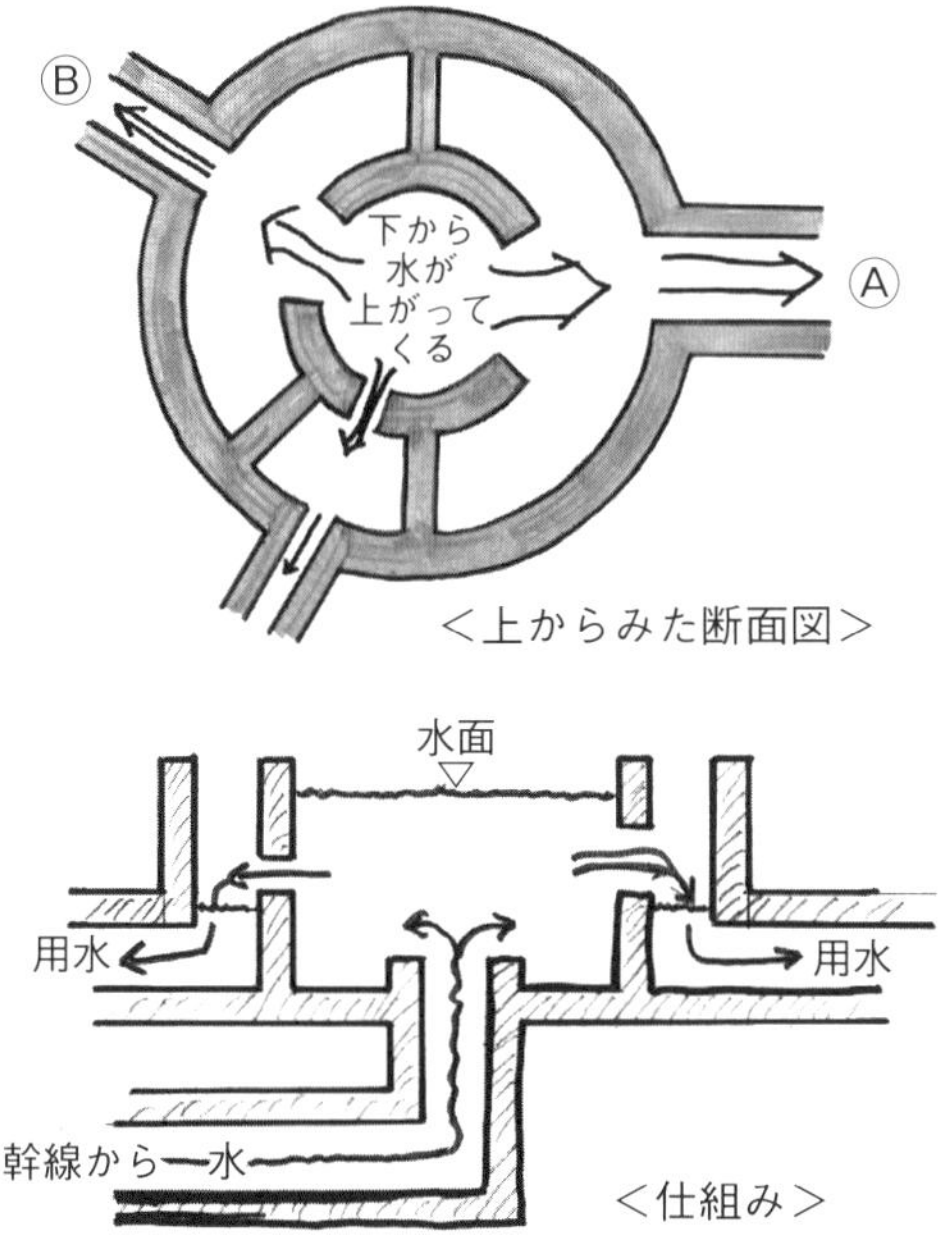

大昔からこのあたり、農業用水は当然のごとく江戸川にたよっていた。しかし昭和のはじめころ、江戸川の河床が沈下し、その結果、用水に流すための取水が不可能となってしまった。水がなければ、農業は続けられない。この地域の人たちは、考えに考えた。そして出た結論が、さらに上流のほうの取水できるところで取水し、

用水路をとおして延々と送水する、ということであった。ところが送られてきた水は、この地点で三方向に別れていく。別れていった先の田んぼの広さは、それぞれ違う。つまり使う量が違うのだ。当然、権利も違ってくる。この難題を解決して、水をうまく比例配分するには、かなりの高等技術が必要である。そんな時、この「円筒分水」という技術に光があてられたのである。

　こうしてこの地に、「円筒分水工」が出現した。

　現在のこの「分水工」は、平成4年からはじまった「利根中央農業水利事業」で、新しく改築されたものであるが、型式《タイプ》は以前の古いものと同じである。首都圏外郭放水路庄和排水機場の横にある金野井揚水機場で取水された水が、金野井幹線水路を通ってここまで運ばれ、この〈大地に開けられた穴〉で、先ほどの三水路に水を分けているのである。

　三方向にうまく分ける仕組みは、かなり複雑かと思いきや、原理的にはいたって簡単・単純なものだった。前頁の図を見ていただきたい。まず二重の円筒形（丸いつつの形）を想像していただきたい。内側の円筒の底から入った水は、壁の同じ高さに開けられた穴の大きさにしたがって、一定の割合であふれでる。たとえば三つの穴の大きさが、3対2対1なら、分けられる水の量も、当然3対2対1の分量になる。このように、原理はきわめてシンプルである。この吉川の分水工の場合の水の量は、新用水＝145、中用水＝90、元用水＝125という比率である。数字だけ見ると、なかなか複雑そうに思えるが、この分水工は何も考えずに、ただただ水が流れているだけで、まことに器用に、このうえなく正確に分けている。構造上、はなからそうなっているので、エコヒイキはできないのだ。

　吉川のこの施設は「分水工」と命名されているが、埼玉にはもうひとつ「比例円筒分水堰」※（以下「分水堰」）と呼ばれる施設もある。

※この構造の分水設備は、単に「分水工」と呼ばれるほか「円形分水工」とか「円筒分水工」、さらにはもっと詳しく「比例円筒分水堰（槽）」とも呼ばれている。この場合の「堰」は、「水を堰きとめる」という意味ではなく、「水が流れる水路」を表す言葉である。

その「分水堰」があるのは、寄居町の用土地区で、谷津というところである。児玉丘陵と呼ばれる山稜の下にあり、東は遥かに関東平野の眺望が広がり、南には外秩父の山並みが見られるのどかな里地である。

先ほどの吉川の「分水工」と同じように、こちらの「分水堰」も三つの水路に分水しているが、見た目はこちらのほうがかなり年季がはいっている。「分水堰」の導水管部分の構築物には〔比例円筒分水堰　昭和二十八年一月十五日竣工　埼玉縣知事　大沢雄一書　請負　施工者　栗原建設工務所長　栗原政〕と書かれた銘版プレートがついていた。1953年の完成らしい。そしてその2年後の円良田湖《つぶらだ》※の完成によって通水をはじめている。もう70年近く働いてきたのだ。しかしよく観察してみると、円筒のコンクリートの内側には、錆びていないピカピカの金属片がいっぱい取り付けてあった。なにに使うのかはわからないが、最近付け加えられたものであることはたしかである。この「分水堰」が現役で活躍している証拠である。

※寄居町と美里町にまたがる人造湖。かんがい用ため池として円良田ダムが造られ、そのダム湖。釣りと桜の名所。名称の「つぶらだ」は、このあたり丸い形の田が多かった、ということから名づけられた。周知のように、「つぶら」とは、「まるいこと」という意味であり、「つぶらな瞳」などと表現される言葉である。

円良田湖から取水された水は、鐘撞堂山《かねつきどう》※を地下トンネルでくぐり、そのまま暗渠で「分水堰」まで流れてきて、ここから美里町、深谷市、寄居町の方向に、まさに比例で分けられ流れていく。先ほどこのあたりの

寄居町の分水堰

地形をざっと紹介したが、そうした地形にもかかわらずこのあたり、用水には恵まれていない。そのため、小規模なため池があちこちにある。大正池と呼ばれている上沼・下沼も、その名のとおり大正時代に造成されたものだが、それでも水は不足していたのであろう。こうして、この「分水堰」から分かれた水は、それぞれの地を潤し、農業生産にかなりの寄与をしているのだ。

※　もともと戦国時代に、鉢形城の城下町として生まれた寄居町だが、高さ330㍍のこの山には、かつて本当に鐘撞堂があった。荒川をはさんで鉢形城の対岸にあり、物見山として位置づけられていたのだ。見張り台として、敵が攻めてきたときには鐘が鳴らされ、城は戦闘態勢に入ったようである。

現地は、案の定わかりづらかった。吉川のほうは、通行の極端にはげしい道路の脇のため、一瞬にして車は通過してしまい、発見するにはかなり目を皿にしなければ見つからないが、こちらのほうはノドカな丘陵地帯の山すそにあり、ロクな道もなく、草や木で覆われているため、本当にわかりづらい。というのもどちらも、大げさにいえば〈穴〉なので、エントツとか配水塔とはちがって、遠くからは絶対に見えない。しかしそのぶん、発見したときの嬉しさは格別である。誰にも知られず、せっせと水を分けている姿には、特に農繁期の水があふれでる光景には、観た人は一人残らず感動すること間違いない。おまけにすぐ隣にある牛舎や、のんびりしている牛たちの姿も、都会人には感激の景色であろう。

こちらの「分水堰」、その構造としては、吉川のそれよりはるかに謎に満ちた施設であった。吉川のほうが〈大地に開けられた穴〉だとすると、こちらはさらに幾何学的で、まるで〈宇宙人の基地の入口〉を思わせるイメージなのだ。

水田耕作が主流であった日本では、水の確保はいつも命がけであった。雨が降らないときなどでは、それこそ「血の雨が降る」といわれた水争いが頻発し、農業用水の正確な分け方は、まさに命にかかわる深刻な問題であった。こうして生まれたのが、これらの円筒式の「分水工」もしくは「分水堰」である。この設備のすぐれたところは、水の配分がひと目でわかり、公平性をビジュアル化したところにある。大正時代に生まれたこれらは、今でもせっせと水を「平等」に分けており、その結果、「水争い」の闘いはおろか、農業に従事する人たちからは、不満の声が聞かれなくなったのである。

また、それらの設備は、たしかに農業土木遺産であるのだが、それ以上にその斬新な〈型〉からか、いまでは〈水〉を分けるだけではなく、人びとに新鮮でしかも美しい〈景観〉をも、分け与えているのである。

道路のラウンドアバウトであれ、水のミステリーロータリーであれ、どちらも〈丸〉である。直線や四角形にあふれた都市の景観の中で生活している現代人にとって、〈丸〉のデザインには、どことなく優しさや新鮮さを感じ、神秘性さえも感じるのかもしれない。

これらの設備を見て、街には、もっともっと不思議な景色があったほうがいい、と思ってしまった。

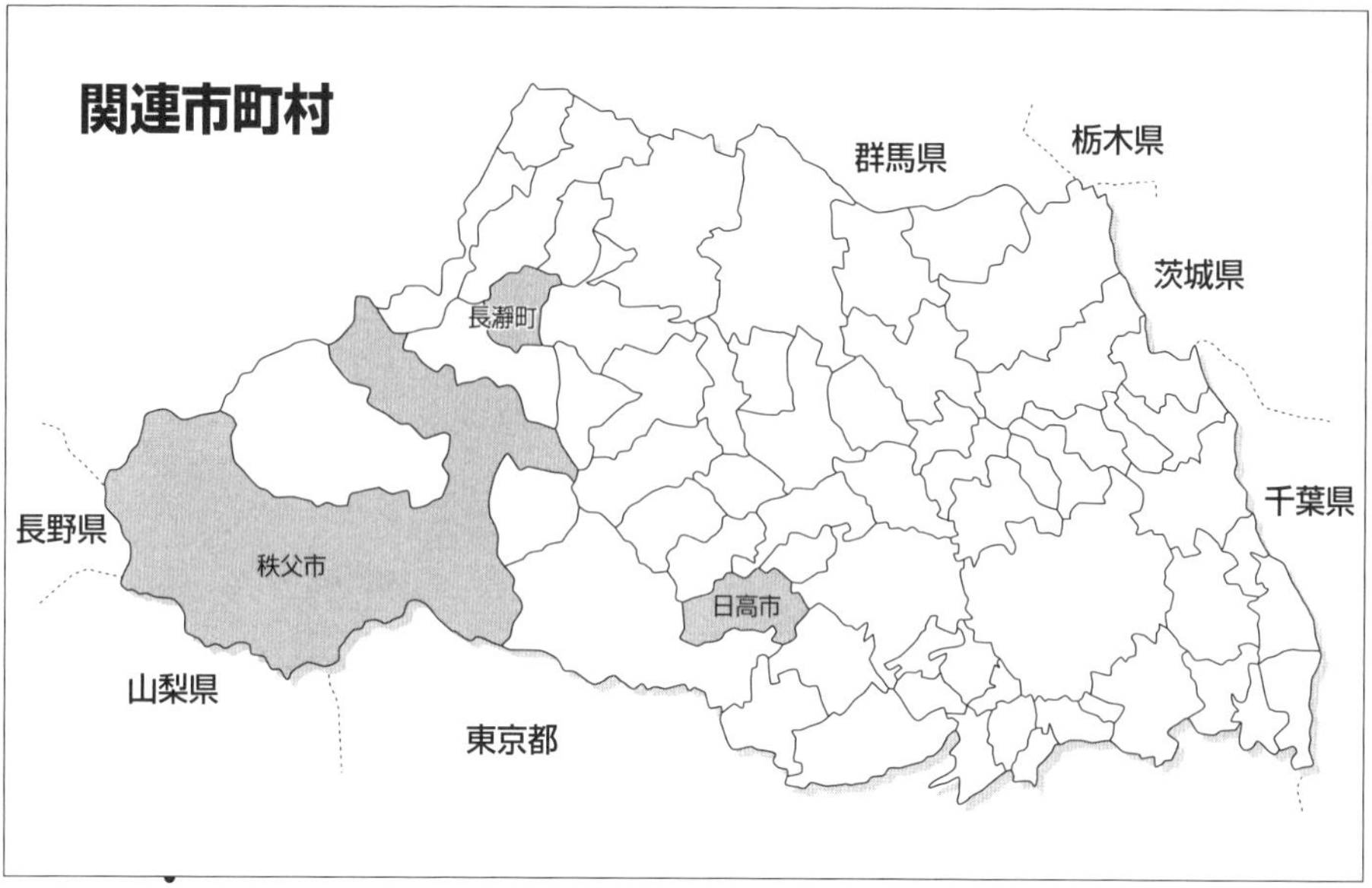

創造

おいらはナァ　生まれながらの炭坑夫…〈世界最長〉

穴　誰にも見られず刻々とアル物を移送している秘密のトンネル＝ライン

俺ら炭坑夫

おいらはナァ　生まれながらの　炭坑夫
身上《しんしょう》はつるはし　一本さ
でっかいこの世の　炭坑を　掘って掘って　また掘って

詞　横井　弘
曲　鎌田俊與
歌　三橋美智也

山岳地帯の多い日本には、「トンネル」が多い。東京―名古屋間を40分でつなぐ計画で、いま夢の超特急と期待されている中央リニア新幹線などその典型で、全路線の実に60％がトンネル内走行といわれている。だが一言で「トンネル」といっても、さまざまな種類がある。ただしここでの「種類」とは、その形状や長さなどではなく、その中を何が通っているか、という意味である。たとえばパイプラインだって、トンネルのようなものである。そしてパイプラインといえば、多くの人が連想するのは、石油であろう。パイプラインの場合、トンネルとは違って、地上にむき出しになっている場合もある。しかし中には、景観とか環境を配慮して、地中を貫いているパイプラインもある。いわゆる、トンネル状のパイプラインだ。そしてそのパイプラインで運ばれているのは、石油だったり、天然ガスの場合が多い。そんなイメージのなか、トテツモナイ液体を運ぶ地下パイプラインが、つい先ごろベルギーで完成した。トテツモナイ、といっても決して危険などという意味ではない。多くの人が、大好きな液体である。その液体専用のトンネルができたのだ。

　運ばれている液体とは――なんと「ビール」だった。

　驚くことに、ビールのためのトンネル＝地下パイプラインなのである。しかもその長さ3キロで、総工費は400万ユーロ（約4億7000万円）というから、ハンパなものではない。さすがベルギー、と感嘆の意思を表明していたら、日本にも、驚きに値するトンネルがあった。しかもこの埼玉に。おまけに二本も。そしてどちらの長さもハンパではない。想像を絶する規模であり、この種類で世界一の延長距離をほこっている。にもかかわらず、その姿を見たものは、関係者を除くと皆無に等しい。実に不思議なトンネルなのである。

　で、そのトンネルであるが、実はこのトンネル、その中をベルトコンベヤーが稼動しているのである。長いながいベルトコンベヤーが、せっせと何かを運んでいるのだ。

　一本は、群馬県の中里村（現・神流町）にある叶山鉱山がその始発点になり、終着点の秩父太平洋セメント秩父工場までの区間である。途中にある砕鉱場を中継点とする、全長約22・8キロのトンネルなのだ。完成は、昭和59（一九八四）年である。（以下「Aルート」と呼ぶ）

　もう一本は、秩父市の武甲山が始発点となり、終着点の太平洋セメント日高工場[※1]までの区間である。こち

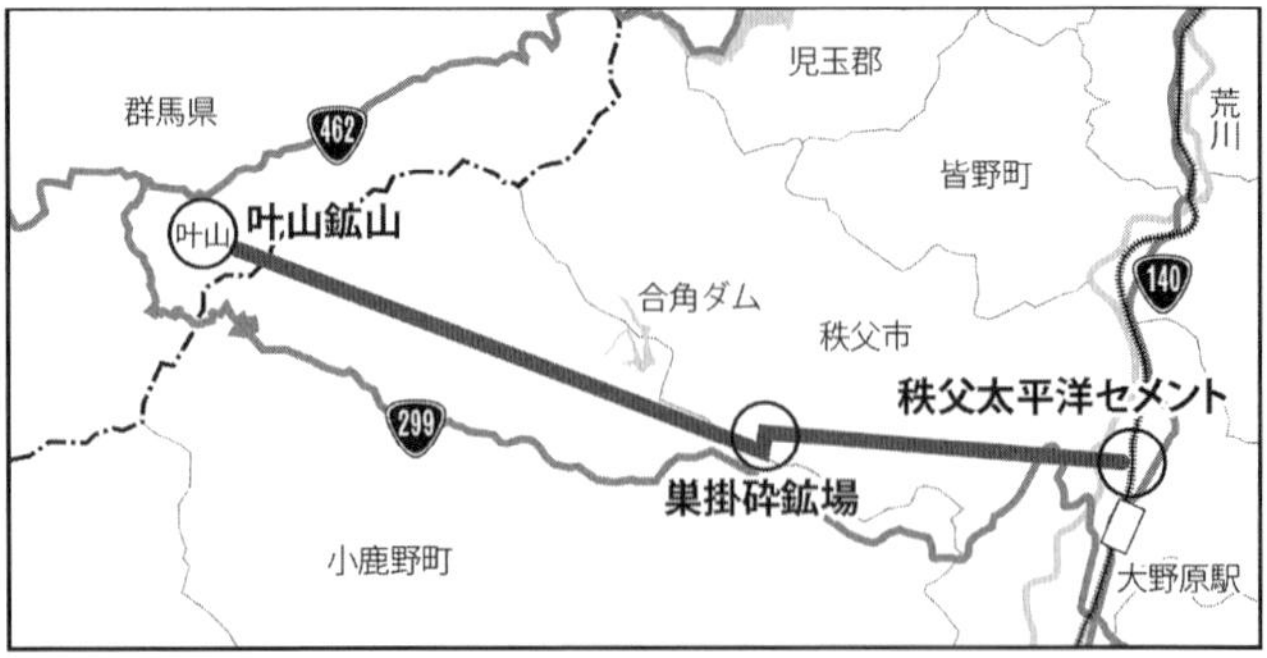

Aルート

らの完成は、その前の年である昭和58（一九八三）年ということだ。（以下「Bルート」※2）

※1　ややこしいが「太平洋セメント」と「秩父太平洋セメント」は、別会社である。前者は簡単にいえば、小野田セメントや秩父セメント、浅野セメントなどが合併して設立された、業界最大手の企業である。たいして後者は、前者から分社した企業なのだ。

※2　この「Bルート」、関係者の間では「Yルート」とか「Y計画」と呼ばれており、どの文献を調べても、「Y」というアルファベットが使われている。しかしなぜ「Y」なのかは、どこにも書かれておらず、私にとってはしばらく謎であった。ところがある記念誌に、その経緯が書かれていた。それは——、

ところでY計画という言葉は、当所我々若い連中～中略～が誰言うとなく㊙の意味でYと呼んでいたものが、いつの間にか正式の呼称となったのに驚いた。

（「〝Y計画〟の由来と地主との交渉」／『30年のあゆみ　想い出　1955～1985』）

というものであった。書いているのは、名古屋アサノコンクリート（株）社長の山田一道であり、この『想い出』は、昭和60年7月15日に発行された『日本セメント（株）埼玉工場」の「30周年記念誌」である。

二つのルートを、さらにわかりやすく書けば（距離は約）、

〔Aルート〕　叶山鉱山—（14・1キロ）—巣掛砕鉱場—（8・1キロ）—荒川（橋梁）—（0・50キロ）—秩父工場（総延長距離＝22・8キロ）

〔Bルート〕　武甲山―（1・18キロ）―根古屋積換所―（8・79キロ）―高畑積換所―（7・83キロ）―鎌北積換所―（2・06キロ）―毛呂山積換所―（3・23キロ）―原宿積換所―（0・3キロ）―埼玉工場（総延長距離＝23・4キロ）

ということになり、Aルートは、「神流町（群馬県）」「小鹿野町」「吉田町」という三つの行政区の地下を通過し、国道299号線の少し北を、まるで並走しているかのように、平均深度20メートルの地下を貫いて秩父市にいたっている。たいしてBルートは、「横瀬町」「飯能市」「毛呂山町」の1市2町を通過して、日高市にいたっている。どちらも運んでいるのは、石灰石である。その一連のラインの内容は、鉱山（叶山・武甲山）で採掘された石灰岩※は、まずそこに造られている立坑に落とされ、地下の巨大施設で粉砕され細かくされる。粉砕された石灰は、長距離輸送ベルトコンベヤーにのせられ、トンネル内を移送されるのだ。もちろん立坑やベルトコンベヤーは、外からは見えない。トンネルは何カ所かでその姿を地上に現すが、基本的には地下で工場（秩父・日高）まで移送され、ここで石灰はセメントになり、全国に出荷されていく、ということである。

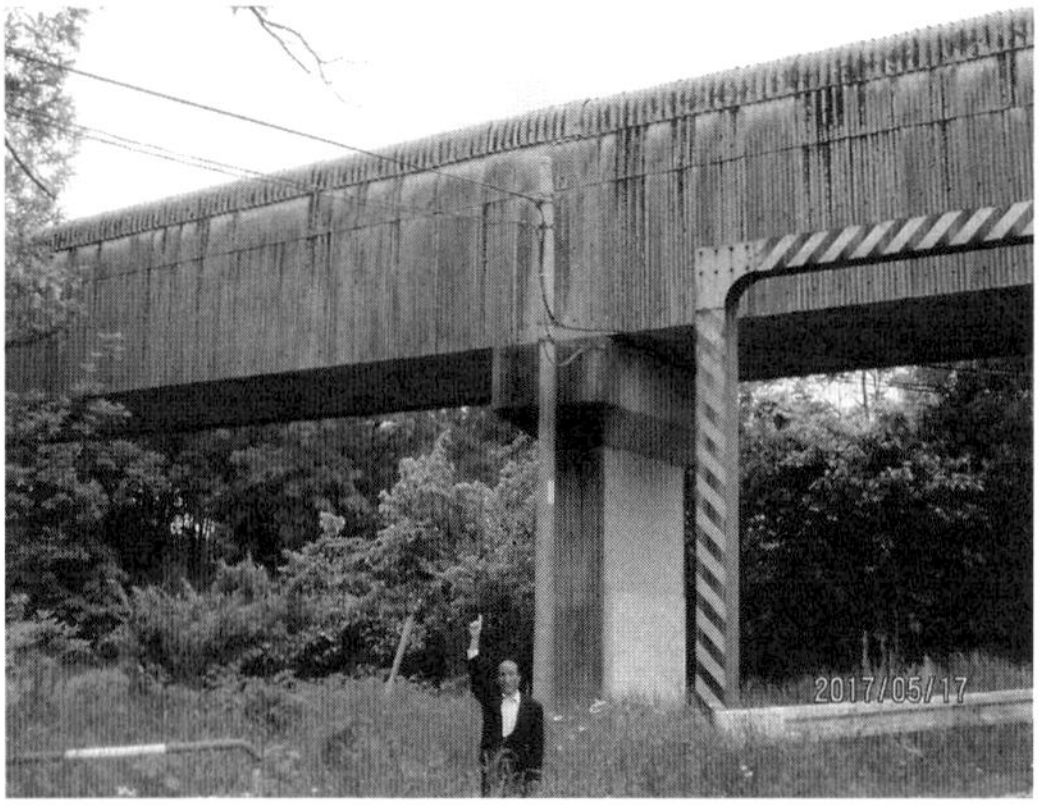

Bルートトンネルの露出部分

※　武甲山は、埼玉人にとっては超有名であり、ここではその詳細は避けるが、問題は「叶山」である。標高962メートルのこの山、別称を「叶嶽」ともいう。**平将門**が戦勝を祈願して「大願叶山」と祈ったことか

ら、「叶山」と呼ばれた、といわれている。群馬県多野郡神流町中里地区にあり、『多野郡誌』には、「大字神ヶ原の東南に屹立する名山にして満山石灰岩より成る。」と書かれているように、昔から「全山石灰岩の山」として有名である。

トンネルの形についていえば、その断面は馬蹄型をしており、高さ2・5㍍、幅2・6㍍である。この空間の中を、幅90㌢のスチールコードベルトコンベヤーが、延々と連結されている。

先ほど、「トンネルは何カ所かでその姿を地上に現す」と記したが、全貌はともかく、その姿をチラッとでも見ることは、できないわけではない。というのは、これらの延長区間のすべてが地下、というわけではないからである。地上に露出した部分は、どちらも3％ぐらいはあり、地形の関係から、所どころでその姿を地上に現わさざるをえないのだ。上の航空写真には、その地点がはっきり撮影されている。しかしそうした地点は、あくまでも「所どころ」である。それ以外は、普通では見ることができない。その存在すら、一般には隠された秘密のトンネルのようなのだ。ところが、驚くことに2500分の1地形図には、なんとこのラインが点線で記載されていた。しかもその点線を説明する、「秩父太平洋セメントベルトコンベヤー」「武甲鉱業ベルトコンベヤー」という表記もちゃんと記入してある。

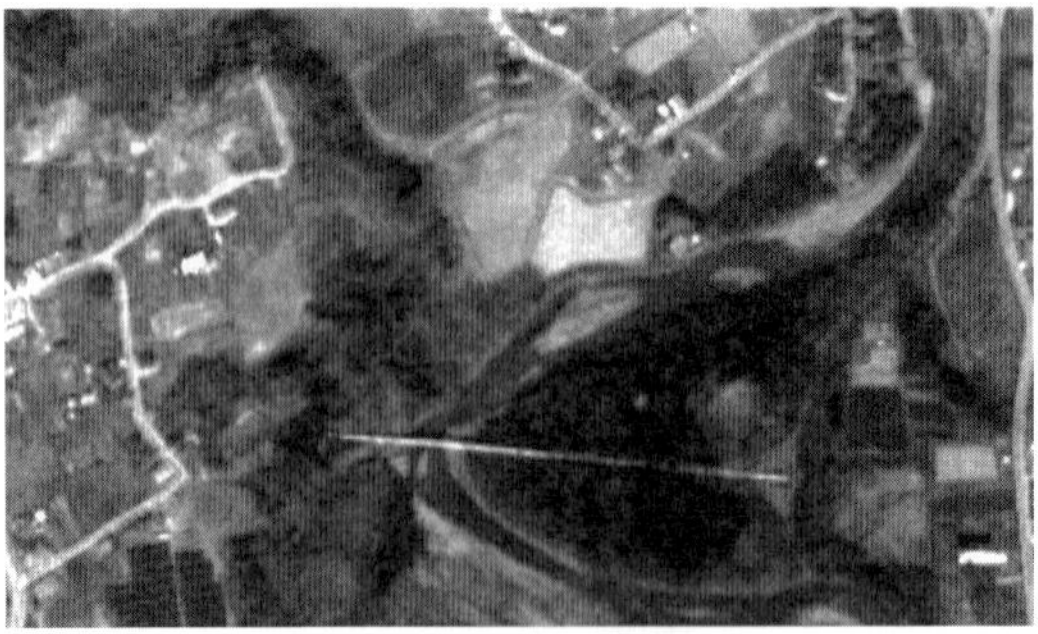

Aルートトンネルの露出部

な～んだ。これじゃ「秘密のトンネル」ではないではないか、と落胆する必要はまったくない。というのはこのトンネルを際立たせているのは、その「希少性」や「秘密性」だけではなく、むしろその「長さ」にこそあるのだ。その長さをわかりやすく理解するために、日本の道路トンネルの長さを4番まで表せば、

1番　山手トンネル　18・2キロ（首都高）
2番　関越トンネル　11・1キロ（関越自動車道）
3番　飛騨トンネル　10・7キロ（東海北陸自動車道）
4番　アクアトンネル　9・6キロ（東京湾アクアライン）

ということになり、また鉄道トンネルでは、

1番　青函トンネル　53・9キロ（北海道新幹線）
2番　八甲田トンネル　26・5キロ（東北新幹線）
3番　岩手一戸トンネル　25・8キロ（東北新幹線）
4番　飯山トンネル　22・2キロ（北陸新幹線）

ということである。これらと比べれば、Aルートの「22・8キロ」、Bルートの「23・4キロ」という長さは、道路トンネルの部類では、ダントツの最長であり、鉄道部門でも4番目の長さだということがわかる。こんなにも長いトンネルが、埼玉の地下を貫いていたのだ。しかも、誰にも知られず。

　周知のように埼玉県には、道路部門でも鉄道部門でも、他県にホコレルような長いトンネルはない。山岳地があまりないのと、山がある場所には主要な鉄道がないことから、他県に自慢できるようなトンネルは、まったくといっていいほどない。せいぜい道路トンネルとして1・92キロの正丸トンネル※ぐらいなのだ。ちなみにA・Bルートの長さを実感するために、埼玉県最大のターミナル駅である大宮駅から、どこまでの直線

距離なのかを測ってみると、

北方面では——北鴻巣駅までであり、

南方面では——西日暮里駅までである。

※　国道299号線に、昭和57（一九八二）年に完成した。正丸峠をくり貫き、横瀬町と飯能市を結んでいる。平成10（一九九八）年4月に完成した、長さ6・63キロの雁坂トンネルのほうが長いのは事実だが（一般国道では日本最長）、こちらは国道140号線で山梨との境界に造られており、純粋な埼玉県のトンネルとはいえない。ただこのトンネルについていえば、これが開通するまでは、山梨県との自動車による通行はできなかった、という事実は大切である。それまでは、国道140号は「開かずの国道」と呼ばれていたからである。

言葉では簡単に「西日暮里駅まで」といえるが、その大変さは並大抵のレベルではなかった。設計、工事施行、それになによりも用地買収であり、その投資額は天文学的にふくらんだ。特に工場に近い日高市あたりでは、トンネルが浅くなり、地表部分（この部分は何の使い道もない）の用地買収には、気の遠くなるような地元対策が行なわれたようである。その光景を覗《のぞ》いてみると、

特に日高町内は、ルートが地上方式の計画であり、何分にも細長い土地のことですから、対象地主も非常に多くなりました。

説明会は、市町村の部落単位に、それぞれの集会所で開くのですが、ワゴン車に地元の醸造酒〝君が旗〟と簡単なツマミ、夕食弁当を積み込んで乗り込むわけです。

集会は、農作業後の時間、勤め帰り後の時間となるため、いつも夜でした。

（「国有林粘土とYルートについて」前掲書）

書いているのは、当時「庶務係長」だった関下鐵男である。事実、このとき買収した土地は、いまでも道

路のように（決して「道路」ではない）日高市内を延々と貫いており、上から見れば一目瞭然、畑の中を一直線に走っているのである。

しかしこれら二つのルートのすごさは、これからである。

というのも、AルートもBルートも、世界一なのだ。何が世界一なのか。コンベヤーの長さが、世界一長いのだ。

Bルートの買収土地（日高市）

いきなり「コンベヤー」といわれても、私たちの日常にはあまり縁がない、と思われがちだが、そんなことはない。エスカレーターも動く歩道も、みんなコンベヤーである。そしてさらに身近なのが、いま流行の回転寿司かもしれない。さまざまな寿司が皿に乗って廻ってくる、子どもが大好きな寿司屋である。その皿を運んでいるのが、ベルトコンベヤーであり、その平均的な長さは、おおよそ30㍍といわれている。ところが西日本を中心に店舗展開している「おんまく寿司」では、驚くほど長いコンベヤーの店がある。広島市の「五日市店」と岡山市にある「青江店」では、なんと147㍍ものベルトコンベヤーが、廻っているのだ。マチガイなく日本一長い回転寿司、ということになる。

この例と同じことが、Aルート、Bルートで起こっているのだ。ただし〈世界一〉というレベルで。ここでちょっとムズカシイ言葉を使わせていただけば、一つのベルトコンベヤーの長さ（スパン）

のことを、専門的には「最大機長」という。つまり、「機械の長さ」である。そして、このA・Bルートで使われているベルトコンベヤーの「最大機長」が、世界一ということなのだ。それまでの世界一は、ニューカレドニアのル・ニッケル鉱山での13・1キロのベルトコンベヤーで、第2位はここで取り上げているBルートの8・8キロであった。これに対してAルートでは、14・1キロの長スパンベルトコンベヤーが採用されている。その結果、それまでの記録を、1キロも更新したのだ。しかしこれでは、Aルートは確かに世界一だがBルートは世界で3番目ではないか、といわれてしまう。しかし、そうではない。ニューカレドニアのそれは、地上でのベルトコンベヤーなのだ。これに対してAルートもBルートも、どちらも地下トンネルでの長さなのだ。地上と地下とでは、製作・設置はもちろんのこと維持・メンテナンスという面では格段に違っている。

難しい技術を要する地下トンネルの中での「最大機長」という点では、それまでの世界一だったBルートを抜いて、Aルートが世界一になった、ということである。つまり、A・Bルートのワン・ツウフィニッシュということなのだ。

先ほど、コンベヤーのベルトの幅は90センと記したが、通常の速度で一時間に1000トンの石灰石を運搬することができる。これをダンプトラックで運ぼうとすると、一時間当たりで約100台のトラックを走らせることになる。環境面から考えた場合、とてつもなく環境にやさしい運搬方法といえよう。また地上でむき出しになったベルトコンベヤーを見せないことが、どれほど景観的にすばらしいかは、ちょっと想像しただけで誰にだって理解できることである。

だが、それこそ想像はできるが、実際どのあたりを通っているのかは、なかなか想像できない。地図を広げてみると、この後本書でとりあげる「御荷鉾《みかぼ》山」のすぐ近くを起点とし、秩父困民党が蜂起した「椋《むく》神社」

の南を走っているのがAルートであり、「顔振峠《こうぶり》」や「日高の富士山」の真下を貫き、「鎌北湖」の南をBルートが、通過しているのである。

さて世界一長いベルトコンベヤーで、せっせと運ばれている石灰石であるが、日本にとってはものすごく貴重な資源である。よく、日本は資源のない国、といわれているが、そのとおりである。しかしそのなかでも、セメント・コンクリートの原料となる石灰石※だけは別で、なんと自給率100％をほこっている。日本がセメントをあまり使わないから、100％というわけではない。日本は、世界でもトップクラスのセメント使用国である。にもかかわらず100％で、さらには海外にも輸出しているほどなのだ。専用埠頭を完備した港――昨年大火のあった新潟県糸魚川市の姫川港や須崎港（高知県）、津久見港（大分県）――から毎日、台湾や韓国に大量に送られているのである。

※「石灰石」と「セメント」「コンクリート」の関係について。まず「石灰石」であるが、主に方解石という鉱物からできている石灰岩を採掘したのが石灰石である。人類は古くからこの石灰石を利用してきた。エジプトのピラミッドやスフィンクス、ギリシャ・ローマの神殿などに使われ、日本でも城や蔵の白壁には石灰を用いた漆喰が使われてきた。産業革命以降は近代的なセメントが発明されたが、その原料となるのが石灰石である。しかし先ほどのピラミッドや神殿などでは、すでにモルタルとしてのセメントも使われていた。一方、コンクリートは砂や砂利、水などをセメントで凝固させた硬化物のことをいう。このコンクリートも、すでに古代ローマのパルテノンや水道施設などで使われていた。また鉄鋼業においても、石灰石がなければ良質の鉄ができない、とされている。鉄とコンクリート、つまり鉄筋コンクリートを主流とする現代文明において、石灰石の果たしている役割は、われわれが考える以上に、大きいのである。

最後になってしまったが、このように、セメントの歴史はとても古く、人類との関わりも深い。現代社会では、セメントは欠かすことのできない大切な資材である。こうした大切な資源・資材を、わが埼玉が全国に供給していることを誇りに思うが、だからといって、フツーの人にはあまり関係ないモノなのかもしれない。いってみれば、たかがセメントなのかもしれないのだ。ところが山口県に行ったときのことである。聴いて、思わず耳を疑ったことがあった。

なんとセメントが——地名になっているのだ。

それは、「小野田セメント」発祥の地・小野田市（山口県）である。市内に「セメント町」という地名・住所があるのだ。郵便番号だって、７５６—０８３５とちゃんとある。さすがに企業城下町のホコリを漂わせている。調べてみると、他にもあった。津久見市（大分県）にも「セメント町」があったのだ。太平洋セメントの工場があるためである。こちらにも８７９—２４４３という郵便番号がついている。これだけではない。川崎市の川崎区には「セメント通り」がある。浅野セメントの工場があったことで名づけられたようである。

この項、人知れず穴の中を、世界一長いベルトコンベヤーで運ばれた石灰石が、いつのまにか出世して、ついに町名になったという物語になってしまった。

あなたと越えたい　天城越え・・・〈手掘りトンネル〉

洞　まるで菊池の『恩讐の彼方へ』のような「年5、6頭」を救った隧道

天城越え

走り水　迷い恋　風の群れ　天城隧道
恨んでも　恨んでも　躯うらはら
あなた・・・山が燃える

詞　吉岡　治
曲　弦　哲也
歌　石川さゆり

石川さゆりの代表曲「**天城越え**」の一節である。伊豆半島のほぼど真ん中にあり、その気候風土を南北に分けている天城峠。湯ヶ島町から川津町に行くには（その反対も）、どうしてもこの天城峠を越えなければならない。しかし簡単に越えるといっても、急峻な山道は、両町民はもとより旅人にとっても、並大抵のことではなかった。こうして掘られたのが、「天城山隧道」※である。明治38（一九〇五）年、長さ445・5㍍、幅4・1㍍、高さ4・2㍍の穴が、天城山に開けられた。そしてこの「隧道」、平成13年には、国の重

要文化財に指定されている。石造りの道路隧道としては、日本でもっとも長いからである。

※ 今では「旧天城トンネル」といわれ、「新天城トンネル」がその西側を通っている。しかしこの歌のように多くの人は、「天城隧道」と呼び、「山」は省略され、「トンネル」ではなく「隧道」として知られている。ちなみに日本最古のレンガ工法での隧道は、兵庫県にある「鐘ヶ坂隧道」である。国道176号線の丹波市と篠山市の市境に造られており、全長268㍍、幅員3㍍である。使用されたレンガ数、約28万個で、明治16（一八八三）年に完成している。

たしかに長さは、日本一である。しかしそれ以外にこの隧道を際立てている要素は特にはなく、いってみればどこにでもあるような隧道である。にもかかわらずこの「隧道」、とても有名で、かのノーベル賞作家も、その代表作で取り上げている。小説の冒頭でまず――、

道がつづら折りになって、いよいよ天城峠に近づいたと思う頃、雨脚が杉の密林を白く染めながら、

（川端康成『伊豆の踊子』）

とはじめ、作品の中で、

暗いトンネルに入ると、冷たい雫がぽたぽた落ちていた。南伊豆への出口が前方に小さく明るんでいた。トンネルの出口から白塗りの柵に片側を縫われた峠道が稲妻のように流れていた。この模型のような展望の裾の方に芸人達の姿が見えた。

と描写している。また川端に勝るとも劣らない文豪の**松本清張**は、その川端の作品まで引用しながら、自らの小説をはじめている。

私が、はじめて天城を越えたのは三十数年昔になる。

「私は二十歳、高等学校の制帽をかぶり、紺飛白《こんがすり》の着物に袴《はかま》をはき、学生カバンを肩にかけていた。～

中略～修善寺温泉に一夜泊まり、湯ヶ島温泉に二夜泊まり、そして朴歯《ほおば》の高下駄で天城を登ってきたのだった」というのは川端康成氏の名作『伊豆の踊子』の一節だが、これは大正十五年に書かれたそうで、ちょうど、このころ私も天城を越えた。
違うのは、私が高等学校の学生でなく、十六歳の鍛冶屋《かじや》の伜であり、この小説とは逆に下田街道から天城峠を歩いて、湯ヶ島、修善寺に出たのであった。そして朴歯の高下駄ではなく、裸足であった。

（『天城越え』）

そして肝心な「天城隧道」であるが、松本も――、

峠のトンネルの入口に立って振り返ると、下田は、なだれ落ちている原生林のはるか下の端に、砂粒を集めたように僅かに見えるだけであった。
トンネルを通り抜けると、別な景色がひろがっていた。

と描写し、川端と同じように、「トンネル」という表現を使っている。この小説、石川さゆりの歌の〈原点〉のような立場の作品であるにもかかわらず、小説の中では「トンネル」なのだ。つまり、文学界の両巨頭が、自らの作品で用いた用語は、どちらも「トンネル」だったのだ。川端のもう一つの代表作では、

国境の長いトンネルを抜けると雪国であった。夜の底が白くなった。信号所に汽車が止まった。

（『雪国』）

というように、やはり「トンネル」ではじまっている。
たしかに『雪国』のほうは汽車で抜けているので、「トンネル」がふさわしいかもしれないが、『伊豆の踊子』のほうは歩いて通過するわけだし、作品の時代背景を考えても、どちらかといえば「隧道」のほうがマ

ッチしているように思われてしょうがない。

では、「隧道」と「トンネル」は、どう違うのか。辞書を紐解《ひもと》いてみると、

すいどう【隧道】→トンネル。▽「ずいどう」とも言う。

『岩波　国語辞典』

と、なっている。意外にも「ずいどう」という項目はなかった。念のためもう一冊調べてみた。

すいどう【隧道】＝ずいどう　名　トンネル

『新選　国語辞典』小学館

結果は、同じだった。「隧道」＝「トンネル」という式がなりたつように、同義語だったのだ。しかしここで、新たな問題が生じてしまった。つまり、「隧道」の正確な読みは、なんと「すいどう」だ

大達原高札場

ったのだ。にもかかわらず石川さゆりは、たしかに「天城～ずいど～ぉう、恨んでも～」と歌っていたし、日常的にも、「すいどう」と発音されたことを耳にしたことはない。「すいどう」では、「水道」と間違えられてしまうからなのか。まぁ、読み方はどっちでもいいのだが、意味の「トンネル」には、ちょっとこだわりたい。たとえ同義語だとしても、イメージ的には「隧道」と「トンネル」は、なんとなく違ったモノのような感じがするからである。「天城トンネル」では、なんとなく情緒が感じられず、やっぱり「天城隧道」のほうが、艶っぽく、物語的ななにかを含んでいるような気がしてくる。石川さゆりだって、「天城～トン

ネル〜ゥ」と歌っていたら、この歌あんなにもヒットしたかどうか疑わしい。

で、なんでいま唐突にも「隧道」なのか。実はこの埼玉にも、これぞ「隧道！」といった隧道があったのだ。その場所は、大滝村（現・秩父市）である。荒川に沿った国道140号線に「大達原《おおだはら》」というバス停がある。そこで下車し山の方に登っていくと、復元された高札場があった。このあたり、昔は「大達原宿」といって、けっこうにぎわったところである。旧道から民家の横を山に向かってさらに2分ほど進むと、突然、岩をくりぬいたトンネルにでた。

その隧道の入口に立った瞬間、ふいに私の脳裏をかすめたのは、残念ながら石川さゆりの歌でも、川端や松本の作品でもなかった。昔読んだ、ある古い小説のイメージだった。かつて「文壇の大御所」といわれた**菊池寛**※の**『恩讐の彼方に』**である。

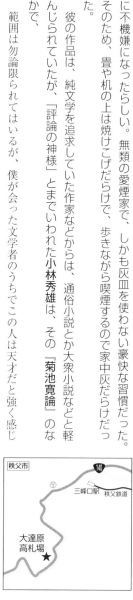

※　本名は「ひろし」だが、ペンネームの「かん」で知られている。明治21（一八八八）〜昭和23（一九四八）。小説家、劇作家、ジャーナリストであり、文藝春秋社を創設した実業家でもあり、「芥川賞」「直木賞」の創設者。面白いのは一時、東京市会議員でもあったことである。香川県高松の生まれ。名前についての逸話としては、「かん」「ひろし」どちらでも気にしなかったが、「菊池」を間違って「菊地」と書かれると、とたんに不機嫌になったらしい。無類の愛煙家で、しかも灰皿を使わない豪快な習慣だった。そのため、畳や机の上は焼けこげだらけで、歩きながら喫煙するので家中灰だらけだった。

彼の作品は、純文学を追求していた作家などからは、通俗小説とか大衆小説などと軽んじられていたが、「評論の神様」とまでいわれた**小林秀雄**は、その**『菊池寛論』**のなかで、

範囲は勿論限られてはいるが、僕が会った文学者のうちでこの人は天才だと強く感じ

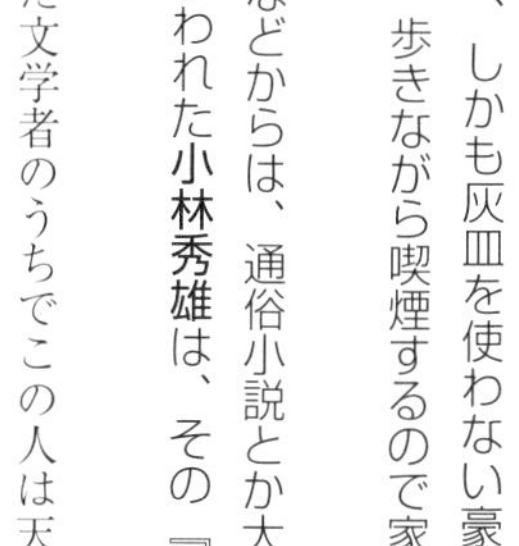

る人は志賀直哉氏と菊池寛氏とだけである。

と論評している。

大正8（一九一九）年に発表されたその作品のあらすじは、こんな内容であった――。

主人公の市九郎は、自らの主人の愛人と関係をもち、あげくのはてに主人を殺し、その女と逃亡する。しばらくは彼女と悪事の限りをつくしながら生きていくが、彼女のあまりの〈悪〉に愛想をつかし、今までの自分の悪行を反省し、旅に出て出家する。「了海」と名のった彼は、諸国を遍歴しながらさまざまな社会貢献をしていくが、半生の罪業はあまりに深く、心はいっこうに救われない。そんなとき豊前（現・大分県）の国で、ある光景を目にする。農民たちが水死体を囲んでいたのだ。「鎖渡し」という所で、馬もろともに急流に落ちたのだという。道がないため、鎖を握りながら歩かなくてはならない難所である。一年に何人もの犠牲者がでる危険箇所だった。了海の心に、突然ひらめくものがあった。二百間（約360メートル）ほどの岸壁にトンネルを掘れば、もう犠牲者は出ない。

穴を掘ろう――と。

彼は狂ったように岩に向かった。

ところが村人からは、「風狂」などと呼ばれ、迫害さえされた。しかし彼は、ただ黙々と経文を口ずさみながら掘りつづける。そして全長の半分までできたとき、村人の心は一変する。奇跡が起こると信じたのである。それからは、村をあげての共同作業となった。

そんなとき、彼が殺した主人の息子（実之助）が、このうわさを耳にし、やってくる。長い間、父の仇を探してきた実之助は、ただちに彼を討とうとしたが、相手は長年の洞窟内での作業のため、足は萎え、目は飛び散る石の破片で傷められ、まるで生きた屍のようであった。それでも、仇討ちを果たして家名を再興したい実之助。了海は潔く「討ちなさい」と覚悟を決める。すると農民から「せめて了海の悲願が達せられるまで命を預かりたい」との声が出る。一刻も早く仇討ちをしたい実之助は、自らも工事に加わり、二人は時を惜しんで槌を振った。

了海が、最初の槌を振り下ろして21年目、実之助が了海に出遭ってから1年半をへた延享3（一七四六）年9月のある夜、ついにトンネルは貫通した。二人は、手を取り合って涙にむせぶが、そのとき了海は「明日ともなれば、村人たちが仇討ちを妨げるであろう」と、実之助に本懐をとげさせようとする。しかし実之助の心には、もう恨みなどなかった。二人は、これまでのすべてを水に流し、感激をともにした。

——というものである。

仇討ちの無意味さを著し、ヒューマニズムの勝利を描いた、とされるこの作品。舞台は大分県の「青の洞門」※で、江戸時代に**禅海**という僧が托鉢で資金を集め、石工を雇って掘った、という実話をもとに書かれている。

※ 名勝・耶馬渓（大分県中津市）のなかにある。諸国遍歴をしていた禅海和尚が掘りぬいた隧道。30年かけて、完成は宝暦13（一七六三）年だった。小説とは違って、石工たちを使っての工事だった。資金は、禅海の托鉢勧進によって集められ、完成時は「樋田《ひだ》の刳貫《くりぬき》」と呼ばれた。「青の洞門」という表現は、大正時代の末あたりから使われはじめた。

この洞門には、もう一つのエピソードがある。それは〈日本最古の有料道路〉ということである。完成後、人は4文、牛馬は8文の通行料を取ったことからである。また、安政年間（1854～60年）に、**歌川広重**の『**六十余州名所図会**』にも、「豊前　羅漢寺　下道」とタイトルされた錦絵として描かれ、すでに当時からかなり有名だったようだ。

大達原手掘り隧道

この菊池の小説はテレビ化され、昭和36（一九六一）年にＮＨＫで放送されている。この作品ほど感動的な内容ではないが、埼玉の隧道にも、それなりの歴史と物語がある。

その名前は――「大達原手掘り隧道」。

秩父往還に開けられた、手掘りのトンネルである。固有名詞に「手掘り」とわざわざあるのは、「大達原《おおだはら》隧道」という近代的なトンネルが、国道１４０号線にあるからである。

ところで、この隧道に入る前に、まず「秩父往還」の状況を説明をしておこう。この道、現在の国道１４０号線およびその旧道にあたる。往古から熊谷―秩父―富士川町（山梨県南巨摩郡）を結ぶ街道として、多くの旅人が通行し、また甲州街道の裏道として機能してきた。しかし、道はとにかく険しい。中でも奥秩父あたりは特に険しく、V字谷の渓谷を縫うように走っている。平成10（一九九八）年「雁坂トンネル」の開通によって、やっと自動車での通行が可能となったほど、険しい山道であった。とくに栃本関所のあたりなどは民家が、斜面を削ったような山裾《やますそ》にへばりついており、まるで中空に浮かぶ集落、はたまた日本のマチュピチュのようにも見える。実際に鳥が、眼下の眺望の中を飛んでいた。そのためか、こんなコトバもあるほどである。

「箱根八里は馬でも越すが」とくれば、そのあとは当然「越すに越されぬ大井川」となる。ところが、この地・大滝では～中略～「わたしゃいやだよ雁坂峠」である。つまり、それだけ雁坂峠がきついということだ。

げんに明治31（一八九八）年8月9日、『五重塔』の作者は、

雁坂峠を越えて甲斐の笛吹川の水上に出で、～中略～甲斐路を帰らんと豫《かね》ては心の底に思ひけるが、ここにて問ひ糺《ただ》せば、甲斐の川浦といふ村まで八里八町人里も無く、草高くして路もたえだえなりとの事に望を失ひ、引返さんと心をきはむ。

（幸田露伴『知知夫紀行』）

というように、「望を失ひ」引き返している。しかしこのことは、体力のない文学者だから、という問題でもなさそうである。というのも、

騎馬隊にすぐれたさすがの武田勢も武州の北条氏を攻める時は、最短距離の雁坂峠をさけて、志賀坂峠や土坂峠など大迂回路をとって侵入している。

（飯野頼治『山道と峠道』）

といわれたぐらいの、本当にキツイ峠だったのだ。それもそのはずこの峠、「日本三大峠※」の筆頭に数えられているのである。

※　この雁坂峠と針ノ木峠（北アルプス）、三伏峠（南アルプス）。ただし説によっては、三伏峠のかわりに夏沢峠（八ヶ岳）か清水峠（群馬・新潟間）を採用することもある。

つい最近（戦後の高度成長期くらい）まで、日本の道路事情はかなりヒドイものであった。たとえば島崎藤村は『夜明け前』で、そのあまりにも有名な冒頭文「木曾路はすべて山の中である。」に続けて――、

あるところは岨《そば》づたいに行く崖の道であり、あるところは数十間の深さに臨む木曾川の岸であり、あるところは山の尾をめぐる谷の入口である。

と、木曽路（中山道）の姿を描写している。「岨」とは、「がけ、絶壁」のことである。主要街道であった中

山道ですら、こんな状態であった。とすれば、さらに険しいルートで、しかも「主要」どころか、超ローカル街道であった秩父往還、さらにはその支道※の道路事情など、想像するにあまりある。

※「大達原手掘り隧道」は、広くいえば「秩父往還」にあるが、正確にいえば、その本道ではなく、本道から分岐し三峯神社に行くための古道にある。

その険しい山道の中でも、特に難所・危険箇所だったのが、大達原の石灰岩の崖道であった。長い年月の中で荒川によって浸食され、川底まで380㍍の切り立った崖、いわゆる秩父名物のV字谷である。おまけに山道は、くねくね曲がった九十九《つづら》折りの連続ときている。当然、犠牲者が続出した。悲劇の様相は、こんなふうだった。

この付近は道が険阻《けんそ》で、馬や馬方もよく谷へ落ちて死んだ。「金蔵落し《きんぞうおと》」などの地名も残っている。谷へ落ちて死んだ馬は地元の人に処理してもらった。片付けた者たちは解体して馬肉をみんなで分けあった。当時は肉などめったに口へは入らなかったので、馬が事故で死ぬと地元の人たちは喜んだ。～中略～毎年五、六頭は～中略～谷へ転落した。特に雪の降った後は馬が足をすべらせて危険であった。

（飯野頼治『秩父往還いまむかし』）

長い間、それこそ人がここを通過しはじめたとき以来、「毎年五、六頭」では、ちょっとひどい。なんとかしなければ、と多くの人が思ったであろう。しかし、誰も何もできなかった。近代国家の仲間入りをした明治になっても、そんな状態は続いたのである。

そんななか一人の男が、この「絶壁」に挑戦した。この近くにある浜平《はまだいら》集落の**山中幸四郎**だった。明治もすでに半ばまでできた頃である。思いたった彼は、近隣の荒くれ者たちを集め、掘った長さに応じて金を払う、と宣言した。いわゆる何寸掘ったら何銭の日当を払う、という〝出来高払い〟を取り入れたのだ。ウワサを耳にした荒くれ者たちが村にやってきた。どこの馬の骨かわからないような荒くれどもも、現ナマには弱い。彼らは酒のため、女のため、バクチのため、それこそ馬力全開で、必死になって掘りはじめた。こうして明治23（一八九〇）年、延長40・5㍍、幅員3・45㍍、高さ4・8㍍のトンネルが貫通した。

しかし今、この偉大な事業を調べようとしても、その真相のベールは、深い霧の中に閉ざされ、ついに解らずじまいであった。幸四郎は誰に頼まれたのか、資金はどこから出たのか、工事での困難にはどんなことがあったのか、今となってはまったくの謎である。

わかっているのはこの隧道、大正10（一九二一）年まで使われた、ということである。この隧道のある街道の南側に、現在の国道１４０号線が開通されるまで利用されたのだ。しかし廃道・廃洞となった後も、地元の人には便利な隧道、近道として使われたようである。

多くの人馬の命を救った幸四郎は、昭和11（一九三六）年、その77年の人生に幕をおろしたのであるが、その半世紀後、彼が生まれ育った「浜平集落」も、時代の中でその姿を消してしまった。今は、「奥秩父もみじ湖」の底深く眠っている。２００８年に完成した「滝沢ダム」によって、湖底に水没してしまったのだ。しかし、集落は姿を消したが、幸四郎の〈意志・業績〉は、今でも人びとの心の中で生きているのであろう。

話は変わって、最近のトンネル事情に目を移すと、その規模には圧倒されそうになる。私が小さいころのトンネルは、なんといっても「丹那トンネル」[※1]と「清水トンネル」であった。特に前者のほうは、その長さもさることながら、多くの犠牲者をだし、16年[※2]にもおよぶ難工事のすえに完成した物語は、親や姉たちから聞かされ、まだ幼かった私でも感動したのを覚えている。そして２０１６年６月、世界最長のトンネルが、スイスで貫通した。アルプスをタテに貫いた「ゴッタルドベーストンネル」である。全長57キロは、それまで世界一を誇っていた青函トンネルの53キロを、軽く抜いた長さである。

※1　東海道本線の熱海駅と函南駅の間にある。総延長7804メートル。67名の犠牲者を出し、昭和9（一九三四）年に開通。長さは当時、清水トンネルに次いで第2位だったが、鉄道用複線トンネルとしては、最長であった。このトンネルが開通するまでの東海道本線は、現在の御殿場線を経由し、「箱根の山は天下の嶮」と歌われた、急峻な坂を走っていたのだ。この急勾配のため、上りも下りも手前の駅で登坂専用の補助機関車を、連結しなければならなかった。しかし、連結してもスピードはのろく、常に輸送上のボトルネックとなっていた。トンネル開通後は、距離も約12キロほど短縮され、連結も不要となり、鉄道の速達性も上がり、運行経費も削減された。もう一つ大切なことは、このトンネルの開通が、鉄道全体に〈革命〉をもたらしたことである。電化である。この長大なトンネルでは、煙をトンネル外に排出するのは、無理だったのだ。こうして電化が進んでいったのである。
現在の東海道新幹線は、このトンネルの50メートルほど北側に掘られた、「新丹那トンネル」（延長7959メートル）を通過している。なお、名前の「丹那」は、このあたりの地名、「丹那盆地」からきている。

※2　16年は、工事期間である。この一大計画は、明治42（一九〇九）年、当時の鉄道院総裁であった**後藤新平**の調査命令からはじまっており、実に、25年の歳月をかけての完成であった。

これらにくらべて菊池の「青の洞門」は360メートル、幸四郎の「大達原隧道」にいたってはたかだか40メートルでしかない。にもかかわらずこれらの隧道は、けっして世界最長のゴッタルドベーストンネルにも負けないだけの〈感動〉を、いまだに私たちに与え続けているのである。

「大達原手掘り隧道」は、掘削当時の手掘りふうの様相を残していた。いかにも硬そうな岩に、荒くれ者たちがダイナミックに挑んだ跡が、そのまま残されている。その荒々しい岩肌に、当時の苦労が見てとれる。特に東側の出入り口などは、そそりたった岩壁が、まるでヒサシのように出っ張っており、見る者を押しつぶすかのようにこちらにカーブしている。見るからに圧倒的な景観である。その真下には、「嘉永三年」と刻まれた石の馬頭尊が、ポツンと静かに置かれていた。谷底に落ちて、人間に食べられてしまった馬たちの冥福を、静かに祈っているのだろう。嘉永3年といえば、1850年である。その光景は、まるでタイムスリップしたシーンのように、ときどき訪れてくる物好きな見学者を、温かく迎えてくれている。それにしてもこの隧道、想像以上のデッカさであった。車だってトラックだって、ゆうに通れそうな規模である。機械のなかった時代でも、こんなに立派な隧道が掘られていたことに、感動を新にしたのである。

にもかかわらず、この隧道、あまりにも無名である。付近には案内看板一枚なく、当然地図にものっていない。近くの郵便局に行き、たずねてみたが、二人いた若い局員は、どちらもその存在を知らなかった。やっとのことで大達原の集落（旧大達原宿）にたどり着いたが、そこにもお知らせ看板や誘導する矢印なども、まったくなかった。集落には、幕末に建てられたとされる高札場がきれいに復元されていたが、そこにもこの隧道を表す標識などは、一切なかった。うろうろしながらやっとのことでたどり着いた、といった状態である。

そしてさらなる心残りは、現地にも、幸四郎の銅像かそれらしいモニュメントも、なにもなかったことである。一方、九州の「青の洞門」には、肖像となった菊池寛の石のレリーフが設置されている。その穴、菊池が掘ったわけでもないのに。

一生忘れぬ橋がある・・・〈高砂橋〉

橋 誰もその正式な名前など口にせず、みんな「おらく橋」と呼んできた

橋

この世には　眼には見えない橋がある
親子を繋ぐ　橋がある
這えば立て　立てば歩めと　大事に育て・・・
親から旅立つ　日が来ても　一生忘れぬ橋がある

詞　仁井谷俊也
曲　原　譲二
歌　北島　三郎

「大達原手掘り隧道」と似た話であるが、もう少し感動的な内容かも。ただし、こちらは「橋」物語である。

かつて秩父郡に「井戸村」という寒村があった。後に長瀞町にふくめられ、現在はその一部である。その井戸村に、**らく**という女の子が生まれたのは、明治維新の年（1868年）であった。**磯部浜五郎**の長女で

一人娘だった。そのせいか、彼女は家族から愛され、大切にされて育った。成長した彼女は、入間郡の高萩村から晋吉を婿に迎え、五男二女をもうけて、幸せを満喫していた。

このらく、こんな田舎（失礼かな？）にもかかわらず、非常に教育熱心であった。結婚後も親を説得し、勉学のため上京して学校に通ったほどである。しかも夫婦二人で。もちろん子供たちへの教育も、ハンパなモノではなかった。苦しい家計をやりくりして、長男と次男を教師の道に進ませ、五男を医者にしている。後に次男は政治家になり埼玉県議会議長、衆議院議員へと進んでいる。また、夫は村長を務め、退職後は二人で悠々自適の生活を送っていた。

まるで幸せを絵に描いたような人生の、そんなときである。らくは一大決心をした。

「橋」――を架けよう、と突然思い立ったのである。

理由は、村人たちの困窮だった。生活の基盤を同じにしている隣町まで行くのに、目と鼻の先にもかかわらず、「袋の渡し」※まで行き、船で渡らなければ行けない、という昔からのハンデキャップである。というのも、隣の野上町との境には荒川が流れており、しかもその流れはかなり速かった。速いはずである。このあたりの荒川流域は、別名長瀞渓谷と呼ばれ、いまは「ライン下り」でそのスリルを味わう観光地になっているほどの場所である。そのため船といってもこぐわけではなく、太い針金を両岸に固定しておき、その針金を手で少しずつ繰ることで、船を進めていたのだ。また岸は、断崖絶壁であった。「橋」さえあれば、ものの何分もかからない隣町まで、わざわざ渡船場まで行き、船を手でひっぱらなければ、行けないのである。もちろん大雨のときには、船は欠航した。

※　渡船場の名前。私設経営の渡しで、もちろん有料だった。「根古屋の渡し」とも「いっけの渡し」とも呼ばれていた。

らくは、考えた。橋さえあれば、たかが隣町、あっというまの移動である。こうして彼女は、橋を架けよう、――あの天才詩人が叫んだように※――離れた地を結ぼうと決心したのである。決心したといっても、役場に行って必死の要望をした、という程度のモノではない。自らの資金で橋を造ろう、というトテツモナイ決心であった。もちろん全財産をかけての、一大事業となった。

※　45頁のA・ランボーの詩を参照のこと。

　こうした話は、おうおうにして大風呂敷の話、もしくは計画倒れとなるのだが、なんと彼女はそれをやりとげてしまったのである。架橋工事は難航をきわめたが、昭和7（一九三二）年2月はじめ、長さ100㍍、幅員2㍍、高さ30㍍の木造つり橋（橋桁は木製だが、ケーブルは鉄製）が完成した。らく、63歳のときである。橋の名前も「高砂橋」と決まった。川の少し上流にあった巨岩が「高砂岩」と呼ばれていたのと、橋の左岸の小字が「高砂」だったことから、こう命名されたのだ。そして2月11日、待ちにまった盛大な開通式・渡初《わたりぞ》めが行われた。

　と、ここまではいたって順調であった。いや、誰しもが、順風満帆と思っていた。

　ところがその開通式が終わった夜、らく夫妻が消えた。突然いなくなったのだ。いわゆる〝夜逃げ〟である。理由は、全財産をなげうち、ばく大な借金をかかえての破産だった。村中、大騒ぎとなった。ことの重大さを感じた大沢寅次郎代議士をはじめとする、村の重鎮たちが、野上町の町長や井戸村の村長を動かし、彼女らの救援活動に走った。その結果、井戸村が彼女に工事費を払い、橋を村道に編入して、彼女らを救うという方向に決まったのである。

その6年後、らくは71歳で鬼籍に入ったが、彼女の生存中はもとより、今でも地元では、誰も「高砂橋」などとは呼ばない。公共施設としての「高砂橋」は、あくまで書類上、行政管理上の名前であり地元では、誰もが――「おらく橋」と呼び続けたのである。

いまこの地に架かっている近代的な橋は、らくが魂をこめて造った橋から数えて、三代目の橋である。

おらく橋の遺構

秩父鉄道の「野上駅」で下車し、東のほうに歩いていくと、県道287号線に出る。その道をこえ、少し進むと荒川が見えてくる。そして目の前に架かっている橋が、三代目の「高砂橋」である。昭和43（一九六八）年に、当時の金額で総工費3600万円をかけて完成した、長さ105・0㍍、幅員6・0㍍、最大支間長42・0㍍、橋脚2本で、水面からの高さは21㍍のプレートガーダー橋（連続鋼板桁橋）、といった堂々の近代的橋梁である。

この三代目の橋ができる一年前、美しい吊橋だった二代目の橋は、老朽化のため取り壊された。そのとき、橋の取り付け道路跡地を利用して、上流側西詰に小さな公園が整備された。なぜこんなところに公園を作ったのか。あまり人が来るとは思えないいないようなところに。

理由はらくだった。つまり、彼女が造った橋が見えるように、というのである。そのポケットパークのような場所からすぐ下に、彼女が最初に造った初代高砂橋、つまり「おらく橋」の遺構（橋脚・橋台）が見えるのだ。しかしそこまで行くのには、なかなか度胸が必要である。断崖の端にそれらは立っているからだ。それまでは、想像することもままならなかった「おらく橋」の残影が、「昭和七年二月竣工」としっかり刻まれているこの親柱によって、イメージできるようになったのだ。しかしちょっと残念だったのは、そこにらくの銅像がなかったことである。**北島三郎**ではないが、「一生忘れぬ橋」を架けたらくに関する、何らかのモニュメントがあってもいいではないか、と少し腹が立った。

昭和13（一九三八）年、この荒川は大洪水をおこした。その状況は――、

昭和一三年（一九三八）八月三一日早朝より降り出した雨は、昼頃より滝ふぶきとなって秩父地方を襲い、夕刻より一段と激しさを増し、翌九月一日頃漸く小止みになったが出水量「いっさん水」のため大きな被害をもたらした。

（『皆野町誌　通史編』）

というものだった。ここでの「いつさん水」が、どんな意味なのかわからないが、「滝ふぶき」という表現から、そのすごさが想像できる。そして、あろうことか氾濫した荒川の激流は、らくの橋を飲みこんでしまったのだ。そのとき彼女はまだ生存していた。彼女がそれこそ命をかけて造った橋が、流されてしまったのである。彼女が亡くなったのは、その洪水から23日後の、9月24日のことであった。橋が流された、という報せを聞いたときの彼女の心痛は、いかばかりであったか。いま考えても、胸が痛くなる。

そうした彼女の複雑な想いがこめられているこの場所に、銅像ぐらいあってもいいではないか、とつい思ってしまった。

時が過ぎ、世紀も変わった。住んでいる人も変わり、人びとの心も変わった。もちろん景色も変わり、交通事情もすっかり変わった。しかし像こそなかったが、遺された橋脚の残片が彼女のかわりに、いまの橋の安全を祈っているかのようであった。その遺構は、たとえ通り過ぎる人たちに見向きもされなくても、ただひたすらそこに立ちすくんでいる。雨の日も、風の日も、とりわけ大水の季節には、ただ黙って祈っているようであった。

常人ではできないことをやりとげたらくを偲び、下の川面《かわも》を眺めていたとき、ちょうどライン下りの観光船が通過していった。そうだ、この橋をくぐった先が、「荒川ライン下り」の終着点・降り場だったのだ。らくが橋を架けようと決意した大きな理由は、この水流の速さだったのだ、と考えながら橋を渡っていくと、「井戸」という標識がある交差点にでた。

「磯部らく」が生まれた集落である。

関連市町村

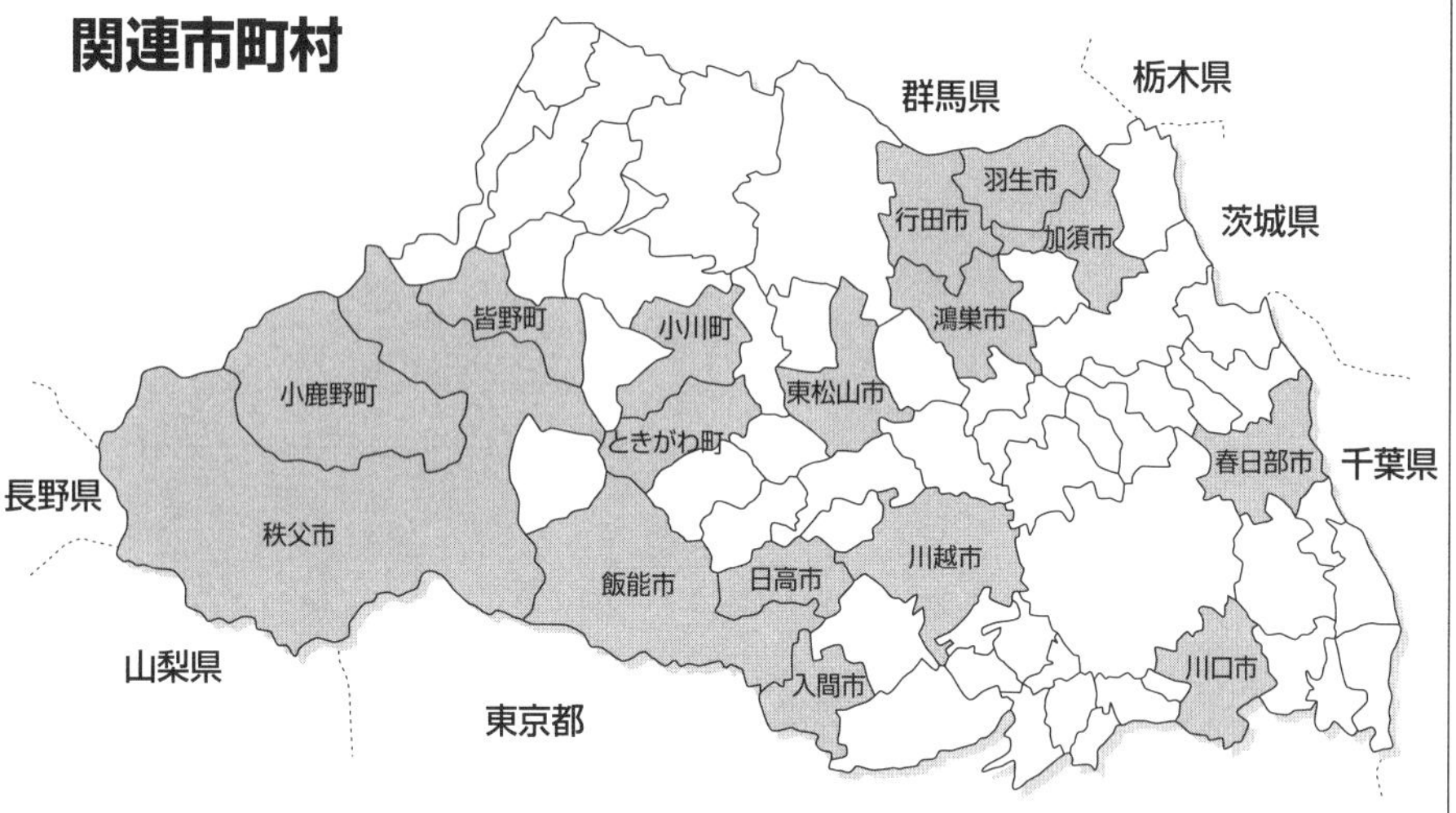

群馬県
栃木県
羽生市
行田市
加須市
茨城県
皆野町
小川町
鴻巣市
小鹿野町
東松山市
ときがわ町
春日部市
千葉県
長野県
秩父市
川越市
飯能市
日高市
川口市
山梨県
入間市
東京都

自然

滝の音はたえて久しくなりぬれど・・・　〈二つの華厳〉

滝

もう一つあるんだったら、あっちは「日光華厳の滝」と言わなくちゃ

滝の白糸

心だけ下されば倖せだから
どうぞ　どうぞ　行って下さい　東京へ
夢があなたに　叶うなら
苦労もかえって愉しいと
滝の白糸　水に咲かせる恋舞台

詞　吉岡　治
曲　市川　昭介
歌　石川さゆり

「滝」といわれて、まず頭に浮かぶのは、

滝の音はたえて久しくなりぬれど名こそ流れてなほ聞こえけれ

藤原公任『千載集』

という和歌であろう。京都の嵯峨大覚寺の近くにあった「名古曽《なこそ》の滝」を詠んだものであるが、歌のように、この滝、すでにそのころ——後白河院の命により**藤原俊成**によって『**千載和歌集**』が編集されたのは、文治4（一一八八）年4月22日といわれている——「絶えて久しく」と詠われ、すでに名ばかりだったようだ。つまり、流れていなかったのだ。※

※　この「名古曽の滝」は、嵯峨天皇が離宮を造営し、滝殿庭園とともに造られた人工の滝である。規模は小さく、たいした滝ではないが、この公任の歌によって有名になってしまった。しかしどちらかというと、この滝そのものよりも、滝および庭園を造成した、**百済河成**《くだらのかわなり》という人物のほうが興味をひかれる。この河成、日本で記録に残る最初の画家（絵師）なのだ。

「滝」という言葉の意味は、今でこそ、

たき【滝】①流れる水が、がけなどを流れ落ちるもの。「—の糸」（滝から筋のように落ちる水のこと）
②急な傾斜の所を流れる水。はやせ。▽「たぎ」とも言う。
（『岩波国語辞典』）

と説明されているが、大昔、たとえば『**万葉集**』のころの「たき」は、今日でいう「早瀬（流れが速い場所）」をさしていた。つまり辞典の②の意味であった。川の急傾斜のところを流れる水を、「たぎ」とか「たきつせ」と呼んだことから、「滝」になったのであろう。そしてこの場合の「たぎ」は、水が沸騰するように奔流となって流れる様子から、「水がたぎる」と表現されたようである。たとえば本書の涙のところでとりあげ、**和泉式部**の耳に聞こえてきたという歌は、

おく山にたぎりて落つる滝つ瀬の玉ちるばかりものな思ひそ　『後拾遺集』

であり、こうした状態がよく表されている。

そうした意味からすれば、日本は〈滝の国〉である。国土の7割が山地で、海からそれほど離れていない

山々から流れ出る川は、どうしても急流になり、平地のヨーロッパなどからの観光客には、ほとんどの川は〈滝〉のように見えるのかもしれない。事実、明治24（一八九一）年、富山県の常願寺川を視察したオランダ人技師の**ヨハネス・デ・レーケ**は、そのあまりの急勾配に、おもわず「これは川ではない、滝だ！」といっている。河口から1400キロ（直線で青森市から鹿児島市までの距離）さかのぼっても、20メートルしか落差のないアマゾン川にくらべて、わずか40キロで1100メートルの勾配がある常願寺川は、なるほど彼のいうとおり〈滝〉なのかもしれない。『万葉集』など知らない彼のほうが、日本語の原語の「滝」を理解していたことになる。

では、今日の「滝」は、そのころはなんといわれていたのか。

それは――「垂水《たるみ》」であった。事実、『万葉集』では、

石走《いわばし》る垂水の上のさ蕨の萌えいづる春になりにけるかも　**志貴皇子**

（岩の上から流れ落ちる滝水のほとりに、さわらびの芽が萌え出す春になったね）

石走る垂水の水の愛しきやし君に恋ふらくわがこころから　**詠み人知らず**

（岩の上を流れ落ちる滝水のように可愛いあなたに、恋しているのも、私の心からなのです）

命をし幸《さき》くよけむと石走る垂水の水をむすびて飲みつ　**詠み人知らず**

（この命に幸あれと、岩の上から流れ落ちる滝の水を、手ですくって飲みました）

などと詠まれ、そのころの「滝」は、たしかに「垂水」であったのだ。そしてこの名の地名は全国にあり、※万葉の時代を今に伝えているかのようである。

※　なかでも有名なのが、神戸市の行政区である「垂水区」と鹿児島県の「垂水市」である。他にも、香川県にも、こ

の名の自治体（現・丸亀市の一部）があった。また地名では、男鹿市（秋田県）、津市（三重県）や能勢町（大阪府）、篠山市（兵庫県）、真庭市（岡山県）、上毛町（福岡県）などにある。駅名でも「垂水駅」（ＪＲ西日本）や「山陽垂水駅」（山陽電鉄）で知られ、かつては国鉄大隅線にも「垂水駅」があった。

話は変わって、「日本三名瀑」というものがある。**「那智の滝」「華厳の滝」**それに**「袋田の滝」**がそうらしいのだが、誰が決めたのかは、さっぱりわからない。※しかしそうだとしても、選ばれている以上、これら三つの滝には、〈責任〉というものがツキマトッテくるはずだ。なかでも「華厳の滝」については、特に責任がある。だって、「日本三大」というブランドだけではなく、「日本八景」という栄冠も勝ち得ているのだから。

※　かつて私は、この「三大〇〇」について——、

だれが、いつ、どのように決めたのか、私にはわからないが、だれもがみんな知っている、とくれば、まるで『月光仮面』のようであるが、その手の話は、どこにだってある。たとえば、クレオパトラ・楊貴妃・小野小町は、『世界三大美人』と言われている。～中略～小野小町が世界でどのくらいの知名度があるのか、いささか疑問ではあるが。また、宮島・松島・天橋立は、『日本三景』とよばれ、誰もが知っている。たしかにこちらは、江戸時代の儒学者林羅山の子である春斎が、寛永20（一六四三）年に、『日本国事跡考』という本の中で紹介したことから始まったと、なにかの本で読んだことがあるが、これだって考えてみればイイカゲンである。

（拙著『〈さいたま〉の秘密と魅力』）

と不満げに書いたことがあったが、驚くことには「日本八景」というジャンルもあったのだ。しかしこちらは、きわめて信頼性のおける選ばれ方であった。昭和2（一九二七）年に、東京日日新聞と大阪毎日新聞が主催し、当時の鉄道省が後援して全国から投票を募った、ということである。国民の関心は高く、投票総数は9348万1773票であった。この数字、なんと当時の人口の1・5倍にあたる。これなら、誰もが納得できる。ちなみに選ばれたのは、

海岸＝室戸岬（高知）
湖沼＝十和田湖（青森・秋田）
山岳＝雲仙岳（長崎）
河川＝木曽川（愛知）
渓谷＝上高地（長野）
瀑布＝華厳滝（栃木）
温泉＝別府温泉（大分）
平原＝狩勝峠（北海道）

で、最終選考は**谷崎潤一郎**、**田山花袋**、**横山大観**らをはじめとする各界の専門家たちによってなされた。ただし日本三景と富士山、それに人工的名勝などは、最初から除外されていた。ここまで大規模に募集され、選定されたわりには、今では「日本八景」など誰も知らない。不思議なことである。

あるとき地図を眺めていて、ナヌ？　何てこったぁ！　スヮ大変だ‼　と、思わず叫んでしまった。埼玉に「華厳の滝」があったのだ。しかしもしこれが「白糸の滝」であれば、思わず叫ぶような品のない行動にはでなかったであろう。[※1]　だがよく調べてみるとこの華厳の滝、「日野沢三滝」[※2]の一つということで、そこそこ有名な滝らしい。

※1　白糸の滝では驚かないのは、その〈数〉からである。この名前の滝、なんとわかっているだけでも、全国に46ヶ所（26道県）もある。流れ落ちる水の様子が、白糸や絹糸を垂らしたように見えれば、すべて「白糸の滝」と命名されてしまうからであろう。

※2　皆野町にある「上空滝《かみそら》」「不動滝」とともに、三つあわせてそう呼ばれているのだが、あまり有名でないため、どちらかというと「日野沢の隠れ三滝」のような存在である。そして、注意しなければならないのは、「不動滝」である。というのは、同名の滝が「大滝村」（現・秩父市）にもあるからだ。大滝村の不動滝は落差50㍍で、埼玉県で

は、小鹿野町にある「丸神の滝」（76㍍）についで、高さ第2位の滝である。対してこちらの不動滝は、落差もそれほど大きくなく、水量もかなり少ない。滝下の岩場にお不動様があり、昔は修験者たちが、滝修行をしたようである。ちなみに「三滝」であるが、埼玉で有名な「三滝」は、越生町の「黒山三滝」で、「男滝」「女滝」「天狗滝」のセットである。吉原遊郭と関係が深いこの三滝の〈性〉に関わる話は、私の『**埼玉の街ものがたり92**』を参照のこと。ちなみに「日本の滝百選」に選ばれている埼玉の滝は、先ほどの「丸神の滝」だけである。

秩父三十四観音札所巡礼のラストナンバー34番札所は、日沢山水潜寺《にったくさんすいせんじ》※である。荒川の支流「日野沢川」に沿ったかなり急坂の道の両側は、鬱蒼《うっそう》とした深山だった。人里はなれた山道を登っていくと、やがて右岸（道路の左側）にその寺はある。創建は天長元（八二四）年で、かなりの古刹である。場所は、皆野町の日野沢である。皆野町といえば、「秩父音頭」が生まれた町であり、「自由民権運動」発祥の地ということでも有名だが、この寺も、ラストナンバーにふさわしい名前と実態をそなえている。

※「三十四札所」とこの寺については、本書の仏の項を参照のこと。

深山の谷あいの樹海に埋まっており、神秘的な雰囲気をも漂わせている細長い境内地には、昭和29（一九五四）年4月に建てられた**大野万木**の、

観音の慈眼尊し春の雨

の句碑が、訪れる人を待っている。苔むした参道の石段をさらに登りつめると、本堂脇に水が筧《かけい》からこぼれている。この水、「長命水」というありがたい水である。その長命水の先には、「水くぐりの岩屋」の口が二つ、開いている。巡礼を終えた人たちが、暗い洞内を潜《くぐ》りぬけることから、こう命名された。もちろん寺号、つまり寺の名前になった由来である。巡礼者たちはこの岩屋で結願の笈摺《おいずる》※を納め、心身ともに清浄に

なって家路につくのである。

※　巡礼者たちが着物の上にはおる、袖なしのチョッキのような衣服。

この名刹から、日野沢川をさらに500㍍ほど上流に行ったところの右側に、滝への道の入口がある。ちなみにその「入口」近くには、「秩父華厳前」という町営バスの停留所がある。そこから急な坂道を3分も登って行けば、左手のほうに、

秩父華厳滝

「華厳の滝」

が見えてくる。鬱蒼《うっそう》とした森の中に、白い糸を垂らしたかのような光景――まさに幽玄さを印象づける景観美である。〈動〉としての滝の景観であるにもかかわらず、なにか静かにタタズンデおり、深山幽谷の趣《おもむき》を印象づけている。あたかも、時の流れを超越した水の流れ――といった感じである。

落差13㍍ほどで、水量はさほど多くはないが、清冽《せいれつ》な滝の真下に立ち、流れ落ちる水の音を聴さながら、その潤《うるお》いを浴びてみた。赤い岩肌がアクセントのように輝き、滝つぼは美しいエメラルドグリーンである。その〈赤〉は悠久の古代、深海底でプランクトンが堆積したものだそうだ。崖を落ちる水しぶきの白さとの対比が、とても美しい。新緑眩《まぶ》しい春の季節では芽吹いた草木に反射する水しぶき、夏の朝などでは朝露の

ような輝きを見せ、秋の夕暮には紅葉とのコントラストが映《は》え、厳寒期には滝そのものが凍りつき、満天の星々たちとのアンサンブルを織りなす。まわりの自然や空、風景を包み込み、それぞれの時と季節によって思いがけない無数の表情を見せ、数えきれないほどの姿に変身し、それはそれは興趣に富む滝である、と滝に来ていた地元のおばちゃんがいっていた（もちろんこんなにカッコいい話し方ではないが、要約するとこうなる）。また7月と11月には、滝全体がライトアップされ、美の極致ともいえる風景を演出し、まるでアート作品のような幻想的な雰囲気をかもしだす。おまけに「全国10位に選ばれた秩父華厳の滝」※という参道入り口にあった看板も、この滝のグレードをそれとなく高めている。

※先ほど「日本三大名瀑」についてケチをつけた私だが、この「全国10位」には、さらにびっくりである。そこには次のような17位までの滝が看板に書かれていた――!?

1	くろぬまの滝	青森県鰺ケ沢町
2	ぬさがけ滝	岩手県矢巾町
3	秋保大滝	仙台市
4	安の滝	秋田県阿仁町
5	面白山紅葉川渓谷	山県市
6	幕滝	福島市
7	袋田の滝	茨城県大子町
8	湯滝	栃木県日光市
9	吹割の滝	群馬県利根町
10	秩父華厳の滝	埼玉県皆野町
11	粟又の滝	千葉県大多喜町
12	ほっさわの滝	東京都桧原村
13	しゃすいの滝	神奈川県山北町
14	苗名滝	新潟県妙高高原町
15	七ツ釜五段の滝	山梨県三富村
16	唐沢ノ滝	長野県真田町
17	黄金の大滝	静岡県引佐町

いったい誰が選んだのであろう。中身は、聞いたこともない滝が多い。そして責任の所在、あるいは選定の方法な

どを示す文言は、どこにもなかった。きわめて不思議な「全国ベスト17」としか、いいようがない。

この滝、よく日野沢川の滝と間違えられるが、正確にはその支流である「奈良尾川」※の滝である。滝つぼの汀《みぎわ》まで散策路が整備され、そのおかげで全体が間近に見られる。直下から、正面から、横から、さらには真上からも、ちょっと覗《のぞ》きこめば眺めることができる。見る位置によっては、かなり曲がっており、そのクネっとした姿勢が、なんとなくなよなよしく女性的である。

※ 先ほどの「日野沢三滝」であるが、この滝と「上空滝」は奈良尾川にあるが、不動滝は、日野沢川の本流にある。

ということで、直線的で力強く、97㍍の落差から、ゴウゴウと流れ落ちる圧倒的な水量のあちら（日光）の滝が、〈男華厳〉だとすれば、こちらの滝は見るからに〈女華厳〉、といったイメージである。がしかし、滝つぼから30㍍ほど下の、流れの上にかぶさっている岩のダイナミックな形状には、日光にはない凄みがあり、自然の荒々しさを表していた。

先ほど「タタズンデいる」と表現したが、この滝のま上には、ドデカイ（ゆうに5㍍はあるか！）不動明王＝空滝大不動尊が、それこそデ～ンと座っている。昭和48（一九七三）年に秩父在住の左官屋さんが造ったそうである。不動明王といえば、普通はちょっと恐いイメージなのだが、この像はどう見てもユーモラスで、表情はあの「上野の西郷さん」を、かなりオチョケさせたようにも見える。右目は上を向き、左目は下を向いている。鬼歯も右は上に伸び、左は下向きに伸びていた。おまけに完成時には顔が真っ青に塗られていたこの不動さん、どう見ても、**志村けん**のバカ殿の青版といったイメージなのだ。草木が萌えはじめるころの春の山を、俳句では「山笑う」という。ここでは、春はおろか一年中、近くの山々すべてを笑わしてくれている、お不動様なのである。

ところで問題の「華厳」であるが、この「華厳」という名前、いったいどこからきたのか。

あちら様の「華厳の滝」は、どうも仏教の経典である「華厳経」からのようである。天上界と地上界を、流れ落ちる滝の水が繋いでいる、というイメージからか、仏教的なネーミングがとてもマッチしている。また付近には、「阿含滝」「方等滝」「般若滝」「涅槃滝」などもあり、たしかになんとなく宗教的な厳《おごそ》かさがそなわっている。

ところが——である。なんとこちらの名前は、日光の華厳の滝に似ている、ということで、「秩父華厳の滝」とつけられたようなのだ。一説には、すでに江戸時代からこう呼ばれてきた、といわれているが、本当のところは昭和40年代に、観光・町おこしということで、もともとの名前「下空滝」※から変えられた、というのが真相らしい。だから、奈良尾川の上流にある「上空滝」には、名前に「上」がついていたのだ。

不動明王像

※ この「下空滝」という名前については、別の説もあり、真相はわからない。

この滝の本名は「空滝」。いつ誰が秩父華厳の滝と名づけたのか知らないが、今ではこの観光的な名前がすっかり定着してしまっている。（大久根茂『水と樹へ』）

という説である。つまり、「空滝」があるのでその上流にある滝は「上空滝」と名づけられたのか、はじめから、「上空滝と下空滝」のように両者を相対的にとらえ、名づけられたのか、のちがいである。

たしかに、「華厳」というメジャーな名前をつけたことは、観光的にはいいかもしれないが、「似ているから」という理由では、その命名の瞬間に、すでにあちら様には負けていたのだ。つまり、永遠に〈本家〉と〈分家〉の関係になってしまいかねない。しかしこれでは、わが埼玉の〝ゴケン〟にかかわるではないか。

埼玉県知事は、栃木県知事に申し入れをすべきである。

たしかに規模の大小ははっきりしているが、どちらも現実に〈華厳〉を使用しているのだ。だったらこれからはおたがい、「日光華厳の滝」「秩父華厳の滝」と呼ぼうではないか――、

と。このように、どちらもその名前に地名をかぶせれば、その瞬間から〈本家・分家〉関係も解消され※、こちらの「華厳」も独立した人格（？）になれ、観光的にもさらに役立つことになる。「日光―」を見たら、次は「秩父―」だ、あるいはその逆も、とくれば、日光市長もきっと喜ぶであろう。これで、Win Winの関係が構築され、こちらの「全国10位」も生きてくるし、あちら様の「全国17位」に入らなかった〈屈辱〉も晴れるというものである。

※　ところがこの〈本家・分家関係〉も、もう少し時間がたてば自然となくなるのだ。というのも、日光のほうは、いずれなくなる運命の滝なのである。周知のように、日光の華厳の滝の水源は、中禅寺湖である。この湖から出て行く水は唯一、大谷川だけであり、その流れの落差が華厳の滝なのだ。96㍍の落差から生まれる水圧はものすごく、滝口そのものをも破壊する迫力で、事実、昭和61（一九八六）年に滝口の一部が崩れている。つまりこの滝は、徐々にではあるが、上流に向って何キロも移動してきたのだ。数万年という年月をかけ、移動した痕が「華厳渓谷」である。そして湖までの残された距離は、わずかに400㍍。だから最近は、その水量を減らし、延命措置にヤッキである。最盛期には毎秒2・5㌧だった流水量も、いまでは平均で0・5㌧から1㌧に減量されている。上流の中善寺ダムに

よる、流水制限である。しかしそうした抵抗も、自然の力には対抗できない。そのうち（何年かはわからないが、おそらく数万年）、湖と直結してしまう。その時が、滝がなくなる瞬間である。そして残るのは、わが「秩父華厳の滝」である。はれて名前から「秩父」がとれ、本家になる日は近いのだ。

ところで〈滝〉といえば、冒頭の藤原公任の「滝の音は――」という和歌がよく知られているが、あちら様の滝では、こうした〈文学〉というよりは、むしろカタイ〈哲学〉の詩で、かつて日本中で話題になったことがある。そしてその〈詩〉は〈死〉の遺書でもあった。なんでも将来有望な青年が、難しいコトバを書きつらねた〈遺書〉を残し、「不可解」と宣言して逝ってしまった、ということで、その衝撃からある種の〝自殺ブーム〟に火をつけてしまい、しばらくの間、自殺の名所になってしまった、ということらしい。

時は、明治36（一九〇三）年5月22日。当時まだ18歳だった一高生の**藤村操**が、投身自殺したのだ。そしてこの青年、**夏目漱石**の教え子という、超エリートだった。それだけでもセンセーショナルな事件なのだが、それ以上に彼は、自らの最期にあたって、一つの〈哲学的遺書〉を残して逝ったのである。しかもその遺書は、滝の近くの樫の木に記してあったのだ。

「巖頭之感《がんとうのかん》」と題されたその〈遺書〉は、

悠々たる哉天擾、
遼々たる哉古今、
五尺の小軀を以て比大をはからむとす、
ホレーショの哲學竟《つい》に何等のオーソリチィーを價するものぞ
萬有の真相は唯だ一言にして悉す、曰く「不可解」。

我この恨を懐いて煩悶、終に死を決するに至る。
既に巌頭に立つに及んで、
胸中何等の不安あるなし。
始めて知る、
大なる悲観に一致するを。

というもので、まるで鎌倉時代の**児島高徳**の例※を真似ての、劇場型自殺を演じたのである。まさに「名こそ、なほ聞こえけれ」を実行したような死であった。この悲しむべき出来事はその後、数々の作品でも取り上げられ、たとえば漱石などは、自分の教え子にもかかわらず、その代表作ともいえる作品で――、

武右衛門君は悄然として薩摩下駄を引きずって門を出た。可愛想に。打ちゃっておくと巌頭の吟でも書いて華厳滝から飛び込むかもしれない。
（『吾輩は猫である』）

と、ちょっと不謹慎とも思えるぐらい、なぜか面白おかしく著《あらわ》している。また作家で活動家でもあった**木下尚江**も、

赤く枯れたる芝生の上に腰をおろして、剛一は、空行く雲を眺めやりつ「姉さん、今春《このはる》でしたがネ、僕は学校の運動場で、上野の森を見下しながら、藤野と話したことがありますよ」
突然の新談緒に「藤野さんテ、彼の華厳滝でお死《あ》なすった操《みさほ》さんですか」
「左様です、世間では彼が自殺の原因を、哲学上の疑問に在る如く言ひ噺ましたが、あれじゃ藤野の霊も浮はれませんよ、――僕は能《よ》ウく彼の秘密を知ってますからネ」
（『火の柱』）

といったように、世間話の形で取り上げているほどである。こうした影響からか、以来彼の後を追うかのよ

うに、相次いで投身自殺が続いてしまった。それと同時に、遺書の中の「不可解」が一人歩きし、今でいう流行語大賞のような言葉になってしまったのである。

※「児島」とも書く。鎌倉時代末期の元弘2（一三三二）年、幕府打倒の試み（元弘の変）に負けた**後醍醐天皇**は、隠岐へ流されることになった。その流刑の途中で天皇を奪還しようとしたのが、児島高徳である。しかし、チャンスに恵まれなかった彼は、せめてその志だけでも伝えようと、天皇の宿所に忍び込み、庭の桜の木の幹を削り、そこに中国の古い故事にちなんだ漢詩、

天莫空勾践　時非無范蠡

を書きとめてきた。世に「桜の詩」とか「白桜十字詩」といわれた漢詩である。意味は、天は春秋時代の越王・勾践に対するように、決して天皇をお見捨てしませんから。必ず范蠡のような忠臣が現れ、お助けするでしょう、といった感じである。

漢詩といい、木の幹を削って書いた行為を、藤村青年は真似たのであろう。

児島は『**太平記**』にはしばしば登場するが、その他の史料にはまったくその名が見られない。そのため『太平記』の著者とされている**児島法師**と同一人物では、という説もある。とにかく謎の多い人物である。

明治6（一八七三）年に発行された2円札（紙幣）の表には、右側に稲村ケ崎で刀を奉じる**新田義貞**が、左側にはこの白桜十字詩を書いている児島高徳が印刷されていた。天皇に忠実な二人として、戦前の教科書には必ずのっていたし、音楽の時間では唱歌として歌われた。新田のほうは、文部省唱歌「鎌倉」で有名だが、児島の歌は、今ではあまり知られていない。

児島高徳

（一）

船坂山や杉坂と
御あと慕いて院の庄、
微衷《びちゅう》をいかで聞えんと、
桜の幹に十字の詩。
『天勾践《てんこうせん》を空《むな》しうする莫《なか》れ。時《とき》范蠡《はんれい》無《な》きにしも非ず。』

（二）

御心ならぬいでましの
御袖露けき朝戸出に、
誦《ずん》じて笑《え》ますかしこさよ、
桜の幹の十字の詩。
『天勾践を空しうする莫れ。時范蠡無きにしも非ず。』

鎌　倉

（一）

七里ヶ浜のいそ伝い、
稲村ケ崎、名将の
剣投ぜし古戦場。

（この歌、八番まであり、鎌倉の名所旧跡を七五調で歌いやすく工夫されている。国学者・芳賀矢一の作詞。）

大正3（一九一四）年、「尋常小学校　第六学年用」として、教科書に採用された。

これにたいして「秩父―」のほうでは、そのような自殺もなく、きわめて平穏無事な歴史を過ごしてきたのである。しかし考えてみれば、もし自殺を志したのなら、よっぽどこちらの「秩父―」のほうが〈適して?〉いると思われる。というのも先ほど記したように、この滝、真上に立つことができる。あのヘンテコな顔をした「空滝大不動尊」の場所は、まさにバンジージャンプにうってつけのスペースなのだ。下を覗けばぞくぞくするような、足のすくむような場所なのである。

にもかかわらずこの場所での自殺者が出ていないのは、ひとえにこのお笑い的な不動尊のおかげなのかもしれない。有難や、アリガタヤ・・・。

・・・富士の高嶺に雪はふりける

〈埼玉の富士山〉

山 「日本一」がこんなにもあり、埼玉にもなんと四つもあった〈富士山〉

ふじの山
あたまを雲の　上に出し
四方の山を　見おろして
かみなりさまを　下にきく
ふじは　日本一の山

詞　巖谷　小波
曲　不　詳
尋常小学読本唱歌
明治43年7月

ちょうどこの項を書いていたら、「埼玉新聞」（H28・8・29）の連載記事「ぶん太くんの　教えて！埼玉博士」の見出し「所沢に富士山があるって本当?」が目に飛びこんできた。一瞬、フリーズしてしまった。所沢に富士山なんかあるわけないだろう！とぶつぶついいながら、とりあえず読んでみた。結果、なぁ〜んだ、「荒幡富士」か、ならよかった！と胸をナデオロシタしだいである。ナデオロシタ理由は、この「富士」

なら、すでに拙著『**埼玉の街ものがたり92**』で取り上げていたから、という理由と、もうひとつ、いまから私が書く内容とは、まったく違っていたからである。

ということで、富士山である。

古来、霊峰富士とも、神が宿る聖なる山ともいわれてきた富士山。日本一の山であり、世界遺産の山である。その姿の美しさから、日本の代表的景色ともされ、世界的にも有名な山である。また民間信仰の聖地でもあり、その姿について、国民的作家の**司馬遼太郎**などは、

神という以外、形容しようのないその山容
（『箱根の坂』）

と描写し、「神が宿る」どころか「神そのもの」とまで表している。※

※「神」とまでは思わなくても、新幹線の窓から見えただけで感激する日本人である。しかし世の中には色いろな人がいる。富士山を「どこがいいのか」と「評価」しない人、まるで**太宰治**のようなヒネクレ者も、なんといたのだ。

「堂本さん、あなたは富士山についてどう考えているのです」

「もっとも単純で、もっとも味わいのない、そして、もっとも山らしくない、山としての存在価値さえ否定したい山ですよ、富士山というのは、いったい、あんな山のどこがいいんです。なにが、日本の象徴なんです、ああいう山に血道をあげる人間こそ、もっとも軽蔑すべき対象ですね」

堂本はぷいと葛木に背を向けると大股で部屋を出ていった。
（新田次郎『富士山頂』）

富士山の頂上に気象レーダーを設置するときの、作者の体験をもとにし、人間模様をあつかった作品だが、富士山をこんなふうに思っている日本人もいたのだ、ということには、正直、心底驚かされた。ちなみに先ほどの太宰であるが、自らの文学を「ひかれ者の小唄」とつぶやいていた彼は、その著『**富嶽百景**』で、後にあまりにも有名になった「富士には、月見草がよく似合ふ。」というセリフを遺しているが、同時に、こんな表現も使っている。富士山を、

クリスマスの飾り菓子
船尾のほうからだんだん沈没しかけてゆく軍艦の姿

などと表しているのだ。また、御坂峠の天下茶屋の光景を、

まるで、風呂屋のペンキ画だ、芝居の書割だ。

と、いかにも皮肉屋の彼らしい文章を遺している。この表現は、

ここから見た富士は、むかしから富士三景の一つにかぞえられているのだそうであるが、私はあまり好かなかった。好かないばかりか、軽蔑さえした。

という文章の後に続いているのである。

しかし、たとえ太宰たちがなんといおうと、こうした神のような富士山は、当然のごとく歴史的にも数々の歌に詠まれ、その代表的な歌（といってもかなりある）としては――、

田子の浦に　うちいでて見れば　白妙《しろたえ》の
富士の高嶺に　雪はふりつつ

が、この国の人々の心に、もっとも残っている作品ではなかろうか。ただこの歌は、『万葉集』のなかの「不尽山を望む」の反歌として詠われ、

田児の浦ゆ　うち出でて見れば　真白にぞ
ふじの高嶺に雪はふりける
山部　赤人

という、もともとの原歌を改作した歌で、『新古今集』の作品である。

高校生のとき、古文の先生が――、

いいか、この歌は矛盾しているんだぞ。雪が降っている天気で、なんで〈白妙の高嶺が〉見えるんだ。この歌は想像で詠まれているんだぞ。それに対して、万葉集のほうは、〈ふりける〉という過去形を使っており、正確で、現実に〈真白にぞ〉と確認している歌なのだ。万葉から新古今に発展したんじゃなく、文学的には後退したんだ、いいかわかったか、テストに出されても大丈夫だな・・・・

と、力説していたのを思い出す。「万葉」調と「新古今」調の違い[※1]といえばそれまでだが、素人の私でも原歌のほうが好きである。さすがに叙景歌人として〈歌聖[※2]〉とさえいわれた赤人である。ただ、仮想現実の手法を用いた「新古今」のほうも、その心象風景を文字で創りだしたという点では、みごとである。1000年以上前に、すでにバーチャル・リアリティを導入していたのだ。

※1 『**万葉集**』の「ますらをぶり」の表現に対し、『**新古今集**』では「たをやめぶり」が特徴である。平安時代も後期になると、作風の点で、実景に基づく率直な感動などは荒削りな文体とされ、好まれなかった。こうして、**藤原定家**らの『新古今集』の選者らによって、よりスマートな作風にされたのであろう。

※2 『**古今集**』の序で、**紀貫之**は赤人を、**柿本人麻呂**と並ぶ「歌聖」として讃えている。

こうした富士山にかかわる歌は、なにも静岡県や山梨県の特権的なことではなく、わが埼玉にだってちゃんとあるのだ。たとえば、**道興准后**[※]が岩槻（現・さいたま市）あたりを通りかかったとき、こんな歌を詠んでいる。

岩つきといへる所を過ぐるに、富士のねには雪いとふかく、外山には残んの紅葉色々にみえければ、よみて同行の中へ遣しける。

ふしのねの雪に心をそめてみよ外山の紅葉色深くとも

（『廻国雑記』）

※　室町時代の僧。関白近衛房嗣の子。熊野三山をはじめ各地の寺院の検校《けんぎょう》も兼ね、寛正6（一四六五）年大僧正になり、「准三后」になっている。以後、「道興准后」と呼ばれるようになる。文明18（一四八六）年6月に京都を出発し、一年以上各地（北国・東国など）を遊歴し、そのときの紀行文をまとめたのが『廻国雑記』である。

また、天保6～13（一八三五～四二）年頃に、**渓斎英泉**《けいさいえいせん》と**歌川広重**によって描かれた**「木曾街道六十九次」**の版画絵にも、「大宮宿　冨士遠景」と「鴻巣吹上　冨士遠望」とタイトル化された、雄大な富士山が描かれている。

木曾街道六十九次「大宮宿　富士遠望」

木曾街道六十九次「鴻巣　吹上富士遠望」

このようにこの山、歌や絵だけでなく、影響力という点でみた場合、すべてにおいてすごいのである。たとえば「地名」という点でも、全国に「富士見町」を生み出し、「富士見坂」「富士見通り」を現出させ、「富士見通り商店街」を繁盛させている。わが埼玉にだって、「富士見市」や「ふじみ野市」があり、富士山との関係はけっこう深いのかもしれない。しかしこれら埼玉での自治体名は、あ

富士山交差点

くまでも「富士・見」ということで、先ほどの版画絵のように、あくまでも遠くから見るイメージ、つまり英泉や広重らが用いた「遠景」「遠望」といった、ある種の〈眺め〉、〈光景のなかの富士〉であり、〈富士山〉そのものではない。この点、静岡県にあるずばり「富士市」とは意味が違うのである。では、埼玉にとって富士山は「遠景」や「遠望」といった、遠くからの富士山だけなのか。

答えは——NO！である。

つまり——なんとこの埼玉にも、「富士山」はちゃんとあるのだ。

首都圏の地図を眺めてみると、国道16号線は神奈川から東京の西部を通り、埼玉、千葉を結び、半円のようにカーブしている。まるで大男が東京湾に針をさし、巨大なコンパスで関東平野に曲線を引いたような半円になっている。そのルート上に、

なんと——「富士山《ふじやま》」という交差点がある。

場所は、埼玉と東京のちょうど都県境である。なぜこんなところに、とずーっと前から不思議に思っていた。地図で確認すると、それもそのはずこのあたりは、「駒形富士山」という地名（町名・字名）なのだ。

郵便番号も独自に「190―1202」となっている。場所は、正確にいうと、残念ながら東京都の瑞穂町である。そしてこの町には、なんと他にも「箱根ヶ崎」「箱根ヶ崎東松原」「箱根ヶ崎西松原」とか「富士山

栗原新田」などという地名があり、おまけに「富士山公園」などもある。まるで神奈川や静岡、山梨を連想させるような地名があり、そのすべてに郵便番号がついている。瑞穂町役場が発行している『**瑞穂町史**』によると、

　富士山町は狭山丘陵の北側に位置し、面積は約五十ヘクタールである。

と、明治以降の「町」としての様子が書かれている。そして、

　しかし富士山村はそんなに古い村ではないのである。（中略）

　富士山村は旗本大田氏によって始められた村である。清和源氏多田満仲の後裔と称する、大田加兵衛が家康から賜った武州入間郡の地、高百石が富士山を含む四か村であった。（中略）

富士山バス停

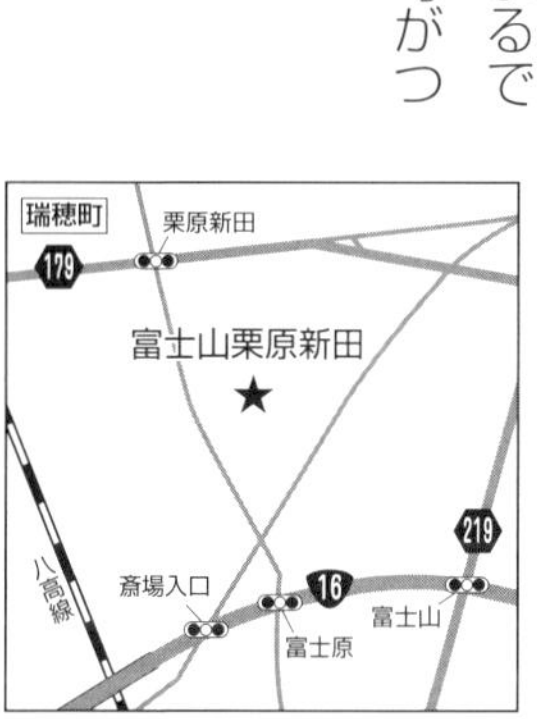

　富士山村がまがりなりにも村落の形態をなしたのは慶長から元和にかけての頃と推定される。

という記述が続いている。「慶長から元和にかけての頃」ということであれば、まさに江戸時代の最初期に「村落の形態をなした」※ようである。

※「富士山村」という名前が文献によって確認されるのは、「元禄八年亥二月廿八日」の日付がある「手形之事」という古文書が初見である。

つまり、この地にかつて「富士山」という名の村、町

があった、ということである。

瑞穂町は多摩地域に三つしかない町の一つで、埼玉県との県境の自治体である。接しているのは入間市である。しかし、たとえ接していても、東京ということであれば、本書で取りあつかうべき内容ではない・・・と、断念しそうになったが、あきらめるのはまだ早い、としつこく調べていくと、この努力が思わぬ結果をもたらした。明治17～21年にかけて入間市が、当時の内務省からの要請で調査した文献がある。そのなかに、「駒形富士山村」の「沿革」があり、

本村駒形富士山村ト名称スルハ中古駒形神社ニ旧ク葦毛ノ駒二ツ有富士山浅間神社アリ両社有ルヲ以テ駒形富士山村ト名称ス

（入間市史編さん室「五ヶ邑地誌編冊」『入間市史調査集録』）

と記されていた。つまり、入間市でも「駒形富士山村」の存在を、調査していたのである。このことは、武蔵国の故事をあつかっている『**武蔵国郡村誌**』でも確認される。

正保改定国図には此辺総て宮寺町と称す元禄改定国図には之を割き二本木中野小谷戸大森新田萩原矢寺糀屋坊駒形富士山高根の十一村となす以来駒形富士山村となる

（「武蔵国入間郡村誌巻之二」）

現代語訳（正保年代（1644～48年）に改定した地図にはこのあたりすべて宮寺町といったが、元禄年代（1688～1704年）に改定した地図には、この町を分割し二本木・中野・小谷戸・大森・新田・萩原・矢寺・糀屋坊・駒形・富士山・高根の11の村となり、その後「駒形富士山村」となる）

というもので、続いて、

風土記には駒形は鎮守の名より起り富士山の中腹に富士浅間の社ありて古は本村に属す因て此名起ると

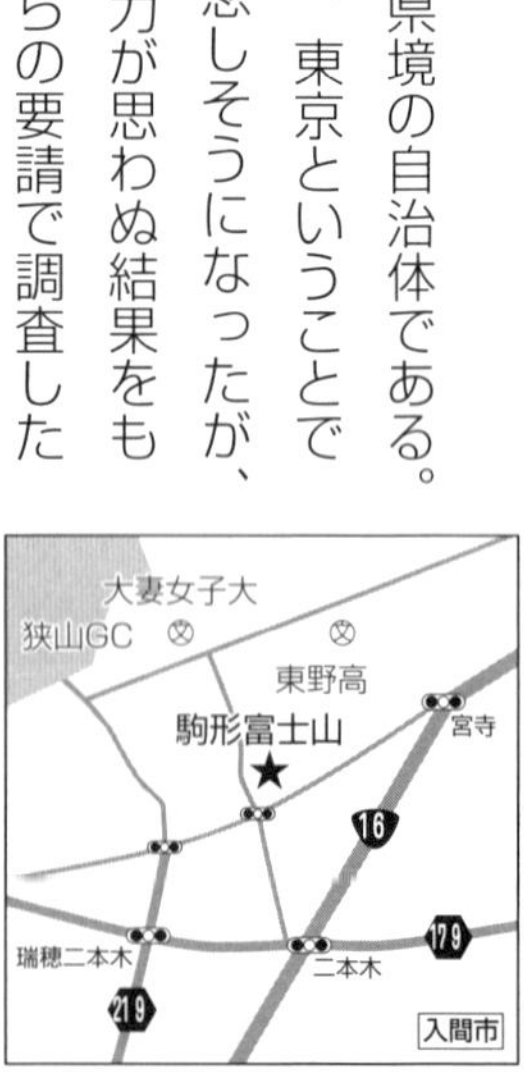

云明治元年戊辰駒形村富士山村合併して駒形富士山村と称す

とある。またその次の項は、「富士山栗原《くりばら》新田」で、

本村古時武蔵野の内なり享保十四年己酉富士山村の人栗原七右衛門の開墾に係る因て富士山栗原新田と称す

と記してあった。ということで、勇気リンリン調査を続けていくと、この入間市にも、

なんと――「駒形富士山」

という地名（町名・字名）が、今でもあるのだ。そしてこちらにも独自の郵便番号「358―0017」が、ちゃんとあったのである。

どういうことなのか。なぜ隣接する東京と埼玉に、つまり「瑞穂町」と「入間市」に、それぞれ「駒形富士山」があるのか。答は簡単である。元は一つの同じ村だったのが、明治以降の行政的都合で、この地域が分けられ分断されてしまったが、それらがどちらも現在にまで引きつがれている、ということなのだ。それにしても「富士山」の影響力はすごいものだと、今さらながら思い知らされた。

こうした〈影響力〉は、もちろん「地名」だけではなく、そのものズバリで「山」にも当然見られる。その代表ともいうべきものが、各地に存在する「郷土富士」などと呼ばれる「富士山」たちである。

古来「○○富士」と呼ばれる山は、日本各地にかなりある。それらをくわしく調べてみると、おおよそ三種類の「郷土富士」にわけられることがわかる。

まず一つ目は、たとえば「津軽富士」の場合である。この山は青森の岩木山であるが、こうした例は他にもあり、北海道の羊蹄山は「蝦夷富士」、鹿児島の開聞岳は「薩摩富士」と呼ばれている。その山容が本物

の富士山に似ているところから、そう呼ばれているのだが、それらはあくまでも「〇〇富士」という愛称であり、「岩木山」とか「羊蹄山」のように、正式な山名がそれぞれちゃんとある山である。

二つ目は、頭に「富士」がつく山で、「富士見山」「富士写ヶ岳」「富士ノ折立」などである。

三つ目は、「富士」の前に地名などがつく「〇〇富士」で、これがけっこう多くて、全国で50以上はある。代表的なのをあげれば、「美瑛富士」「阿寒富士」（どちらも北海道）などであり、不思議なことにそれらには、「山」がついていない。にもかかわらずこれらはすべて固有名詞である。つまり「一つ目」で紹介した「津軽富士」などのような愛称ではなく、正式な山の名前なのだ。

これら三種類の山々は、あくまでも「郷土富士」という類の山々なのである。これらの他にも、富士山を模した、人工の富士山も各地にある。いわゆる「富士塚」※という「山」で、この項の冒頭でとりあげた「荒幡富士」も、塚の富士山である。

※「富士塚」については、拙著**『〈さいたま〉の秘密と魅力』**を参照のこと。

こうした「郷土富士」や「富士塚」に対して、これから私が紹介するのは、ずばり「富士山」なのだ。「郷土富士」ではなく、あえてネーミングすれば〝小型版《ミニ》・地方《ローカル》富士山〟とでもいうような富士山、〝もうひとつの富士山〟というような類の山である。くどいようだが、あくまでもその名もズバリ「富士山」なのであり、それぞれの地方にある「富士山」という山々なのである。

そしてなんと、埼玉にもこうした　もうひとつの富士山　があるのだ。しかも四つもソビエテいた。かつて埼玉新聞社が出版した**『埼玉郷土辞典』**の「ふ」の項目を調べてみると、

【ふじさん　富士山】小川町の駅の北に県立小川高校があり、その北を槻川の支流が流れ、その北に富

士山がある。標高一三三・二メートルであり、比企丘陵のうち小高く、町に近い山に富士山と名づけられたものであろう。

【ふじやま　富士山】八高線「高麗川」駅の北西三キロのところに標高二二〇メートルの富士山がある。近くには物見山、日和田山、聖天院等あり、ハイキングコースとしての好適地である。日高町に属している。

というように、二つの「富士山」が記載されている。しかしすでに記したように、埼玉県には「富士山」は、四つあるのだ。つまりこの辞典にものっていない富士山が、他にも二つあるのである。にもかかわらず、この「四つ」の話をすると、ほとんどの人が、一瞬耳を疑うような表情に変わる。信じられていないのだ。ということで、少々イジになって、一つひとつ紹介していこう。

ではまず、小川町にある「富士山」から。

「武蔵の小京都」の異名をもち、「和紙の里」で有名な小川町に、標高182・1メートル※の富士山がある。東武東上線とJR八高線が乗り入れ、接続駅となっている小川町駅からほぼ真北、手前に流れている槻川の支流・兜川のむこうを眺めると、小高い丘のような山々が目に入ってくる。しかし目には入ってくるが、どう見ても富士山には見えない形の山が、この地では「富士山」と呼ばれている。この山、所在地が「小川町角《かく》山《やま》」ということで、地元では「角山富士山」と呼ばれることもある。

※　先ほどの『**埼玉郷土辞典**』では、「標高一三三・二メートル」とされているが、明らかな誤記か誤植であろう。また国土地理院の5万分の1地形図では、「183・2」メートルになっている。本書では最新の地図（『**山と高原地図　奥武蔵・秩**

小川町の富士山

父』）の標高を採用している。

山頂には、真っ二つに折れてしまった巨大な石碑が無造作に置かれていた。そしてその横には新しい石碑が建立されており、「富士仙元大菩薩」※と刻まれている。新しい石碑の前には、「183ｍ」の三角点も固定されていた。ただしどれもこれもチマチマと、申し訳なさそうに置かれている、といった印象である。

※「仙元大菩薩」とは、美人の神様として知られている木花咲耶《このはなさくや》姫《ひめ》のことであり、ニニギノ命《みこと》の妃神（妻）とされている。

山すそのあたりは開発の波に襲われ、宅地造成が進んでいた。また山頂も電波塔（テレビ埼玉のアンテナ）に占拠されており、風情・印象という点では、富士山とはちょっと違うかな、という感じもうける。

ただ、ちょっと歴史をさかのぼれば、意外なエピソードに出会えるかも。というのもこのあたり、平安末期から戦国時代にかけて、多くの山城、砦などが造られてきた場所なのだ。なかでも国道254号線（小川バイパス）の「高谷」の交差点から真西に500㍍のところにあった「高谷砦」。小川町駅から南西600㍍のところにある「中城跡」（**仙覚律師**※の遺跡がある）。実はこの二つの「城跡」を結んだ直線の、ちょうど中間に位置しているのが、富士山である。しかも、

周囲をよく見ると、この地は高い土塁と深い堀に囲まれた中世の城跡であることに気がつく。中城跡と呼ばれ、鎌倉時代には猿尾太郎種直が、建武年間（一三三四〜三八）には斎藤六郎左衛門尉重範が居城したと伝えられているが、昭和五五年に行われた発掘調査では、主に室町時代後半以降の遺物が出土しており、「太田道灌状」に見える「上田上野介在郷之地小河」に関連した城跡と推測される。

（梅沢太久夫『埼玉ふるさと散歩』比企丘陵編）

というようにこの「中城」、**太田道灌**の城だった、と「推測」されているほどの場所である。とすれば、それら二つの城の中間点にあるこの富士山、戦略的にはかなり重要な地として活躍したかもしれないのだ。たとえば狼煙をあげる場所などとして。もしそうであれば、富士山の頂上から煙である。とすれば、まるで**西行**の最高傑作といわれている――、

風になびく富士のけぶりの空にきえてゆくへもしらぬわが思ひかな

の歌の情景が見られたかもしれないのだ。実に、絵になる光景であったであろう。それにたいして今の様子は、まるで**「荒城の月」**の歌詞「昔の光、今いずこ」の状態になってしまっている。

※　鎌倉時代の学僧。周知のように『**万葉集**』は、独特の「万葉仮名」で表現されている。そのため読むこともできない歌が、かなりあった。彼の血のにじむ研究成果『**万葉集注釈**』のおかげで、もっとも難解とされてきた152首が解明され、後世の万葉集研究に大きく道を開いたのである。

ちなみにこの「富士山」、普通の道路地図にも、もちろん5万分の1地形図にも、ちゃんと「富士山」と記載されている。

つぎに、日高市の「富士山」。

ただし読みは、先ほどの辞典のとおり「ふじやま」である。日高といえば、その市名の由来※となった「日和田山」が有名であり、この地のランドマークの山とされている。しかしこの地域、「山」なら他にもいっぱいある。そのいっぱいの中に、とびぬけて目立つ名前の山が、この「富士山」（221・2メートル）である。ただし、そのあまりにも有名な名前とは逆に、かなり〝つつましやかに〟この地に座っている。位置は、この地のシンボルである「高麗《こま》神社」や「聖天院《しょうでんいん》」の北北西1・8キロのところに、申し訳なさそうにちょこんとある。

日高市の富士山

※　昭和30（一九五五）年、「高麗村」と「高麗川村」が合併し、双方の「高」に「日」をつけて「日高町」ができた。ただしこの「日」については、けっこう誤解されてきた。たとえば**大穂耕一郎**などはその著書で、

「なぜ高麗と高麗川が合併して『日高』になるのか?」と『GO!GO!埼玉漫遊記』（まつやま書房・一九八五）のなかで、著者の矢島英二氏は憤懣している。私もそう思う。「高麗」の「麗」をはずして「日本」の「日」をつけたような命名に、やるせない思いを持った人はずいぶんいたのではないだろうか。そもそも、「日高」という名は北海道を連想するだけで、埼玉県にそんな市があるなんて知らない人が圧倒的なのだ。

（『**八高線は北風に負ケズ**』）

といってかなり怒っている。たしかに「日」が「日本」の「日」だったら、「憤懣して」もしょうがない。「高麗」は朝鮮半島の国であったからだ。しかしそれは、大穂や矢島の完全な誤解である。残念ながら真相は、ここでの「日」は、日和田山の「日」なのだ。

山頂には小さな祠《ほこら》（浅間神社）があり、祠の前には三角点が定置されていた。頂上からは南の方角が開けており、物見山（375・2メートル）と日和田山（305・1メートル）がよく見える。これらの位置関係は、この富士山を頂点としたタテ長の二等辺三角形になる。登山道の入口に立っている浅間神社の白い鳥居をくぐると、すぐ「御師岩《おしいわ》」と呼ばれている大きな岩が見えてくる。昔、富士講でこの山に登るときは、この上で禊《みそぎ》をしてから登山した、というイワレの岩である。しかしそれにしては、ちょっと小さいかな、と思っていたら、実はこの山、二つの自然災害で、その山容がかなり被害をうけたようなのだ。

大正十二年の関東大地震の時にお頂上の一部と、お師岩の一部が崩潰したので、お山の形も大変みにくくなったようである。

昭和三十八年の伊勢湾台風襲来の折に、お頂上附近の老松の大木は大部分吹き倒されて枯れてしまい、何の風情もない空山（からやま）に、木花咲耶姫命をまつった浅間神社の石の祠（ほこら）だけが半壊されたまま残っている。

（関口芳次『平沢の歴史』）

明治の頃まで修験者たちは、近くにある「美音《みおと》の滝」で禊をしてからこの岩に来て、さらにその岩の上で禊を重ね登山した、ということらしい。この「美音の滝」は、「夫婦《めおと》の滝」という意味である。修行をし、禊する女人《にょにん》禁制の場所が「夫婦」でいいのか、頭をひねってしまった。また、「神婆爺《かみばばじじ》」と書かれた木のプレートもあり、オドロオドロシイ雰囲気をかもしだしていた。昔、「爺神」「婆神」と呼ばれた石があって、爺神の石を拝むと良いお嫁さんが、婆神の石を拝むと良い婿さんがくる、と信じられていたようである。と

日高市の富士橋

ころがいつのまにかそれらの石（神）はなくなってしまった。近くのゴルフ場が建設されたとき、捨てられてしまったようである。なんと、バチあたりな！

山頂には浅間神社の小さな祠があった。先ほど記しておいたが、登山道の入口に白い鳥居が建っていたところからすると、この山そのものが神域だったのだ。この辺りは、「埼玉の自然百選」に選ばれており、そんな景勝地にその山はある。

ところでこの山、地元では「日高の富士山」とか「平沢富士」と呼ばれている。その姿が富士山に似て、とても美しいところから、そう呼ばれてきたのであるが、気になる話もある。それは、「富士」ではなく「藤」からきたネーミングなのだ、という話である。げんに先ほどの**『平沢の歴史』**には、

昔は～中略～藤の大蔓が南洋のジャングルを想わせるようにもつれ茂っていて、春は美しい紫の花の下をくぐって山に登って行くので藤山（ふじやま）といっていたのだそうである。

と、書かれている。かつて**太宰**は、先にも述べたように――、

富士には、月見草がよく似合ふ。

（太宰治『富嶽百景』）

という名言を残したが、ここ日高の富士山は、なんと「藤山」だった、というのだ。しかし今、この山の東には、げんに「富士橋」という橋が高麗川に架かっているし、その南には、「富士見台幼稚園」もある。ど

う背伸びしても、ここから本物の富士山が見えるわけがない。とすればこれらの「富士」とか「富士見」は、この地の富士山、つまり「日高の富士山」からきているのであろう。ということは、たとえ「昔は」「藤山といっていた」としても、今は立派に「富士山」なのである。それだけにこの「平沢富士」あるいは「日高の富士山」、地元での認知度にはかなりのものがあるといえる。

しかし「日高の―」という話になれば、ここで終わるわけにはいかない。というのは、「日高の富士」は、なんと他にももうひとつあるのだ。

和歌山県の日高郡日高町と印南町の境に、標高523・4メートルの山がある。と、ここまで書けばカンのいい読者は、フムフムと思うであろう。和歌山にも「日高」はあるのだ。そして、その山の名前は、「真妻山《まづまやま》」。この地域では〈聖山〉とされている。そもそも「真妻」とは、神さまの〈美称〉で、この地の神・丹生都比《にうつひ》売大神《めのおおかみ》※の美称とされている。この神さまが降臨したのが、真妻山なのだ。

※「丹生」とは、そもそも「水銀」にまつわる名称で、「丹生都比売神社」は、旧官幣大社で紀伊国一の宮である。創建は不明だが、**弘法大師・空海**が高野山を開いたとき、この神社から神領を譲られた、という伝説がある。所蔵されている刀「銀銅蛭巻太刀拵」は国宝で、神社自体は「紀伊山地の霊場と参詣道」の一部として、世界遺産に登録されている。

そしてこの山、その山容がとても美しく、地元では「日高富士」と呼ばれ、親しまれ、崇《あが》められている。つまり、日高の「郷土富士」なのである。

しかしこの和歌山の「日高富士」は、あくまでも「真妻山」であるのに対し、埼玉の「日高にある山」は、「富士山」そのものなのだ。〈―のようなもの〉と〈ずばり、そのもの〉のチガイである。ちなみに埼玉の日高の「富士山」、普通の道路地図にも、5万分の1地形図にもちゃんと記載されている。

さらにもうひとつ、飯能にも「富士山」がある。

この「富士山」、標高290メートルの小山であり、その知名度のなさは、悲しいかなバツグンである。たとえば、飯能市と飯能市観光協会が、市民や観光客に配っている「はんのう」という地図。折りたたみのかなり大きい（タテ73センチ、ヨコ52センチ）この地図のサブタイトルは、「奥武蔵ハイキングガイド　飯能市の名所・史跡・観光地」となっている。それなのに、にもかかわらず、なんとのっていないのだ。近くの大仁田山は、「505・5」という標高とともに、ちゃんと記載されている。どうしたんだろう、と思ってさまざまな文献を調べてみた。何冊ヒモトイテモ、のっていない。白眉は『**埼玉ふるさと散歩**』（さきたま出版会）である。

この本、県内をあちこちくまなく散策し、いろいろな地を紹介しているシリーズ本の一冊である。そのシリーズのなかの「飯能市　名栗村」編でも、どうしたことか、まったく取り上げられていない。しかも、作者はその場所に行っているにもかかわらず——、

> 山間に入ってしばらく行くと、（中略）富士浅間神社の入口がある。神社の参道を入っていくと、・・・

という書きかたであり、

> 本殿の裏に山への道がある。その裏山一帯はシラカシ、ウラジロカシ等の照葉樹が群生し、その間に松や杉などが混生している。

> ゆっくり登ること一〇分ばかりで、埼玉県が指定している天然記念物のタブノキにたどりつく。

（浅見徳男『埼玉ふるさと散歩　飯能市・名栗村』）

となっている。本当に、どうしたことなのか。うっかり忘れた、ということではない。だって著者は、その山にのぼり、その風景をつぶさに書いているのだ。にもかかわらず、「天然記念物のタブノキ」は出てきても、山の名前「富士山」は、最後まで出てこないのである。

飯能市が無視し、『埼玉ふるさと散歩』をはじめ、どんな書物にものっていないということで、ちょっとムキになった私は、図書館通いをくりかえし、ありとあらゆる文献を調べてみた。

するとなんと、かなり古い書物にあり、こう書いてあった。

富士山　高七十八丈周回本村限り六町四十間村の中央にあり山脈秩父山に連る字間野より上五町頂上に富士浅間神社を勧請するを以て富士山と称す樹木生す

（『武蔵国郡村誌』）

それと――、

富士山　山麓に浅間神社あり、其西に瀧あり、飛流三丈許、盤岩絶壁最も勝槩※の地なり、～中略～西南は間野に跨り、北は川崎に跨り、東は宮脇に跨る、土人是をかの富嶽の駿河・甲斐・伊豆三國に、跨れるになぞらへてかくは名づけり、中隅に嫗ヶ嶽あり、是よりして上は女人を禁ず、土人傳へに往古嫗化して石となると云、絶頂に小社あり、これを奥の院とす、土人も夏月にあらざれば登らず、登ること八九町、松檜及び雑木生茂り、坂路曲徑最險し、

（『新編武蔵風土記稿』）

※　槩は概で、意味は「おもむき」。　ということで「勝槩（しょうがい）の地」とは、景勝地ぐらいの意味。

という描写である。面白いことに、二つの文献は、その説明が違っているのだ。『―村誌』のほうでは、「浅

間神社を勧請」したから「富士山」と呼ぶようになった、とされているのにたいし、『新編―』では、この山の裾《すそ》が「間野」と「川崎」「宮脇」にまたがる様子が、「駿河・甲斐・伊豆」にまたがっている本物の富士山の様子に似ているから、という説明になっている。ということで、どちらもその山容が、富士山に似ていたから、とはいっていないのだ。

『―村誌』では、標高「七十八丈」※となっており、とすると約237メートルとなる。標高を測量する技術が未発達なころには、高さ的にはちょっと低めに見られていたのかも。裾野のまわりは、「六町四十間」というから、約727メートルということになる。また『新編―』のほうでは、かなりくわしく書かれており、おまけに1ページの半分のスペースをさいて「富士山之圖」と題された絵図まで描かれている。昔の人がここまで記録しているのに、現代の書籍ではどれも取りあげられていない。ということで、現代人としてはちょっと恥ずかしい感じがする。

※　1丈＝10尺であり、約3・03メートルである。「間《けん》」が土地の測量や距離などに用いられたのに対し、「丈《じょう》」は物の長さなどに用いられた。また丈《たけ》は、人や物の高さを表した。「身の丈」という表現や、「柱のきずは～」ではじまる童謡「背くらべ」の、「きのうくらべりゃ　何のこと　やっと羽織の　紐のたけ」などである。また「白髪三千丈《じょう》」は李白の詩で使われており、「丈六の仏」は、仏像の標準サイズとされている。また一丈四方の面積は「方丈」と呼ばれ、その広さの建物なども「方丈」といわれた。**鴨長明**の有名な『**方丈記**』のタイトル名は、ここからきている。

ということで、たしかにこの地に富士山はあったのだ。しかしあくまでも、古い文献での説明であり、現代の文献には取りあげられていないのである。しかし書物はともかくとして、地図にのっていないのが、どうしても気になってしょうがなかった。飯能市が出している先程の地図をはじめ、多くの地図には、「滝の入のタブの木」※が記入されていても、そのタブの木が生えている山の名前は、記載されていない。「登山・

「ハイキング」専門の地図ですら、のっていないのである。図書館中の地図で探してみたのだが、ゼンゼンない。もちろん国土地理院発行の5万分の1地形図も見てみた。やっぱりないのである。だんだんこの山が、かわいそうになってきた。

※樹齢850年ほどの古樹。高さ20㍍、根回り7㍍、枝張り27㍍の巨樹で、「タブ」とか「タブノキ」といわれる高木の常緑樹。同じクスノキ科だからなのかその実は、アボガドの味がする。横浜開港資料館の中庭にそびえている大木は、「玉楠」と呼ばれているが、このタブである。古代では「都万麻」と書かれ、「つまま」と呼ばれていた。『**万葉集**』には、

磯の上の都万麻を見れば根を延へて年深からし神さびにけり

という歌がある。作者は**大伴家持**である。

あァ〜、呪われた山なのか、というため息がもれたとき、遠い記憶の中から一つのセンテンスが甦ってきた。

クィークェグははるか遠い西南のほうの島ココヴォコ生まれである。どんな地図にも記されてはおらない。よき地はつねに記されない。

（メルヴィル『白鯨』阿部知二訳）

そう、「呪われた山」ではなかったのだ。そうか、考え方を変えれば**メルヴィル**がいうように「よき地」なのだ、と思いなおしていた矢先、書店でふと目についた地図を開いてみた。

目が点になった。あったのだ。絶叫したいのを抑えるのが大変であった。

その地図は、昭文社の「山と高原地図」の『**22奥武蔵・秩父**』（5万分の1）である。

この「飯能の富士山」、場所は飯能市域の最南部、東京都(青梅市)との境に近いところにある。飯能駅からはほぼ真西にあたり、直線距離で約6キロである。やっと地図で確認できたのだが、その名前の由来について

は、まだ少し心の中がモヤモヤしている。しかし富士山の存在、富士山がこの地にある、という事実にくらべれば、〈モヤモヤ〉など、たいした問題ではない。

最後に、決定的な事実を紹介しておこう。この山の一本の大木に、一枚のプレートがしばりつけてあった。その黒い色のプレートには、白い色の字で、

「富士山　標高290M　富士山認定協会」——、

とはっきり書かれていたのだ。書き方はヨコであったが、いと満足な気持ちで下山したのである。ただし、「富士山認定協会」とはいかなる団体なのか、いまだにわからずじまいなのであるが。風変わりな「協会」に認定されたこの富士山。先ほどの古文書にも出てきた「字問野」、あるいは「上直竹村」というところにあるため、地元では「間野富士山」とか「直竹富士山」とも呼ばれている。しかし、正式名はあくまでも富士山である。ここが、とても大事なところである。

「富士山」のプレート

ちなみにこの「富士山」、普通の道路地図には、記載されていない。

最後は、ストレートに富士山とはいかないが、荒川村（現・秩父市）の「弟富士山《おとふじやま》」である。秩父鉄道の武州日野駅の南に、地面がポッコリと浮かび上がったような山がある。この「ポッコリ」が、その「弟富士山」である。標高は386㍍で、山頂には浅間神社の奥社が鎮座しており、登山道の途中には

「七合目」などの石碑がある。山麓（主に北斜面）は、カタクリの自生地で、春の季節（4月ころ）には、その薄紫の可憐な花が群生し、辺り一面咲きほころぶシーンは、実にみごとだ。また近くにある遊歩道の入り口には、「矢通反《やとおそり》隧道」という、ちょっと探検気分を味わえる手掘りのようなトンネルもあり、散策にはもってこいの場所である。

ところで、名前の頭についた「弟」とは、なんなのか。

この山への登山ルートは、「奥秩父自然遊歩道」にもなっており、その途中に浅間神社の案内看板があった。木製の大きな案内板には、浅間神社と「弟」の由来が書いてあった。

浅間神社は、～石井大乗睦則～が、富士山へ三十三度お参りし、昌泰三年（九〇〇）六月十四日、その御分身をいただき、～日野村～にまつったのが最初といわれています。

その後、～天徳四年（九六〇）六月のある夜、神社よりおつげがありました。「この山は、私の住むべき山ではないから、他の山へ移すように」しかし、どこに移してよいのかわからないので、その山を教えていただきたいとたずねると、「しかるべき山に雪を降らせる」といわれたそうです。

十四日の朝、付近の人々が騒いでいるので、何だろうかとあたりを見まわすと、頂上が雪で白くなった山がありました。これは神のおつげのあった山にちがいないとさっそく富士山に事の次第を報告しました。

そして、富士山の神さまより弟の冠称をいただき、雪の降った山を弟富士山と呼び、その頂上へ神社を移し、～（～は省略した部分）

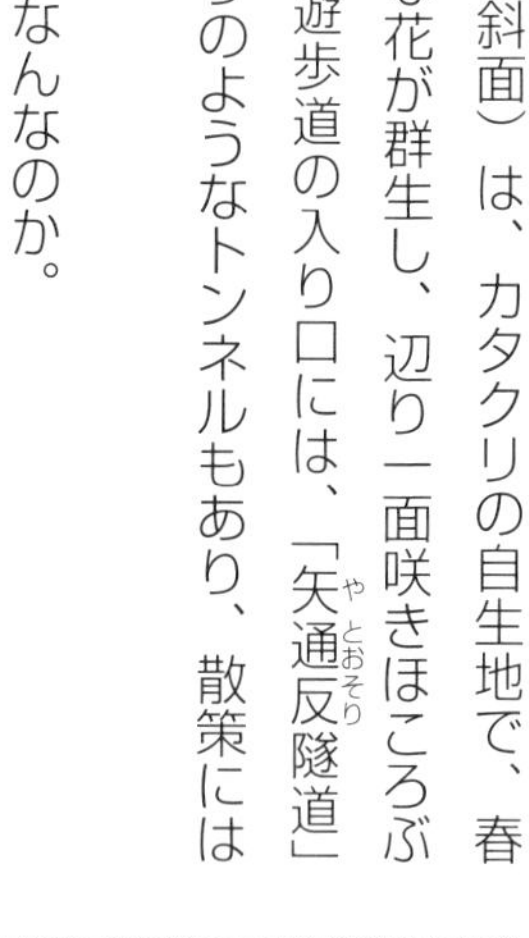

「石井大乗睦則」とは、筑波国の国造《くにのみやつこ》の末裔であるが、それはいいとして、この「説明」によれば、な

んと〈6月13日〉に雪が降ったのだ。神がかり、あるいは奇跡である。だから単なる兄・弟というわけではなく、奇跡の神秘性からいただいた「弟」なのだ。まことにもって、感動に値する山名の由来である。それにしても、兄の美しさ、雄大さ、有名性からくらべると、なんとも〈ちいさく無名な〉こちらの弟であることよ。この弟富士に、少し同情したくなってくる。

また、駅のすぐそばにあった、大きな「弟富士登山口」という石柱には、「山頂眺望雄大」と刻まれていたが、樹木の成長によってその自慢の「眺望」が体験できなかったことが、心残りであった。ひょっとしたら枯葉の季節であれば、武甲山などが眺められたのかも。

ちなみにこの「富士山」、普通の道路地図にも国土地理院の5万分の1地形図にも、記載されていない。

こうしてわかることは、富士山は埼玉にもあった、という事実である。しかも、4山もあったのだ。これらは、さまざまな理由から、そう呼ばれてきたのだが、固有名詞としての「富士山」であることには、間違いない。

ところで〈本物の〉富士山は、もちろん日本一の標高である。そのためその雄大で美しい姿を、アチコチから目にすることができる。そのスケール、実に全国20都府県で見えるようだ。その北限は、福島県の――といっても、もう宮城県に近い――川俣町と飯舘村の花塚山山頂(918㍍)からであり、西南からは、和歌山県の那智勝浦町の色川富士見峠(900㍍)ということである。直線距離にして、北限は308㌔、西南は322・9㌔あり、もうこれ以上は地形的に無理、という限度である。どちらも実際に写真撮影されている。空気が澄んだ冬季に成功しているのだ。さすが歌のとおり〝富士は日本一の山〟だったのだ。

これにたいして、これら埼玉の四つの富士は、いずれも近距離からしか目にすることができず、たとえ目にしたところで、〝あぁ、富士山だ〟といわれるようなことも、まったくない。まことにかわいそうな存在ではあるが、この埼玉に富士山がある、ということが大切なことなのである。

ということでこれからは誰かに、「富士山に行ってきた」といわれたときには、是非、「えっ、どこの富士山。埼玉の富士山?」、と尋ねていただきたい。

それは、正しい埼玉人の最低の義務なのだから。

木曾の御岳さんはナンジャラホイ・・・〈槍と御岳〉

岳 ヘンな名前の山、同じような名前の山、他県のような岳がなぜあるの

山男の歌

娘さんよく聞けよ　山男にゃ惚れるなよ
山で吹かれりゃヨ　若後家さんだよ

（詞　神保信雄
曲　不詳）

【空海さんまで登場させてオヤジが見えない？】

まずは、ヘンな名前の山――「父不見山《ててみえずやま》」から。

異色の詩人尾崎喜八※は、かつてこの山を、

父不見　御荷鉾《みかぼ》も見えず神流川　星ばかりなる万場の泊まり

（『雲と草原』）

と詠み、その情景を雄大に表現している。

※　詩人、随筆家、翻訳家。東京出身。明治25（一八九二）年～昭和49（一九七四）年。自然と人間についての深い思

索から、詩や随筆などで独特の世界を創り出した。代表作は詩集『**花咲ける孤独**』。クラシック音楽にも造詣が深く、『**音楽への愛と感謝**』なども上梓している。有名なのは、美ヶ原の「美しの塔」に刻まれている詩「美ヶ原溶岩台地」で、面白いのは「東京セネタース」[※1]の球団歌の作詞者、ということ。引用歌の「御荷鉾」とは、群馬県の神流《かんな》町と藤岡市にまたがる標高1286㍍の御荷鉾山のことで、群馬県の「万場町」の宿に泊まったとき、その宿の女中が差し出した色紙に書いた歌とされている。

※1　幻のプロ野球球団名。その歴史は、かなり複雑である。この球団、最初は昭和11（一九三六）年に創設されている。親会社は西武鉄道（西武新宿線を経営していたが、今の西武鉄道とは別会社）で、本拠地は「上井草球場」（東京・杉並区）。昭和15年には、名古屋金鯱《きんこ》軍（現・中日ドラゴンズ）と合併し、大洋軍となり、その後西鉄軍（西日本鉄道）となるが、昭和18年に解散した。戦争のためである。
昭和21年、セネタースは再度創設され、現在の北海道日本ハムファイターズにつながっていく。西鉄軍は、昭和25年、西鉄クリッパーズとして再建され、西鉄ライオンズ、太平洋クラブライオンズをへて、現在の埼玉西武ライオンズにつながっている。

さて、小鹿野町と神流《かんな》町（群馬）にまたがり、標高1047㍍のこの山の読み方であるが、普通はルビのとおりだが、「ててめえじ」とか「ててみず」[※]と発音する地域もある。方言、訛《なま》りの関係からであろう。しかしどう読もうと、どう発音しようと、ヘンな名前であることにはかわりない。こういう場合、その山の姿・形、あるいは標高などは、どこかに吹っ飛んでしまい、ただただその名前が気になってしまう。

※　国土地理院の5万分の1地形図では、「ててみず」となっている。

いったい、いかなる由来なのか。説は五つほどある。
まず一つ。**平将門**伝説に由来するものである。この地域には、将門にまつわる話がかなり多い。[※]独立国家をめざし、「新皇」を宣言した将門は、完全な朝敵となった。そのため彼は、官軍＝政府軍の**藤原秀郷**、**平**

貞盛らによって討伐されてしまう。彼は無残にも戦死し、その子の「福田太郎」が、父に再びまみえることのできないのを嘆いた、という説である。

※　将門にまつわる伝説については、この後、本書でもとりあげている。

二つ目は、**空海**にまつわる伝説である。弘法大師・空海が、この山の南面に寺を作り、そこを〈東国の高野山〉にしよう、と計画したが、そこの僧侶がなんと自分の子供をすてて、逃げてしまった。子供はあとを追いかけたが、とうとう見失ってしまった、という説である。

三つ目の説は、もう少し新しく戦国時代のものである。当時、この山の北に位置している「桐ノ城山」に、その名のとおり山城があった。城主が家来を引きつれ戦に出かけたが、なかなか帰ってこない。夫の身を心配した妻は、身重にもかかわらず、毎日、城の南の山まで行き、そこからさらに南の方を眺め、夫の帰りを待っていた。ある日いつものように眺めていると、急に陣痛がはじまり、玉のような男の子が生まれた。ということで、その子供が生まれた山は以来、「若御子山《わかみこ》」と呼ばれ、その子の父が帰ってくる方角にあたる南の山を、「父不見山」と呼ぶようになった、という説である。

四つ目は、その昔、秩父から杉ノ峠を越え万場へ旅していた父子連れが、山中で道に迷ってしまった。父は子をその場に置いて、道をさがしにいった。ところが父がなかなか戻らなかったので、子は泣き叫びながら父をさがしたが、結局二人は別れわかれになってしまった、という伝説である。

五つ目は、かなり「学術的」（?）で、「群馬県側からはこの山にさえぎられて秩父が見えないから」という説なのだ。なぜ「学術的」かは、2016年に日本山岳会から発行された『**改訂新日本山岳誌**』に、この説が書かれていたからである。もっとも、そのあと「など、諸説がある。」と続けられてはいるが。

どの説が正しいのか、などというヤボな追求はしないが、ただし三つ目の伝説だけは、埼玉から生まれたものではない。というのは、この父不見山、埼玉と群馬の境界にそびえており、妻が「南の方を眺めて待っていた」ということは、群馬側から埼玉のほうを眺めていた、ということになる。伝説に忠実に耳を傾けると、たしかにそうなる。しかし、「南の方を眺め」というたったこの一言で、私の頭は、大混乱に陥ってしまったのである。なぜか？

地図で伝説を、確認しようとしたときである。どう見ても、方向が逆なのだ。しかも距離がありすぎる。身重な女性が、歩ける距離ではない。「父不見山」と「若御子山」の位置関係である。方向は、完全に逆になっており、双方の直線距離はおおよそ21キロである。身重の妊婦が歩ける距離ではない。どう考えても、おかしい。伝説は間違っているのでは、と思った。そのとき頭に去来したのは、邪馬台国論争での方位の「改定」論争※であった。

※　この論争の中では、原文の中の「南」を「東」に、「陸行一月」を「陸行一日」に改定すれば、すべてがウマクいくという安易な〈解釈論〉があった。原文では「南至投馬國～中略～南至邪馬壹國女王之所都水行十日陸行一月」（傍点は引用者）の部分である。原書はもちろん『**三国志**』の「魏書」の中の「東夷伝」である。ちなみによくいわれる『**魏志倭人伝**』なる文献は、この世にはない。

それから調べにしらべた。すると、なんと群馬県にも「若御子山」があったのだ。方角も距離も

ピッタリである。これで、納得。今日から熟睡できる、という安堵感につつまれたのである。

いずれにしても、「平将門」「空海」「戦国武将」といったキラビヤカなパーソナリティに恵まれ、面白い伝説に富んだ山名である。歴史の香りをプンプンと放っている山なのだ。

こうした興味深い伝説があるなら、そのヘンな名前も、充分に納得できそうである。

「ててみえずやま」――いい名前ではないか！

【御嶽と御岳、どう違うの。同じじゃないんだ】

次は、まぎらわしい漢字と名前の――「御嶽山」と「御岳山」である。

　木曽のナ～ァ　ナカノリサン
　　木曽の御嶽さんは　ナンジャラホイ
　　　夏でも寒い　ヨイヨイヨイ　ヨイヨイヨイのヨイヨイヨイ

知る人ぞしる、信州（長野県）の民謡「木曽節」である。

この木曽節の舞台は、もちろん「御嶽山《おんたけさん》」（3067㍍）である。大宝2（七〇二）年6月に、あの伝説の修験者**役小角《えんのおづぬ》**※1によって開山された、といわれる信仰の山である。全国に、山はそれこそ山ほどあるが、「山は富士、嶽は御嶽」と呼ばれるぐらいの〈象徴の山〉である。事実、江戸時代の天保年間（1830～44）に、**渓斎英泉**と**歌川広重**の共作というかたちで制作された浮世絵『**木曽街道六十九次**』にも、この山は三ヵ所※2でとりあげられ、江戸をはじめとする都市の庶民たちにも、その雄大な姿が紹介されている。

※1　**舒明天皇**の6（六三四）年1月、奈良の御所《ごせ》市あたりで生まれたといわれている。大和の葛城山にいた呪術者。

木曾街道「藪原宿　鳥居峠硯ノ清水」

平安初期の密教流行のとき、彼は密教呪術法に長じていたため、**役行者**《えんのぎょうじゃ》と呼ばれ、修験道の開祖とされている。そのためか、没後千百年忌の寛政11（一七九九）年に、**光格天皇**から「神変大菩薩」の尊号を贈られている。伝説では開山したのは「役小角」となっているが、実際の開山者は、記録ではわが埼玉の**普寛行者**である。

※2　版元（今でいう出版社）の保永堂は、この中山道シリーズを天才・英泉に描かせる予定であったが、その企画方針で両者はもめ、途中から広重がバトンタッチするかたちで完成させた。問題の御嶽山は、ナンバー50が「御嶽」とタイトルされているが、ここには山そのものの絵はない。御嶽山が雄大に描かれているのは、「奈良井宿」（35番）と「藪原宿」（36番）であり、特に後者のほうでは構図として、鳥居峠にある**芭蕉**の句碑、その下には、硯《すずり》水とされた清水も描かれており、**木曾義仲**・芭蕉・英泉が凝縮した内容になっている。というのも、この清水、義仲が平家追討の願文を書くための水となった泉であり、以後、硯水と呼ばれた。この光景を見ながら俳句を詠んだのが芭蕉であった。

雲雀よりうへにやすらふ峠かな

（『更級紀行』）

そしてその名前であるが、由来にはやはり神々しいまでの話が秘められていた。

その神々しい話とは――、

その昔、「坐《ざ》す神」のことを「王嶽《おうたけ》蔵《ざ》王権現《おうごんげん》」と呼んでいた。遠くからこの山を眺めた修験者たちには、その姿・山容は、まさに「坐す神」に見えた。ということでこの山を「王の御嶽《みたけ》」と崇め、「王嶽《おうたけ》」と呼ぶようになった。その後、時の流れの中で「王嶽《おうたけ》」はしだいに、「御嶽《おんたけ》」と転訛していった。そのため「王」

であるこの山は「おんたけ」であるが、その他の山は「みたけ」と呼ばれ、それらとは区別され、一目置かれる「おんたけさん」となった、

――という秘話である。

「坐す神」といえば、たとえば山の評論家である**深田久弥**なども、その姿に惚れ込み、
傾斜がみごとである。厖大な頂上を支えるには十分な根張りをもって、御岳全体を均整のとれた美しい山にしている。

(『日本百名山』)

と描写し、「坐す神」の雄大さや美しさを、写実的に表現している。

この「木曾の御嶽さん」が、このようにあまりにも偉大な存在であるから、その他の山は、すべて「みたけさん」と呼ばれるようになったのだ、と私はしばらく誤解していた。先ほどの「秘話」を頭から鵜呑みにしていたのである。

そんな中、2014年9月27日、この山は大噴火を起こし、63人もの尊い命が犠牲になった。マスコミは一日中このニュースを報道し続けた。その時である。プロのアナウンサーたちが、なんと大失態をやらかしたのだ。

冷静と正確さをウリにしている天下のNHKの、この日の正午のニュースだった。画面に出ていたのはエースの**高瀬耕造**アナウンサーであった。そして、彼が画面で放ったコトバは、なんと、
みたけ、おたけさ、みたけさんの噴火で・・・・

だった。当然、全国から抗議の電話、FAX、メールが殺到した。民放のフジテレビも同じだった。朝の「情報プレゼンター とくダネ!」の司会は、ベテラン中のベテラン**小倉智昭**である。現場のリポーターと

の中継放送で彼は、

現在、どんな活動が行なわれているのか、みたけさん、いや、おんたけさんの・・・

と、ヤッテしまったのだ。大阪人ならここで、間髪をいれずに「ナンデヤネン！」と絶叫するであろう。

プロ中のプロたちが、なぜこのような間違いをするのか。考えられるのは、東京の青梅市にある「御岳山《みたけさん》」（929メートル）の存在なのかもしれない。東京人は、「みたけさん」に慣れているからである。「慣れている」といえば、東京にはその名前の駅まであるのだ。「御嶽山駅」である。東急池上線の駅で、山など皆無である大田区の北嶺町にある。しかしながらこの駅、その読み方はなぜか、「おんたけさん駅」である。とすれば、間違えはおこらないはずなのだが、にもかかわらず、プロたちは間違ってしまったのだ。

間違いは、他にもまだある。登山家を自称する文筆家の書籍でも、明らかな間違いがあった。そしてそれは、私がこれから書こうとしていることなので、無視することはできないのである。まずは、その部分を読んでいただきたい——。

> 御岳山《おんたけさん》と言うともちろん木曽の御岳山を連想するが、関東地方にも二つある。一つは東京奥多摩の御岳《みたけ》山《さん》、もう一つは秩父の御岳山である。
>
> （守屋龍男『秩父の低山』／ルビは原著から）

この短い文章の中に、すでに二つの決定的な誤りがあるのだ。一つは「木曽の御岳山」は、正しくは「御嶽山」であり、もうひとつは、「関東地方にも二つある」という部分である。正しくは、「関東地方にも16ある」ということなのだ。まあ漢字のほうは、略として「岳」を使う場合もあり、許容範囲といえなくもないのかもしれないが、「二つ」と「16」では、エライ違いである。

いわゆる「おんたけさん」などと呼ばれる山は、全国にけっこうある。日本列島にあるそれら（埼玉を除いて）を、表にしてみよう。まちまちの読み方と、標高、所在地も付記しておく。

	読み方	標高	所在地
御嶽山	おんたけさん	433	栃木県茂木町
		500	栃木県鹿沼市（一帯の山の総称）
		231	茨城県桜川市
		341	千葉県大多喜町
		306	新潟県魚沼市
		3067	長野・岐阜県境（御本家）
		568	大分県豊後大野市
	おんだけやま	568	大分県大野市
	みたけさん	320	岡山県笠岡市
		751	秋田県横手市
		318	秋田県湯沢市
		164	宮城県気仙沼市
		552	兵庫県加東市
	みたけやま	483	宮城県栗原市
	おんたけさん	409	群馬県安中市
		576	群馬県下仁田町
		131	愛知県日進市
		162	栃木県市貝町

御岳山		560	栃木県宇都宮市
		1980	栃木県日光市と群馬県沼田市の境（鋸山の十一峰の一つ）
		1680	栃木県那須塩原市・日光市
	みたけさん	929	東京都青梅市・奥多摩町
	みたきさん	438	愛媛県東温市
	みたけやま	241	新潟県魚沼市（魚沼市には「御嶽山」と「御岳山」がある。）
		664	愛知県新城市
		790	山口県（金峰山）
	みだけやま	295	島根県松江市
	おんたけやま（さん）	125	岐阜県関市
	おたけやま	548	福井県美浜町
		243	佐賀県江北町
三岳山	みたけさん	839	京都府福知山市
	みたけやま	467	静岡県浜松市

この表からわかるように、読み方は、けっして「みたけ」と「おんたけ」だけではなく、また埼玉をのぞいても、関東には、すでに11の「御嶽山」もしくは「御岳山」が実際に存在する、という事実である。

そのほか、名前に「山」が付かなかったり、その他の字を使用している場合も、かなりある。これらも整理すると、

	読み方	標高	所在地
御嶽	おたけ	220	福岡県宗像市
	みたけ	90	長崎県対馬市
御岳	おんたけ	963	群馬県安中市
		1350	長野県佐久市
		167	長崎市
		1182	鹿児島県鹿児島市
		500	鹿児島県大隅町
		1117	鹿児島市（桜島山）
	おたけ	497	鹿児島県十島村
		799	
		979	
	みたけ	191	秋田県由利本庄市
		451	鹿児島県薩摩川内市
		243	長崎県対馬市
		479	
		584	
三嶽	みたけ	793	兵庫県篠山市（別称「御嶽」）
三岳	みたけ	204	佐賀県伊万里市
尾岳	おんたけ	604	鹿児島県薩摩川内市（別称「御岳」）

ということである。この表の中の「御岳」（群馬県安中市）も含めると、先ほどの数字「11」は、さらに「12」になり、この後の埼玉の「御嶽」「御岳」の四つを加えると、関東には「16」のそれらがあることになる。

こうして見てくると、「御岳」または「御嶽」がいかにバラエティーに富み、その仲間（グループ？）が多い山、ということがわかる。いってみれば、〈多国籍企業の総合商社〉的なイメージで、種類の裾野という面でかなり広い山なのだ。で、問題の埼玉であるが、その裾野に入った山が四つもあるのだ。しかし例によって、それぞれ発音は違う。

まず一つは秩父の「御岳山《おんたけ》」である。所在地は、大滝村（現・秩父市）で、標高は1081メートル。「御本家」をのぞけば、日本で三番目に高い「おんたけさん」である。

この山、「秩父御岳山」と呼ばれるくらいであるので、「木曽御嶽山」とは、深いふか〜い関係がある。いってみれば本家と分家、あるいは兄弟のような関係である。なぜ、兄弟なのか。それは開いた人からきている。どちらも**普寛行者**※によって開山されているのだ。本家の「木曽」は寛政4（一七九二）年6月に、分家の「秩父」はその開山日時は不明だが、彼によって開かれたことだけはわかっている。そのためなのか、この秩父御岳山の登山口である「落合」には、彼の業績を讃えて「普寛神社」が祀られており、この山に登る場合は誰であれ、まずこの神社に参詣し、普寛行者に敬意を表してから登頂する、という慣わしになっている。また本家の「御嶽山」の登山道の入口の「王滝口」は、彼の生まれた村名「大滝」からきている、と伝えられているのである。

※　享保16（一七三一）年、武州秩父郡大滝村落合で木村信次郎の五男として生まれた。幼名は「好八丸」。若い頃は、江戸で剣術と漢学を学んだが、その後出家し、修行の末、天明2（一七八二）年10月伝燈阿闍梨《あじゃり》となるも、庶民のために修行したいと決意し、すべての職・地位を投げ捨て、木食・水飲の修行に入っていく。彼によって開かれた数々の山の中には、日本酒のブランドで有名な「八海山」もある。享和元（一八〇一）年10月、布教のなか武州本庄宿で亡くなる。72歳だった。その辞世の句がしゃれている。

亡骸《なきがら》はいづくの里に埋むるとも　心御嶽に　有明の月

この亡くなった地・本庄には、今、普寛霊場があり、彼の命日（新暦で10月10日）には毎年、大祭が行われ、素足でくすぶる火の上を気合で歩く、荒行の「火渡り」が行なわれている。

こうして埼玉の「御岳山」は、その頭に「秩父」をつけることになったのであろう。しかし、「嶽」を「岳」に変えたわけは、だれにもわからない。おそらく先ほど説明した、「坐す神」の「王嶽蔵王権現」にこだわったのであろう。正当な「嶽」は、あくまでも本家の兄に、分家の弟には同じ意味だがちょっと格下かな、と思われる「岳」を使ったのかもしれない。あくまでも、私の想像ではあるが。

二つ目は、神川町にある「御嶽山《みたけやま》」で、343・4メートルの山である。武蔵二の宮である「金鑽《かなさな》神社」の御神体である「御室ヶ嶽」※1の南西に位置し、登山道脇には「鏡岩」※2がある。頂上まで行ってみてわかったのだが、やはり「御本家」の御嶽山の影響なのか、山頂には石組みのような形で岩が重なり合い、その上に「蔵王明神」と刻まれた、サイコロをでっかくしたような石が安置してあった。こちらも「坐す神」の山だったのだ。また昔はこの山、先ほどの「秩父御岳山」と同様、修験者たちの行場であった。そのためか、登山道のあちこちに無数の石仏が見うけられた。これらは四国

八十八ヵ所を模したものだそうだ。

※1 金鑚神社は「御嶽山」の山麓に鎮座しており、その拝殿の後背に「御室ヶ嶽」がある。この神社、御神体は「山」であり、そのため本殿を持たない。古代祭祀の伝統を残す、稀な神社である。こうした例は、他には諏訪大社（長野）と大神《おおみわ》神社（奈良）だけであり、きわめて珍しい例である。

※2 御嶽山の中腹にある。国の特別天然記念物に指定されている。

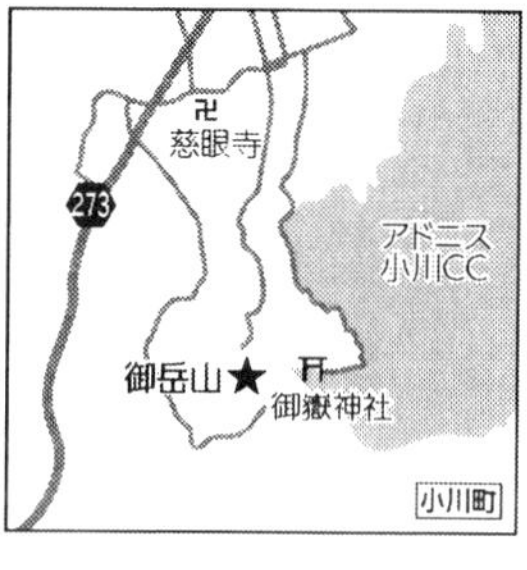

埼玉の三つ目は、小川町にある「御岳山」である。東武東上線とJR八高線が合流している「小川町駅」の、南南西ほぼ3キロのところにある。標高297メートルの低山であるが、その読みかたは「おんたけやま」（「さん」といわれることもあるが、基本的には「やま」）である。山頂付近には社殿はないが鳥居があり、神さびた雰囲気を漂わせている。しかしその鳥居には「御嶽山」と書かれた額がつけられていた。山は「岳」なのに、なぜか鳥居は「嶽」なのだ。

そのほか飯能には、「古御岳《こみたけ》」（830メートル）などという山もあるにはある。正丸峠の南にあり、伊豆ヶ岳※と双耳峰のように並んでいる。ただし山容は対照的で、破風的な伊豆ヶ岳にたいしてこちらは円錐形で、まさに二卵性双生児のような印象をあたえている。

※ この後の「伊豆ヶ岳」を参照のこと。

『新編武蔵風土記稿』には、

小御嶽 武甲山の東北にて、主川を隔てて一区の山嶽にて、雑木生茂りし険岨な地形なり、その路は小従にて荊棘塞がり、峻阪四十曲、凡十町許を經て頂上に至れば、百坪許の平坦あり、などと説明されている。ただしそこでは「古御岳」は「小御嶽」と記されている。そして文中の「主川」は、明らかに「生川」の誤植・間違いと思われる。興味深いのは、その続きに――、

堀切三ヶ所ばかりもあり、此城址の説土人の傳へには、上杉家の臣永田外記と云るもの居住せしよし、字中野と云るにて討死すと云

というように、この山には城があったと書かれているのである。富士山にはその五合目に「古御嶽神社」があるが、こちらの埼玉の古御岳には、その昔「古御嶽城」があった、というのである。

この史実については『秩父郡誌』にもちゃんと――、

生川は～中略～武甲山麓より発し古御嶽城の裾をめぐり横瀬川に入る。城址の西北生川の水路に桂淵あり。古御嶽城陥落に際し桂ノ前という婦人が入水したことから名付けたという

と記されており、先の引用文と同じように、

天文年間上杉憲政の臣永田外記の築いたところであるといわれている

と記している。ただし、なぜか城のほうも、「嶽」という字が使われている。しかし、いずれにしても古御岳には、かなり大規模な山城が建設されていたようなのだ。ということはこの古御岳、ひょっとしたら、俳聖・芭蕉ではないが、

兵どもが夢の跡

といったような場所なのかもしれないのだ。それこそ芭蕉もびっくり、である。

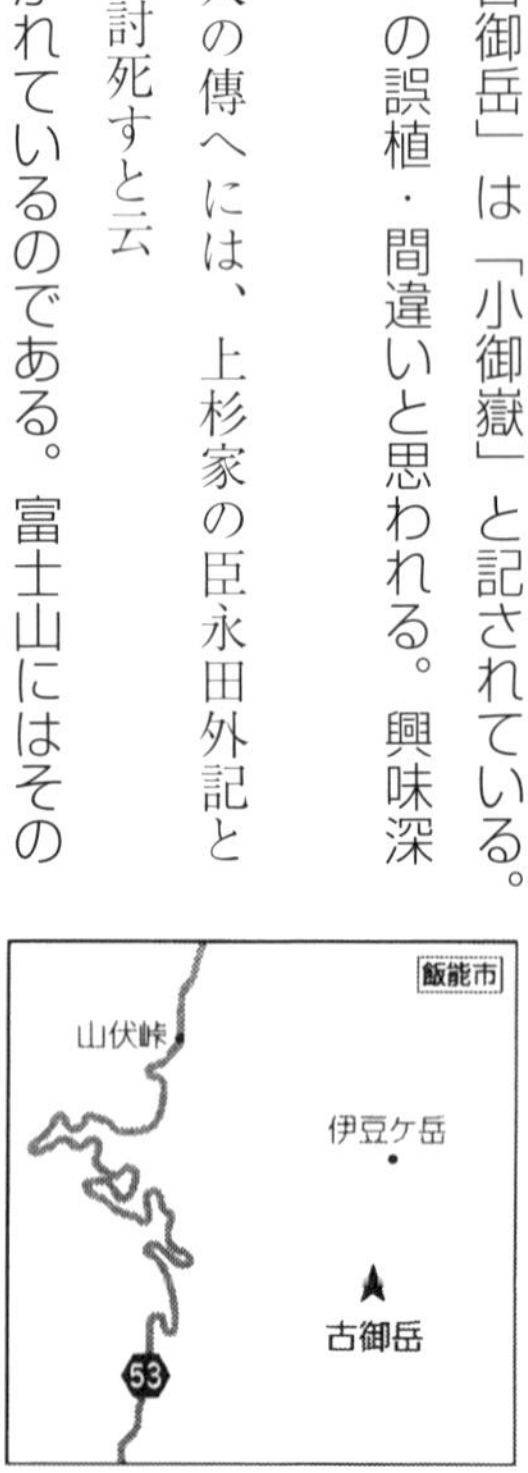

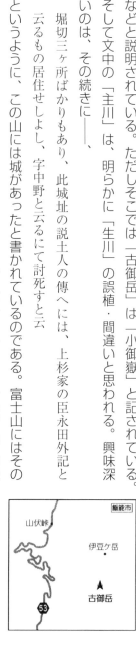

話をもどして、埼玉の四つの山もふくめて——、

御岳とか御嶽と名の付く山は～中略～いずれも山に対する尊称で、御を付けているのである。多分これらの山は修験道や山岳信仰の対象になっていた山だろうと考えられる。

（石井光造『埼玉の山を歩く』）

ということからすると、御本家の「御嶽山」ほどではないが、埼玉の四つの「御嶽・御岳」も、人びとから尊敬された山だったのだ。ただやっぱり御本家の威光があまりにも大きく、すばらしすぎて、こちらの四つは、ちょっと目立たない存在に甘んじてきたのであろう。せめて埼玉県人は、この四つを尊崇し、愛情を持って、他県の人たちに宣伝してあげようじゃないか、と呼びかけたい心境である。

【プロの憧れ〈槍〉と富士・御岳全部そろった】

プロの憧れ——といえば、槍ヶ岳である。日本で5番目に高い山で、北アルプス（飛騨山脈）の南部に、その名前の如く「天に槍をつく」形で聳《そび》え立っている。標高は、3180㍍あり、「日本のマッターホルン」とも呼ばれている。先ほどの**深田久弥**はかつて——、

富士山と槍ヶ岳は、日本の山を代表する2つのタイプである。～中略～一生に一度は富士山に登りたいというのが庶民の願いであるように、いやしくも登山に興味を持ち始めた人で、まず槍ヶ岳の頂上に立ってみたいと願わない者はないだろう。

（『日本百名山』）

と評した。つまり山登りなどしない人にとっては、山は〈富士〉だが、プロにとっては、山は〈槍〉である、ということらしい。登山家がもっとも愛し、もっとも憧れる山のようである。

ところが、こんなにも登山家から愛された、天をつくような〈槍〉が、実は埼玉にもあったのだ。その名

も「秩父槍ヶ岳」（大滝村中津川／現・秩父市）。槍ヶ岳の、埼玉版である。こうした、頭に地域名がついた「○○槍ヶ岳」は、全国にどれほどあるのか、私にはわからないが、やせてもかれても「槍ヶ岳」であれば、深田ではないが、日本中の登山家に一度は挑戦したい、と思われているのだ。

頭に「秩父」とつくこの山、高さは1341メートルと、まあまあの標高である。秩父鉄道の終点「三峰口駅」からさらに奥にあり、まさに埼玉の奥の奥で、天に槍をついている、荒川の支流・中津川の右岸に聳《そび》え立つ岩の嶺である。「聳え立つ岩の嶺」とくれば、やはりプロたちの垂涎《すいぜん》の的なのか。ガイドブックによれば、

岩とやぶが大好きで、岩登りと読図技術に長けた熟達者のみに許された、極めて危険度の高い秘峰だ。

（新・分県ガイド『埼玉県の山』）

ということである。裏を返せば、素人は近づかないほうがいい、ということらしい。

それにしても、埼玉には「富士山」もあり、「御岳山」も「槍ヶ岳」もあったのだ。「山は富士、嶽は御嶽」といわれる両者をそなえ、深田の言葉「日本の山を代表する2つのタイプ」の〈富士〉と〈槍〉の両方ともがそびえている、わが埼玉だったのだ。つまり、登山には無関心な人にも、登山家たちにも、どちらの人にも満足していただける山々を有していたのだ。

海はもちろんのこと、山にだってそれほど深い関係性があるとは思えなかった埼玉県だが、今口からは、ちょっと考えかたを変えなければ、と思わせる「槍ヶ岳」の存在なのである。

【埼玉に四国も伊豆半島も引っ越してきたみたい】

秩父市の市街地の東に位置し、秩父鉄道の線路に沿って南北に連なっている丘陵地帯がある。

その名も――琴平《ことひら》丘陵。

まるで四国が引越してきたような名前の丘陵である。

具体的には、秩父鉄道の「影森駅」の南側にある、秩父札所27番の龍《りゅう》河《が》山大淵《だいえん》寺あたりから、北東に向って、芝桜で有名な「羊山《ひつじやま》公園」あたりまで続く、ゆるやかな山稜である。標高をみても、最高地点でも３９９メートルしかなく、まさに初心者向けのハイキングコースといえよう。

コースには、「月影堂」と呼ばれている大淵寺や高さ15メートルもある護国観音、秩父札所26番の円融寺の観音堂である「岩井堂」、琴平大神社と大山祇神《おおやまつみのかみ》などが鎮座しており、羊山公園には「武甲山資料館」や**若山牧水**の歌碑などがある。まさに〈歴史と文学〉の道となっている。で、疑問なのだが、なぜこの丘陵が「琴平」なのか。

普通では、「ことひら」という音感も「琴平」という漢字のイメージも、どちらもあの有名な四国・香川県の「こんぴらさん」を連想させる。

金毘羅船々　追い手に　帆かけて　シュラシュシュシュ
回れば　四国は　讃州《さんしゅう》　那珂の郡《ごおり》　象頭山《ぞうずさん》　金毘羅大権現　いちど　まわれば・・・

と歌われる「こんぴらさん」は、正式には「金刀比羅宮《ことひらぐう》」であり、通称では「金毘羅宮《こんぴらぐう》」とも「琴平宮《ことひらぐう》」とも呼ばれ、海上交通の守り神として信仰を集めている神社である。しかもその所在地は、香川県琴平町ということで、「琴平」といえば、やっぱり四国なのである。

その四国の「琴平」が、なぜ「秩父」にあるのか。不思議といえば、本当に不思議な話である。これが神

社とかなら、つまり「琴平神社」がそこにある、ということなら、まだ理解できるが、地名である。「琴平丘陵」が、なぜ埼玉のここにあるのか。ひょっとしたら、コースの途中にあった「琴平大神社」の名前をとって、そうつけられたのかもしれない、と勝手に考えてしまっている。ちなみに先ほどの牧水の歌碑であるが、書かれていた歌は、

秩父町　出はづれ来れば　機をりの　うたつづくなり　古りし家並に

で、残念ながら四国の〝匂い〟はまったく感じられない。

同じような話をもう一つ。

ここは伊豆半島？　と思われるような山が飯能市にある。

名前は――伊豆ヶ岳（850・9㍍）。

正丸峠近くにあり、奥武蔵には珍しい尖った山容に特徴がある。南側に隣接している「古御岳」（830㍍）とともに、双耳峰のように望まれている。また、重さ2㌧の鉄のぞうりで有名な「子の権現」※にも近く、そのためか、

奥秩父山地がしだいに低くなって関東平野に没する奥武蔵の山々の中で最も知られているのがこの山だろう。

（石井光造『関東平野を囲む山々』）

とか、

奥武蔵に数多くある山々の中でも、人気のある山はなんと言っても伊豆ヶ岳であろうか。その鋭角的な山容や山頂近くの岩場が標高の低さをカバーし、大

勢のハイカーを呼び寄せている。

（守屋龍男『秩父の低山』）

などと、登山家たちからの評価もかなり高い。標高は、それほど高くはないが、奥武蔵で一番知られ、親しまれている山である。そのため、奥武蔵の〈盟主〉とか〈象徴〉などとも呼ばれている。登山者にとっての魅力は、50㍍にもおよぶクサリで登る岩壁の存在なのかもしれない。男坂と呼ばれるコースであるが、無理な人は女坂が用意されている。回り込んで、ゆっくり登るコースである。

※　天台宗の古刹である大鱗山雲洞院天龍寺（通称子ノ権現）は、子ノ聖が山頂に草庵を結んだのが始めとされ、その弟子である恵聖上人が寺として開山したのだといわれる。この寺の由緒書には、子ノ聖が『天長九年子月子日子刻』に生まれたので子ノ聖と名づけられ、七歳で仏門に入り諸山霊場をめぐったという。そして、湯殿山で修行し、武蔵国大鱗山へ草庵を結んだのがこの寺の始まりであると記す。

（浅見徳男『埼玉ふるさと散歩　飯能市・名栗村』）

しかし名前から連想されるのは、マチガイなく静岡県の伊豆半島である。しかしれっきとした埼玉の山なのだ。この名前の由来については、四つも説があった。

まず一つは、単純に、山頂から伊豆が見えるから、という説。たしかに見晴らしは、すばらしい。空気の澄んだ季節では、西武ドームはもちろんのこと、東京の高層ビル群、浅間山、男体山だって見える。しかし、はたして伊豆半島は見えるのだろうか？

二つ目の説は、柚子《ゆず》の木が多いので、「柚ヶ岳」と呼ばれていたのが、いつのまにか「伊豆」となってしまった、という言葉の転訛説。

三つ目は、山麓に湧き出ている温泉から「湯津ヶ岳」と呼ばれ、それが転訛したという説。

それに、「アイヌ語」からきている、という説である。

どれが真相なのかはわからないが、どれにしても、この名前のイメージからは、やっぱり伊豆半島あたりにある山のように思えてくる。埼玉県にあること自体、どこか無理をしているようで、なにかなじめないが、思いきって埼玉には「伊豆の国」もあるんだぞ、といったらどうであろうか。

他にも、ロウバイで有名な宝登山の近くには、「長瀞アルプス」などという山域もある。緩やかな坂が続く、5キロぐらいのハイキングコースだが、歩いた人からは、「なに！これがアルプスだって」と怒られそうな命名なのかもしれない。

河 本家の「竜」より、さらにバージョンアップしたこちらの「龍」の河川

あぁ・・・故郷の九頭竜川よ・・・〈九頭龍川〉

九頭竜川

大河もたどれば滴《しずく》から　心の旅路も一歩から
二度とない　人生だから　悔いなく生きたい　ひとすじに
あぁ・・・故郷の九頭竜川よ　明日に向って　流れゆけ

（詞　下地亜紀子
曲・歌　五木ひろし）

「九頭竜川《くずりゅう》」といえば、福井県を流れ日本海に注ぐ、北陸地方屈指の大河である。永平寺※の北を雄大に流れ、延長116㌖にもわたる、堂々の一級河川である。流域面積（2930平方㎞）は、福井県の70パーセントにもおよび、その歴史は、縄文・弥生時代から人々の生活を支えてきた、ということで、まさに福井県の「母なる川」とされている。しかも近代では、ダムによって電気も作っている。日本人ならほとんどの人が知っている、大河である。

※　曹洞宗の宗祖**道元**が開山した、曹洞宗大本山。寛元2（一二四四）年、道元は傘松峰《さんしょうほう》大佛寺を建立した。これが永平寺の原点となり、2年後の寛元4年に、山号を「吉祥山」、寺号を「永平寺」と改めている。ちなみに「永平」とは、中国にはじめて仏教が伝来した後漢のときの元号が、「永平」だったから。意味はもちろん「永久の平和」である。

しかしこの川を、この地方以外にも有名にしてきたのは、長さや流域面積、さらにはその歴史性といった要素などではなく、意外にもその名前――「九頭竜」という迫力ある語感――なのかもしれない。中国では皇帝のシンボルとされている竜、しかもただの竜ではなく、「九つの頭をもった竜のような川」というド迫力に満ちたネーミング、神秘性と圧倒的な力強さを感じさせるこの名前は、いったいどこから来たのか。

辞典では――、

崩渡（クズレノワタリ）の名は盛衰記に見える。だから崩川（クズレガワ）といったのを、九頭竜川と改めたのである。

（**山中襄太**『**地名語源辞典**』）

とされている。「盛衰記」とは、『**源平盛衰記**』のことであり、とすると、鎌倉・室町時代のころにはまだ、「崩渡」と呼ばれていたのだ。この説明からすれば、「崩渡」→「崩川」→「九頭竜」ということである。しかしその結果、全国的にも珍しい名前の川となり、その迫力から知名度をアップしていったようだ。またこの地は、八岐大蛇《やまたのおろち》伝説の出雲にも近いが、むこうは「八」だが、こちらは「九」だぞ、という意味でも、負けてはいない。それに皇帝のシンボルを名前にしたのだ。やはり、インパクトという点では、かなり強いのである。

ところが、驚くなかれ。なんと私たちの埼玉にも、この「くずりゅうがわ」があるのだ。ただし、私が紹介するのもチョット恥ずかしいぐらい、かなりヒッソリと流れており、県民的にも、知名度という点では完全にゼロという川である。おそらく地元の人にも、その名前は知られていないのでは、と思われるような「くずりゅうがわ」なのだ。では、どこを流れているのか。

場所は東松山市で、その市域を越えることはない。それどころか、この市の「岡」という地区内で生まれ、その地区内でなくなる、というとてつもなく短い川である。正確に表せば、北隣の大里町（現・熊谷市）との境あたりから、「和田吉野川」に合流するまでの、ほぼ直線の延長1・7キロという驚くほど短い川なのだ。しかし驚くのは、まだ早い。なんとこの水路、一級河川なのだ。延長の長さにもびっくりしたのだが、さらに「一級」※にランクインされているとは、オシャカ様でも驚くことだろう。

なぜこんなことになってしまったのか。

実はこの川、人工の水路として生まれ、和田吉野川に流れこむため、自動的に荒川水系に属することになったからである。

※「河川法」という、一般にはなじみのない法律がある。この法律で、日本の川はすべて「一級河川」「二級河川」「準用河川」と定義され、それ以下の河川、つまりこの法律の適用をうけない小河川などは「普通河川」とされている。そしてここが大事だが、すべての川は幹線となる河川（本川《ほんせん》）に連動したランクづけになる、ということだ。わかりやすくいえば、本川が一級河川なら、その支流（支川《しせん》）も一級河川、という分け方である。もちろん〈原則的に〉ではあるが。このため県内に、二級河川がまったく流れていない県もある。栃木、群馬、長野、岐阜、滋賀、奈良とわが埼玉の7県である。これらの県にはなぜ二級河川がないのか。簡単である。海に面していないからだ。どの川も

必ず他県を通らなければ、海に出られない。つまり一つの県だけでは管理できないということから、一級河川しかないのである。

言い忘れていたが、川の管理者は「一級」が国土交通省、「二級」が都道府県、「準用」が市町村ということになっている。ちなみに、二級河川しか流れていない県もある。沖縄県だ。理由は、沖縄県の形状を思い浮かべれば、おのずとわかっていただけると思う。

少し遠くに、ゆるやかな比企丘陵が見える低地（水田などの）に、その川はゆっくり流れていた。排水・洪水防止を目的に、昭和40年代に造成された人工河川であり、通常のときはほとんど水は流れていない。どう見たって「川」というより、「用水」「水路」である。幅だって、最下流で4㍍あるかないか、ぐらいであり、それこそ上流のほうでは、飛び越えることも可能なぐらいの「用水」という印象をうける。

で、問題の名前だが、大昔から流れている自然の川なら、先ほどの福井の「九頭竜川」のように、それこそ歴史の中で自然に名前が決まっていく。ところがこの川、あくまでも人工の川である。ということであれば、名前は、誰かが意識的につけた、ということになる。しかしその場合でも、たとえば「中川」だとか「新川」「堀川」といったように、全国どこにでもあるような名前なら、逆に納得でき、私もこの本でわざわざ取りあげることもなかったであろう。ところがこの「水路」、なんと、

そんじょそこらにはない――「九頭龍川」

と名づけられたのだ。そう、はずかしげもなく。いったい、この迫力ある名前は、どこからきたのか。まず誰でもピーンとくるのは、先ほどの、福井の「九頭竜川」である。その九頭竜川に似ているから、という理由なのか。とすると、ちょっと驚きである。この川、すべてにおいて――長さ、歴史、貢献度、どれをとっても、あちら様の比ではない。おまけに、電気も作ってない。相撲でいえば、大関と十両か。いや、大関と

赤ちゃんぐらいの対比であろう。大胆にもほどがある、といわれそうである。

しかし——事実は、まったく違っていた。

なんと命名は、近くに祀られていた「九頭龍権現」の「九頭龍」からという、それこそ、な〜んだ、というものだった。あまりにも安直な〝理由〟を知って、全身から力がヌケてしまった。そして命名の基となった権現様である。さぞ立派な神様※であろう、と期待して現地を捜し回ったのだが、近隣にはそれらしい〝立派な〟神社はどこにもない。捜し回っているうちに、日が暮れそうになってしまった。しかし必死の探索のおかげか、私の意志が通じたのか、やっと見つかった。

九頭龍権現

※〝立派〟という直感は、絵葉書や映像としても有名な箱根の風景（芦ノ湖に浮かぶ朱色の鳥居）の連想からである。あまりにも有名なあの紅い鳥居は、九頭龍神社の「本宮」の鳥居であり、芦ノ湖の守護神として鎮座されている神社のものである。いまではパワースポットとしても、超有名な場所になっている。

ところが、発見してこれまた——ビックリであった。

芦ノ湖の「朱色の鳥居」とは、あまりにもイメージが違っていたのだ！ 大げさにいえば、まるで天地がひっくりかえったかのような衝撃をうけた出会いであった。

その権現様は、最下流の右岸、もう和田吉野川と合流する地点に、それこそ申し訳なさそうにチョコンと鎮座されていたのだ。本当に可愛らしい（小さな、という意味）石の神さまだった。幅17㌢、高さ22㌢の、ちょっと大きめの弁当箱のような形の権現様なのだ。この〝ドカ弁様〟ちょっと赤っぽい石——玄武岩のような感触——で、正面にはちゃんと「九頭龍権現」と刻まれている。石で造られた台座の上に鎮座しているのだが、その台座を含めても、70㌢の高さしかない。一番下には、基壇のようなセメントで出来た段が作られていて、そのセメントに「平成14年3月」と彫られていた。まだ乾かないうちに、クギかなにかで彫られたような筆跡が、印象的であった。ここに鎮座されたのが、平成14年なのであろう。それまではこの近くにあった沼のほとりに祀られていたのだ。

　だがどんなに小さくても（可愛らしくても）、一応リクツはかなっている。なぜならこの九頭龍権現様、古来から洪水時には水から人びとを守り、日照りのときには雨を呼ぶ、という、水を支配し農耕を助ける神＝龍、といわれてきたし、氾濫しそうな川の流路、堤防の守り神ともいわれている。それも頭が九つもある龍、ということなのだ。

　そもそもこの地域は、もともと洪水・氾濫に困っていたところであり、そのために「九頭龍」様※を祀っていたのだ。げんにこの小さな権現様には、「寛政元年」の銘が刻んであった。西暦でいえば、1789年であり、フランス革命の年である。また江戸時代初期に築かれた、洪水防止のための「相上堤」が、この川の最下流の位置に残っていることから、この地域での洪水の歴史は、かなり古いことがわかる。

「九頭龍」様

※　この「九頭龍」様、洪水があるところにはたいていある。たとえばここよりもさらに洪水が激しかった大利根町の旗井にも、「九頭竜大権現」が祀ってある。ただしこちらは「竜」という字で、嘉永元（一八四八）年の石祠には、「天下太平　領内安全　水難除守護」と刻んであった。

ところがこの「九頭龍」様。あまり働かなかったのか、地元では、けっこう水で困っていたようなのだ。こうして県は、「龍＝神」だけに頼っている場合ではない、と判断し、現代科学の粋＝人工河川で洪水を防ぐ努力をはじめた。その努力は、たった1・7㌔であったが、効果はバツグンだった（らしい）。そう大雨のときなどでは、この川、普段とは違った様相を見せ、生きいきとその流れを活発化させ、まさに息づきはじめるようなのだ。

こんな感じの川であり、福井の「九頭竜川」とは何の関係もなく、たまたま語呂が一緒になっただけの、こちらの「九頭龍川」なのである。おかしいなぁ〜と思っていたが、謎が解消した。あちらは延長116㌔の大河で、こちらはその1パーセントしかない水路なのに、なぜあの有名な川から名前をとったのか、という疑問から解放されたのである。

しかし、ここで新たな疑問がわいてきた。それは、なぜ「竜」ではなく「龍」なのか、という点である。では「龍」と「竜」は、どう違うのか。辞書では、

【竜】龍は旧字、龍は正字、もと龍の古字　（三省堂『明解漢和辞典』）

ということである。この説明、ちょっと複雑だが、ようするに旧字体では「龍」であり、正しい字も「龍」で、その略字が「竜」なのだが、「竜」は「龍」の古字でもある、というちょっと矛盾した内容である。たしかにムズカシクいえばこうなのかもしれないが、そんなことよりも大切なのは〈直感〉であり、〈イメージ〉なのだ。つまり、「竜」よりも「龍」のほうがなんとなく大きくて強そうに感じる、という問題である。そしてこれが反対なら、つまり福井の大河が「龍」という字なら納得できるが、現実は、1パーセントのほうが「龍」という字で、強そうなのだ。まぁ私の主観なので、これ以上はいいか。

ちなみに、この「くずりゅう」という名前の川、おそらく日本全国他にはない固有名詞であろう。つまり、

ここと、福井だけの川なのだ。

ところで「本家」の九頭竜川であるが、こちらのほうは、先ほど記したように、「くずれ」が「くずりゅう」に転訛したネーミングであった。古来からその蛇行を繰りかえし、氾濫、流路の変遷から「崩れ川」と呼ばれ、かなりの暴れ様である。この「暴れ様」の影響をモロに受けたのが、競艇の予想屋であり、一攫千金を夢見たオトウサンたちだった。かつて、この川の河口に競艇場（三国競艇場）があり、全国でも珍しい河川水面でのボートレースが行なわれていた。ところがここの水面、「九頭竜」が悪戯《いたずら》するのか、「九頭竜の三角波」といわれる特有の波が発生し、ベテランの操縦者でも恐れるほどであった。順調に先頭を切っていた「本命」があっというまに転覆、というケースが続出し、当てが外れたオトウサンたちにとっては、涙のレースになったそうだ。もちろん予想屋さんたちも、商売が上がったり、ということであったらしい。

この点、埼玉の「九頭龍」様は、今のところおとなしく、大雨のときにはせっせと水を流している。

ところで２０１６年４月、**五木ひろし**が「九頭竜川」という新曲をリリースしたが、そのタイトル名をよーく見ると、やっぱり「竜」だった。残念ながら、埼玉の「龍」ではなかった。それはそうだろう、たしか彼は福井県の出身だったはずである。その彼がわざわざ「埼玉県」の「龍」、しかも誰も知らないような「九頭龍川」を歌うわけがない、と妙にナットクしてしまった。そしてそのナットクが、ザンネンで寂しくもあった。そんな寂しさに、さらに追いうちをかけたのが、翌年の12月31日の紅白歌合戦であった。その日、五木が披露したのはこの「九頭竜川」だったのだ。

埼玉人のどれぐらいが悔しがったか？

おそらく、いないのであろう・・・。それも、残念なことなのだが。

愛　あなたと二人・・・

川　愛ちゃん、幸ちゃん、北海道みたい。「棺おけ」を連想させる川、地名

〈愛の町から幸福川へ〉

世界は二人のために
愛　あなたと二人　花　あなたと二人
恋　あなたと二人　夢　あなたと二人
二人のため　世界はあるの
二人のため　世界はあるの

（詞　山上　路夫
曲　いずみたく
歌　佐良　直美）

【愛の町】から【幸福川《しあわせ》】では、まるで北海道だ

このタイトル、まるで北海道のキップを連想させる。

そう一昔前、ＪＲがまだ国鉄だったころ、北海道の広尾線に、「幸福駅《こうふく》」という名前のステーションがあった。昭和47（一九七二）年3月に放送されたＮＨＫの「**新日本紀行**」で、この駅が紹介されると、ちょう

「幸福」の切符

どその頃ブームになっていたDiscover Japanの追い風をうけ、全国から観光客が押しよせた。特に、二つ隣りの「愛国駅」とのセットで、「愛国—幸福」切符が売れにうれた。「愛の国から幸福へ」という縁起をかつがれ、若い女性などがそのキップを買うために、全国から殺到したのである。事実、前年（昭和46年）には7枚しか売れなかったそのキップは、この年300万枚、4年間で1000万枚も売れたのである。この成功は、全国のローカル線に影響をあたえ、後に、キップの販売はもとより、さまざまなサイドビジネスを誘発していくことになった。

　この路線、今は廃線となり、それにともなって「幸福駅」も廃駅※となってしまったが、なぜか今でも観光地になっており、おまけに例のキップまで販売——乗車できないにもかかわらず——されている。名前があまりにも魅力的だから、なのであろう。

※　昭和62（一九八七）年2月2日に廃止された。

　ということで、【愛】と【幸福】であるが、なんとこの埼玉にも、このデラックス・コンビがあったのだ。この後の項神を書くため、鴻巣市に行ってきたときのことである。「三ツ木神社」見学の帰り道、交差点で信号待ちをしているときだった。なにげなく周りを、街の景観を見ていると、「あいのまち動物病院」という看板を発見した。「ふ〜ん、ずいぶん奇抜なネーミングの動物病院だな。しかしちょっと照れてしまわないだろうか」と思っていたとき、車のナビには、なんと「鴻巣市愛の町」という地名が表示されていたのだ。びっくり。「なに〜!このあたりは、愛の町という地名なのか!?」と半信半疑でその辺りを散策してみた。すると他にも「あいのまち歯科」とか「愛の町○○駐車場」などの看板が、ぞくぞく発見された。誰に聴くともなく、狐につままれたような感覚で帰宅した。

次の日、さっそく鴻巣市役所に電話で問い合わせてみた。

「すみません、きのう三ツ木神社に行ったのですが、あのあたりは愛の町という地名なのですか?」

「ええ、そうです。」

「あいのまち」の看板

「はぁ? ということは、町名ですか、それとも自治会名ですか。」

自治会名ならともかく、町名にそんな名前があるはずがない、と思っていた私の質問だった。応答に出たのは、市民課の中年職員(あくまでも電話でのイメージ)であった。

「ええ、町名です。自治会名は〈三ツ木・愛の町〉です。」

「そうですか。いつごろから、この名前なのですか?」

「あのあたり6〜7年前区画整理をして、新しい町名になったのです。」

「誰が、こんなロマンチックな名前にしたのですか?」

彼、ちょっと考えるふうで、しばらく間があき、その後、

「う〜ん、行政と住民で決めたのだったかな。」

「もともとの地名は、何だったのですか?」

「愛の町」の表示板

「そこは〈三ツ木〉と〈箕田《みだ》〉だったかな。」

「なるほど、だから自治会名の頭に〈三ツ木〉がついたのですね。それにしても、誰が愛の町などという、ちょっと他では考えられない、ロマンチックな名前を主張したのですか？」

と、ここまではごく普通の会話であり、私の心も平常であった。しかし、この後である。その職員の口から、耳を疑うような衝撃的な〈理由〉が話されたのだ。

「もともと小字にあった、と聞いていますが。」

「え〜っ、なんですか？小字ですか。小字といえばかなり歴史的なものであり、こんなロマンあふれる字名は、ちょっと考えられないのですが。」

中年の職員は、黙ってしまった。ということで、私は、

「わかりました、小字ということであれば、教育委員会か、文化財保護課にでも聞いてみます。ありがとうございました。」

といって電話を切った。お礼を述べたときの職員のほっとした顔が見えたようである。ふたたび電話をかけた。出たのは、教育委員会の生涯教育課の職員であった。先ほどの会話内容をかいつまんで説明し、

「小字、と聞いたのですが。」

「はい、私もそう聞いています。」

「何か文献か古文書でもないですかね？」

「私もあまり詳しくないのですよ。」

「わかりました。図書館で調べてみます。ありがとうございました。」

これ以上は職員にメイワクをかける、と判断し、受話器をおいた。

大宮の方から熊谷方面に国道17号線を走っていくと、やがて「箕田《みだ》」の交差点が見えてくる。そこを右折すると、同じ17号ではあるがそちらは「熊谷バイパス」になる。右折しないで直進すると、すぐに「箕田橋」の交差点がある。利根川から取水された「武蔵水路」に架かっている橋だ。さらに進むと、「三ツ木」の交差点がある。そこを左折すると県道76号線になるが、一分もかからないぐらいのところの右側に、三ツ木神社が鎮座していた。問題の「愛の町」は、そのあたりである。JR高崎線の北側に、ちょうど三角定規のような直角三角形の形をした区域である。地図で調べてみても、たしかにその地名になっている。おまけに郵便番号も、ちゃんとあった。「365—0068」である。

図書館で調べてみる、とはいったが、こんな新しい地名の情報などあるわけない、と思いつつ県立図書館に行ってみた。地名とか故事に関しては、私には強い味方がいる。いつも二つの史料で助けられているからである。さっそくその一冊である『**新編武蔵風土記稿**』を開いてみた。慎重にページを繰《く》ってみたが、それらしい記述は見あたらない。

「そうだよなぁ～、あるわけないよなぁ～」と、ちょっと落ち込みながら、もう一つの味方である『**武蔵国郡村誌**』を開いてみた。しばらく古い文字を追い、ページを繰っていくと、なんと奇跡がおこったのである。あった！バンザ～イをしたい気持ちを、グッとおさえ（ここは図書館なのだ）、静かに一字一字を食い

入るように読んでいった。その文章は——、

近傍宿町鴻巣宿へ壱里十八町埼玉郡行田町へ壹里十六町　但字愛の町を元標位置と定む

というものであった。さらに、「愛の町」の説明もあり、

愛の町

村の西にあり東西二百六十五間南北三百五間

おまけに、

本村

愛の町の東に連る東西百三十間南北二百七十二間

という記述もみられる。これらの文章は「三ツ木《き》村」を説明する項のものであるので、最初の文の「近傍」というのは、三ツ木村から、という意味であり、二つ目の文の「村の西にあり」は、三ツ木村の西にある、ということである。

つまり、「愛の町」は本当に〈小字〉だったのだ。誰がこんなロマンチックな名前をつけたのだろう。そもそもこの文献[※1]は、江戸から明治にかけての内容を記述しており、ということは、その時代以前にすでにこの地名はあった、ということになる。埼玉の地から生まれたロマンの香りたっぷりの地名が、たしかにこの地に「あった」のだ。しかし判明したのは、ここまでである。その由来については、とうとう分からずじまいとなった。由来ははっきりしないが、それにしても、キリスト教の影響から生まれたような「愛」[※2]という言葉・文字を使用した、鴻巣の古き人びとの〝偉大さ〟が今の時代に甦ったことに、絶大なる拍手を送りた

い心境である。

※1　昭和28（一九五三）年、埼玉県から発行された。もともとは明治のはじめに国が、『皇国地誌』編さんのために、全国の郡村誌をそれぞれの県でまとめるよう指示したことからはじまった。埼玉県がその編さんを終え、内務省に提出したのは、明治15（一八八二）年であった。ところが大正12（一九二三）年、関東大震災で東京は壊滅してしまった。各県から送られてきた原本は焼失し、この試みは中止になった。そのため各県が、それぞれ保管していた原稿を発行したのが、現在の各地の郡村誌である。

※2　キリスト教とはまったく無関係でありながら、「愛」で有名なのが、戦国武将の**直江兼続**である。彼の兜の前立ての「愛」という字は、なにを表していたのか。歴女たちのロマンチックな思い入れを壊して恐縮だが、LOVEではない。真相は、愛宕神社信仰からきた「愛」である。彼が仕えた**上杉謙信**が、毘沙門天の「毘」を用いていたのを踏襲した、と考えられる。事実、兼続のもう一つの兜には、普賢菩薩の梵字が使われており、普賢菩薩は愛宕神社に祀られていることからも、LOVEでないことは明白である。

ついでに、「愛」のつく自治体が日本列島にどれぐらいあるのか、調べてみたところ、ぞくぞく見つかった。ざっと見ただけで、

「愛別町《ちょう》（北海道）」「愛川町《まち》（神奈川県）」「愛西市（愛知県）」「愛東町《ちょう》（滋賀県／現・東近江市）」

「愛荘町《ちょう》（滋賀県）」「愛南町《ちょう》（愛媛県）」「愛野町《あいのまち》（長崎県）」（現・雲仙市）

などである。しかしこれらの自治体名は、そのほとんどが地名からくる「愛―」である。そのものズバリの「愛野町」だって、明治22（一八八九）年に「愛津村」と「野井村」が合併し、双方の頭文字をとっての、いわば人工の「愛野」なのだ。これらに対して、奈良県にある「三宅町」。この町では、純粋にLOVEとしての「愛」が売り物にされている。

奈良県の北部に位置し、奈良市の南にあるこの町。人口7500人、面積4平方キロの小さな自治体である

が、町内には「三宅古墳群」もあり、周辺には「斑鳩町《いかるが》」「橿原市《かしはら》」「明日香村」「王子町」など、見るからに歴史の匂いをプンプンさせるような自治体が密集している。この三宅町が、いま「歴史と愛の町」というコピーで、「愛」を全国に発信している。町を「恋人の聖地」に認定し、ロマンティックな「プロポーズスポット」として名のりをあげているのだ。では、なぜそのようなダイタンな作戦を思いついたのか。その根拠は、「屯倉《みやけ》※1」と「あざさ※2」であった。

※1　大化以前の大和王権の直轄領。つまり律令国家成立以前の天皇・皇族の領有地で、屯家、官家、御宅、三宅とも書く。本来は米などを収納する公の倉庫をさしたが、のちに領地、領民などにも、その意味がひろがっていった。

※2　3〜4センチの黄色の花。水辺に「浅く咲く」ことから「あざさ」と呼ばれた、とか「朝早く咲く（朝咲）」が転じて「あざざ」→「あざさ」になったといわれている。5月〜10月の、朝の気温が20度以上にならないと咲かない、難しい花であるため、「幻の花」ともいわれている。

この町は、往古「屯倉」という天皇家の領地だった。そしてそれがいつのまにか地名となり、この地名が現代版の「三宅」になったのである。また奈良盆地のへそにあたるこの地には、「あざさ」という可憐な花が咲く。この花、『万葉集』にも詠われ、※「愛の花」といわれてきた。というわけで、「屯倉」「あざさ」「愛の花」から、「歴史と愛の町」のコピーに繫がっていくのであるが、町の宣伝に「愛」を用いるなど、ちょっと気恥ずかしくも、ダイタンな町である。

※　うちひさつ三宅の原ゆ　直土に　足踏み貫き　夏草を腰になづみ　いかなるや　人の子ゆえぞ　通はすも　我子うべなうべな　母は知らじ　うべなうべな　父は知らじ　蜷の腸か　黒き髪に　あざさ結ひ垂れ　大和の　黄楊の小櫛を　押へ刺す　うらぐはし子　それぞ我が妻

（現代訳＝三宅の原を通って、裸足で土を踏み貫き、夏草の中を腰まで入って大変だった。どのような人の娘が通っているのか、我子よ。それはそうでしょう、お母さんは知らないでしょう。それはそうでしょう、お父さんは知らないでしょう。蜷《にな》の腸のように真っ黒な髪に、木綿であざさの花を結んで垂らし、大和の黄楊《よう》の小さな櫛を押さえて刺している可愛い女。それが私の妻です。）

こうした事例を生かし、わが鴻巣の「愛の町」も全国に打って出るべき、と思っているが、せっかく攻勢に出るなら、もう一つのキーワード、「幸福」とのコラボで発信しては、と私はカッテに考えている。

ということで、今度は「幸福」である。

川口市を流れている普通河川で、伝右川の支流に、

「幸福《しあわせ》川」――という川がある。

外環（東京外郭環状自動車道）の「道の駅　川口・あんぎょう」から３００㍍ほど西の地点から北東に流れ、安行東小学校の西側を通り、伝右川に合流している。川そのものは、都会では珍しいせせらぎのようになっており、その流域は、「安行出羽緑道」と呼ばれ、「緑と水のふれあい」をテーマに、全体が「ときめきランド」と銘打ってある。まるで、閑静な住宅街にある、川をはさんだ長～い公園のようだ。また、この川に架かっている橋には、風流な名前がつけられ、それぞれ季節を感じさせている。上流から、「櫻橋」「欅《けやき》橋」「紅葉橋」「楓《かえで》橋」である。

「幸福川」という名前もそうだが、それ以外もすべて、たいへん魅力的なネーミングである。いったいなぜこの川は、こんなにも縁起のいい名前になったのか、また、きれいすぎるぐらいの緑道があるのか、さらにはここまで風流な名前の橋がそろったのか、頭をかかえてしまった。しかしそうした疑問は、現地でみご

とに解消したのである。

というのは、そもそもこの川、このあたりの区画整理によって、水害を防ぐために新たに造られた、人工の川だったのだ。「川＝緑道」は最初から計画されたものであり、また新しくできた道路は、「桜通」「こぶし通」「もみじ通」「つばき通」などと、あらかじめ命名され、街区そのものを季節感であふれさせる計画だったのだ。

ただ現地で、一つだけわからないことがあった。それは、この川の「はじまり」である。たしかに外環のわきからはじまっているのだが、その源流部にはすでに水があったのだ。いったいこの水は、どこからきているのか。外環の反対側に行ってみたが、川などどこにも見あたらず、工場が立ち並んでいた。地図にも、その形跡はない。考えられるのは、地下水か、外環に降雨した雨水の排出のための水路か、ということぐらいしか思い当たらない。

幸福川

まぁ、難しいことはさておいて、季節を味わうことができ、せせらぎで癒され、しかも幸せになれる川などそうはない。まして、都会で。それだけにたいへん貴重な川なのである。ということで、こんなステキな名前の川、そうそうないだろう、と思っていたら、なんと山形県酒田市にも、同名の川があった。新井田川の支流の2級河

川である。

ただし読みかたは「幸福《こうふく》川」だった。

さて、最後に「愛の町」にもう一度登場してもらい、セットとしてこの項を終わらせたい。

わが県には〈愛〉と〈幸〉がそろっていたのだ。ということで、北海道の「愛の国から幸福へ」をもじって、〝愛の町から幸福川へ〟というサイクリングロードでも作ったら、と思ってしまった。〝恋人二人で、あるいは夫婦で、鴻巣から川口まで仲むつまじくサイクリングできる県〟とでも売りだせば、うけることマチガイなし？

【がんがら落《おとし》】って「棺おけ」それとも雁の柄

熊谷市の「不動堂堰用水」を水源とし、その後すぐに秩父鉄道の線路の下をくぐり、行田市郊外を東へ流れ、途中で上越新幹線とクロス（ご丁寧に、合計三回もクロスしている）し、最後はその西側を平走するかのように南下し、吹上町（現・鴻巣市）の鎌塚で、「前谷落」の右岸に合流している延長4キロほどの「川」がある。見た目、なんでもない「川」なのだが、その名前を知ってびっくり。

なんと――「がんがら落」。

実にヘンな名前である。「カンカラ」とか「カンカラカン」という言葉は、いまでもときどき私の口から出る。「缶」つまり「缶詰」のカンそのものをいう言葉であるが、これはひょっとしたら名古屋地方の方言かもしれない。というのも関東に来てから、私はこのコトバを聞いたことがないからである。その私でも、「がんがら」というコトバを使ったことはない。実にヘンテコな名前である。なぜそんな名前になったのか、であるが、その前にまず「落」を解決しておこう。「落」とは、「おとし」と読み、農業用排水路のことを表す古語である。

で、問題の「がんがら落」だが、この川、下流のほうではけっこう幅があり、「ものつくり大学」の西側にある「がんがら橋」あたりから見た感じは、堂々とした「川」そのものである。ということで「がんがら川」といっても、なんら抵抗はない。当初は農業用水路であったが、流域の都市化によって、今では排水路としても機能している。しかし景色の上下はさかさまになっている。というのは上流のほうが都市化しており、下流のほうが水田地帯という、逆現象の風景の中を流れているのだ。

がんがら橋

さて、このヘンな名前だが、意外にも近代になって、このあたりが耕地整理されたとき、つけられた名前らしい。というのも、先ほど説明しておいた**『武蔵国郡村誌』**には、この名前が見られず、それらしい流路は、

　村の西南隅に起り南の界を東流して鎌塚村の境を流れ東南隅に至て古川に合す長十一町二十間巾四間中道及ひ中道以西の耕地及持田鎌塚両村の悪水を潟下す

（十三巻「前谷新田」）

と記されているが、この説明は、あくまでも「六反沼落堀」である。しかし、地図で確認してみるとその流

れは、ほぼ現在の「がんがら落」と一致している。どういうことであろうか。考えられるのは、いつかの時点で、「六反沼」が「がんがら」に変わった、ということである。げんに『武蔵国―』には、後でも言及するが「雁柄橋」の記述が見られる。つまり、「がんがら」と発音する橋はあったが、その下を流れる用水は、六反沼落堀だった、ということになる。しかし、なぜこんなヘンな名前になったのか、なぜ名前を変えたのか、それがいつだったのか、という謎については、どの文献にもなかった。

そもそも日本語の場合、漢字で表記されれば、たいていのモノはイメージがわくのだが、「雁柄」といわれても、さっぱり想像がつかない。地元の人に尋ねてみたが、何人に聴いても誰もわからないようだった。そんなときある文献で「ガンガラ橋」の記述を発見した。そこには――、

３００年前、葬列が橋にかかると激しい雷雨になった。棺を置いて逃げ帰り、静かになって戻ると死体がなくなっていた。それからガンガラ橋というようになった。（埼玉県『荒川』人文Ⅲ）

と書かれていた。つまり死体を入れた「棺おけ」が「空っぽ」になっていた、ということで「棺空」→「かんから」→「ガンガラ」となった、ということである。「雁柄」とは、違っていた。しかもこの橋、元荒川に架かる蓮田市にある「橋」で、ここで述べている「がんがら」とはまったく違う場所である。そして、せめてこの橋に行ってみよう、と思ったのだが、その場所は結局見つからなかった。ようするに参考にはならなかったのである。

また三重県の熊野市には、「ガンガラ滝」なる滝が尾川にある、ということはわかったのであるが、こちらの名前の由来も、とうとうわからなかった。

で、あきらめて本論の「がんがら」にもどるのだが、行田市と旧吹上町の境界に架けられている、「がん

がら大橋」の大きな石の親柱が印象的であった。この橋の歴史は古く、先ほどの『武蔵国郡村誌』には、

雁柄橋　行田道に属す　鎌塚村の界六反沼落堀の上流に架す　長三間巾二間　石造

との記述が見える。長さ約5・46㍍、幅3・64㍍の橋だったことがわかる。「行田道」とは、その昔、日光脇往還として、また八王子千人同心街道として整備された道である。今ではもちろん近代的な橋になっているが、その橋の右岸の柱にはコスモスが、左岸のそれには蓮の花が描かれていた。一瞬とまどったが、すぐに理解できた。行田のシンボル「古代蓮」と吹上の景色「コスモス街道」を意匠しての親柱なのだ。また橋の上の歩道には、かつてここを運行していた忍《おし》馬車鉄道の様子を描いたプレートが敷いてあり、がんがら大橋の歴史を無言で物語っていた。

しかしこの「がんがら落」、現地に行ってみて、「?」というナゾがまたまた増えてしまった。それは、やはりこの用水の名前についてである。つまり、その正式名であるが、がんがら大橋に刻まれていたのは「がんがら落」であったが、それよりも下流に架けられているがんがら橋には、「がんがら落し」というように、「落し」となっていたのである。

どちらなのだろう。「がんがら」も解決していないのに、今度はシッポに「し」がついていた。眠れない日々が続きそうである。

【九十】【九十九】へ〜。それにもまして【七重】

まず【九十】川

「90」という数字は、ある意味、中途半端な数字なのかもしれない。人間の年齢では、「卒」の異体字「卆」

が「九十」と読めることから、「卒寿」としてお祝いの歳とされているが、「99歳」の「白寿」からみれば、なんとなく中途半端に思えてくる。その「90」という数字をもじった名前の川が、川越に流れている。

「九十《くじゅう》川」――という名前の川が。

この場合の「九十」は、明らかに固有名詞である。しかし辞書を引いてみると、一般的にはそうでもない。

くじゅうがわ　くじふがは【九十川】

〔増水時の渡し賃が九〇文であったことから〕増水した大井川をいう。

「―たのみはあたまばかりなり／柳多留」

（三省堂『大辞林』）

つまり一般的には、増水時の大井川――、

箱根八里は馬でも越すが、越すに越されぬ大井川

の「大井川」をさす代名詞なのだ。しかしここ埼玉では、大井川のケースとはちがう、固有名詞の「九十川」が、川越市域を流れている。

だがこの「九十川」、実は人工の川なのである。江戸時代の初期、寛永17（一六四〇）年ころに運河として造られている。延長わずか4・5キロの短い水路であるが、今では荒川水系の一級河川として管理されている「川」になっている。造ったのは、川越藩主だった**松平信綱**である。ではなぜ彼は、この川を造ろうとしたのか。原因は、火事だった。そう〈水〉とは反対の〈火〉だったのだ。そしてここでいう火事とは、いわゆる「寛永の大火」※をさしている。

※　一般に「川越の大火」といった場合、町域の三分の一を焼失させた明治26（一八九三）

年3月17日の火事をさす。しかしここでの大火は、寛永15（一六三八）年1月28日の火事である。川越では、この他にも享保3（一七一八）年12月9日、文政8（一八二五）年2月16日、同じく12（一八二九）年3月21日、明治21（一八八八）年3月22日にも大火の被害をうけている。

その「寛永の大火」の影響について、かつて私は、

この大火では、喜多院や仙波東照宮などが焼失してしまった。これを知った三代将軍徳川家光は、それらの復興計画を立て、川越城主だった堀田加賀守正盛に造営奉行を命じた。しかし復興には多くの物資が一挙に必要となり、江戸から大量の再建資材が新河岸川をさかのぼって運ばれた。これがキッカケとなり、この川での舟運がはじまった・・・・

（拙著『埼玉の街ものがたり92』）

と記し、（注）の部分で、こう続けた。

しかしそのためには、かなりの土木工事がともなっている。というのも当時はこの川、小川に毛の生えた程度の流れであった。本格的な舟運となれば、大規模な開削が必要となってくる。決断したのは、その後の川越城主「知恵伊豆」こと松平伊豆守信綱であった。彼は、この内陸の街の発展を考えたとき、陸路の川越街道だけでは限界があると判断し、水路の拡張を強烈に推し進めたのだ。彼が目をつけたのは、「伊佐沼」であった。

今でもこの街の東側に、満々と水をたくわえ、水辺の空間を演出している伊佐沼。彼はこの湖のような池の水を新河岸川に流し、水量を確保するとともに、川筋を蛇行させることによってさらに水をかさ上げ、大きな高瀬船が往来できるように、大改造したのだ。こうして生まれたのが、今に残る新河岸川の「九十九（つくも）曲がり」である。

つまり「九十川」は、傍線を引いた部分の理由によって、急遽開削された「川」だったのだ。そしてその主なる任務は、新河岸川の水量を増加させることであった。もちろん舟運による新たな物流も目的としていたが。

この運河、伊佐沼にその源を発しているため、「諌沼川《いさぬまがわ》」ともいわれてきた。ということで、水源である「伊佐沼」※の南西部に、その川の起点はあった。

※　川越市街の東側に、満々と水をたたえている沼（池）。自然の沼としては県内最大であり、関東でも印旛沼につぐ広さ。この沼、けっこう歴史が古く、南北朝のころの文和年間（1352～56年）に、このあたりに住んでいた伊佐氏によって、それまでの自然の沼が浄化され、ため池として現在にまでいたっている。今でもかなり広いが戦前までは、驚くなかれ、今の倍の面積であった。食糧難のため干拓され、半分になってしまったそうである。

九十川の起点（伊佐沼側）

伊佐沼には、その南西の部分に、本体からこぶのように出張ったところがある。そのこぶから九十川がはじまっているのだが、面白いことに、伊佐沼側は近代的な水門で仕切られているが、その水門を通り抜けた水の出口は、江戸時代をイメージさせる石で組まれた水門のままであった。その左岸側には「一級河川　九十川起点」と刻まれた小さな白い標石が、誰にも気づかれないような場所——土手の草むらの中——にちょこんと立っている。伊佐沼から流れ出た水はそこで、北から流れてきた農業

「一級河川　九十川起点」の標石

用水「伊佐沼代用水路」と合流し、開削された水路を南西に流れていき、国道16号線をアンダーパスしている。そこを過ぎると一挙に南下し、「九十橋」や「新九十橋」の下を流れ、最後に東に急カーブして、新河岸川の左岸に合流している。今は、上流部では農業用水として、下流部では都市型排水路として、活躍している「川」である。

では、なぜ人工の川に「九十」という名前をつけたのか？

最初私は、その答えは、先ほどの引用部分の最後の文にある、と思っていた。そう「九十九曲がり」である。たしかに新河岸川は、その時、流路がわざわざ曲げられたのだ。水流の速度を落とし、水かさを上げるためである。その情景が、九十九ものカーブがある、ということで「九十九曲がり」と称されたのだ。日光の「いろは坂」の河川版といったイメージである。

この呼び方から私は、九十川は造られたときはけっこう曲がっていたのだが、新河岸川の「九十九曲がり」ほどではないので、

「九十九」とはいっくらなんでも言えやしねぇが、まぁ「九十」くらいでしゃないだべ

ということで「九十川」と命名された、とずっとカッテに思いこんでいた。

しかし、しかしである。この「九十川」、あらためて地図で確認すると、なんとほぼ直線なのだ。曲がる

ときも、かなりゆる〜いカーブである。「九十九」は、あくまでも新河岸川のことである。どう考えればいいのか。

答えは——地図が間違っているのだ。いや、こう書くと地図業者に怒られてしまう。正確にいい直そう。「九十川」は、造られたときと、今のコースが違うのだ。時代とともに、その姿・形を変え、その流路も変えられてしまったのだ。地図は〈今の九十川〉を記しているが、造られた当時の流路を表しているわけではない、と思ったのだ。こうした目で、もう一度地図をじっくり眺めてみると、かすかにその痕跡は見てとれないこともない。あちこちに支流のような流れがあるが、完成当時はその支流こそが九十川だったのだ。事実、JR川越線を越して県道と交差するあたり、共栄橋のところには大正2（一九一三）年に建設された「牛子堰」の遺構が残っており、今では水が流れていない旧河道の跡も見られる。フムフムやっぱり「九十九（つくも）曲がり」ほどではないので、妥協して「九十川」と命名したのだ、とますますカッテに思いこみ、一人でナットクしていたのである。

ところがその後、念のため辞書で調べてみたら——、

九十川

川越の伊佐沼を出てすぐ、老人の腰のように折れ曲がって流れるので、葛折（つずらお）りの川の意だろう。

（村石利夫『日本全河川ルーツ大辞典』）

とあった。逆転満塁さよならホームランを打たれてしまった。私のスルドイ推理は、もののみごとに粉砕されてしまった。憎憎《にくにく》しく地図をひらいて再度熟視してみると、たしかに「腰」が曲がっていた。頭を後ろからバットで突然ナグラレタ衝撃であった。そしてそのとき、

すこしのことにも、先達はあらまほしき事なり。
（『徒然草』）

というセンテンスが脳裏をかすめた。そう**兼好法師**の文である。『**徒然草**』第五十二段の「仁和寺にある法師」のくだりだ。仁和寺の法師が石清水を参詣したときの失敗談の話である。

しかし、バットでナグラレテ黙っているようでは、この世の中、そうすんなりとは生きていけない。ということで、ちょっとだけ反撃しておこう。

たしかにこの九十川、村石がいうように「老人の腰のように折れ曲がって」いる。そこまではいい。しかし問題は、その後の「葛折り」という表現である。辞書ではこのコトバ、

つづらおり**【葛折・（九十九）折】**（ツヅラフジのつるのように）いくつにも折れ曲がっている山路。
（『岩波　国語辞典』）

と解説されている。ということは、おかしいではないか。「老人の腰のように折れ曲がって」というイメージは、腰の部分が曲がっている、ということであり、曲がっているのは腰のところ一箇所である。りっして「ツヅラフジのつるのように」それこそグルグルと曲がっているわけではない。そんなに曲がっているなら、それこそ「九十九曲がり」ということで、新河岸川のような状態になってしまう。明らかに説明矛盾をおかしている。先ほどの辞典は、改訂版を急いだほうがいいのかも。

「九十九」ではなく、中途半端な「九十」だからこそ、私は苦労したのだ。

さてグランドスラムを打たれた後は、中途半端な数字ではない【九十九】に移ろう。

「九十九」から「九」を引いて「九十」でガマンしたような「九十川」とは違って、ちゃんとした「九十《つく》

九《も》川」という名前の川も、埼玉には流れている。場所は東松山市で、荒川水系の越辺《おっぺ》川※の支流として、延長6キロの一級河川である。

※　この「越辺川」も十分面白い名前である。鳩川や高麗川、都幾川などを合流し入間川に注ぐ、全長30キロほどの川。名前の由来については、まだ定説はない。しかし、

この越辺川をあるひとは、アイヌ語の『恋人を待つ川』の意であるという。古くより開けた風光明媚な田舎の町にはいかにもふさわしい名前ではなかろうか。

（根津富男『山里の詩　奥武蔵』）

という説だけは、明らかに間違いである。アイヌ語では、「お」は「持つ」を表し、「豊か」とか「たくさん」を意味する。また「ペ」は「川」であり、翻訳すれば「豊かな川」になる。この説の間違いは、「お」を「持つ」ではなく「待つ」としてしまったところから生まれたのだ。しかしもし「恋人を待つ川」であったなら、実にロマンチックな川になったであろう。

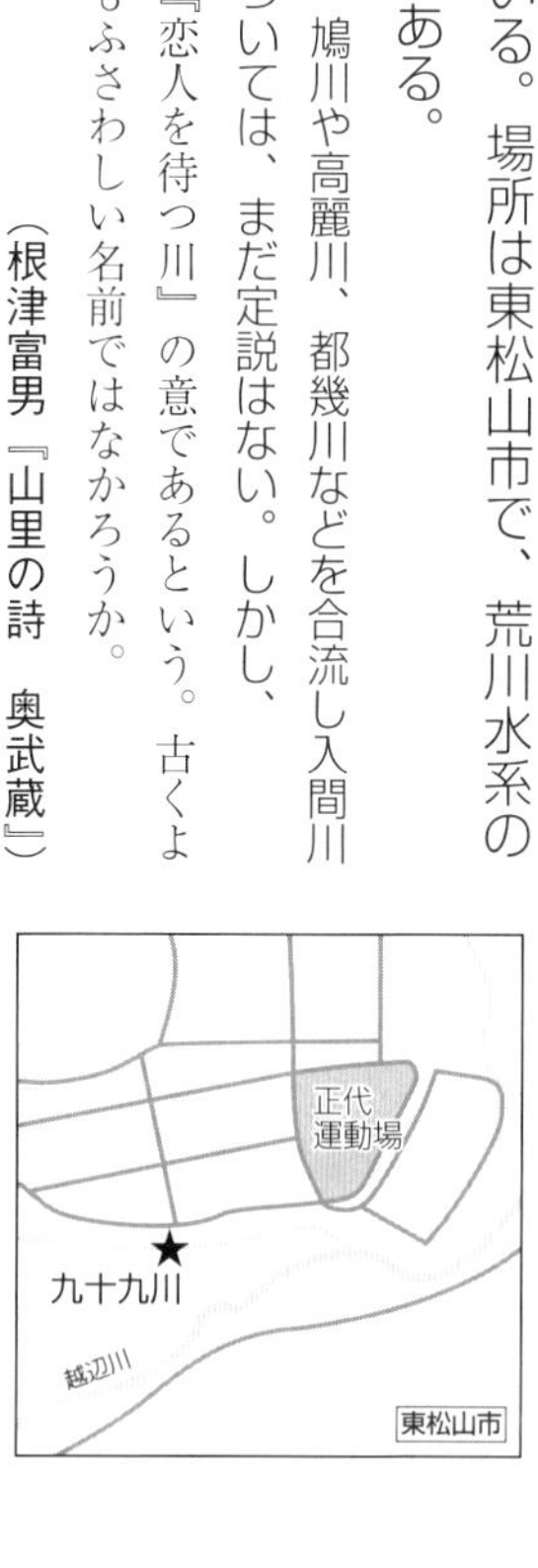

この川、川としてはなんら有名ではないが、上流付近に県立比企丘陵自然公園（中には「こども動物園」もある）があり、レジャースポットに恵まれている。しかも、この川の源流が、パワースポットでもある「岩殿観音」※に近く、歴史と観光にあふれた川ということもできる。主水源は、高坂（岩殿）丘陵の「市民の森」にある入山沼である。このあたりこうした沼がたくさんあり、それらはすべてこの川の水源となっている。丘陵を南東方面に下った流れは、平地に出たあたりから東に進路を変え、坂戸市の北、川島町の少し手前で越辺川の左岸に合流する。

※　正式名、巌殿山正法寺で、「坂東三十三ヵ所」の第10番札所。

川としては、すでに述べたようになんのヘンテツもない川だが、やっぱりその名前が気になる。「九十九」

の意味※である。普通ならば、先ほどの新河岸川の「九十九曲がり」のように、クネクネ九十九ヶ所も曲がっている様子からつけられる名前であるが、この川、地図で見る限りほぼ直線である。にもかかわらず、「九十九」なのだ。

※　そもそも「つくも」は「つつも」が転訛したもの、といわれている。古語で「つつ」は「足りない」を表し、「も」は「百」を意味する。つまり、「百に足りない」ということで、「九十九」というわけである。で、問題はいつ「つくも」になったのか、ということだが、初出は『伊勢物語』である。その六十三段は、色情の深い老女の物語で、業平のすべての女性に対する「優しさ」を記述した作品になっている。そのなかに、

百年《ももとせ》に一年《ひととせ》たらぬつくも髪われを恋ふらし面影に見ゆ

という和歌が挿入されている。ここでの「つくも」が、「九十九」の根拠となって、後々使われていったのだが、視点を変えれば、女好きの業平の〝ストライクゾーンの広さ〟〝守備範囲の広さ〟から生まれたコトバであった、といえなくもない。

なぜなのか。先ほどの「九十川」の大失敗にコリタ私は、地図で想像するよりまず徹底的にその川を調べてみた。驚いた。その由来は、なんと〈川そのもの〉ではなく、源流部分の地形にあったのだ。

源流の物見山（岩殿山）は四八峰九九谷と言われ、この谷から流れ出すので「九十九川」と名付けられた。
（飯野頼治『埼玉の川を歩く』）

京都では、「東山三十六峰」だが、東松山では「四八峰」らしい。そして「九九谷」である。この九十九の谷から流れ出ているから、「九十九川」なのだそうである。川の流路の姿では、なかったのだ。これでは逆転満塁ホームランではなく、逆転スクイズといった感じである。

「九十九川」という名前の川は、全国でもけっこうある。近くでは、群馬県の安中市の山中を水源とし、

増田川や後閑川、秋間川を合流し碓井川に流れこむ、利根川水系の一級河川も、この名前で知られている。鳥の目から見ると、この群馬の「九十九」は、間違いなく九十九に曲がっていた。

くねくね曲がっているというよりも、折りたたむ様子を表しているのが七重川である。

岩槻城や川越城を造り、武蔵の覇者だった**太田道灌**は、若いころ、

七重八重　はなは咲けども　山吹の　実の一つだに　なきぞかなしき

という歌で、赤っ恥をかいたことがある。後に「山吹の伝説」※といわれるエピソードだ。また「七重のひざを八重に折る」というコトワザもある。丁寧な上にもていねいな姿勢でお願いする、というような意味であるが、この川、まさにそんなイメージを彷彿《ほうふつ》させるネーミングである。

※　鷹狩りの途中、にわか雨にあった道灌が、みすぼらしい民家にかけこみ、蓑を借りようとしたときの話である。一人の少女が出てきて何もいわず、蓑ではなく一輪の山吹の花をさしだした。彼は「?」と思い、ふざけるなこのアマ、蓑がほしいといっているのに、と怒って帰ってしまった。あとでこの話を部下にすると、「後醍醐天皇の皇子である中務卿兼明親王がこんな歌を詠んでいます」と答え、先ほどの歌を口ずさんだ。その娘は、蓑一つない貧しさを恥じ、山吹にかけて事情を説明したのである。「蓑」が「実の」にかけられていたのだ。このカルチャーショック以後、彼は自らの無学を恥じ、文武両道の武士となっていく。

流れているのは、ときがわ町の大野という地域である。峠の山塊から沢伝いに、それこそ水の流れそのものを七重にも八重にも折りながら、急勾配を流れ落ち、水源から3キロほどで都幾川※に注いでいる川である。

七重川砂防堰堤群

※　荒川水系の都幾川は、山頂に「星と緑の創造センター」（旧・国立天文台堂平観測所）がある堂平山（876㍍）を水源とし、埼玉県のほぼ中央を西から東へ流れ、越辺川に注ぎ込む全長約30㌔の川。

八高線の明覚駅からほぼ真西に向って県道172号線がのびている。直線距離でおよそ7㌔ぐらいのところに、「七重橋」が架かっていた。その橋の手前で右折すると、細い道は急坂で急カーブの連続だった。1㌔ほど登ったところで山道は右と左にわかれる。左に行くとすぐ橋があった。車などめったに来ない場所なので、橋の上に止めて、下を流れている川をのぞいてみる。上流部分は、真正面にミニダムの連続が見える。下流のほうに視線を落とすと、恐ろしさで思わず後ずさりしてしまった。あまりにも急勾配なため、下流方面は、絶壁の下のほうを覗きこむことになる。かつてこのような景観を見たことがない私には、下流のほうを覗きこむ勇気はなかった。ということで、もう少し下流のほうに下りていき、心臓に悪くないぐらいの場所から、上流のほうを見上げてみた。まるで小さな滝が連続し、巨人のための階段に、水が流れているような印象をうけた。

　これはいったい、何なのか？

　なぜ――このような光景が生まれたのか。

　実はこの川、山奥の大自然の中を流れているにもかかわらず、その流路はほとんど人工的に整備されつくしているのである。巨人の階段は、人間が造った〈滝〉、砂防ダムだったのだ。だからその見た目から、「百段の滝」とも呼ばれている。小型の砂防ダムが連続しているため、こう見えるのだ。しかし、実際にその姿を目にすると、圧巻というよりは、誰も足を踏み入れないような場所に、よくもまあここまで人間の手が入れられたものだ、と感服するほどの圧倒的な光景である。そのためこの川、川としてはまったく無名であるが、「七重川砂防堰堤群《さぼうえんていぐん》」ということで、その筋の人たちからは有名な場所となっている。

ではなぜ「その筋の人たち」には有名なのか？

実はこの砂防堰堤群、埼玉県の砂防発祥の地なのである。そもそも埼玉県で砂防工事がはじまったのは、秩父地域で犠牲者347人をだし、明治期最大の水害とされた「明治43年の大災害」が契機となっている。時の政府は、秩父地域の危険箇所を徹底的に改善する方針を示した。こうして大正4（一九一五）年、国は都幾川、吉田川、赤平川の3渓流を県内初の砂防候補地に指定し、その翌年、県がまず七重川の整備に着手したのである。つまり、県内で最初の砂防事業となったのだ。

この七重川では、今では古典的といわれる、野面石《のづら》と蛇籠《じゃかご》を用いた階段式床固工石積み※、という、聴いてもシロウトにはよくわからない工法がとられている。現代の工事ではどこも、コンクリートの階段状にされてしまうが、蛇籠などを使っているので、まるで自然そのものに見える。水が流れていてよくは見えない川底も、実は石だたみになっており、水圧や流れに負けない工法が、すでにそのころなされていたのだ。こうして他では、なかなか見られない光景が、この地に生まれたのである。

※　野面石とは、山から切り出したままで加工してない石のこと。蛇籠とは、丸く細長く粗く編んだかごの中に、石などを詰めたもの。また床固工とは、河床の高さを維持するための工事をいう。

とはいってもこの石積み工法、かなりの特殊技術を必要とする。いってみれば技術の〈粋〉をあつめた工法であり、相当な熟練が求められるものでもある。そもそもこの近くには、石積みの得意な人が多かったのだが、急流の川の石積みとなると、話は別である。そのため、わざわざ岐阜県の墨俣《すのまた》※から熟練工をよびよせ、彼らから技術指導をうけて、ようやく完成したのであった。当時は重機やダンプなどはもちろんなく、すべて人力であった。

※ 美濃攻略を急ぐ**織田信長**の命をうけ、**秀吉**が長良川西岸に最前線基地として造った城の場所として有名。その城、一晩で造ったとされ、一夜城といわれた。現在の岐阜県大垣市。

工事はまず材料の調達からはじまるのだが、当然、現地調達である。河原に転がっている重さ130キロ以上の自然石を、もっこあるいは木のソリで運び、組み上げていく。当然、形も大きさも材質もふぞろいな石たちである。しかしプロにいわせると、「石には七つの顔がある」そうだ。どの面を上にするかは、熟練のカンである。ここでは「ムツマキ」という工法がとられた。一つの石に六個の石が隣合うのである。こうすればたとえ一つが抜け落ちても、崩れることはない。

工事は大正5年11月2日からはじめられ、翌年の3月31日に竣工した。まるまる5ヶ月である。休日は、正月をはさんだ12月31日から1月5日までで、それ以外は土日も休まなかった。厳寒期の現場に寝泊りし、ふいごまで持ち込んでの作業が続いた。こうして幅10～15メートル、最大幅38・90メートル、長さ200メートルの「百段の滝」ができあがった。

※ 鉄など金属の加工には、熱が必要である。炭などの火に風を送って火力を強くする道具。現場では、壊れたシャベルやツルハシ、カナテコなどを自分たちで修理した。

現在、この川が県道172号線と交わるところに、ポケットパークができている。「七重橋」の左岸側である。その公園の正面奥に「埼玉県の砂防発祥の地」と刻まれた大きな石の記念碑が建てられている。その裏には「砂防法百年記念　大正五年七重川　砂防事業着工にちなむ　平成八年十月吉日」と刻まれていた。また公園の入口近くには、土木学会が平成19年に認定した「選奨土木遺産」の記念碑も立っている。「近接・連続した堰堤から成る流路工で大正・昭和初期当時の砂防工法を遺す」という理由で、認定したのである。当然であろう。遅すぎるぐらいである。

砂防発祥の記念碑

作業にたずさわった人びとの労苦には、はかりしれないものがあったであろうことは、現場に立つと、容易に想像できた。にもかかわらずここでの砂防工事は、山奥の渓流ということもあって、ほとんど人目にふれることなどない。七重川の「百段の滝」などと、綺麗なコトバでいわれても、あくまでもその目的は、下流地域の人々の安全・安心である。それをず〜っと陰で支えてきたのだ。表舞台に立つこともなく、ひたすら脇役に徹してきた、技術を極めた近代化遺産なのだ。こうした点について、さすが専門家は、

都会で活躍したスター的な近代化遺産は、時代の変化に対応できず、その生涯を閉じたものや、もはや時代に取り残され、不遇な余生を送っているものが多い。しかしこれらの砂防施設は、時代に流されることもなく、堂々たる姿で山奥に腰を据え、今なお現役で活躍

している貴重な近代化遺産なのである。

（埼玉県教育委員会『埼玉県の近代化遺産』）

と高い評価をくだしている。当然であろう。

いま全国の川が、コンクリートでその風情を失いつつある。そんな情況のなか、この七重川の「滝」を見つめていると、やっぱり川は〈自然〉のほうが――たとえ人工であっても、自然のように造られるほうが――美しい、と強く考えさせられたのである。だがそれにしても、大正5年から今日まで、よくどこも壊れず、毎日せっせと水を〈安全〉に流し続けてきたものだ。

「選奨土木遺産」などというカタイ言葉の以前に、昔の工法に、ただただ頭が下がる想いである。

【会の】と【合の】【会之】。み～んな〈あいの？〉

たしかに、ぜ～んぶ〈あいの〉であるが、これらはすべて「川の名前」である。

ということで、まず「会の川」からはじめよう。一言でいえばこの川、「江戸を可能とした川」なのである。そして、この川の〈歴史〉とその後の〈遍歴〉を知るためには、**秀吉**と**家康**の確執にまでさかのぼらなければならない。たかが一本の川である。にもかかわらず、この川の〈意義〉を知るためには、秀吉と家康の対立にまでさかのぼらなければならないほどの、トテツモナイ歴史を秘めた川なのである。

とりあえず、まず家康の苦悩をのぞいてみよう――。

天下をほぼ手中に収めた豊臣秀吉は、天正18（一五九〇）年家康に突然、江戸への転封を命じた。天下人に逆らうことは出来ない。こうして家康は、〈辺境〉の江戸に封じ込められてしまった。しかし家康の目に飛び込んできた江戸の後背地・関東平野の光景は、それはそれはひどいものであった。

そもそも「江戸」という場所は、秩父氏の流れをくむ**江戸四郎重継**が、今の皇居あたりに館をたてたところからつけられた地名である。平安末期のことである。そこに**太田道灌**が城（江戸城）を築いたのが、長禄元（一四五七）年であり、室町時代であった。東京湾の海岸線は、現在の田町、日比谷、霞ヶ関、新橋あたりまでせまっており、浅草あたりでは海苔がよく採れた。「浅草海苔」のブランド化のはじまりである。当時の関東平野は、今とはまったく違った顔をしていた。現在の私たちには、想像もできないほどのひどい場所だったのだ。

日本一の大河で「坂東太郎」の異名をもつ利根川は、典型的な〝暴れ川〟だった。そしてその川に、これまた〝荒ぶる川〟と呼ばれた荒川があわさって――今でもそれらの元の川である「古利根川」と「元荒川」は、合流している――日常的に洪水を引きおこしていた。その結果、関東平野は、つねに水浸しの湿地帯となっていた。農業などできる地では、なかったのである。さらには、当時の江戸は人的交通のみならず、物流の点でも情報の点でも隔絶されていた。その証拠に、それ以前の「東海道」は、江戸どころか武蔵国さえ通っていなかったのである。そのルートは鎌倉から三崎（三浦半島）へ出て、海を渡って安房《あわ》、上総《かずさ》、下総《しもうさ》そして終点の鹿島神宮（常陸国・茨城県）というコースだった。だから房総半島（千葉県）の南部分が「上総」で、北のほうが「下総」という逆転地名になっているのだ。これを「逆転」と思うのは、現代人であり、当時は京都に近かったのは、当然「上総」だったのだ。地名はウソをつかないのである。

しかし、家康としては、泣いてばかりいられない。与えられた土地を改良し、生産を上げなければ、徳川家自体がジリ貧に陥ってしまう。こうして彼は、〈国家大改造計画〉にとりかかった。

そしてその計画の中核となったのが、「日比谷入江」の埋め立てと「会の川」の締め切り、である。前者の方は〈江戸の拡張〉という都市計画であり、後者の方は、関東平野を一大生産地に変えるプロジェクト、つまり湿地帯を田や畑にする、産業基盤整備であった。家康は、この二つの大改造計画を本気ではじめたのである。

「会の川」の締め切りをまかせられたのは、文禄元（一五九二）年に忍城主となった**松平忠吉**であった。そして彼は、家老の小笠原三郎佐衛門吉次を呼び、すぐさま大事業にとりかかるよう命じた。

記録では――、

文禄三年左中将忠吉卿忍御在城ありし頃家人小笠原三郎左衛門、主命を奉じて水路をたち、堤を築き・・・

（『新編武蔵風土記稿』）

とある。こうして文禄3（一五九四）年、会の川の流頭が締め切られた。今の羽生市上新郷付近である。利根川の東遷――千葉県銚子の方に利根川の流れをムリヤリ変えるため――といわれる巨大プロジェクトがはじまったのだ。

先にも少し述べておいたが、家康入府までの利根川は、武蔵・下総の両国の国境（今の埼玉・千葉の県境）を南下し、東京湾に注いでいた。また当時においては、その流路は幾筋にも分流しており、新郷川俣付近では、南流して現在の加須市をへて川口にむかう「会の川」と、東にむかう支流に分れていた。この事業の計画は、南に向う流路を締め切り、東に流れていた支流を本流にする、というものであった。そのため工事の着工は、まず「会の川」の締め切りからはじめられ

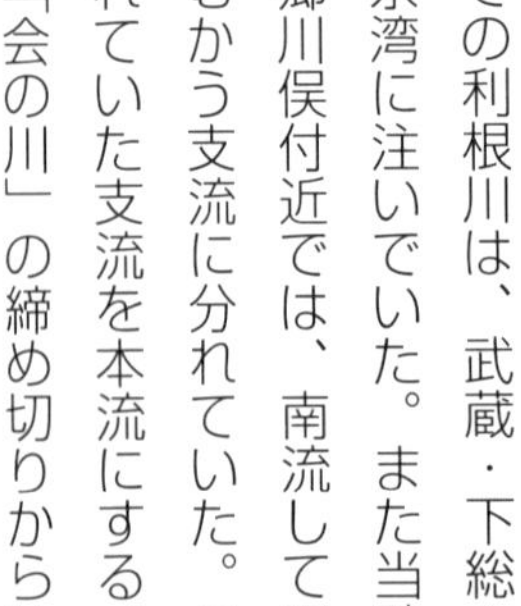

たのである。
しかし工事は困難をきわめた。それもそのはずである。この川、今ではそれほどの規模の川ではないが、中世以前はそうとうな大河だったのだ。しかも暴れ川の利根川である。その姿・勢いを明治の女流歌人は、

岩の群《むれ》　おごれど阻《はば》む　力なし　矢を射つつ行く　若き利根川
（与謝野晶子）

と表現した。「若き利根川」ということであるので、彼女はもう少し上流部分の箇所を詠んでいるのだが、坂東太郎の勢いは、中流部分のこの地でも、やはり「矢を射つつ」であったであろう。そのため、締め切り工事はそう簡単には進まず、近くの僧侶が人身御供として入水《じゅすい》した、という伝説さえも残っているほどである。しかしこの難工事の完了をもって、三国山脈の一つ、大水上山（群馬県みなかみ町、１８４０㍍）の水源から、はるばる流れてきた利根川は、銚子の方にその進路を変え、ストレートに太平洋に注ぎこむことになったのである。

この「会の川」の締め切りは、家康のもう一つの大土木工事、「荒ぶる川」といわれた荒川の西遷、と相まって、江戸を水害から守り、日本一広い関東平野での農作業を可能とし、物流インフラとしての網の目の水路開発をもたらしたのである。この二つの河川工事の成功が、徳川の江戸幕藩体制３００年の安定と繁栄を保障したのであった。

そしてここが大切なところだが、半世紀以上にわたった関東平野各地の計画・工事は、すべてこの「会の川」の締め切りからはじまった、という事実である。この根幹をなす大工事のあと、半世紀以上にわたって各地の工事が行なわれたのである。「会の川」が締め切られなければ、すべての計画が、絵に描いたモチ、となってしまうからである。

極言すれば――江戸の繁栄は埼玉の地が保障し・可能とした、ということなのだ。徳川幕府に安定をもたらし、江戸を世界一の首都にしたのは、実は埼玉での、こうした基礎となる土木工事があったればこそ、というのが、歴史の真実なのである。

この「会の川」の業績をたたえた「川俣締切跡」の石碑が、現在、「道の駅　はにゅう」の北の角に、凛として立っている。もともとは、締め切った現場近くに立てられていたものを、道の駅開業時にこちらに移設したらしい。国道122号線が、利根川の「昭和橋」にかかる手前の右側である。このあたり、江戸時代には、「新郷川俣」の関所が設けられていた場所でもあり、歴史の香りがただよう地でもある。「川俣締切跡」の碑には、経過を説明した案内看板も立てられているが、わざわざここを訪れるような酔狂な人もあまりなく、凛とはしているものの、寂しそうに利根の川風に吹かれていた。静かに佇《たたず》んでいる石の碑は、いまでは利根川が氾濫しないよう、来る日も来る日も、祈っているようだった。

川俣締切跡の碑

つぎは、同じ発音の**「合の川」**であるが、こちらは、いまは流れていない。つまり廃川となった川である。往古以来、埼玉県と群馬県の境を流れ、谷田川に流れ込み、渡良瀬川に合流する、利根川の支流であった。ところが元和7（一六二一）年、先ほどの「利根川東遷」事業によって、新たに本流とされたルートが、今の加須市佐波《さわ》あたりから旗井まで開削され、渡良瀬川に直接に接続された。つまり本流の流路が変えられたのである。この結果、合の川の水量は一気に減少し、これをうけて天保9（一八三八）年、ついに流頭が締め切られたのである。これで川としての機能は、完全に失われた。

たしかにこれ以降、合の川は、川としてはその働きをしていないが、閉店準備がトトノウ前に、ある日突然締め切られたかのような様相を残しており、所どころに沼や、流路跡、堤防などがそのままの形を今に伝えている。それらの沼は、今では釣堀などに使われ、オトウサンたちに楽しみを与えつづけている。また、ほとんどの流路は水田などにその姿を変えたのだが、両岸に築かれていた堤防は、今でもそのまま残されており、一部は道路などに使用されている。そして春には、ずっと続く堤防上の桜並木が、訪れる人を癒しつづけている。

こうした〈遺産〉のためか、廃川されたとはいえ「合の川」は、いまでも生きているかのような姿を私たちに見せつけ、「私はちゃんとここにいるよ！」と主張しているかのようである。

これら二つの川からくらべると、かなりすっきりとした説明ができるのが、**「会之堀川」**である。

春日部市豊町付近に源流域があり、市役所あたりで急カーブをえがいて南下し、国道4号線とほぼ平行して流れ、越谷市との境界あたりで新方川《にいがた》に合流している、延長4・5キロほどの、利根川水系の一級河川である。かつては水田地帯の農業用排水路だったが、この地域の宅地化の進展にともない、都市下水路にその機能が変えられた川でもある。

ということでまぎらわしい川、三つを紹介したが、それぞれぜんぜん違う川なのに、口頭で発音する場合「ほら、彼女とアウというときの、アイの字のアイノカワだよ」とか「ゴウケイのゴウという字のアイノカワのほうなんだけど」、さらには「ホリカワがつくアイのホリカワだよ」といったように、くどくどしい説明が必要な、ちょっとヤヤコシイ埼玉の愛すべき、偉大な川たちなのである。

関連市町村

自慢

花の東京のどまン中　ぐるりまわるは…〈幻の首都〉

都　まかり間違えば「首都＝本庄」だったが残念ながら幻で終わっちゃった

あの娘たずねて
花の東京の　どまン中
ぐるり廻るは　山手線
皇居丸ビル　右に見て
とんと一駅　下ります

（詞　永井　浩
曲　櫻田　誠一
歌　佐々木新一）

最近ではまったくといっていいほど流れてこない、ナツメロの「あの娘《こ》たずねて」である。昭和41（一九六八）年1月にリリースされ、発売と同時に大ヒットし、たちまちにしてミリオンセラーになっている。当時まだ誰も知らなかった**佐々木新一**を、一躍スターダムにのしあげた歌謡曲であった。

この歌い出しにある「花の東京」という表現。作詞家の永井が、どのような思いをこめて使ったのかわからないが、はっきりいってあまり語呂のいいフレーズではない。イメージに合っていない表現なのだ。もし使うなら、「花のお江戸」であろう。しかし永井は、このセリフをどうしても使いたかったのかもしれない。

――なぜか？

それは、東京が首都であるからだ。永井はこのヤワラカイ「花の」というコトバに、カタイ「首都」という意味をこめたのだ。もし東京が首都でなかったら、よほどのことでないかぎり、こうしたコトバは使えないはずである。事実、私たちは「花の大阪」とか「花の名古屋」とはいわないし、聞いたこともない。

しかし、しかしである。何をかくそう、東京が首都であるということは、その街がいかに繁栄していようと、厳密にいえば――〈幻想〉なのである。

私が埼玉人だからといって、別にヒガンデいっているわけではない。けれども反対に、「東京は首都ではない」といえば、それは事実誤認の不正解となってしまう。じゃ、やっぱり首都じゃないか、と怒られてしまいそうだが、だからこそ〈幻想〉などという、アイマイなコトバを用いたのである。理由は、国のかたちを決める最高法規の憲法に、示されていないからである。たとえばドイツの場合は、憲法や法律でちゃんと規定しているし、憲法には規定していないが「首都設置法」で、位置をワシントンDCと規定しているアメリカ合衆国などと比較すると、「東京」の立場はとてもあやふやなのである。

「あの娘たずねて」のレコードジャケット

だが、「なんとなく」とか「知らない間に」が、とても多いこの国では、この「あやふや」が、いつの時代でもけっこう力を発揮してきた。あの血を流した明治維新のあと、あまり知られてはいないが、実は首都に関する大激論が、政府内でかわされていたのである。ここで改めて確認しておかなければならないことは、そのときの日本の首都は、いうまでもなく、京都であった、という事実である。首都とは何か、という問題は、かなり複雑であるが、一言でいえば、「元首がいる場所、最高統治機関がある場所」といえよう。こうした視点で考察してみると、維新直前の元首は〈天皇〉※であり、最高の統治機関は〈御所〉であった、といえる。だから間違いなく、首都は京都だった。

※ 徳川幕府における将軍は、あくまでも「征夷大将軍」の略語であり、天皇から統治をまかされていた身分に過ぎない。こうした政治体制は、平時ならばあまり問題はないが、有事となるとたんに摩擦を生じる。事実、鎌倉幕府においても、室町幕府、徳川幕府においても〈摩擦〉の例は山ほどある。もっとも象徴的な出来事は、慶応3（一八六七）年の15代将軍**徳川慶喜**によってなされた「大政奉還」である。慶喜はその申し入れを天皇に「上奏」し、翌日「勅許」されているのである。権力の本質についての、あまりにも象徴的な出来事といわざるをえない。

江戸時代最後の天皇は、**孝明天皇**であったが、彼の死によって**明治天皇**がバトンを引きついだのは、慶応4（一八六八）年の8月であった。いまだ戊辰戦争が続いている最中であった。このバトンタッチをうけ、新政府は9月8日、元号（年号）を「慶応」から「明治」に変えた。しかしそれよりも一足はやく、「江戸」は「東京」と改称されていた。7月17日に「自今《いまより》江戸ヲ称シテ東京トセン」と発せられた詔《みことのり》によって、「東京」という街が生まれたのである。当然、いまだ徳川の雰囲気をかもしだしている江戸城も、語呂は悪いが「東京城」に改称された。これが10月14日で、のちに「宮城」とか「皇居」と呼ばれる場所である。しかしこれらの名称問題は、首都問題とは切り離されて決定されていった。新政府の内部では、きのうまで倒幕の志士として、一つにまとまっていた政府のお偉方たちが、それこそ各々の首都に関する自説を唱え、まとまる状況ではなかった。

そんなときである。9月20日、天皇は京都を出発した。行き先は、新しい名前で装われた東京、いわゆる「東の京《みやこ》」である。到着したのは、10月13日だった。しかしゆっくりする間もなく彼は、あわただしく京都に戻っている。そのとき使われた言葉は、「還幸」であった。つまり、天皇は京に帰り元にもどった、ということである。再び天皇が東京に来たのは、明治2（一八六九）年3月28日であった。しばらく東京にいた彼は、その3年後の明治5年5月に中国、四国へ巡幸し、京都にたちより、東京にもどっている。注目すべきは、そのときは公には、「行幸」という言葉が使われたことである。3年前は京都に「還幸」し、今回は京都に「行幸」したのだ。このなんでもないようなコトバの違い、たかが漢字一文字だが、その差はとても大きい。「帰る・戻る」という意味の「還幸」ではなく、「行く・訪れる」の「行幸」が使われたのだから。結局、天皇はこのまま東京に住み、ついに京都にもどることはなかった。

目を行政府に転じると、新政府の最高統治機関は、「太政官」であった。その機能が京都から東京に移されたのは、明治2年の2月である。つまり、天皇が東京に二度目に「行幸」する、一ヶ月前である。移転といっても、機能の一部は京都にも残された。その移転が完全に終わるのは、明治4年の8月23日である。元首（天皇）という視点でいえば、東京遷都は明治2年3月28日、行政府で考えれば、明治4年8月23日ということになる。しかも、いずれも宣言をして移転したのではない。いつのまにかそっと、気がついたときには東京だった、という感じである。たかが街の名前が「江戸」から「東京」になったときには、仰々しくも詔を発したことと比べれば、そのコソクさは、何だったのか。

なぜこんなにも、あやふやなのか。

その理由にあげられるのは、まずは大前提として、当時の〈空気〉であった。

（遷都など―鶴崎）むろん、公然とは議論できない。古来、みやこは京都だったし、遷都を考えるだけでも不逞不遜《ふていふそん》のそしりをまぬがれなかった。
（司馬遼太郎『この国のかたち　三』）

というような、目には見えない雰囲気（歴史の重圧）があげられるのだが、それをも上回る深い理由もあったのだ。まだ新政府の骨格もできていないにもかかわらず、この「遷都」問題は、百家争鳴という状態を見せはじめていたのである。これを無理やりまとめて、なんらかの結論で強行すれば、せっかく築いた政府がバラバラになり、瓦解しないとも限らない台所事情を、新政府はかかえていたのである。事実、そのときもっとも権力をにぎっていた**大久保利通**は、財政的理由から「大阪遷都」を主張していたが、郵便制度を創設した**前島密**などは、断固として「東京遷都」を提唱していた。お互い、さまざまな理由、根拠はあったものの、大久保が前島に寄り添うことで解決の方向に向うはずであった。しかし、「不逞不遜のそしり」はなんとかまぬがれたい。１１００年にもわたる京都の「都」としてのプライドには、誰も逆らうことなどできなかった。そんななか、「遷都」ではなく「奠《てん》都」※という主張が、現実性をおびてきた。

※　**江藤新平**ら佐賀藩の「東西両都」という主張など。よく似た言葉であるが、「奠都」と「遷都」は厳密にいえば違う。前者は「都を定める」ということに重心があり、後者は「都を移す」というニュアンスである。つまり、ここでこだわっているのは、旧都（京都）を廃するかどうか、ということであった。
　この言葉について、国民的作家の**司馬遼太郎**は、
　大正六年（一九一七年）、『東京奠都の真相』（岡部精一著・仁友社刊）という本が出た。～中略～書名の奠という字は、解字すると神前にささげる酒つぼが机に載っている形である。首都には社稷（古代中国で、国を治める宗廟のこと）があるため、遷都のことでありながら、すこし神聖感をもたせて、著者は奠都という。
（『この国のかたち　三』）

と述べているが、司馬らしくない、若干的外れ的な視点といわざるをえない。
政府内には、他にも「三京（京都・大阪・東京）」という意見、つまり首都を三つにしようとする考えもあった。

つまりここでの奠都とは、東にも「京《みやこ》」をおき天皇は西と東の「京」を行ったりきたりする、天皇＝首都を「移す」のではなく東京にも首都を置く、という考え方である。どちらの顔も立てた折衷案である。先ほどの「還幸」と「行幸」の使い分けは、こうした背景の中で生まれたのだ。つまり政府は、時をかせぎ、その時間のなかで熱を冷まさせ、既成事実を積み重ねていく、いわばとびっきり〈姑息〉な手法をとったのだ。政府内の対立を解消するためには、きわめて〈あやふやに、いつのまにか〉東京になってしまった、というのが一番すんなりと決まる、と政府のお偉方たちは考えたようである。

こうした「あいまい」への努力のかいあってか、遷都問題はしだいに落ち着いていき、人々の脳裏から消えかかってきた明治11年、一人の男がまたまたこの問題を、蒸し返そうとした。寝た子を起こそうとしたのである。

佐野常民

その男の名は——**佐野常民**《つねたみ》※といった。

この佐野が、近代日本の首都は「本庄」がもっとも適している、とその論をいきなり展開したのだ。しかしこの彼、本庄はおろか、埼玉とは縁もゆかりもない、九州の男だった。

※　文政5（一八二二）年2月8日、肥前国佐賀郡早津江村（現・佐賀市）生まれの佐賀藩士。幕末には**緒方洪庵**の適塾で、**大村益次郎**らと交流している。**江藤新平**、**大隈重信**らと「佐賀の七賢人」の一人。後に、枢密院顧問官、農商務大臣、大蔵卿、元老院議長などの要職をつとめ、日本

海軍の基礎を作り、また洋式燈台の建設なども手がけた。しかしなんといっても彼の最大の業績は、博愛社を日本赤十字社と改称し、初代社長に就任していることである。つまり、日本赤十字社の生みの親である。

そんな九州男児がなぜ突然、「本庄首都」論を主張しはじめたのか。おそらく海外の諸都市を、誰よりも知りつくしていたからであろう。日本ではじめての博覧会を湯島聖堂で開催した彼は、1867年の「パリ万国博覧会」には佐賀藩の代表として派遣され、1873年の「ウィーン万博」では、副総裁を務めている。と同時に、その時彼はヨーロッパの諸都市をまわり、最新の都市というものを研究してきている。帰国した彼は、そうした〈目〉で東京を見た。そしてつぶやいた。

——ダメだ、こりゃ。

そして「選都」問題に取りくんでいった。こうして彼は、自らの遷都論を、「意見書」という形で完成させたのである。彼が起草した「意見書」は、約4000字のボリュームで、その理由は多岐にわたり、内容は「本庄ノ地〜中略〜東京ニ勝ルノ一大盛都トナル」といった大上段からの論考になっている。※

※ 詳しくは、拙著『**埼玉の街ものがたり92**』か、本庄市発行の『**本庄市史**』を参考のこと。

しかし、もう一度いえば、彼は本庄には縁もゆかりもない。その彼が、なぜここまで本庄にこだわったのか、実に不可思議である。4000の文字は、元老院の罫紙8枚に書かれていた。当時彼は、元老院議官であったからである。おそらく彼は、その「罫紙」を部内に配布し、その反応を確かめていたのであろう。部内での反応がどうだったのかについては、今となってはわからない。しかし、それにしても時代が悪すぎた。彼の「意見書」には、「明治十一年八月」という日付が記されている。この日付がなにを表しているのか。それは新生日本を土台からひっくり返すような、〈内戦〉である。

その前年にあたる明治10（一八七七）年という年は、鹿児島が沸騰し、ついに爆発してしまった西南戦争の年である。内戦の煙が消えたのは、その年の9月である。新政府を根底から揺さぶり、政権が、維新以来の最大の危機に瀕していたときだったのだ。つまり彼の「遷都論」は、内戦の残照がいまだ輝くなかで、書かれているのだ。政府としては、それどころではなかった。こうしてその〝空気がヨメナカッタ〟「意見書」は、戦争の余韻未だ響くなかで陽の目を見ることもなく、歴史のクズバコに捨て去られたのであった。

日本の歴史を変え、埼玉の地政学を根本から変え、本庄を世界的メガロポリスにするチャンスは、永遠に消滅してしまったのである。残念の一語である。彼の首都移転論は、彼の頭脳のなかで生まれ、多くの人に知られることなく、泡沫《うたかた》のように消えていった。その情景は、まるで**紫式部**の歌——、

大空をかよふまぼろし夢にだに見えこぬ魂《たま》の行く方たづねよ

（『源氏物語』第四一帖「幻」）

のようであった。「罫紙8枚」は、〈幻〉ように消え、それとともに、時の経過のなかで人々から忘れられていった。とこう書けば、いかにも残念そうだが、真相を語れば、もともとこの移転論、埼玉の誰も知らないなかで生まれ、知らないなかで消えていったのである。だから、埼玉にとっては「残念」という気持ちさえも表せない、幻のエピソードだった、というのが正確なところかもしれない。

いま、彼の移転論を知ったところで、もうどうしようもないのだが、それにしても、悔しい史実であることには、間違いない。と同時に、古い京都の人たちの中では、

なんでおますな。天皇さんも夷の町に行かれはりましたが、エライ長い旅みたいどすなぁ。早ようもどってきはったら、ほんまよろしいおすのになぁ・・・

というような、埼玉人以上のなげき節がささやかれているようである。

淋しげに柿くふは碁を知らざらん〈天才本因坊〉

碁

灯台下暗し。三代も続けて天才「本因坊」がこの埼玉で現れていたのだ

昼人なし碁盤に桐の影動く
碁に負けて偲ぶ恋路や春の雨
真中に碁盤据えたる毛布かな
（子規）

近代俳句の創設者とされている**正岡子規**のもっとも有名な句といえば、

核くへば鐘が鳴るなり法隆寺

かもしれない。のびのびとして明るく天真爛漫な背景を感じさせ、多くの日本人に愛された句といえよう。彼の遺した膨大な句のなかには、〈柿〉を題材とした作品がけっこうある。そのうちの一つが、この章のタイトルで用いた「淋しげに―」であるが、「法隆寺」の句とは、うってかわって悲しげなイメージを漂わせている。

野球好き※で知られた**子規**は、同時に、無類の囲碁好きでもあった。冒頭を飾っている三つの俳句は、彼が

脊髄カリエスという激痛をともなう、死にむかう病床のなかで詠んだものである。

※　プロ野球の選手でもないにもかかわらず、２００２年に子規は、野球殿堂入りしている。理由は、無類の野球好きと、「野球」という言葉の創作者ということのようだが、２０１７年、今度は「囲碁殿堂入り」をはたしている。碁にまつわる彼の作品（いずれも未定稿作品）は、他にもかなりあり、

下手の碁や四隅かためる日《ひ》永《なが》哉《かな》
碁の音や芙蓉の花に灯のうつり
勝ちそうになりて栗剥く暇かな
月さすや碁を打つ人のうしろ迄《まで》
碁にまけて厠に行けば月夜かな
短《みじか》夜《よ》は碁盤の足に白《しら》みけり

などである。

話はかわって、昭和63（一九八八）年から、青森県の黒石市と宮城県の白石市の間で、あるゲームをめぐって大会がおこなわれている。では、何のゲームなのか。カンのいい読者なら、すぐにもピ～ンときたであろう。「黒石」と「白石」とくれば、もちろん正解は、

――囲碁である。

で、その囲碁が、埼玉と何の関係があるのか。

ハッピーハンドの街「幸手市」。江戸時代には、日光街道と御成街道が交わる宿場町として栄え、本書でも「将門の首塚」の所在地として、つぎの項でとりあげているが、この街に、日本では他に見られない、囲

碁に関するモノがあるのだ。ということで、ここでは幸手と囲碁の関係であるが、まずは囲碁について。

囲碁の起源であるが、発祥は古代中国とされ、時期はおおよそ春秋時代（前771～前403年）の前期あたりといわれている。というのは、**孔子**が『**論語**』の中で、すでに碁の話をしており、その孔子は前552年に生まれているからである。以後、東アジアを中心としてひろがり、日本にはおおよそ7世紀ころに伝わったようである。げんに正倉院には、碁盤と碁石が収められている。平安時代になると、普及もかなり進み、**清少納言**や**紫式部**なども碁をよく打ったとされ、彼女らの作品にもその情景が、所どころで描写されている。

「碁盤はありますか。私もうとうと思うんです。～中略～私と頭の中将の碁は同じくらいの力です。わけへだてしないでください。」

と言われるので、

「そんなに誰とでも碁をうつってことは、定めがないってものじゃないでしょうか。」

とお答えした。

（田中澄江訳『枕草子』百四十一段）

とか、

源氏は恋人とその継娘《ままむすめ》が碁盤を中にして対《むか》い合っているのをのぞいて見ようと思って開いた口からはいって、妻戸と御簾《みす》の間へ立った。

（与謝野晶子訳『源氏物語』／「空蝉」）

『**失楽園**』や『**愛の流刑地**』などの作品で知られる医師の**渡辺淳一**を、本格的な小説家にしたのは、日本で最初の女医**荻野吟子**の生涯を作品化した『**花埋み**』である。その吟子の故郷である妻沼町（現・熊谷市）には、平成24年に埼玉県内の建造物では、はじめて国宝に指定された聖天山歓喜院《しょうでんざんかんきいん》がある。そして、その本殿には、カラフルに染色された「囲碁遊び」と題された彫刻がある。図案は、七福神の布袋さまと恵比寿さまが、和《なご》やかに対局する様子であるが、そこに刻まれている棋譜《きふ》は、碁聖といわれた四世本因坊の道策(1645〜02)と弟子の熊谷本碩《くまがいほんせき》との対戦を再現したもの、とされている。本碩は、もちろん熊谷の出身である。

このように、『源氏物語』などに登場し、歓喜院の本殿にも飾られているほどの歴史性豊かな囲碁は、それだけに日本の文化に、かなり溶けこんでいる。たとえば文化の基層ともいえる言葉、慣用表現にも、囲碁からのモノが多く見られ、今では囲碁とは関係ない文脈のなかでも使われている。つぎの言葉、ことわざは、すべて囲碁をルーツとしたものである。

「一目置く」「駄目」「駄目押し」「八百長」「布石」「定石」「捨て石」「大局観」「目算」

「碁打つに時なし」「碁打ち鳥飼い馬鹿の中」

これらのいくつかは、日常会話のなかでも、よく用いられているはずである。なかでも「碁打つに時なし」の諺には、「碁打ちは親の死に目に会えない」という意味もこめられているが、このことに関しては、象徴的なエピソードがある。ノーベル賞作家の**川端康成**は、囲碁も将棋もかなりの実力であった。そのためか彼には、囲碁にまつわる作品が実に多い。その中の一つにこんな描写が——、

名人は生まれながらの勝負の鬼神のやうで餘技《よ》としても将棋〜中略〜などに耽《ふけ》り、重病中の引退碁の間にも戦ひ通した。死の前々日、私との将棋が最後となり、その前の日は久保松六段、吉田五段などと麻雀だった。棋士の最後らしい悲劇は、愛弟子の前田六段が呉泉七段と対局中で、師の臨終に会へなかったことであろう。しかもそれは「本因坊」の名跡を争ふ碁であった。

（「本因坊名人を偲ぶ」／『川端康成全集』第二十五巻）

川端が書いている「名人」とは、昭和15（一九四〇）年1月18日、熱海の旅館で亡くなった本因坊秀哉のことである。後でも述べるが、最後の世襲本因坊である。このとき偶然にも、川端も熱海で寒を避けていた。彼のこの作品は、翌朝19日の「東京日日新聞」に掲載された「勝負の鬼神――不世出の本因坊師を弔ふ」である。川端は、この「不世出」の「勝負の鬼神」と、まさに運命ともいえる最後の将棋を指した人間、となったのである。諺のとおり、「棋士の最後らしい悲劇」が、実際にくり広げられる碁の世界であるが、それだけに碁の世界は奥が深く、勝負スケールはいたって壮大といえる。

しかし、にもかかわらずそのルールは、いたく単純なものである。

格言にこんなものがある。

――将棋俳句に碁は短歌

ルールが簡単でおぼえやすい将棋は、俳句のように庶民的であるが、ルールが複雑な囲碁は、短歌のように知識人の好むゲームである、という意味だが、「庶民」と「知識人」はまあいいとして、ルールが複雑という点については、異論を唱えたいところである。

このように、よく将棋と比較される囲碁だが、将棋の場合は、それぞれの〈コマ〉に〈個性・役割〉があるのにたいして、碁の場合には、〈石〉そのものはすべて無個性で、同じである。ということから、おのずとそれらの戦い方は違ってくる。いわゆる戦略が、碁と将棋ではかなり違っているのである。

どちらも勝負事であるので、あえて戦争をイメージすれば、将棋が「機動戦」なのにたいし、囲碁は「陣地戦」とでもいえよう。また将棋が〈王将〉を取り合う戦争とすれば、囲碁の場合は〈支配地〉を確保する戦いにある。たとえば戦国時代の戦は大将が戦死すれば、戦はそこで終わりである。この典型が桶狭間の合戦であろう。

永禄3（一五六〇）年**織田信長**は、4万5000と豪語した、今や天下に聞こえた今川軍に、わずか2000の兵力で立ち向かい、勝利をあげている。以後、信長は天下取りレースに加わっていくのだが、この戦での勝因は、当時まだ〈チンピラ〉程度であった信長の徹底した「情報戦」と「機動戦」にあった。わかりやすくいえば彼は、「4万5000」対「2000」という戦いの構図を、**今川義元**に取らせなかった、ということである。情報をもとに機動的に兵を移動させ、奇襲的に今川軍を襲い、しかも目標を「今川義元の首」のみ、と限定したのだ。その光景は――、

それッ、というので織田の全軍は、雨に濡れた山肌を一斉に駆け下っていった。

「目指すは義元のお歯黒首ぞ!」

わめきつつ信長は走り下りていった。

（邦光史郎『信長を操った男』）

といったもので、彼は戦術的に「2000」対「1」という戦いに変えてしまったのである。つまり「王将」取りに徹した、「お歯黒首」取りのみを戦術とした、典型的な将棋的な戦いをくりひろげたのだ。これにたいして関ヶ原の合戦や大坂夏の陣などは、きわめて陣地戦的な様相をみせている。たしかに近代戦では、大将の死が勝敗に直結するものではなく、あくまでも〈支配地〉を優先した戦略が編まれる。この典型が、つい先ごろまでくり広げられていたIS（イスラム国）との、戦争であろう。ということで、囲碁は近代戦に似た勝負ゲームなのかもしれない。

囲碁を知るうえで、もう一つのキーワードは、「本因坊」なのかもしれない。いまでこそ「本因坊戦」と

いうイメージで有名な本因坊であるが、もともとはタイトル名ではなく、世襲による「家元」の一つであった。開祖は「一世本因坊算砂《さんさ》」で、本名は「日海」である。彼は織田信長、豊臣秀吉、徳川家康につかえた、京都の寂光寺の住職であった。「本因坊」という名は、この寺の塔頭《たっちゅう》※の一つであり、ここからきていたのだ。そして時代が江戸になると、「安井家・井上家・林家」と並ぶ「家元四家」と呼ばれるようになり、囲碁における一つの流派の名称となっていったのである。家元であるからには、当然、世襲である。しかしこの世襲制度も、21人で終ることになる。その第21世こそ、川端がその追悼文で「勝負の鬼神」と表現した、「本因坊秀哉」であった。

※　本寺の境内にある小寺。「わきでら」ともいう。

昭和9（一九三四）年、彼は引退にあたり、その名跡「本因坊」は全棋士に開放すべし、と宣言した。実力を持ったものが「本因坊」を名のるべき、との理由であった。こうして〈家元制〉から〈実力主義〉への移行がなされ、その「名」は闘いとるモノということから、「本因坊戦」がスタートしたのである。昭和14（一九三九）年であった。彼の〈決意〉のウラには、後継者と期待していた小岸壮二が夭折したこと、それにライバルである将棋界を意識してのこと、※とされている。

※　そのころ、将棋の13世名人であった関根金次郎の引退とともに、将棋界では名人戦がはじまり、かなりの活況を見せていたのである。

この本因坊戦のはじまりは、同時に、囲碁におけるタイトル戦のはじまりでもあった。それだけに、初めての本因坊戦の準備には、想像以上の大変さがあったようである。それを実質的に設営したのは、当時の毎日新聞学芸部副部長であった。この副部長は後に作家に転進し、『風林火山』や『天平の甍』などを書いて

いる、
大作家の――**井上靖**である。

東武日光線の幸手駅から南東の方に20分ほど歩くと、天神島という地区に着く。江戸時代では武蔵国幸手郡天神村といわれていた。この項の主役である一人は、この村で生まれている。時は、享保11（一七二六）年であった。その子の、生まれたときの姓は「尾崎」であるが、名前はわからない。15歳になったとき、彼は囲碁の道に入る。本因坊秀伯の門に入門したのだ。彼は秀才ぞろいの一門の中でも、その頭角をニョキニョキ現わし、秀伯が鬼籍に入るとその跡目として、本因坊の家督を相続することになった。入門してわずか一年、なんと16歳で本因坊を継いだのである。

本因坊伯元の墓

その名も――本因坊**伯元**《はくげん》。

本因坊としては、第八世であった。もちろん、先代の秀伯から「伯」の一字をもらっての命名である。碁の実力としては、六段までのぼり、さあこれから、という宝暦4（一七五四）年の9月、帰らぬ人となってしまった。27歳の若すぎる死であった。法名（戒名）は「日淨」とつけられ、故郷の天神島にある墓石には、「妙法本因坊伯元日淨」と刻まれている。

そしてその彼の跡を継いだのが、
――第九世本因坊の**察元**《さつげん》。

本因坊察元の墓

であった。武蔵国幸手郡平須賀村の間宮又左衛門の子として、享保18（一七三三）年に生まれている。この察元、幼いころに同郷の伯元の弟子となり、伯元の死によって22歳でその跡を継ぐことになる。理由は、本因坊の歴史では「棋道中興の祖」※と呼ばれた。久しぶりの名人となったからだ。そうとうな〈大才〉ではあるが、同時に多芸でもあった。興味深いエピソードがある。明和4（一七六七）年江戸城で「御城碁」が行なわれた。そのときの江戸城の主は、10代将軍家治であり、将軍が察元に、将棋の実力を尋ねた。彼は二段と答えた。碁一筋かと思いきや、なんと将棋にも精通していた〈天才〉だったのだ。

※ 本因坊の系譜では、第六世（知伯）、第七世（秀伯）と第八世（伯元）が、いずれも20代で夭逝していることから、その時代を「暗雲の時代」とか「碁道中衰の時代」といわれている。その時代の後、この第九世の活躍で、そう呼ばれた。

この第九世本因坊察元が死去したのは、天明8（一七八八）年の1月であった。55歳での、旅立ちになる。戒名は「日義」と命名された。彼はいま、生まれ故郷の地「平須賀」の共同墓地に葬られている。

とここまで書いてくれば、もう次も予想されそうなのだが、そのとおり、この察元を継いだ第十世本因坊も、幸手にゆかりがあるのである。その名は、

――本因坊烈元《れつげん》。

しかしこの烈元には、一つの〈謎〉がある。実は彼、江戸で生まれているのだ。記録では、幕府御数寄屋方組頭の山本家の子として、寛延3（一七五〇）年に産声をあげた、とされているのである。幼いときから察元に学び、最終的には八段準名人まで上りつめ、文化5（一八〇八）年12月6日に、58歳でこの世を去っている。戒名は「日実」と名づけられた。ところが彼は、生まれ故郷でもない、この幸手の「上吉羽」地区の墓地に眠っているのである。[※1] そしてさらにその墓石には、戒名の「日実」ではなく、「本人坊」[※2]と刻まれ、その横には「もよ」とも刻まれている。「もよ」は、もちろん彼の妻であろう。

本因坊烈元の墓

※1　この墓を建立したのは、この地の澤村惣左衛門ということが、わかっている。

※2　「本因坊」は、もともとは連声して「ほんにんぼう」と発音されたが、その後の歴史の中で「ほんいんぼう」と発音されるようになっていった。この墓石の「本人坊」は、そうした歴史的経緯を物語っている。

しかし、古い棋譜などに残された「澤村烈元」や「幸手産烈元」という署名《サイン》などからすると、彼はこの幸手の澤村家となんらかの深い関係があった、と思われるのである。だからこそこの幸手に、げんに墓があるのである。しかし江戸の「山本家」と幸手の「澤村家」の関係がわからないので、この〈謎〉は、永久に謎として残っていくのかもしれない。

「旧武蔵国幸手郡」という狭い一地域に、第八世「伯元」、第九世「察元」、第十世「烈元」という三人の〈天才〉の墓があり、しかも連続しての本因坊である。こんな奇跡、日本には他にない。とすれば、全国の囲碁愛好者はもちろんのこと、その世界の最高峰「本因坊」をめざすプロ棋士たちの、押すなおすなの大行列ができても、なんら不思議ではない地位にある幸手市である。

ところが、これら三つの墓は、いずれも寺の墓地ではなく、共同墓地のようなところにあり、けっして観光として、人が訪れてくる雰囲気にはなっていない。伯元の墓は、道路からかなり奥にあり、目立たないし、察元の墓は、見渡すかぎりの田んぼの中を走っている道路に面しているが、やはり共同墓地の奥のほうにあり、たいへんゴチャゴチャした林立する墓石の中に埋もれている感じであった。また烈元のそれも、やはり見渡すかぎりの田んぼの中に、島状に墓地がある。もちろん最近できたばかりのような説明看板が、あるにはあるが、幸手市のガイドマップには、これら三つどれも掲載されていない。駐車場もまったくない。

これにたいして、京都市左京区にある寂光寺の山門の前には、大きな碑が建っている。その石の標柱には、

碁道名人 第一世本因坊算砂旧跡

と刻まれており、また中京区の寺町通には、「囲碁本因坊発祥の地」の看板と、石で作られた碁盤のモニュメントが置かれている。どちらも大変立派で、人目をひく存在感のあるものである。たいして幸手の三つの墓は、すでに述べた状態である。

本因坊が3代続けて出たことは幸手の自慢。何とか知ってもらいたい　（「埼玉新聞」2017・5・21）

と、地元の囲碁連盟の中田紘二会長は意気込んでいるが、そのわりには殺風景でジミな景色のなかで、三人の天才たちは眠っているのである。こんな状態では「駄目」、と洒落をいいたくなってくる。

ところで、冒頭でとりあげた妻沼の歓喜院だが、紹介した「囲碁遊び」の彫刻の存在が、平成24年の第67期本因坊決定戦の会場を熊谷に誘致した決め手になった、といわれている。さらには平成29年の第72期本因坊決定戦の会場にも選ばれたのである。

三人の天才たちが眠っている幸手は、この地を本因坊戦の決戦地──高校野球の甲子園のような──碁の〈聖地〉にしようとする「布石」は打っているのだろうか。

哀しい嘘の　つける人・・・〈業平・将門・浅草〉

嘘　許せない東京の図々しさ、と小声でだらしない埼玉の明暗をわけた三話

うそ

折れた煙草の　吸いがらで　あなたの嘘が　わかるのよ
誰かいい女《ひと》　できたのね　できたのね
あー　半年あまりの　恋なのに　あー　エプロン姿が　よく似合う
爪もそめずに　いてくれと　女があとから　泣けるよな
哀しい嘘の　つける人

詞　山口　洋子
曲　平尾　昌晃
歌　中条きよし

「東京の図々しさ」については、すでに拙著『〈さいたま〉の秘密と魅力』および『埼玉の街ものがたり92』で、かなり論駁しておいた。その後、私のもとには東京からの〈抗議〉もしくは〈訂正〉の申し入れは、一切なかったので、私としては両著の内容ですでに決着がはかられたもの、と理解し今後もその論旨で主張し

ていくつもりである。しかしそれにしてもわが埼玉人には、こうした事実はあまりにも知られていない。ということで、今回もそのエッセンスと結論だけを、紹介しておく。もちろん詳しくは、先ほどの拙著を参考にしていただければ、と思っている。

さて、まずは「業平橋」からはじめよう。

東武伊勢崎線の「東京スカイツリー駅」は、高さ634㍍《むさし》のあの塔が開業するまでは、「業平橋駅」※だった。そしてその駅の近くには、実際に「業平橋」が架かっており、下を流れているのは「大横川」である。

※もちろんこの場合の「業平」とは、『伊勢物語』の主人公といわれた、女たらしで知られた男の名前である。84頁の※を参照。

春日部市の業平橋

いっぽう埼玉県の春日部市にも、「業平橋」があり、下を流れているのは「古隅田川」である。ということは、どっちかがウソ、ニセモノということになる。

「業平橋」命名の根拠は、どちらも『伊勢物語』であり、

猶行き行きて、武蔵の国と下つ総の国との中にいと大きなる河あり。それをすみだ河といふ。

という文章である。この「すみだ河」を渡るときに、「白き鳥」が「水の上に遊びつつ魚をくふ」のを見て、誰かが、

名にし負はばいざこととはむ都鳥わが思ふ人はありやなしやと

と詠い、「舟こぞりて泣きにけり」となってしまった、という有名

な場面である。都からはるばるこんな辺鄙《へんぴ》な東国まで来てしまい、心細さと望郷の想いで泣いてしまった、という趣旨である。しかしここでの問題は、『伊勢物語』でのこの歌が、「すみだ河」のどの地点で詠まれたのか、現在でいえば、そこはどこなのか、ということである。ちなみにこの歌の「こととはむ」から命名されたのが、現在の「言問橋《こととい》」――浅草の観音様からみて、少し上流に架かっている――である。

昭和39（一九六四）年に制定された「新河川法」によれば、今の「隅田川」は、荒川の派川とされている。つまり東京の赤羽にある岩淵水門で、荒川から分流し東京湾に注いでいるのが隅田川ということである。ではどのあたりが河口だったのか。たとえば**太田道灌**は、

わが庵《いほ》は松原つづき海近く富士の高嶺を軒端《のきば》にぞ見る

と詠い、江戸城つまり今の皇居が海岸線にあったことがわかる。業平より600年も後の時代ですら、海岸線は日比谷あたりまで迫っていたのだ。このことは、「汐止め」「日比谷」※などの地名や、「浅草海苔《のり》」などに残っている。つまり千代田区や台東区などは、業平の時代、完全に海だったのだ。

※「ヒビ」とは海苔や牡蠣《かき》を養殖するときに海中に立てる「竹」のことである。「日比谷入江」を干拓したのは**徳川家康**で、江戸時代以前は海だったことが、よくわかる。

さらに東京には追い討ちをかけるようだが、もう一人の〈証人〉も、東京に不利な、数々の証言を記している。

十三になる年、のぼらむとて、九月三日門出し、いまたちといふ所にうつる。

（『更級日記』）

証人は、**菅原孝標《すがわらたかすえ》の女《むすめ》**で、彼女が書いた『**更級日記**《さらしな》』は、父親の赴任先であった「上総」から京都までの帰り道を、日記に表した作品である。その引越しは、彼女が「十三になる年」つまり治安元（一〇二一）

年の「九月三日」からはじまった。そして9月15日には、どしゃ降りの中、上総国から下総国へ入り、「池田」に泊まった、とある。ところが大雨で小屋が今にも浮きそうで、こわくて眠れない。一日休んで、

十七日のつとめて立つ。昔、下総の国に、まののてうといふ人住みけり。～中略～深き川を舟にて渡る。昔の門の柱のまだ残りたるとて、大きなる柱、川の中に四つ立てり。人々歌よむを聞きて、心のうちに、

朽ちもせぬこの川柱残らずは昔の跡をいかで知らまし

その夜は、くろとの浜といふ所にとまる。

（『更級日記』）

といった描写が続いている。現代訳では、「まのの」は「浜の」、「てう」は「長」であるが、歌の部分を意訳すれば、

いままで朽ちもしないでいるこの川の中の柱が残っていなかったら、ここが昔の長者の屋敷跡だということを、どうして知ることができようか

といった感じであろう。

では、なぜ「川の中に四つ立てり」なのか。

理由は――温暖化だった。

近年の環境史の研究成果によれば、～中略～十一世紀の初頭は、地球温暖化が進行していた時期であった～。『更級日記』にも、川を渡った時に家の柱が川の中に立っていたと言うような記述が随所に見られ、地球環境の温暖化により海面が上昇していたことがうかがわれる。東京湾は、縄文時代以来久方ぶりの海進に見舞われ、一行は東海道を進むことが出来ずに隅田川を北上して西に向わざるをえなかった～。

（埼玉県立博物館編『埼玉・歴史の道50話』）

こうして彼女らの旅のコースは、今とはまったく違い、かなりの大回りになった。事実、次の日は、

そのつとめて、そこを立ちて、下総の国と武蔵との境にてある太井川といふが上の瀬、まつさとの渡りの津にとまりて、

（『更級日記』）

というように、「まつさと」に泊まっている。現在の「松戸市」である。つまり、今考えると、かなり内陸の街まで北上しているのだ。そしてその後、ようやくわれらが武蔵の国に入ってくる。

今は武蔵の国になりぬ。～中略～浜も砂子白くなどもなく、こひじのやうにて、むらさき生ふと聞く野も、蘆荻のみ高く生ひて、馬に乗りて弓持たる末見えぬまで高く生ひしげりて、中をわけ行くに、竹芝といふ寺あり。

「こひじ」とは、「泥土」の古語であり、「むらさき」は武蔵の代表的な草「紫草」で、「蘆荻」は「ハギとオギ」である。注目すべきは、「浜も」という表現と、「竹芝といふ寺」である。

「浜も砂子白くなどもなく」は、現代語に訳せば、「浜も白砂というわけでもなく」ということになる。「まつさとの渡りの津」から「武蔵国」に入ったのであるが、「浜も～」である。現代では考えられない、地理的環境といわざるをえない。つまり、松戸から入った武蔵＝埼玉の「浜」が白い砂浜ではなかった、ところの少女は残念がっているのである。

つぎに「竹芝といふ寺」であるが、これも今までずっと間違って解説されてきた。ほとんどの文献が、それは東京にある港区三田の「済海寺」である、と断定しているが、どの文献にも、その根拠はまったく示されていない。ではなぜ、唐突にも「済海寺」が出てきたのか。それは、江戸時代後半に描かれた、観光パンフレットのような**『江戸名所図会』**にそう書いてある、というただそれだけである。しかし百歩譲って、も

しこの「竹芝寺」が「済海寺」だとすると、『更級日記』のその後の展開とは、内容的に大きく矛盾してくるのである。この点については、誰も何も語ってはいない。つまり〈矛盾〉に気がついていないのだ。その矛盾とは、この日記に出てくる、

――「たけしば伝説」※

の内容である。

※『伊勢物語』の「芥川」のハッピー・エンド版のような話。その内容は――衛士として宮中に仕えていた武蔵出身の「竹芝のをのこ」が、ある日故郷の情景を想い、独り言をいいながら庭を掃いていると、「みかどの御むすめ」がこの男のいっていることに興味を持ち、「こち寄れ」と声をかけた。そして「われ率《ゐ》て行きて見せよ」というので、男は皇女《みこ》を背負い、「七日七夜」走って「武蔵の国に行き着きにけり」。
　帝の使いのものが武蔵に行ってみると、皇女は、私はこうなる運命であった、といって使いのものを追い返してしまう。それを聴いた帝は、二人に「内裏のごとく」立派な家をプレゼントし、皇女が死んだ後、その建物を寺に改造した。それが「竹芝寺」であり、皇女の子どもはその国名をとって「武蔵」という名前を帝からいただいた――という話。

この伝説は、明らかに武蔵国足立郡司の「武蔵宿禰《むさしのすくね》」※をモデルとした物語と、いわれている。そしてこの物語の舞台は、当然「足立」ということであった。

※『続日本紀《しょくにほんぎ》』には、神護景雲元（七六七）年12月、武蔵足立郡の外従五位下・丈部直不破麻呂《はせつかべのあたいふわまろ》ら六人に、「武蔵宿禰」という姓が賜れ、その後「不破麻呂」は武蔵の国造となり、さらに「上総の員外の介」（国司）に抜擢され、「五位上」に出世した、との記述がある。

では、この地名「足立」とは、どこなのか。辞書では――、

あだち**【足立】**『和名抄』武蔵国に「足立郡」とあるが、『続紀』神護景雲元年（七六七）の「足立郡」が初見。埼玉県さいたま市の一帯を指し、「あだち（葦立）」の意で、川沿いに葦が生えていたことによる。

（吉田茂樹『日本古代地名辞典』）

ということである。そしてこの「宿禰」の後裔にあたっているのが「竹芝」※である。そしてこの「竹芝」は、**『将門記』**でおなじみの大宮氷川神社との関係が深い。

※ 氷川神社の神主を代々つとめてきた西角井家の「西角井従五位物部忠正家系」には、この「宿禰」→「竹芝」の系統が書かれている。

これらの事実を頭に刻み、この少女の『日記』を素直に読めば、彼女ら一行が大宮（氷川神社近く）経由で京に向った、ということが浮き彫りにされてくる。つまり現在では最短距離になる海沿いのコースを、ストレートに神奈川のほうに歩いていくことができなかった、ということなのだ。できるわけがない。そのあたりは海であり、よくても大湿地帯であったのだ。先ほどの彼女の「浜も」という表現を思い出していただきたい。海岸線は今よりずっ～と北の方に、つまり内陸深く入りこんでいたのである。ということで、しょうがなく大宮あたりまで「北上して西に」になったのだ。裏づけをとるためにも、他の〈証言〉も聞いてみよう。

此川《この》古《いにしえ》は大川にて川の辺りに堤あり、江曾《えぞ》堤《つつみ》とよぶ、是古《これいにしえ》の奥州街道にて、

『新編武蔵風土記稿』の記述である。「此川」とは、現在の「古隅田川」のことである。そして「此川」は、

岩槻より行程《みちのり》一里東北に～中略～古隅田川といふ小川あり。往古《いにしえ》は大河にして堤と堤のあひだ百四五十間も川幅ありし～中略～この堤を今に奥州街道といへり。

（斎藤鶴磯『武蔵野話』）

という状態であった。古隅田川は、「古利根川」の支流であり、当時はそれらの川が綾をなすように乱れ、常に氾濫を繰り返していた。そうした状況が治まったのは、先にも述べたように、江戸に転封された**徳川家康**の治水——利根川の「東遷」と荒川の「西遷」——事業の完成を待ってのことである。だからインフラとしての築堤工事がなされてなかった業平の時代には、水は好き勝手に流れ、そのためこの記述のように「百四五十間も川幅ありし」という地形になっていたのである。メートルに直せば、幅約270㍍もの「大河」である。事実、春日部の豊春駅（東武野田線）の北の方には、こうした「大河」の地形が残っており、今でも目で確認されるほどの景色となっている。そしてさらに——、

この隅田川は古利根川、元荒川の流域にあり、いわゆる前期の武蔵国と下総間の官道にあたり、交通路として重要な地域でもあり、注目しなければならない。～中略～古利根川がいわゆる元奥東京湾の大湿地帯に流れ入る所が粕壁で、現在の春日部市である。おそらくは大昔は大宮から川越まで海水で浸されていた・・・

（津本信博『更級日記の研究』）

という決定的な証言もある。つまり業平の時代は、「粕壁」あたりから奥東京湾がはじまっていたのだ。げんにこの地区には「浜川戸」という地名が、今も残っており、『更級日記』で作者の少女が見たという、「浜も」という記述は正しかったのである。また「浜辺に川が流れこむ所（戸）」という地名の意味は、「奥東京湾の大湿地帯に流れ入る所が粕壁で」に符合している。そのため当時の「官道」は、今の地理からすればかなり内陸を通っていたのだ。このことは、埼玉県の公式の歴史書でも、

この隅田川の渡し（『伊勢物語』での渡し——鶴崎）は、現在比定されている地よりももっと上流で、あるいは埼玉県内にあったのではないかとも言われている・・・

（埼玉県『新編埼玉県史』）

と、ちょっと弱気で、ヒカエメに主張している。

つまり、これらの「証言」のすべてが、『伊勢物語』の「あの地点」は「東京」ではなく、「粕壁」である、と主張しているのだ。ちょっと自然・気候の歴史を調べれば、「東京」なのか「粕壁」なのか、などという問題は、はなから成立しないのである。なぜなら、そのころの「東京」は、〈海〉だったのだから。にもかかわらず多くの日本人が、業平伝説を「東京」に結びつけるのは、ただただ「東京」のほうがPRがうまく、図々しい、という結果なのである。先ほどの埼玉県の〈弱弱しい、遠慮がち〉な主張では、図々しい東京にかなうわけがないのである。

遠山の金さんではないが、〝これにて一件落着〟としたいところだが、まだ「東京」が納得しないなら、最後のトドメを刺すことになる。二つの「証言」と、三つの「事実」をあげておこう。

まずは、

中世の隅田川周辺をみると、台東区辺りは一面の湿地帯で、～中略～墨田区から江東区にかけて大部分が海面で、牛島・柳島などの小島があった。

（島正之『隅田川』）

そして、

在原業平に関係して言問橋が連想されることが多いが、言問の地名も、渡しもなかった。歌枕として良く知られてはいたが、漠然と隅田川の上流あたりを指すことばであったらしい。（傍点――鶴崎）

（宮村　忠『隅田川の橋とその歴史』）

という二つの「証言」である。先ほどの埼玉県の主張と完全に符合しているのだ。

また三つの「事実」として、「大横川」「言問橋」それに「業平橋」の秘密をあげてみよう。

まず大横川――。

今では「川」と呼んでいるが、正確には「堀」である。江戸時代の万治年間（1658～61年）に開削された、全長4キロ、幅20間（約37メートル）の人工の運河である。この運河に架かっているのが、「業平橋」である。業平がタイムスリップでもしなければ、江戸時代の「堀」は渡れるはずがないのだ。つまり、歴史的時系列が、めちゃめちゃなのである。

つぎに言問橋※――。

この橋、関東大震災後の復興事業として建設されたのだが、命名の由来は、地名でもなんでもない。発端は、明治4（一八七一）からなのだ。この年にその地で創業した団子屋のオヤジが、それこそ勝手に、業平を連想する「言問団子」と名づけ、繁盛したことから、この近辺が「言問ヶ岡」と呼ばれるようになり、その結果、この地に業平を祀ったということである。つまり、大横川と同様、順序が逆なのである。

※ 全長23キロの隅田川には、現在27の橋が架かっているが、それぞれ個性的な姿となっている。川端康成はかつて、「隅田川の流れは、月が射せば黄色く、日がかげれば泥色だ。」と記し――、

橋の上には軽い櫛のやうな欄干と、鉛筆のやうな照明の柱のほかに、何の鉄骨構造もないので、一枚の力強い、単純な鉄板の直線の晴れ晴れしさだ。～中略～一五八・五〇メエトルの長さだ。ゆるやかな弧線に膨らんでゐるが、隅田川の新しい六大橋のうちで、清洲橋が曲線の美しさとすれば、言問橋は直線の美しさなのだ。清洲は女だ、言問は男だ。

（『浅草紅団』）

と描写している。昭和5（一九三〇）年の作品なので、「新しい六大橋」となっているが、現在では言問橋は、河口に最も近い勝鬨橋から数えて14番目の橋である。ちなみに隅田川の延長線にあるレインボーブリッジは数には入っていない。東京湾上ということであろう。

そして——本家本元の「業平橋」である。『**新編武蔵風土記稿**』では——、

業平橋　横川に架す、長七間幅二間の板橋なり寛文二年伊奈半十郎奉行して掛渡せり、業平天神の社辺なるを以て其名とす

と説明されている。つまり、「寛文二年」＝１６６２年に、「伊奈半十郎奉行」※が建設し、「業平天神」の「社辺」だったので、そう名づけた、というものである。では、その天神社はいつ作られたのか。

※　さいたま市のとなりにある「伊奈町」は江戸時代、関東郡代であった「伊奈氏」の陣屋があったことから命名された町名である。ここでの「伊奈半十郎」は、「寛文二年」からすると、**伊奈忠克**（１６１７～65年）ということになる。徳川がまだ松平姓のころから仕えていた伊奈氏は、江戸幕府の信任もあつく、世襲で郡代・勘定奉行などを務めたが、埼玉にとっての伊奈氏の〈偉大さ〉は、もう一つの顔である「地方巧者《じかたこうしゃ》」、今でいう「土木技術者」という面である。「見沼溜井」をはじめとして、数多くの用水を建設し、埼玉の発展に多大なる貢献をしている。

このことについては多くの人たちが、すでに江戸時代あたりからさまざまに言及している。たとえば仮名草子作家の**浅井了意**は、同年の寛文2年に著した『**江戸名所記**』で、天神社が創建された時期を江戸時代初期とし、その創建理由を、そこにあった「業平塚」から、と説明している。そしてこの業平塚については、『**遊歴雑記**』の著者である**釈敬順**がその本の中で、それは当時の相撲取りの「成川運平」、つまり「成平」の墓である、と記している。また文政4（一八二一）年に出版された『**本所雨やどり**』（原題『**雨の舎**』）では、

此處《ここ》に業平の塚有にや、ある者の云しは、是は中将の墳にてはなし、なりひらと云し相撲とりの墓なり、

とか、

小田原の北條と戦ひしが、里見方の軍敗れて、義弘の一族に里見なりひらといひし者、痛手負て此所迄落来り、爰《ここ》にて死す、其塚をなりひら塚といふ

（『本所雨やどり』／國書刊行會『新燕石十種　第五』）

と著者の加藤敬豊が紹介している。引用の中の「中将」とは、もちろん在原業平のことであるが、加藤がここでいっているのは、問題の「塚」は、釈敬順と同様、相撲取りの「成平」か「里見成平」※の墓、と皆がいっているよ、ということである。つまり、その程度のことである。

※　里見氏は源氏の系統で、新田義峻を祖とする。鎌倉時代には、幕府の御家人として活躍。戦国時代になると房総地方を支配する。上野国碓氷郡の里見郷（現在の高崎市、上里見町、中里見町、下里見町）から出自し、その地名を苗字にした。滝沢馬琴が書いた江戸時代の痛快娯楽小説『南総里見八犬伝』のモデルとなったのは、一族の里見義実《よしざね》である。

さらには、ある歴史家は、

　業平塚と里人がよんでいた塚は古くからこの地にあって、考古学の鳥居龍蔵博士はそれを上代の舟形式古墳であると推定した。要するに伝承が伝承を生んで業平天神の社祠が建立されたものであろう。

（石川悌二『東京の橋―生きている江戸の歴史』）

と結論を下しているのである。つまり、「伝承が伝承を生んで」といった状態で、その真相をたどっていっても説得力のある〈説明〉には、ついにたどり着けないのであった。

もうこれ以上いう必要はないだろう。が、最後に付け加えておけば、東武野田線の八木崎駅の近くにある八幡神社の参道入口には、嘉永6（一八五三）年に建てられた「都鳥の碑」がある。先ほどの歌の碑であるが、「東京」ではハデな「言問橋」あるいは「業平橋」としてPRしているのにたいし、春日部ではジミ〜な「碑」であり、その存在さえあまり知られていない。

やっぱり東京のほうが、宣伝上手なのであろう。

この「業平橋」とまったく同じ境遇なのが、「梅若塚」である。観世十郎元雅によって書かれた、室町時代の能の作品『隅田川』※に出てくる梅若の塚の位置の問題である。

※　この物語は、能だけではなく、浄瑠璃、歌舞伎、謡曲、絵巻物、絵草紙などの演目にもなり、語り継がれてきた。

内容は――、

平安時代の中ごろの話である。京都の北白川に住んでいた「梅若丸」は、七歳のとき父（吉田少将惟房卿）と死別し、比叡山の稚児となる。その梅若が12歳になったとき、人買いの信夫《しのぶ》（福島県の一地域）の藤太にだまされ、東国まで下った。そしてこの地まで来たとき、梅若は旅の疲れから、病気にかかってしまった。足手まといと思った藤太は、彼を隅田川に投げ込んでしまう。幸いに柳の枝に衣がからみ、里人に助けられたが、彼は自分の素性を語り、

たずね来て　問はばこたへよ都鳥　すみだの河原の露ときへぬと

と詠み、息絶えてしまった。時に、天延2（九七四）年3月15日といわれている。

一方、わが子をさらわれた母「花子の前」は、我が子をさがして、はるばるこの川の近くまでやってくる。舟で隅田川を渡ろうとしたとき、対岸の柳の下に人が集まり、念仏を唱えている。近づいてみると、さがしていたわが子への供養の念仏（一周忌の法要）だったのだ。我が子の死を知った母は、出家して名を妙亀にあらため、庵をかまえて子どもの霊をなぐさめていたが、あまりの悲しさに、ついに近くの浅芽が原の池（鏡が池）に身投げしてしまう。

――という悲しい話である。

その塚が、東京・墨田区の「木母寺《もくぼじ》」にあるということであるが、春日部の岩槻境にある「満蔵寺」にも

その塚、碑がちゃんとあるのだ。しかもこの満蔵寺には、この寺を開山した祐閑和尚が彫った木像が今もある。その木像の胎内には、梅若がいつも携えていた、母の形見の守り本尊が納まっているのである。

しかしこうした〈史実〉は、春日部市民はもとより、埼玉県人にはまったく知られていない。その昔は、海の底にあったであろう「木母寺」のPR上手にたいして、春日部の下手さ加減がきわめて目立つ「梅若塚」の例である。こちらでもやっぱりPR作戦の差が出ているようである。

つぎは、「将門の首塚」の位置問題である。東京駅を丸の内側から出て、北西のほうに少し歩くと、皇居のお濠が見えてくる。その目の前のビル群の一角に、「将門の首塚」といわれている「塚」がひっそりとある。「業平橋」や「梅若塚」よりも、この**平将門**の首塚のほうがはるかに有名であり、問題としてはヤッカイなのかもしれない。しかしその分、「東京」の主張を論駁する価値は大きい。

満蔵寺の「梅若塚」

明治7（一八七四）年、教部省（宗教行政を司り、国家神道の総元締め）は、神田明神にたいして、将門公を祭神から外すよう圧力をかけた。その理由は、謀反を起こした者はこれまでもいたが、天皇の地位をおびやかし、自ら「天皇」宣言したのは将門だけで、ヤツだけは絶対に許せない、ということである。※ たしかに皇国日本という観点からすれば、彼はまさに〈逆賊中の逆賊〉であろう。

※　日本史の中には、天皇の位を脅かしたものはいるにはいる。弓削道鏡、足利義満、織田信長、秩父困民党、北一輝らである。いずれも実現はしていない。しかし、平将門だけは、教部省のいうとおり、半ば〈実現〉させてしまった。

時は、天慶《てんぎょう》3（九四〇）年、つまり平安時代の中ごろ。坂東[※1]でその勢力を増しつつあった将門は、京の都からの「独立戦争」へと突入していった。いわゆる「天慶の乱」である。その理由についてはここでは省略するが、彼は中央政権＝朱雀天皇に対し、新しい天皇＝新皇を宣言し、岩井（現・茨城県坂東市）に政庁（首都機能）を置き、公然と叛旗を翻したのである。一時は、相模、武蔵、伊豆、安房までを制圧し、まさに独立国家の成立であった。しかしこの「独立戦争」も、わずか2カ月たらずで討伐され、彼は討ち死にしてしまう。彼の首は京都まで運ばれ、都大路[※2]でさらし首になった。

※1　「坂東」とは、関東の古称で、「相模国足柄の坂より東」（『常陸国風土記』）からきている。国としては、相模・武蔵・上総・下総・安房・常陸・上野・下野の8カ国である。「関東」の場合は「箱根の関所」の東という意味である。

※2　京都市下京区新釜座町（四条通西洞院東入ル）には、「天慶年間平将門ノ首ヲ晒シタ所也」と書かれた祠がある。歴史上で確認される、最古の獄門の記録である。

ここまでは、何の問題もない。しかし、話はこの後、ヘンな方向にふくらんでいく。原因は、『前太平記』らしい。そこには――、

将門の首は、何ヶ月たっても腐らず、生きているかのように目を見開き、夜な夜な「斬られた私の五体はどこにあるのか。ここに来い。首をつないでもう一戦しよう」と叫び続けたので、恐怖しない者はなかった。しかし、ある時、歌人の藤六左近がそれを見て

将門は　こめかみよりぞ　斬られける　俵藤太が　はかりごとにて

と歌を詠むと、将門はからからと笑い、たちまち朽ち果てたという。

と書かれている。ちなみに「俵藤太」とは、**藤原秀郷**のことである。この文献、江戸時代に出版されているが、著者名も時期も不明な通俗史書であり、内容はあてにはならない。しかし作り話もこれぐらいであれば、どうということもなかったが、

それでも東国が懐かしかったのであろう、首は空を飛んで帰り武蔵の国のとある田の辺りに落ちた。それより毎夜光を発し、人々の肝を冷やさないではおかなかった。希代のくせ者であるだけにどんな祟りをなすやもしれないと、その場所に祠を建て神田明神と祝い祀ったところ、怒りも鎮まったのか、その後は何事もなくなった。

と、想像たくましく、ダイナミックに物語をふくらませてしまった。こうして、「武蔵の国」の各地に、将門の首伝説が生まれ、首塚があちこちにできていった。なかでも具体的な固有名詞があげられた東京の「神田明神」が、一躍「その場所」になっていったのだ。

もう一度確認しておくが、この本、痛快娯楽書であり、内容の信頼性はゼロである。たとえば「神田明神と祝い祀った」という箇所であるが、そもそも神田明神は、社伝によれば、すでに天平2（七三〇）年に開創されており、伊勢神宮の御田《おみた》＝神田があった場所から「神田の宮」と称したのである。しかし将門が討ち死にしたのは天慶3（九四〇）年である。つまり200年の時差があるのだ。『前太平記』の記述には、あきらかに矛盾がある。いかに娯楽小説とはいえ、歴史を前後させることは禁じ手である。とすれば、千代田区大手町にある「平将門の首塚」も、がぜん怪しくなってくるのだ。

しかしこの手の話は、あちこちにある。たとえば鳥越神社（東京都台東区）は、彼の首が飛び越えていったところ、新宿の津久戸明神は、矢を受けて首が落ちたところ、などという話が、にわかにできあがってい

くのである。伝説は江戸だけでなく、美濃の国（岐阜県）から関東、東北の各地に大量に残っており、それぞれの伝説をつき合わせると、それぞれが成り立たなくなってしまう内容になっている。それはそうだろう。お互い自分のところが、本当の「将門伝説の地」だと主張すれば、自分以外はすべて〈ウソ〉にならざるをえない。

　ではなぜ、ここまで広く伝説（ウソもふくめて）が拡散したのか。それは長い間「坂東者」とさげすまれ、西国政権の植民地のようなあつかいをうけてきた、東国武士団たちの深層心理の表われであり、中央の支配に敢然と起ち、叛旗をひるがえした将門を、英雄視した結果であろう。それらは京都政権への、おおいなる不満の〈かたち〉であったのだ。※

※　これとは逆に、関東ではめずらしく、将門を呪う寺院もある。千葉の成田山新勝寺は、いまでこそ「交通安全のお守り」の代名詞ともなっているが、そもそもは「打倒・将門」のために開山された寺なのだ。そのためか1000年以上たったいまでも、将門やその家来の子孫たちは、けっして成田山へは参詣しないそうである。また将門の故郷の千葉県佐倉市の人たちや、彼が政庁を置いた坂東市の人たちも、同様である。まさに、怨みは末代まで、なのか。

　実は、埼玉県にもこの種の話は、いっぱいある。特に多いのが秩父地方※であるが、東京の伝説もふくめてそれらとは一線を画しているのが、幸手にある「将門の首塚」である。

※　なかでも奥秩父の旧大滝村に多く、本書でもこの後とりあげる「大血川」「九十九神社」それに「桔梗塚」などは、〈将門伝説〉そのままであり、また「大達原手掘り隧道」の近くには、「開基は平将門にて承平二年の創建なり」（『新編武蔵風土記稿』）と書かれている「円通寺」などがある。

　世界一美しい桜並木※の権現堂の堤から3キロほど南東の方向で、幸手市のほぼ中央、神明内《しんめいうち》にある通光山平親院浄誓寺《つうこうざんへいしんいんじょうせいじ》。この寺の本堂裏手に、高さ3メートルほどの塚がある。自然石の階段を上っていくと、頂にアンバランスな形でかなり風化した五輪の塔が立っている。

※「日本三大桜」というものがあるらしい。吉野山（奈良）、高遠城址公園（長野）、弘前城（青森）の桜である。吉野山は、「日本一・世界一」といい、高遠町は「天下第一」と主張している。しかし私は、「権現堂堤」こそが、世界一と思っている。

この塚がここにある背景について、幸手市教育委員会は、

この塚には、天慶三年（九四〇）の天慶の乱で、平貞盛・藤原秀郷の連合軍と幸手で最後の一戦を交え、討ち死した将門の首が埋められたと伝えられています。

（浄誓寺の前の看板）

将門の首塚（幸手市）

と説明している。またその経緯については、

岩井で平貞盛・藤原秀郷と戦った将門は、大宮の武蔵竹芝を頼ってにげたが、途中、轡瀬《くつあぜ》沼をこえることが出来なかった。そこで岩井の真西にある幸手に逃れた。しかし赤木で討たれ、家来がこっそり首を埋めたとも愛馬が首をくわえてきたともいう。

（『幸手市史』）

と、将門の最期をかなり具体的に描写している。

「赤木」とは、この街の「平須賀」の小字として今も残っており、将門が討たれたときの血で赤く染まったことに由来する地名である。

また平須賀の宝聖寺には、将門討伐軍の大将であった藤原秀郷が、戦勝祈願をしたさい奉納したとされる軍配団扇《ぐんばいうちわ》や、調伏祈願で使わ

れた鈴「松虫の鈴」も残っている。また市内には、はるばる熊野から朝廷軍に加わり、戦闘の後この地に土着した「船川家」、将門の子孫が住んでいた「公達村《きんだち》」なども存在しているのである。またなによりも、塚のある寺の名前である。先に紹介したように、この寺の院号が、かなり何かを暗示しているのだ。いったいどこからこの名前がきたのか。これについては、幸手市の教育委員会は、

院号の平親院は、この将門に由来するものと考えられます。さらに寺伝では、境内の薬師如来像は、平親院の本尊で～中略～茨城県岩井市には、平将門の守り本尊という薬師如来が存在することから、これも将門と当寺との関わりを示しています。（浄誓寺前の看板）

と、かなり断定的に〈将門由来説〉を主張しており、「薬師如来像」までも紹介しながら、将門との深い関係性を認めている。さらには歴史的にも、この塚が将門の墓所である、との伝承がしっかりした記録でも残されているのである。

この塚が将門の首塚とする伝承の起源を示す資料に水野隠岐守《おきのかみ》勝長の家老・水野織部《おりべ》が元禄十六年（一七〇三）に記した『結城使行《ゆうきしこう》』があります。ここでは、江戸から日光道中を北上し、上高野村に差しかかった水野織部が「ここから一里（約4㎞）ほど東北の「しへ打」（神明内《しんめいうち》）という村に平親王将門の墓所があるという。また、木立《きだち》という所は、将門滅亡後に子孫が隠れ住んだとして「公達村《きんだち》」と書く」（原文意訳）と記しています。ここから、神明内の平将門の伝承が、今から三〇〇年以上前の元禄時代に、すでに知られていた伝承だとわかります。（前掲看板）

こうした証拠を示しての説明には、かなりの説得力がある。とりわけ、『市史』の中の「家来がこっそり首を埋めた」、という〈史実〉も、時代を考えれば、当然といえば当然である。

これらの具体的な根拠、さらには将門の本拠地・岩井（現・茨城県坂東市）との地理的な近さ※を考慮すれば、まさにここそが、将門終焉の地であり、と同時に、浄誓寺の「首塚」こそが、本物の首塚といえよう。

※「岩井」と「幸手」の距離は、岩井が茨城県にあるとはいえ、直線でわずか10キロもないぐらいである。この地理的な近さ以上に、心理的・実感的な近さもある。というのも、江戸時代のはじめまでの幸手市域は、なんと「下総国《しもうさのくに》猿島《さしま》郡」に属していた、という意外な事実である。

一方、東京の「首塚」についても、興味深い文章がある――。

徳川家康の入国以前、当時芝崎《しばさき》とよばれたこの地に遊行宗《ゆぎょうしゅう》（時宗《じしゅう》）の芝崎道場（日輪寺《にちりんじ》）があり、隣接して地主神をまつる明神社があった。じつは平将門（九四〇年没）が祭神だったという。一六〇三（慶長八）年、家康はこれらの寺社および民家を神田橋外にうつし、芝崎一帯を江戸城外郭として大改造した。かつての芝崎道場・明神社跡は、新江戸城大手門正面となり、徳川氏譜代の重鎮酒井雅楽頭《うたのかみ》家の屋敷にあたえられた。酒井家では、明神社のあとをていちょうに供養したが、いつとはなく将門の首塚としてあがめられるようになった。（傍点―鶴崎）

（東京都歴史教育研究所『東京都の歴史散歩（上）』）

東京都の歴史教育研究所が書いているのだ。文中の「酒井雅楽頭」とは、伊達騒動（仙台藩のお家騒動）で有名になった人物である。つまりこのあたりは、**山本周五郎**の小説で、NHKの大河ドラマにもなった**『樅《もみ》ノ木は残った』**の舞台となったところなのだ。しかしここでの問題は、傍点を付したところである。当研究所が研究した結果は、――江戸時代がはじまる前には、この地に「地主神をまつる明神社があった」。そしてその「祭神」は将門であった。その後、明神社は移転させられた。その跡地を酒井家がていちょうに供養したが、「いつとはなく」それが「首塚」としてあがめられるようになった――という内容である。つまり、ズバッといえば、「いつのまにか知らない間に首塚になっちゃった」ということである。

さらに、この「首塚」の現地に立てられていた案内板には、

昔この辺りを芝崎村といって、神田日輪寺や神田明神の社があり、傍に将門の首塚と称するものがあった。（以下省略、傍点―鶴崎）

と書いてあり、「千代田区教育委員会」と責任の所在が明記してある。こちらも「と称する」である。なぜ「首塚があった」と断定しないのか。これらの文章から透けて見えてくるのは、「教育委員会」も「歴史教育研究所」も、自信がないのだ。しかし今さら「ここは、将門の首塚なんかじゃないよ」、などとはいえない空気を感じているようなのだ。

なるほど、東京もウスウス真相を理解していたのだ。とすればこの際、遠慮は禁物である。声高に宣言すると、東京のそれはニセモノ、なのだ。バカボンのパパではないが、それでいいのだ。なんせ、1000年以上前の大手町は、海だったのだから。海の中には、首塚は造れないのだ。

ということでこの項を閉じたかったのだが、それでも一つだけ解決（理解？）出来なかったことが残されている。

それは――怨霊・祟《たた》りである。

周知のように、将門のタタリについては、超がつくほどの第一級の伝説がある。その発端は大正12（一九二三）年の関東大震災だった。その時、大手町にあった大蔵省は全焼した。震災後、その地に仮庁舎が建てられたのだが、整地のとき首塚を壊してしまった。その直後、大蔵省の役人にケガや病気にかかる者が続出した。しかも足に負傷する者が多く、将門の首を踏みつけたタタリでは、という噂がひろまったのだが、こ

のときはまだ、大蔵省も半信半疑だった。ところがその2年後、タタリは本格化する。そのときの大蔵大臣であった早速整爾、武田政務次官、荒川事務官、矢橋工務部長以下、14名が突如死亡し、怪我人は数えられないほどの数にのぼったのである。

大蔵省は、震え上がってしまった。こうして5年後の昭和3（一九二八）年、首塚を復元し慰霊祭を行なったのである。ところが今度は、雷であった。将門の死からちょうど1000年後の、昭和15（一九四〇）年5月6日、落雷によって大蔵省は炎上してしまう。落ちた場所は、首塚のすぐ近くであった。またもや鎮魂祭が行なわれた。いま、首塚にある慰霊碑は、このとき建てられたものである。

タタリは、まだ続いた。

太平洋戦争が終わり、アメリカ軍が日本に駐留した。占領の統治機構だったGHQ※は、この地に巨大な駐車場を計画し、工事をはじめた。そして一台のブルドーザーが、首塚の近くを掘り返していたときである。なぜか、ブルドーザーがひっくり返り、二人が死亡した。さすがに最高権力者であった**マッカーサー**も、工事中止を決断しなければならなかったのである。

※　連合国軍最高司令官総司令部。General Head quarters の略。

いまでもタタリは、続いているのか。このあたり、官庁や日本を代表する企業のオフィスが林立している。しかしどのビルのどの階も、机・椅子の配置には気を使っているという。首塚にはけっして尻を向けない、という配慮である。

こうした「事実」は、もしこの塚がニセモノだとしたら、単なる偶然の連続ということになる。真相はわからないが、ニセモノと断定した私には、はたしてタタリは降りかかってくるのだろうか？

つぎは、「ウソ」とか「ニセモノ」とはいわないが、本来は埼玉県のモノ、という事例である。

日本人なら誰だって知っている「浅草観音」の正式名は、金龍山浅草寺《せんそうじ》である。**『浅草寺縁起』**などによれば、関東最古の寺院であり、そもそも江戸という街のはじまりそのものが、この寺とその周辺の村落であったようである。かつて**寺門静軒**※が、

都下香煙の地、浅草寺を以て第一となす　（『江戸繁昌記』）

と記しているが、その繁栄ぶりは現代にまで続いている。そしてその本尊が、一寸八分（約5・5チセン）の聖観音菩薩であることも、よく知られている。

※　幕末の随筆家で儒学者。諸国を遊歴していたが、埼玉県には特に縁があり、妻沼で塾を開き、熊谷にもその足跡は多い。大里町（現・熊谷市）の思想家**根岸友山**とは姻戚関係になるほどの交際で、彼はこの友山の邸宅で、その最期を迎えている。

ところが、東京で一、二を争い、今や世界中から観光客が訪れてくるこの「浅草」の〈原点〉が、もし埼玉ということであったら、どういうことになろうか。

先ほどの『浅草寺縁起』によれば、浅草寺は――、

推古天皇の36（六二八）年3月18日、宮戸川で漁をしていた檜前浜成《ひのくまのはまなり》、竹成《たけなり》兄弟の網に、小さな仏像がかかった。その仏像を目にした彼らの主人・土師中知《はじのなかとも》は、たちまち出家し、そのうえ自宅を寺に改築し、この仏像の供養をはじめた。これが、浅草寺のはじまりである

というスタートだった。つまり浅草寺の本尊は、宮戸川（現・隅田川）で拾ったものなのだ。しかしこのことは、たいした問題ではない。大切なのは、その仏像がどこから流れてきたのか、元の持ち主は誰か、とい

うことである。拾ったものは、元の持ち主に返すのが、今も昔も当然だからである。

飯能市の成木川に面した断崖の中腹に、一軒の寺がある。岩淵という場所であり、岩井堂観音という。その寺の入口に、巨大な石碑が建っていて、その石碑の裏には、

今から1500年近く前、第26代継体天皇のころ、いずこともなく一人の旅の僧が〜中略〜この地に来て堂を建て、尊像を安置し、日夜礼拝し、里人に信仰を勧めていた。時がたち、安閑天皇の時代、大暴風百雷もろとも鳴り、堂宇、尊像もろとも崖下にくずれ、流されていった。

という碑文が刻まれている。ただスナオに読めば、なるほどそうだったのかフムフム、というぐらいの中身であろう。しかしこの話はまだ続き、現代にまで引きつがれていくことになる。

昭和8（一九三三）年4月。この観音堂の持ち主である岩崎家に、浅草寺から突然、ある申し出が届いた。内容は、浅草寺から「聖観音立像」※を奉還するので、永久に両家の奇縁を結びたい、という申し入れである。この言葉には最大限の注意が必要である。「奉還する」という言葉の意味である。明治維新のさい、江戸幕府最後の将軍となった**徳川慶喜**が、政権を天皇に返上したことで、日本人なら誰でも学校で習った「大政奉還」の「奉還」である。一言でいえば、「お返しする」である。くどいようであるが、浅草寺側の申し入れは、「贈呈する」ではなく、「奉還する」だったのだ。つまり「あげる」ではなく「返す」なのだ。

※　この観音様は、浅草寺の本尊ではなく、浅草寺のすぐ北側にある末寺の「善龍院」の観音様である。

そしてその年の9月15日、この岩井堂は、近郷近在から集まってきた大勢の参拝者・見物客であふれかえっていた。まもなく数台の黒塗りの円タク※が到着し、紫の袈裟をまとった浅草寺の執事長ら、十数名の随員が降りてきた。執事長が抱きかかえるように持ってきたのは、申し出の「聖観音立像」である。すぐに入仏

式が行われ、その後、祝宴が開かれた。宴に参加した人の数、500名。近くの町村長をはじめとする、地元有力者たちであり、近隣の芸者を総揚げしての大宴会となった。音頭とりは、武蔵野鉄道（現・西武鉄道）の社長であった。

※「円タク」の略。かつて1円均一の料金で都市を走ったタクシー。大正13（一九二四）年、大阪ではじまった。メーター制になって料金が変わっても、しばらくはタクシーの通称として使われた。

宴の余韻はまだまだ続く。その後、浅草寺から、この岩井堂を浅草寺の「奥の院」にしたい、との申し入れが届き、それをうけて武蔵野鉄道からは、飯能から青梅への鉄道の建設計画が発表されたのである。参拝者の急増を見こしての投資である。

これらの史実から透けて見えてくるのは、何か。

それは――「負い目」である。

もう一度、岩井堂観音の石碑の説明文を思い出してほしい。そこには、「堂宇、尊像もろとも崖下にくずれ、流されていった」と書かれていた。別にこのことは、浅草寺とは何の関係もない。にもかかわらず、こうした浅草寺からの積極的な働きかけは、何を意味しているのか。それは、一言でいえば、「負い目」だったのだ。浅草寺側のこれらの行為は、すべて「申し訳ない」という気持ちの表れなのだ。自らのご本尊が、岩井堂の観音様であることを、浅草寺は知っていたのだ。と同時に、岩井堂の岩崎家も、ウスウスそのことを知っていたのである。

そういえば浅草寺の観音さまは、〈絶対秘仏〉であった。これまで誰も――住職でさえ――その姿を直接目にしたものはいない、といわれている。ゲスの勘ぐりとしては、ど～も怪しい。ひょっとしたら見せられないのでは、とつい疑ってしまう。公開したとたん、「これは、ウチのだ！」といわれるのを恐れて、〈絶対秘仏〉にしてしまったのでは、と邪推してしまうのである。ということで、まぁ浅草寺としては、今さら返すこともできず、せめてかわりに自分たちの大事な観音様を差し出そう、ということだったのかもしれない。さらには今をトキメク浅草寺の「奥の院」の座を提供しよう、ということである。まるで「これで帳消しだからね！」といわんばかりである。

この問題、すでに時効であるが、もし檜前兄弟がそれを拾わなかったら、今の「東京」自体がなかったのかもしれない。東京都はこの三人を、初代名誉都民に認定するべきと思う。また埼玉県は東京都に、その返還請求をするべきとも思う。もし東京都が拒否しようものなら、戦争も辞さない、断固たる覚悟で迫るべきである。

まぁ冗談はさておき江戸時代、こんな川柳が詠われた。

いい漁が　あって三人　玉の輿

たしかに「三人」は「玉の輿」にのったが、それ以上に玉の輿にのったのが、浅草寺であり東京だったのだ。埼玉はその〈貸し〉をもっと主張し、十分な〈お返し〉を請求するべきである、と思っているのは私だけなのであろうか？

ついでに、こうした浅草寺のような例をあげれば、千代田区永田町にある「日枝神社」もそうである。江戸三大祭の一つ「山王祭」が行なわれる日枝神社だが、実はそのルーツは埼玉県にあるのだ。文明10（一四七八）年、**太田道灌**が江戸城築城にあたり、川越の星野山無量寺（いまの喜多院・中院）の鎮守であった川越日枝神社を、江戸の産土神《うぶすながみ》として勧請したのが、「日枝神社」のはじまりである。その後、家康の江戸への移封のさい、城内の紅葉山に遷座させられた。彼はこの神社を、江戸城の鎮守としたのだ。その後、明暦の大火により社殿を焼失した当神社は、万治2（一六五九）年、4代将軍家綱が当時松平忠房の宅地であった現在地に、遷座したものである。この地は、江戸城にとって裏鬼門にあたっていたのだ。にもかかわらず東京のそれは、いまや「日枝神社」と称し、一方埼玉のほうは「川越日枝神社」と呼ばれている。これではどちらが〈本家〉で、どちらが〈分家〉なのか、逆の印象を参拝者に与えてしまう。少しおかしいのでは、と思うのは私だけなのであろうか。

また先ほど※でとりあげた成田山新勝寺は、熊谷市の成田にある龍淵寺が本家である、と明治40（一九〇七）年「万朝報」に歴史家の岡谷繁実が発表したところ、いやそれをいうならルーツはこっちだ、と佐谷田村（現・熊谷市）の永福寺が負けずに主張し、双方が華々しい対抗合戦をくりひろげたようである。こうした論争に当時の庶民は、成田不動さまは、〈不動さま〉かと思っていたら〈浮動さま〉だった、と呆《あき》れた様子であったらしい。

いずれにしても、歴史の浅い「東京」が、いまや世界遺産をめざす「埼玉《さきたま》古墳群」を擁するわが「埼玉」に挑むこと自体が、図々しいのである。

千貫樋（さいたま市）

九万八千神社（日高市）

数字

熱海の海岸散歩する・・・〈高い埼玉・重い埼玉〉

貫

昔の悪ガキは「百貫デブ」と悪たれたが、埼玉の「二貫・三貫・千貫」

新金色夜叉

熱海の海岸散歩する
貫一お宮の二人づれ
共に歩むも今日限り
共に語るも今日限り

詞　後藤紫雲
　　宮島郁芳
曲　不祥

その昔、『**寺内貫太郎一家**』※というテレビ番組があった。昭和の下町、人情味あふれる家族の物語で、主人公の「貫太郎」は、**小林亜星**が演じていた。この項を書くにあたって、番組名のうちの「寺内」も「太郎」も、別にどうというモノでもない。「寺田」であろうと「次郎」であろうと、どうでもいいのだ。問題は「貫」である。今の時代、もし男の子の名前を「カンタロウ」にしようとするならば、普通であれば「寛太郎」や「勘太郎」、あるいは「完太郎」がオーソドックスと考えられるからである。

※　昭和49（一九七四）年にTBS系列から放送された人気テレビドラマ。**向田邦子**の脚本で、平均視聴率31・3%という驚異的な記録を残している。石屋を営む、昭和の下町を舞台にした人情ドラマをコメディータッチに描いていた。主人公の貫太郎は、すぐに怒るカミナリ親父で、最近では考えられない、ちゃぶ台をひっくり返すシーンが、人気を高めた。出演者も豪華で、長男役は**西城秀樹**、母役は**悠木千帆**（現・**樹木希林**）、お手伝い役を**浅田美代子**が演じた。貫太郎と長男の喧嘩シーンでは、西城が本当に腕を骨折した、というエピソードも残っている。また陰の出演者（写真出演）として**沢田研二**もいた。婆さん役の悠木千帆が沢田の特大ポスターを見つめ、いきなり「ジュリ〜」と、身もだえしながら叫ぶのが日課だったのだ。戦後・高度成長期後のホームドラマの原型となった作品である。

昔でさえ、**夏目漱石**の『**坊っちゃん**』にでてくる悪ガキ「質屋・山城屋の倅《せがれ》」は「勘太郎」だったし、戦時中のご時勢の中、小畑実があの美声の高音で歌って大ヒットした**「勘太郎月夜唄」**だって、やっぱり「勘」が使われており、「貫」ではなかった。

ではなぜこのテレビ番組は、「貫」を用いたのか。そこにはどうしても「貫」を使わなければならない理由があったのである。

それは——「重さ」を表さなければならなかった—ということである。なんせ石屋のイメージを出すには、石のように重く、丸い印象が必要だったのだ。だからこそ、役者としてはド素人の小林亜星が、大抜擢されたのだ。いわゆる「デブで丸顔」のイメージの小林を。

戦前までの日本では、いや戦後もしばらくは、尺貫法が世の中の主流単位となっていた。今となっては信じられないことなのだが、メートル法が日本で完全に実施されたのは、なんと昭和34（一九五九）年である。※それまでは、日本では尺貫法で、社会が成り立っていた。

※　周知のように「メートル法」とは、フランス革命後に、北極点から赤道までの長さの1000万分の1を1メートルとして、スタートした度量衡法である。この1メートルの100分の1が1センチであり、1立方センチメートルの水の重さが、1グラムとされた。。日本には明治24（一八九一）年に導入されたが、その時は尺貫法と併用されたため、なかなか普及しなかった。メートル法を義務としたのは、昭和26（一九五一）年の計量法であり、8年の準備期間をおき、完全実施されている。ちなみにメートル法をいまだに採用していない国が世界には三カ国ある。リベリア、ミャンマー、それに驚くべきことにアメリカである。日本では現在、取引などで「貫」などを使うことは「計量法」で禁じられており、使った場合には、50万円以下の罰金が課せられる。ただし、「真珠の質量」だけは例外で、今でも「匁 momme」が使われ、単位は「mom」である。

たとえば小説などを読んだ場合——、

茂松は九段から横浜まで弱音ひとつ吐かず、筒口の直径《さしわたし》六寸五分、砲身の長さ三尺七寸、台車を含めて総目方十五貫の大砲を担ぎ通した。さすがは西丸御駕籠之者の名門の出だけある、と。

（井上ひさし『おれたちと大砲』）

というように、ここでは長さの単位が、「尺」で表されている。もちろん、この作品の時代背景が天正4（一五七六）年ということなので、当然なのだが、一方、こちらの作品はどうであろう。

「妙なことをおききするようですがね、いまお持ちの時計は、軽井沢の別荘ではめておいでになったものとおなじですか」

「え？」

かな子は意外な質問をうけて反射的に問い返した。

「はぁ、そうですけど」

「どこの製品でしょうか」
「ユルゲンセンですわ。女子大をでたときに、母がもっていたものを記念にくれたんですの」
オーバーの袖を一、二寸まきあげて、いぶし銀の小さな角型の時計をみせてくれた。

（鮎川哲也『憎悪の化石』）

この文章、実にすばらしい問題提起をしてくれている。というのも、この小説は昭和34年に発表された作品である。つまり、さきに記したように、メートル法が日本で「完全実施」された年なのだ。にもかかわらず、「かな子」は、「オーバーの袖を一、二寸まきあげ」たのである。今の若い人が読んだら、おそらくピンとこないであろう。「寸」は尺貫法にもとづく長さの単位である。若い人には謎の長さなのかもしれないのだ。ただしお母さんが、童話を読んで聞かせているときに、「一寸ぼうしはね、背が3センチぐらいしかなかったんだよ」と教えていたら、またお父さんが「一寸先は闇」「一寸の虫にも五分の魂」の意味をちゃんと教えていたら、話は別であるが。

いずれにしても昭和34年時点では、法律では決まったものの、このようにまだまだ尺貫法が、幅をきかせていたことがよくわかる。

ということで、それ以前では、重さの場合は「貫・匁《もんめ》」が、長さの場合は「尺・寸」が、広さでは「坪・反《たん》」などが使われていた。さすがに最近では、「五寸釘」や「巻尺」以外では、「寸」や「尺」は使うことがなくなったようだ。あとは「坪」や、「ウチには田んぼが3反あってね〜」といわれる「反」、大工さんなどが「3間《げん》の間口」などと話す「間《けん》」、酒好きの「一升瓶」ぐらいが、日常会話にかろうじてでてくる程度であろう。ちなみに重さの「貫」についていえば、これは日本独自の単位で、中国では、重さは「銭、両、斤《きん》、担」で表されていた。そういえばパンの場合は「1斤」という表現が今でも使われているようだ。で話を貫にもどすが、この「貫」、単位としてはちょっと複雑で、重さだけの単位ではないのだ。貨幣価値と重さが、同じ言葉（単位）で表されていたのである。つぎの二つの文章を比較していただきたい。

永禄十一年（一五六八）夏、二条御所が完成すると信長はそこに丁重に義昭を迎えた。そして最初に義昭に出させた幕府令が、大坂石山本願寺へ五千貫、堺に二万貫という軍費調達令だった。石山本願寺への課税は、各地で一揆を扇動している一向宗への見せしめと経済的な締めつけ。堺に対してはもっと深い企みがあった。

という文章と、もうひとつ――、

「熱田《あつた》の加藤順盛《よりもり》からも米五十石、酒二十樽運ばれました」

家永は言った。

「心にくいやつだ。加藤は、清洲へも鉄塊二千貫、鉄砲鍛冶二十人を、堺から運んできおった」

信長は言った。

どちらも**畑山博**『**織田信長**』からの引用である。前の文章での「五千貫」「二万貫」は、貨幣価値として、つまり「軍費」としての金額を表している。たいして後の文章の「鉄塊二千貫」は、明らかに重さの単位として使われている。

どうしてこうなったのか。それは、そもそもの最初の単位が、一文銭の重さからはじまった、ということからである。中国（唐）で、621年に鋳造された開元通宝銭1文《もん》の重さである。その1文の重さが「1文《もん》目《め》」と呼ばれ、「匁《もんめ》※1」という字があてられたのだ。つまり今でいえば、1円硬貨をたとえば1グラム、と規定したようなものである。そしてこの「1文銭」、真ん中に穴があいていたので、1000枚の「1文銭」に紐を通して保管・取引などしたが、その重さが「1貫」[※2]とされたのである。先ほどの畑山の作品には、このことも——、

そして、その上座の箱の上に、一千貫文の銭束を積んだ。金、銀貨ではなく、使い古し銭を紐でくくった銅銭である。

他にも、真新しい鎧、太刀、弓、飾りつけ馬、布などを山盛りに積んだ。

と、「紐を通して保管・取引などした」様子が、わかりやすく描写されている。場面は信長が、**足利義昭**を室町幕府最後の将軍にしようとしているシーンである。

※1　「匁」は、「銭」の別字である「泉」の草書体からきている。そのころ中国では、貨幣単位は「銭《せん》」であったが、日本では中世以降「文《もん》」を使ってきた。

そしてこの「文」、実に忙しい単位である。本文で説明したように、本来は〈重さ〉と〈価値〉を表していたが、時には〈長さ〉の単位も表す、という大変多くの顔を持っていた。というのも戦前まで多くの人が身につけていた足袋の寸法にも、この文が使われていたからである。足袋の大きさは、この1文銭が何枚並ぶかを単位としていた。だから「十文半」などという表現もされたのだ。特に有名なのは、プロレスの**ジャイアント馬場**の必殺技「十六文キック」である。しかし実際の1文銭は直径が約2・4センチで、とすると馬場の足は「38・4センチ」になる。だが彼の足の大きさは、実際には33センチ、つまり「十四文」しかなかった。ではなぜ「十六文キック」となってしまったのか。それは彼の靴がアメリカサイズで「16」だったことからである。それを日本の実況解説者が間違って放送してしまった、ということから命名された幻の必殺技名となってしまったのが、その真相である。

※2　もともとは大量の貨幣を束ねた道具を「銭《ぜに》貫」といった。材質は、糸や木が使われ、「糸貫」とか「木貫」と呼ばれた。コインの穴に紐などを通す、つまり「貫《つらぬ》く」ということから、単位としての「貫」が生まれたのである。

『土佐日記』の著者である紀貫之の「つら」である。

また、貨幣が本格的に流通しはじめた時代の中の、ある夫婦の口げんかを覗《のぞ》いてみると、

「この一年でいかほどの銭を持って来られましたか」

「まあこの百文入れて一貫と三百文ぐらいでしょうか」

「一貫と二百八十六文です」

お国は嚇《か》っと声を上げた。

「そうですか」

無門は横を向いた。うんざりしたような顔になるのを隠している。

お国が銭にうるさいのには理由がないわけではない。安芸国の実家の父は、千石取りの武将であった。小作人の無門とは比べるべくもない豪奢な暮らしぶりである。お国は実家並みの生活にこだわり、そのためにはせめて年間で永楽銭四十貫文（一貫は千文）は必要だと計算していたのだ。（和田竜『忍びの国』）

という会話がなされている。最後にもう一話だけ紹介すると、
同じ天文十一年に――。

大風のために損害を受けたことから、禁裡では内裏の修理を諸国の有力者たちに求めた。

だが、応ずる者はいなかった。

当時としては、そうしたことが非常に奇特な行為とされていたし、戦火の広がる各地において有力者たちにも、物心ともにそれだけの余裕がなかったのである。

しかし、間もなく有力者とはいえないが、奇特な人間が現れたのであった。それは、尾張国の織田信秀

なる人物だったのだ。
織田信秀は禁裡に四千貫ほどの現金を献じて、家臣の平手政秀を京都に派遣し、内裏の修理を遂行させた。

そのころの京都に、織田信秀などという名前を知る者は、ひとりもいなかった。だが、このことがあってから京都の人々は、『尾張のオダの弾正なる者』を、すっかり記憶したという。

いうまでもなく、その織田信秀の子が信長である。

（笹沢佐保『華麗なる地平線　史詩浅井長政』）

というような情景が見えてくるのである。和田は「銭にうるさい」という表現を使い、笹沢はそのものズバリ、「四千貫ほどの現金」と描写している。つまりどちらの場面でも「貫」は、今でいう「お金」の単位として書かれているのである。

ということで、江戸時代以前においては、貨幣の価値が同時に重量を表す単位※であり、そのため、今の時代からみればちょっとややこしい。

※　今の通貨は、10円硬貨であれ、500円硬貨であれ、表面にその貨幣価値（金額）が刻印されている。これにたいして、明治以前の「通貨」の場合、重さで調節し価値を統一する、ということもなされていた。ちなみにメートル法が導入されたとき、「貫」はキログラムの4分の15、つまり3・75倍とされた。つまり「1貫」＝「3・75キログラム」とされたのである。

整理すると、

〈重　さ〉　1貫目＝1000匁

〈貨幣価値〉　1貫文＝1000文《もん》

ということで、重さの場合は「貫目《かんめ》」（1貫分の目方の略）、貨幣単位の場合は「貫文《かんもん》」というようになる。このように、重さを表し、同時に貨幣価値を表す漢字ということで、戦前には、この「貫」がけっこう使われたのである。たとえば、戦時中最後の内閣総理大臣は**鈴木貫太郎**※1であったし、明治のベストセラーであった『**金色夜叉**』の主人公も、金にまつわる話なので、「貫一」※2が使われたようだ。だがさすがに戦後では、重さの単位としても、貨幣単位としても使われなくなり、それとともに名前としての漢字には、あまり使われなくなっていったようである。しかし重さの方だけは、しばらくは残っていた。私が小さい頃は、まだバリバリの現役で、体重計のメモリは、たしかに「貫目」だったのだ。そういえば、今でも氷は、「一貫目」とよばれることがある。

※1　陸軍の反対を押し切って戦争を終結に導いた総理大臣。もとは海軍軍人であったが、その後昭和天皇の侍従長になった。昭和11（一九三六）年に起った軍部のクーデター事件「2・26事件」のときのエピソード。その日の早朝、叛乱軍が侍従長官邸を襲撃し、鈴木は3発被弾し倒れた。そこに首謀者の一人である**安藤輝三**が現れ、下士官が「中隊長殿、とどめを！」と絶叫した。部屋は、血の海であった。軍刀を静かに抜いた安藤にたいし、近くにいた妻が「お待ちください、老人ですからとどめはやめてください。どうしても必要というならわたくしが致します」と気丈にも叫んだ。うなずいた安東は軍刀を納め、「鈴木貫太郎閣下に敬礼する。気をつけ、捧げ銃！」と号令し、その部屋を後にした、という「九死に一生」の逸話である。鈴木は、江戸時代生まれ、非国会議員という2点で、最後の総理大臣であった。また77歳2ヶ月という高齢での就任は、いまだに破られていない記録である。

※2　**尾崎紅葉**の作品。学生の間《はざま》貫一と許婚《いいなずけ》であるお宮（鴫沢宮）の物語。大富豪の富山に嫁ごうとするお宮を、熱海の海岸で貫一が蹴飛ばし、名セリフ「来年の今月今夜のこの月を僕の涙で曇らせてみせる」を吐くシーンは、ドサ回りの芝居などで有名になり、事実、熱海の海岸にはその像がある。それにしてもこの主人公、その名前に「長さ＝間」と「貨幣価値＝貫」をミックスし、また大富豪の名前が、「富」の「山」であることに、今さらながら感動した。

だからこそ、その頃の悪ガキがよく口走ったコトバとして、

わ～い　わ～い百貫デ～ブ！　おまえの母さんで～べそ※

なるコトバ、今では完全に差別用語か、はたまたヘイトスピーチかとも思われるコトバが、会話の中によく出てきたのである。今、もし小学校でこのコトバを使っても、聞いた児童たちは、ただポカ～ンとして、頭の中は「?・?・?」となってしまうであろう。

※「百貫デブ」の反対が、「四貫目」という名前だった。体重が4貫しかないという伊賀忍者である。漫画家**白土三平**の作品に登場し、池の表面に筵《むしろ》を浮かべ、その上を走ることができ、独特の手裏剣「カブト割り」を使う無敵の忍者である。『サスケ』や『ワタリ』をはじめとして、さまざまな作品に登場する。また**司馬遼太郎**の小説にも登場しているが、そこでは、

名張ノ四貫目といった。～中略～四貫目というアダナは、一日にナマ米を四貫目食いだめできるという奇妙な能力から出ている。

（「忍者四貫目の死」）

とされている。

で、ようやく本題に入れるのだが、この「貫」にまつわるモノが、埼玉には少なくとも四つある。

小さいほうから紹介することにして、まずは**【二貫】**から。

ＪＲ高崎線の鴻巣駅から真東に10キロほど行ったところに、「笠原」という地区がある。その昔、笠原村だったところだ。すぐ隣が菖蒲町・騎西町（いずれも現・久喜市）という、市境の地区である。この地区の南部を南東から北西に斜めに走っているのが、県道77号線（行田・蓮田線）で、

この道に――「二貫野前」

というバス停がある。周りには、この名前を表すようなものは、何もない。あたりは見渡すかぎりの田園

二貫野前バス停

地帯である。不思議といえば、ふしぎなバス停の名前である。

このバス停、鴻巣市の市内循環バスの停留所で、隣の停留所は「二貫野」そのものであり、その隣が「弐貫野集会所」だった。集会所は天神天満宮神社の境内に建てられているが、なぜここだけが「二」ではなく、「弐」が使われているのか、これまた不思議である。まぁ「二」と「弐」は同じだから、いいか、と納得しながら、本題の「二貫野」である。おそらくこの辺りの地名だろうが、なぜこのような名前になったのか。地名辞典には、

にかんのむら　二貫野村〈鴻巣市〉

［近世］江戸期～明治7年の村名。県東部、元荒川左岸の低地に位置する。永2貫文を納めたことが地名の由来という（新編武蔵）。埼玉郡菖蒲領のうち。笠原村の枝郷。～中略～村の規模は東西・南北ともに3町余。化政期の家数30軒余。明治7年笠原村に編入される。

（『角川　日本地名大辞典「埼玉県」』）

と記してある。なるほど、昔の村の名前だったのだ。文中の「（新編武蔵）」は、『新編武蔵風土記稿』で、「永2貫文」とは、永楽銭※2貫文ということである。つまりこの辞典によれば、「2貫文」の永楽通宝を税金として納めたからそういう地名になった、ということである。

※　正式には「永楽通宝」。中国の明の時代に、日本に大量に輸入された貨幣。戦国武将の真田家の「六文銭」の旗印

は有名だが、面白いのは、**織田信長**がこの永楽銭を織田家の旗印として用いたことである。商品経済を活性化しようとした信長らしいマークである。また信州上田城には、永楽銭の紋が入った鬼瓦があるが、これも家臣であった**仙石秀久**が信長から拝領した家紋である、といわれている。

ではこの「2貫文」とは、今でいえば、いくらぐらいなのか。戦国時代の末期、ある謀略のさい、この「貫」が「鼻薬」として使われている。その様子は——、

天正8年（1580年）、沼田城の奪取を狙う昌幸は、城の副将・藤田信吉に対し沼田周辺で300貫の所領を与えると約束し、寝返らせて城を乗っ取っている。昌幸が信吉にかがせた鼻薬は、どれぐらいの価値があったのか。おおざっぱに1貫を9万円とすると、信吉は寝返り代として2700万円分の生産高がある土地をせしめた計算になる。武田方が越後国（現在の新潟県）に近い要衝・沼田を手に入れる代償としては安いものかも知れない。

（橋場日月「戦国武将のマネー術」『Wedge』2016・11）

というもので、戦国時代の、よくあるエピソードの一つである。

ここでの「昌幸」とは、平成28年に放映されたNHKの大河ドラマで、ひときわ有名になった**真田幸村**こと**信繁**※の父・**真田昌幸**のことである。つまり彼が、戦わずして「300貫の所領」で群馬県の沼田を手に入れた、という逸話である。

※ 今でこそ「幸村」という名前のほうが有名だが、この名前を本人が使ったという記録は、一切ないし、どんな古文書にもこの名はない。「幸村」という名前が最初に使われたのは、寛文12（一六七二）年に出版された軍記物『**難波戦記**』であり、以降、講談、草双紙、物語などで使われるようになった。特に、**猿飛佐助**、**霧隠才蔵**、**三好清海入道**などの「真田十勇士」をしたがえて、宿敵**家康**に果敢に挑む物語が国民に大ウケし、それとともにこの「幸村」が、実名のように思われていったようである。

おわかりだと思うが、「300貫の所領」とは、「300貫分の米が採れる土地」ということである。当時の主税は、年貢としての米であったが、江戸時代に確立される「石高制」※になるまでは、「貫高制」がとられていた。

※　1石とは、簡単にいえば人間一人が一年に食べる米の量で、一反の土地から収穫される量が、一石である。そして一反は、300坪だから、1坪は人間一人が食べる一日分の米が採れる広さである。

昌幸は、あくまでも貨幣価値を念頭に、土地の広さを「貫」で表現しているのだ。当時の米価は、1貫で2石とされていた。そして1石は1000合なので、1貫は2000合になる。1合は、現在では約150グラムなので、2000倍すると300キロになる。引用文の中で橋場が「1貫を9万円とすると」と書いているのは、現在の米の価格を、おおよそ10キロ=3000円とした計算である。これをわかりやすく数式にすれば、

3000円（10キロの米）×30=90000円（300キロの米の価格）

ということである。1貫が9万円なのだから、

9万円×300貫=2700万円

という計算である。つまり、

3000円（10キロの米）×15（150キロ）×2（石）×300（貫）=2700万円

という数式になる。しかし、これが江戸時代になり、生産が安定してくると、もともと「1000匁」=「1貫」であった貨幣価値は、「960文」となり、禄高の計算では、「1貫」=「10石」となっていったりする。たしかに重さとしての単位は変わらないが、貨幣価値としての「貫」は、時代によっていつも流動的なのだ。このことは、「インフレ」や「デフレ」という現象で、現代人にはわかりやすい。

先ほどのバス停あたりの田んぼの年貢（税金）が「2貫」であったということは、昌幸の例で換算すると、300貫で2700万円だったので、2貫ならその150分の1ということになり、現代の価格では18万円になる。もちろん時代背景を無視して、単純に比較しただけではあるが、まぁそこそこの税金であろう。しかしたかが18万円であるが、その18万円（＝2貫）が、そこの地名として残されたことによって、その「18万円」は永劫の未来まで伝わっていくことになった。

こうした地名は、他にもいっぱいあり、たとえば三郷市には「二郷半領」※などという地域もあった。これも興味深い面白い地名であるが、いずれにしても地名は〈土地に刻まれた歴史〉であり、〈言葉の化石〉ともいえるのである。流れ去ってゆく長い刻《とき》の中で、〈歴史〉〈風習〉や〈地質〉〈地形〉〈風土〉といったようなものが、それこそ地層のように堆積し、一つの地名を生み出していくのである。

※　詳しくは私の『**埼玉の街ものがたり92**』を参照していただきたいが、さらっと説明すれば、この地名の由来は、普通は一反の田んぼからは約5俵の米が採れたが、この辺りでは2俵半しか採れなかった。その「2俵半」が「2郷半」となった、という説や、将軍が**伊奈忠次**に、この地を一生支配せよ、と下命したのだが、「一生支配せよ」が「一升を四配せよ」になり、一升の四分の一は二合半だから、という説である。説は他にもあるが、いずれにしても「量」にまつわる話である。現在では「二郷半領用水」として、かろうじてその名をとどめている。

「二貫野」あるいは「弐貫野」は、遠い遠い先祖の〈想い〉が土地に刻まれ、化石のように現代に残った「18万円」だった。そしてその想いは、ヒタイに汗した〈税金〉だったのだ。

「二貫」のつぎは、**【三貫】**である。

JR高崎線の宮原駅から西北西のほうに歩いていくと、さいたま市立大宮北高校がある。その高校のグランドの南に、不思議な名前の自然緑地がある。すぐ西を鴨川が流れており、崖地の斜面の下で、鴨川との間は湿地帯のようになっている。

その緑地の名は――「三貫《さんがん》清水《しみず》緑地」。

南北に約350㍍、東西は40～70㍍ほどの、そこそこの緑地であり、住宅地の一角にあるにもかかわらず、武蔵野の姿を今に残しているその域内に、湧水でできた池がかつてあった。その規模はともかく、知らない人なら面白い名前だなぁ～、と感想をもつだろう。湧水の清水に、重さや貨幣価値などあろうはずがない、なぜ「三貫」なのか、という疑念である。散策路の脇に由来を記した案内板があった。そこには、

三貫清水の碑

三貫清水の由来

この泉の少し南側に三貫清水という泉がありました。その昔、太田道灌がこのあたりに狩りに来た時、里の人がこの清水を汲んでお茶をたてて出したところ、とてもうまいと言って、三貫文の褒美を下さったそうです。そこから、その泉は三貫清水と呼ばれるようになりました。

さいたま市

と書かれている。歴史をさかのぼっていくと、実はこの緑地のほぼ真ん中あたりを、昔は鎌倉街道の枝道が南北に走っていたことがわかっている。

大宮台地（三貫清水緑地）に沿い北上する街道は、奥州脇道とも羽根倉道とも称されている。上道《かみつみち》と中道《なかつみち》の中間に位置する本道は、大宮台地上の南北に広がる地域を繋ぐ道であるとともに上野《こうずけ》に至る要路であったと推測される。

（埼玉県教育委員会「歴史の道調査報告書　鎌倉街道上道」）

げんに今、復元された鎌倉街道が、この緑地のど真ん中を貫通しており、当時の景色が再現されている。そのため、そこを歩くとタイムスリップしたかのような錯覚におそわれるのであるが、実はこの場所は、道灌が造ったとされる岩槻城と川越城の、ちょうど中間地点にあたっているのである。ということで、道灌は、このあたりにちょくちょく狩をしに来たのであろう。

ところでお茶を出したのが出世の糸口になった、という話で有名なのは、**石田三成**の「三献の茶」※である。それ以外は、この種の話、あまり聞いたことがない。そういう意味では、貴重な泉であり、レアな話である。

※　鷹狩りの帰途、喉が渇いた**秀吉**が、ある寺に立ち寄り茶を所望《しょもう》した。寺の小姓が持ってきたのは、大きな茶碗になみなみ入ったぬるめの茶だった。一気に飲み干した彼が、もう一杯、というと、今度はやや小さめの碗に、やや熱めの茶を出した。彼は試みに、もう一杯、と所望した。すると小姓は、小ぶりな碗に熱めの茶を持ってきた。感動した秀吉は、その小姓を家来とした、という話である。後に豊臣政権の「五奉行」の一人となり、**家康**と関ヶ原で天下分け目の戦をした三成の、政界デビューの逸話である。後世に作られたエピソードとはいえ、「気配り」の逸話として有名である。

説明では、道灌から褒美として「三貫文」を賜った、ということである。では、その「三貫文」とは、現在の価値としては、どのくらいの額だったのか。時代が戦国時代よりかなり以前であるため、先ほどの真田昌幸の例との単純な比較はできないが、あえて数式を作れば、

3000円（10キロの米）×15（150キロ）×2（石）×3（貫）＝27万円

となる。先ほどは300貫で、ここでは3貫なのだから、27万円になるのは当然だ。しかしこの三貫清水の地元では、道灌から賜った「三貫」は、現在の金額にすれば50万円ほどの価値である、とされている。

たとえば、「さいたま市面白カルタ」の め の札は、

名水に道灌ポンと50万!

という読み札になっている。子どもの教育にウソは禁物である。ということでこのカルタ、おそらく市の教育委員会か学術経験者などの監修を受けているはずである。ではなぜ27万円ではなく、50万円になったのか。これこそ貨幣としての「貫」の、流動的性格からきているのだ。貨幣価値はいつも、時代の中でめまぐるしく変化している。ということで道灌は、たしかに「ポンと50万」はらったようである。

しかしそれにしても、50万のお茶は〝高い〟、と思われるのだが、道灌には、こうした〝気前よさ〟があった。事実、このような伝承は武蔵国の各地に残され、今に伝わっている。※

※ たとえば東京の練馬区石神井に「祝儀山」という丘のような山があるが、その昔、道灌が石神井城を攻略したとき、この地の農民たちの協力に応え、この地を与えた、という伝承が残っている。ついでに「道灌団子」の話も紹介しておこう。鷹狩りをした帰り道、高井戸あたりで日がくれてしまった道灌は、そこで一夜を過ごした。空にはみごとな仲秋の名月が浮かんでいた。文武両道の彼は、家臣とともに歌宴を開いた。そのとき土地の者が手作りの団子を献上してきた。名月に団子という風流を喜んだ道灌だったが、食べてみると実に美味しかった。以来、彼は折にふれてこの団子を所望した。そのうち団子を作った者は、その地に柳茶屋を開き、「道灌団子」と称して売りはじめた、という伝承である。

実に豪快な男だったのだ。こうした伝承が語り継がれてきたのは、彼が庶民に慕われ、愛されていた証なのであろう。

「三貫」のつぎは、ど〜んと【千貫】である。埼玉には二つの「千貫」があるが、まずは貨幣の「千貫」から。

『新編武蔵風土記稿』に、こんな記述がある――。

千貫樋　下大久保村界なる鴨川に架せる石橋の名にて今は土地の呼名となれり、相傳《つた》ふ古《いにしえ》爰《ここ》に樋を設んとて銭千貫文を費したれど、地の理あしくして成らず、故に其名を残せりと云へり、

（第八巻「足立郡之二十　植田谷領　五關村」）

桶川市の若宮に「鴨川源流域の碑」が立っているように、桶川―上尾―さいたま市と流れてくる文中の「鴨川」※は、今でこそ朝霞市の上内間木で荒川に合流しているが、昭和10（一九三五）年までは大久保村（現・さいたま市桜区）で西にカーブし、そのまま荒川に注いでいた。そのため大雨や台風のときなどでは、増水した荒川の水が鴨川に逆流し、このあたりの住民は、常に洪水被害に悩まされていた。

※京都の市街地を流れる淀川水系の一級河川「鴨川」は「かもがわ」だが、こちらの「鴨川」の正式な読みは「かもかわ」であり、荒川水系の一級河川である。

この文献によれば、昔ここに「樋《ひ》」※を造ろうとし、「千貫文」というばく大な巨費を投じたが、地形が悪かったのでできなかった。なので今は、「石橋の名」あるいは「土地の呼名」として残っている、ということである。「できなかった」という記述には、あぁそうだったのか、という感想で終われるが、「銭千貫文を費したれど」という箇所が、少し気になる。

※「ひ」と読む場合は、主に「水門」を表すが、「とい」と読む場合は、用水などに造られる水の導水路を表すことが多い。

千貫樋

命名の由来はわかったが、造られた時代は、同書には「古」としか記載されていない。この『新編武蔵風土記稿』が編さんされたのは、江戸時代の文化年間（1804〜17年）であり、そのころすでに「古」と表現されているからには、かなり古い、としかいいようがない。ということで正確な年代はわからないが、たとえば先ほどの昌幸の故事から単純比較すると、「300貫」＝2700万円ということだから、「千貫」は「9000万円」になる。つまり1億円弱かけてもできなかった、ということだ。大変難しい公共工事だったのであろう。現在であれば、それこそ首長の首がとぶような大失策になるかもしれない。

記述されている内容からすれば、たしかにそのとき（『新編武蔵―』が書かれたとき）は、まだ「石橋の名」だった。しかしこの後、この「樋」にまつわる情況は、かなり変わっていく。

弘化4（一八四七）年、五関村・塚本村・下大久保村の名主たちは、お上《かみ》に、荒川からの逆流を防止するため、鴨川に水門を造りたい旨の願い出をした。たび重なる荒川の氾濫に、業を煮やした地元民たちの請願だった。願いはすんなり許可され、建設がはじまり、水門は無事竣工した。先ほどの引用文では、「成らず」であったが、今度は完成したのである。しかし時代が時代であるゆえ、構造はも

ちろん木造であった。つまり石の橋の下に、木製の樋を造ったのだ。そのため、荒川が洪水するたびに水門は壊され、修理や改築の苦労がずっと続いたようである。

明治維新後、文明開化の時代を迎えると、さまざまな建築にレンガが用いられるようになった。こうして明治37（一九〇四）年6月15日、幅14・3㍍の近代的な新しい樋が完成したのである。建設責任者は、大久保村長の**榎本佐左衛門**だった。総工費＝9603円、使用したレンガ数＝15万3000個、土台として打ち込まれた長さ6〜7尺の松の丸太＝237本だった。その後の管理は、「鴨川落悪水路《おとしあくすいろ》水利組合」という長たらしい名前の組合によってなされたが、この組合を構成していたのは、「大久保村」「馬宮村」「植水村」「三橋村」「指扇村」「日進村」「宮原村」「大谷村」の8村であった。これらの村々は、その後の「浦和市」「大宮市」「上尾市」にまたがり、この樋の役割が、いかに大規模なものであったのか、ということがうかがいしれるのである。

明治の時代の中で造られ、また、8村もの村連合で造られたこの「千貫樋《せんがんぴ》」。その昔「銭千貫文」もの大金を投じてもできなかった、といわれた千貫樋。こうした歴史性などから、さぞかし地元の誇り、埼玉のレガシー的な遺産であろう、と思いきや、事実はまったく逆だった。ほとんどの埼玉人が、知らないのだ。

なぜ？

おそらく場所が悪いのであろう。この千貫樋、毎日多くの人たちが、車や徒歩などで通っているのである。にもかかわらず、それを見ようとする人はいないのだ。いや、その存在に、気がつかないのである。

なぜか？

橋だからである。そう、「千貫樋」はその昔、橋であったが、歴史は巡り、いま再び橋となっている。〈樋〉

としての役目を終え[※1]、今は〈橋〉としてだけ機能しているのだ。そもそもこの「樋」、荒川の旧堤防を掘りぬいてできており、その堤防自体がいまでは県道57号線の道路になっている。こうしてそのレンガの樋はそのまま、そこに架かる橋として残ったのだ。普通、橋を渡るときには、橋の下部構造は見えない。車を止めて、それこそ欄干から下を覗きこむか、ちょっと離れた場所から眺めないかぎり、橋の全体像は見えないものである。観光地あたりなら、車から降りて、橋をみることもあるだろう。しかし、あわただしい日常のなかで、景色や景観を楽しもうとする人など、皆無に近いといわざるをえない。そうした理由からか、これだけの史跡[※2]——土木学会から「日本の近代土木遺産」に選定されている——にもかかわらず、ほとんどの市民や県民から知られていないのである。

※1　「樋」＝水門としての役割を終えたこの千貫樋の役目を継いだのは、鴨川排水機場と鴨川放水路である。
※2　こうしたレンガ造りの「近代土木遺産」は、埼玉県には数多く残っており、専門家も——、

> 全国的に見ても、これだけ煉瓦樋門が現存する都道府県はほかにない。明治期の樋門の多くは木造で、最先端の高価なハイテク材料をつかった煉瓦樋門の建設は考えられなかった。それゆえ煉瓦樋門は、埼玉を特徴づける貴重な構造物なのである。問題は、なぜ埼玉に煉瓦樋門が多いのか、にある。
> それは煉瓦が、埼玉の地場産業の製品で、地元出身の財界人渋沢栄一とそれを支えた地元の努力にあると考えられる。
> （伊東　孝『日本の近代化遺産』）

と、述べているほどである。やはり渋沢の影響は、埼玉には大きかったのである。

現在この樋のまわりは、「千貫樋水郷公園」になっている。冒頭で述べたように、昭和10（一九三五）年に鴨川はこの地点からさらに南に延長された。その付け替えのとき切り離された元の鴨川が残り、その流路跡（長さ500㍍におよぶ）が「水郷公園」として整備されたのだ。公園内には菖蒲田などもあり、季節に

は黄色い菖蒲（キショウブ）が咲きみだれ、木造のデッキを歩いて楽しむこともできる。散策にはうってつけの公園である。池もあり、小川が流れ、自然と近代遺産を楽しむには、最高のスポットであるが、残念なことに本当に近くの人だけのものになってしまっている。そしてもうひとつ残念だったのは、流路に藻などが繁殖し、お世辞にも清流とはいえないことである。

その昔、「千貫」もの巨費を投じて造ろうとした、歴史の名もなき偉人たちが、さぞ寂しがっているだろうな、と思われてしょうがない。

話題を、もう一つの【**千貫**】に移す。ただしここでの「千貫」は、重さである。

鷲宮《わしのみや》神社といえば、今では日本有数の〈アニメの聖地〉※となっているが、その歴史は古く、『**吾妻鏡**』にもその名が出てくるほど、格式が高い神社である。神社のパンフレットにも「関東最古」と記述されており、看板にもそう書いてある。本殿も拝殿もかなり立派であることは間違いないが、「関東最古」には、ちょっと首をひねりたいところである。作家の**風野真知雄**も、その作品の中で、

石田三成は館林城に向う行軍を神社の杜《もり》に入れて、兵士たちに昼食をとらせ、午睡の時間もあたえた。

この神社は鷲宮神社といい、先ほどの神主が挨拶がてらやってきて言うには、嘘かまことか関東最古の神社だという。古さはともかく・・・

（『**水の城いまだ落城せず**』）

というように、「?」の態度を表している。

※　アニメ「ラキ☆スタ」の舞台となって以来、全国からファンが押しよせるようになった。典型的なアニメ効果が見られる例である。詳しくは拙著『**〈さいたま〉の秘密と魅力**』を参照のこと。

神社の「古さはともかく」ここにある神輿、大変立派である。神社側ではこの神輿を、「千貫神輿」と呼んでいる。実際に「千貫」——とすると、3750キロ、つまり3・75トンにもなる——の重さというわけではないが、大きくて、重い神輿のことを世間では、そう呼ぶのだ。

神輿というものは、神社などの〈神〉が、移動するときに使う移動手段、ということである。現代的にいえば、自動車みたいなものである。しかし乗っているのが、なんせ〈神〉である。そのため、ただ「輿」というのではバチがあたりそうなので、「神輿」とか「御輿」と表現し、さらにその前に「御」をつけて、「御《お》御輿《みこし》」「御神輿」などと呼ばれている。またテッペンに鳳凰を飾りつけている御輿を、特別に「鳳輦《ほうれん》」などと呼んでいる。

そもそも神輿は、歴史上なぜ登場してきたのか。ルーツをたどれば、かなり古い。狩猟と採集による移住を繰り返していた時代にも、宗教的感覚は人類にはあった。そのころは、祭りなどで祭壇を造っても、終わると取り壊されていた。移住の際ジャマになるからだ。しかし農耕がはじまり人々が定着するようになると、神に対しても定住を求めるようになる。こうして神社などが造られ、同時に、神がさまざまな場所に移動するための手段が、必要となってきた。これが、神輿出現のそもそもの理由であったと思われる。記録では、養老4(七二〇)年九州で起こった「隼人の乱」のとき、はじめて作られている。朝廷が宇佐八幡宮の神を、戦の最前線に出陣させたのだ。事実、同八幡宮の『**御託宣集**』には、「豊前国司に仰せつけられ、初めて神輿を作らしむ」との記述が見られる。ちなみにそのときの征隼人大将軍は、歌人としても有名な**大伴旅人**《おおとものたびと》であった。

しかしそのときの「神輿」が、どんなものであったのかの記述は、残念ながらない。ところが東大寺の建立時、やはり宇佐八幡宮から、無事落成するようにとの神輿が、九州からはるばる奈良へ渡御《とぎょ》※している。天平勝宝元（七四九）年のことであるが、そのときの神輿の様子はわかっている。屋根に金色の鳳凰が輝いていた、というのである。この鳳輦こそが、現在の神輿の原型になったのだ。

※　天皇や神輿などが出かけていくこと。おでまし、という意味。

で、本論にもどって「千貫神輿」であるが、浅草の鳥越神社の神輿が、戦前から「初代千貫神輿」といわれてきた。しかし現在、日本で最大の神輿は、東京の深川にあり、江戸三大祭りの一つ「深川八幡祭り」で知られる富岡八幡宮の大神輿といわれ、※千貫神輿の名をほしいままにしている。平成3年に造られ、高さ4・4㍍、重さ4・5㌧の超巨大神輿である。大きさだけではない。随所に金、銀、プラチナ、ダイヤモンド、ルビー、その他宝石多数が散りばめられ、制作費という点でも、それこそ目が飛び出るほど立派な（豪華すぎる！）神輿となっている。

※　型の大きさからいえば、根津神社（東京・文京区）の神輿のほうが大きい、という話もある。

この神社、「深川の八幡さま」として江戸時代から庶民に親しまれ、将軍家からも篤《あつ》い庇護もうけてきた。また勧進相撲の発祥の地としても有名で、境内には「横綱力士碑」などが立っている。そんなわけで江戸時代の元禄のころ、**紀伊国屋文左衛門**が寄進した神輿が3基もあったが、残念ながら関東大震災でいずれも焼失し、しばらく神輿がない寂しい時期が続いていた。ということで、平成になって氏子たちの尽力で、先ほどの千貫神輿（その名も「御本社一の宮神輿」）が造られたのである。しかし、できたはいいが、なんせ〝重い〟。いや、重すぎたのだ。いくら元気のいい若い衆でも、4・5㌧は重すぎる。いや、危険だ、ということになり、今では観光客などへの展示物となってしまっている。しかし、これでは祭りができない、と

鷲宮神社の土師祭

いうことで、神社側は平成9年に、二まわりほど小ぶりの神輿（「二の宮神輿」）を造った。それでも高さ3・3メートル、重さ2トンの巨大な神輿である。

さて、わが埼玉で最大の神輿といわれているのは、鷲宮神社の千貫神輿である。普段は境内で静かに安置されているが、9月4日の土師祭《はじさい》※では、毎年、勇壮な渡御が行なわれる。しかしここでも、あの富岡八幡宮と同じ歴史をたどっている。つまり、かつげなかったのだ。人手不足から、かつぐには重すぎたのだ。鷲宮町の記録では、その神輿が町内を練り歩いたのは、大正2（一九一三）年までとなっている。その後は、神輿を台車に載せ、練り歩いていた。しかしこんな状態をいつまでも続けるわけにはいかない、神さまに申しわけない、ということで若者たちが奮起し、昭和58（一九八三）年9月、ついに、かついでの神輿の渡御が復活したのである。実に、70年ぶりの再開であった。もちろん、いきなりということではない。それでは、あまりにも危なすぎるからだ。その日を迎えるために、三ヶ月の猛特訓を重ねての、再デビューということだった。

※「鷲宮神社」は、別名「土師《はにし》の宮」ともいう。崇神天皇（紀元前97年〜30年）のころに、河内国から東国に移住してきた土師《はじ》氏が、当地に先祖を祀ったのが起源ではないか、といわれている。この「はにしのみや」が後に、「はじの

みや」に訛り、「わしのみや」となった、といわれている。

そして今、この神社での祭＝土師祭では、この千貫神輿はもちろんのこと、なんと「らき☆スタみこし」までも渡御に加わり、千貫神輿との、奇妙なコラボで盛り上がっている。

たしかに〝千貫〟もの重さの神輿を担ぐのは大変だが、「わっしょい」とか「せいや、せいや」などと、掛け声をあわせてかついだ後の爽快感には、筆舌しがたいものがある。

ただしその昔、私がかついだのは、せいぜい〈十貫神輿〉ぐらいだったかな。

神様お願いだ　僕のあのひとに・・・〈98000神社〉

神　まるで茨城の高校か「七十七銀行」か。県内の数列の神々

神様お願い

アー　アアアー　アー　アアアー
神様お願いだ　僕のあのひとに　逢いたいのさ
アー　アアアー　アー　アアアー
神様もう遅い　あの娘は遠くの空に　消えたのさ　イェイイェイイェ
さよなら　Baby　good-bye　good-bye
さよなら　Baby　good-bye　good-bye
Baby　good-bye・・・・・・・

（詞・曲　松崎　由治
歌　ザ・テンプターズ）

たとえば茨城県である。この県では、やたらナンバリングされた高校名がめだつ。有名なところでは、水

戸第一高・水戸第二高・水戸第三高と土浦第一高・土浦第二高・土浦第三高である。さすがに「第三」までそろっているのは、あと「古河第一」から「―第三」までだが、「第一、第二」のある高校は、日立・竜ヶ崎・下妻・水海道・下館・太田・鉾田・取手・石岡・結城と、10校（つまり20校）もあるのだ。教育現場でナンバリングの校名はいかがなものか、と思われるが、実は埼玉だって、「埼玉県立浦和第一女子高等学校」※という、県内では抜群の実績をほこる有名進学校がある。ただし、こちらには「浦和第二女子高校」、いわゆる「二女」はない。いや、正確にいえば、今はないのだ。

※この学校、地元では「一女」と呼ばれ、県民から憧れと尊敬を集めている。では「二女」は、と聞かれると、ほとんどの人が「？？？」となってしまう。「二」とか「三」があるからこそ、「一女」のはずである。実はその昔、「二女」はちゃんとあった。昭和9（一九三四）年に開校した「埼玉県立浦和第二高等女学校」は、昭和23（一九四八）年に「埼玉県立浦和第二女子高等学校」に校名変更したが、いずれにしても、「二女」であった。しかし昭和25年には「埼玉県立浦和西高等学校」と校名を変更し、男女共学の高校になっている。私服校で多くの有名人を輩出している、現在の通称「浦和西」である。

また、銀行などでも、こうした現象は今でも見られ、特に地方などでは、その種の看板をときどき目にする。たとえば新潟県には「第四《だいし》銀行」、長野県には「八十二銀行」といったように。この数列化された銀行名については、ちょっと説明が必要だと思われるので、※で詳しく述べておくことにする。

※ナンバー銀行のルーツは、明治5（一八七二）年に公布された「国立銀行条例」にまでさかのぼる。この条例によって、日本における銀行制度がはじまった。当時の銀行は、今の銀行とは違って、紙幣発行を国から委託されていた。基準をクリアーした銀行は、認可順に「一番」「二番」…というように、番号を付して順に設立を許可されたのである。この制度を確立したのは、埼玉県の偉人**渋沢栄一**であった。

たとえば、現在の「みずほ銀行」は、かつての「第一勧業銀行」であり、その前身は「第一国立銀行」であった。

明治6（一八七三）年8月1日開業で、日本初の「国立銀行」である。初代頭取は、渋沢栄一だった。統一銀行コードは「0001」。この銀行の次に開業した銀行は、当然「0002」になり、以下続くというわけである。しかしここで注意を要するのは、名前は「国立」だが、民間経営の銀行だということである。どうしてこんなことになったのか。原因は、アメリカのNational Bankの直訳からである。厳密にいえば、「国定銀行」とか「国法銀行」という類である。しかしこの「国立銀行」、たしかに紙幣（銀行券）の発行が許されており、他の純粋民間銀行とは、その点で大きく違っていた。正確にいえば「国立銀行条例に基づいた銀行」という意味である。

　このナンバリング制度は、明治12（一八七九）年12月に許可された「第百五十三国立銀行」（京都）まで続いた。つまり日本には当時、「一」から「百五十三」までの数字を店名にした銀行が、あったのだ。そしてこの「数字」にも、エピソードがあった。たとえば長野にある「八十二銀行」である。この場合の「八十二」は、足し算から生まれた数字なのだ。上田にあった「第十九銀行」と長野の「六十三銀行」が昭和6（一九三一）年に合併し、「八十二銀行」になったというから面白い。小学生でもわかる算数から生まれた銀行名なのだ。では、もともとあった「第八十二銀行」はどうなったのか。実は「富士銀行」となり、今は合併して「みずほ銀行」となっている。また「三和銀行」も、「第十三」と「第三十四」それに「第百四十八」の三つの銀行が合併し、つまり三つの和ということである。

　エピソードをもう一つ。銀行名に「第」がつくか、つかないかである。現存するナンバリングネームの銀行で「第」がつくのは「第三銀行」（三重県松阪市）と「第四銀行」（新潟市）だけである。あとは「十六銀行」（岐阜市）「十八銀行」（長崎市）「七十七銀行」（仙台市）「八十二銀行」（長野市）「百五銀行」（三重県津市）「百十四銀行」（香川県高松市）といったように、数字には「第」はついてない。つけるかつけないかは、その時の頭取の判断なのかな？

　こうした数列のような名称は、たとえば本書でもとりあげた「九十九川」とか「二度栗山」（旧・与野市）、「三宝山」さらには「九十三四郎滝」※1などのように、山や川など自然のものにも見うけられるが、面白いことに、神社にもこうした番号的な名前の神社がある。しかし、こちらは、恐れ多くも「神様」である。さすがに銀行とは違って、創建順というわけにはいかない。地名とか、神様の人数（？）※2などによって、数字が名前になった例が多い。しかし「一」から順番に並べてみると、まるで「七十七銀行」のような錯覚をおぼえたりする。

※1　「二度栗山」は、通りすがりの空海が、この地で栗を採っていた子どもに栗をもらったお礼に、年に二度栗が実を結ぶよう呪文をかけ、本当にそうなった、という伝説の地名である。「九十三四郎滝」は、大滝村（現・秩父市）の中津川にあり、落差30㍍（上段10、下段20㍍）の二段滝である。昔一人のきこりが足を滑らせこの滝で亡くなったので、彼の名前がつけられた、という伝説の滝。「三宝山」は埼玉県の最高峰の山。大滝村にあり、標高２４８３・３㍍だが、さまざまな理由から、埼玉県でもっとも不幸な山といえる。詳しくは拙著『**埼玉の街ものがたり92**』の「大滝村」を参照のこと。

※2　どこに行っても、不思議とお地蔵様は「六地蔵」であり、縁起のいい神様は「七福神」で、石の羅漢様は「五百羅漢」で、手がいっぱいある仏様は「千手観音」となっている。

で、本題に入り、埼玉の〈数字の神社〉を見てみよう。なお所在地については、地域・歴史が大切な神様であることから、すべて、平成の大合併前の自治体名で記しておく。

【９８０００】という「暗号」に秘められた〈謎〉

高知県を流れている清流「四万十川」※。この川は、なぜこのような、「４００１０」という数字名になったのか。とても興味をひかれるが、他県のことゆえここでは深追いせず、※のみにとどめておく。しかしこれと同じような衝撃的な数字、「９８０００」という神社がこの埼玉にあった。

※　高知県の西部を流れ、「日本最後の清流」とか「日本三大清流」の一つとされているが、この河川名が正式名となったのは、実に平成6年7月25日からである。それまでは法律（河川法）上は「渡川《わたりがわ》」だった。事実、私の手元にあ

る最も古い地図、「昭和48年1月20日」に発行された二宮書店の『**高等地図帳**』には、一応「四万十川」と記載されているが、その下に（渡川）とも記されていた。では、この「四万十」とは、どこからきたのか。諸説あり――、

①「最高に美しい」というアイヌ語＝「シ・マムタ」から。②四万石の木を十回も流せるから。③上流の梼原町《ゆすはら》の「四万川」と十和村《とわ》の「十川」が結合して。④「四万川」と「渡川」が合流して、「渡」が「と」と読めるから。

⑤支流がものすごく多いから。⑥三島という中州（島）に渡る川。

などであるが、②と⑥については、説明が必要かも。で、②であるが、江戸時代まで「〇万〇川」などという表現があった。たとえば奈良・和歌山・三重県を流れる熊野川は、10万石の木材を10回流せたことから、別名「十万十川《じゅうまんとがわ》」と呼ばれた、と同じ理由である。また⑥の根拠は、周辺の川の名をみると、九州に向って流れる「向川」（現・中筋川）、中村（現・四万十市）の後を流れる「後川」のように、このあたり方向を表す名の川があり、「島に渡る」が「しま《島》んと《渡》」になった、ということである。事実、江戸時代では「四万渡川」と書いて「わたり川」と読んでいた。

ちなみに地名ということでいえば、現在、高知県には「四万十市」と「四万十町」があり、人口は半分だが、面積的には、四万十町のほうが大きいのである。さらには「四万十市」の中にも住所としての「四万十町」があり、しかもこちらの方が、自治体としての「四万十町」より古いという、きわめてヤヤコシイところである。

川越から、ＪＲ川越線と並行して県道15号線が、秩父山地にむかってのびている。車で走って行くと、やがてＪＲ八高線をオーバーブリッジで越え、「高麗の里」に入る。

埼玉県の南西部に位置する日高市は、昭和30（一九五五）年に「高麗村」と「高麗川村」が合併して誕生した日高町がベースになり、平成3年に市に昇格している。ヒガンバナの名所・巾着田で知られ、古くから異国情緒の香りがただよう「里」でも有名である。

その巾着田の北に、日高市のランドマークといわれる日和田山があるが、その山の登山口入口の少し高くなった丘の上に、その「９８０００」の神社は鎮座していた。社殿を背にすると、巾着田が一望でき、見晴

らし最高の場所である。この最高の見晴台のような地に、その不思議な名前の神社があるのだ。歩いて行けるすぐ近くには、あまりにも有名な「高麗神社」や「聖天院」などがあり、そのためなのか観光客はおろか、この素敵な景色の中を散策しようと訪れるハイカーにも、その存在すら知られていないほど無名な、98000の神社である。社殿もかなり小さく、おまけに左に傾いており、風雪の時の流れを感じさせている。境内地には杉や楠の大木が天にむかって伸びており、鬱蒼とした雰囲気は、神さびた印象を訪れた人たちにあたえている。小さな社殿をすっぽり覆っている覆い殿には、社号額がかかっており、そこには驚くべき神社名——、

「九万八千神社」

と記されていた。読み方は「くまはっせん」のようだが、「くまんはっせん」と呼ばれることもある。いったいなぜこんな名前なのか。「十万」に「二千」たらない「九万八千」とは、なんなのか。

たしかに仏教では、えてしてオーバーな表現が多い。たとえば弥勒菩薩は、その語呂もよろしく釈迦入滅後56億7000万年後にこの世に現れ人類を救済する、とか、功徳日の設定などである。その功徳日に参詣すると、一日で100日分とか4000日分参ったことになる、という例である。

なかでも浅草寺の7月10日は、恒例のほおずき市でにぎわうが、この日に参詣するだけで、なんと四万六千日《しまんろくせんにち》詣《まい》ったことになるという。なるほどナルホドと思ってはみたものの、「九万八千」は、こうしたオーバーな表現の好きな仏様ではなく、あくまでも神様のお住まい、つまり神社の名前なのである。ということで、この「九万八千」、いったい何を意味しているのか。私の強い味方である『新編

九万八千神社

武蔵風土記稿』には、

高麗本郷の鎮守なり。例祭九月二十九日。梅原村の里正三郎兵衛が持なり。此三郎兵衛はもと当所の民なりしが、高麗町を移せしとき彼村に移住すと云。

という記述しかなく、もう一つの味方『**武蔵国郡村誌**』にも、

村社々地東西二十三間南北四十五間面積五百三十二坪。村の北方にあり。八千矛命を祭る。祭日九月二十九日。

としか触れられておらず、名前の由来はさっぱりわからない。念のため、もう一つ古い文献にあたってみたが、

字上ノ原にあり。八千歳命を祀る。由緒不明なれど、正中二年の棟札あり。貞享二年堀口西源再建と云う村社也。（『入間郡誌』）

とあるだけで、やっぱりわからない。ただこの文献からは、「正中二年の棟札あり」ということがわかった。「正中二年」は、西暦1325年であり、鎌倉幕府が滅ぶ9年前のことである。ただしこのことが、この神社の創建ということにはならない。あくまでも「由緒不明なれど」なのだ。

日高町の正史ともいうべき『**日高町史**』を紐解《ひもと》いて、やっと名前の由来に行き着いた。そこには、

社名九万八千は、一説に九万（高麗）と八千（新羅）に由来するものという。

と、サラッと書いてあった。わかったようでわからない、とはこのことである。しょうがないから今度は

『埼玉の神社』を頼ってみた。この著書、全三巻で4500ページにものぼる、女性では持つこともできないほどの重さの〈神社専門書〉である。にもかかわらず、説明はまったく同じだった。この説明で納得する人がいれば、ぜひ会ってみたい。「九万」は「高麗」から、はまだいい。「高麗＝コマ」※が「クマ」になり「クマン＝九万」に転訛していったというところまでは理解できるが、「新羅＝シラギ」が「ハッセン」には、どうひっくり返っても転訛するとは思えないのだ。いや、ありえないのである。

※　参考までに、

隋や唐などの昔の中国では、国名を一字または二字を使うならわしであったので、高句麗を高麗と書いていた。この習慣が伝わってきて、日本でも二字による高麗の字を使用した。ではなぜ高麗をコマとよぶのか。朝鮮語では熊のことをコムと発音する。文字の上でなく、実際の発音を確かめたかったので、私は韓国大使館に電話してみた。応対した交換嬢はやはり韓国人で、突然の変な質問におどろいたようだが、コムときれいな発音で教えてくれた。

（神山弘『秩父　奥武蔵　伝説たわむれ紀行』）

という意見もある。

『埼玉の神社』ともあろう文献が、こんな説得力ゼロの「説」を記載していることが理解できない。一方、こんな説もある。それは、新羅が百済に攻めこんだとき、八千の兵を率いた新羅王に、百済が恐れおののいて白旗をあげた、という故事からという説である。しかし、これとて史実をムリヤリこの神社に押しこめた、としかいいようがない。他にも、地名としての「八千種」からきた、という説もある。**『播磨国風土記』**には――、

八千軍《やちぐさ》といふ所以《ゆゑ》は、天日桙命《あまのひぼこのみこと》、軍《いくさ》、八千《やち》ひとありき。故、八千軍野《やちぐさの》といふ。

という記述があり、この「八千」からきた、というのである。これとてどう考えても、コジツケ以外の何も

のでもない。では、「八千」とは、いったい何を表わしているのか。
こんなふうに使われている例もある。

> 形式的に、大将出陣の祝い事をやった。
> 瓶子に酒を入れ、茅葉を添えて大将の前に置く。肴は打鮑と勝栗の二種類に、定められている。これらを九万八千の軍神、二千八百の軍天に手向け、祝詞を述べることになる。そのあと大将から始めて、兵士全員が酒を飲むのであった。
> （『華麗なる地平線　史詩浅井長政』）

笹沢佐保の小説のワン・シーンである。**浅井長政**が**六角義賢**との戦《いくさ》に出陣するときの光景、後に地頭山合戦とよばれる戦の出陣場面であるが、著者は、かなりさらっと使っている。つまりここでは、「八百万神《やおよろずのかみ》」というほどの意味で、使われているのだ。ということは、もともとこの「九万八千の軍神、二千八百の軍天」というフレーズはあったのである。意外とこちらのほうが、よほど説得力に勝っていると思うのだが、いかがであろうか。こうした表現、ありきたりに使われる言葉なのであろう。しかし、これではリクツがあまりにも単純だ、という人がいれば、もう一つの考えを提唱しよう。手がかりは、〈祭神〉である。
もう一度、先ほどの文献を思い出していただきたい。この神社の祭神は、『武蔵国郡村誌』では「八千矛命《やちほこのみこと》」、『入間郡誌』では「八千歳命《やちほこのみこと》」とされていた。字は違うが、どちらも同じ神さまである。そして、この神さまの「本名」は、大国主命《おおくにぬしのみこと》つまり大国様※であり、『**古事記**』『**日本書紀**』に登場する日本の代表的な神である。と同時にこの神さま、20近くの別名を持っている。そのうち有名なのは「大己貴命《おおなむちのみこと》」「大穴持命《おおあなもちのみこと》」「大物主神《おおものぬしのかみ》」「大國魂大神《おおくにたまのおおかみ》」などであるが、なんと「八千矛神《やちほこがみ》」もそのうちの一つなのである。事実——、

（彼は—鶴崎）国土の開拓に素晴らしい指導者振りを発揮するかと思えば、農作物の栽培を教える優秀な農業神であり、同時にめでたい縁結びの神でもある。さらに特筆すべきは、彼の別名八千矛神と呼ばれたとおり、優秀な軍略家でもあった。

とか、

シコオのそれは、又の名を八千矛神と呼ばれた神に相応《ふさわ》しい、まことに見事な物であった。姫の大地は鳴動し、彼を迎え容れる。内部は火山のようであった。熱い岩漿《がんしょう》がほとばしり出て彼を包み込んだ。

（どちらも荒巻義雄『幻文明の旅』）

といったように、小説でもとりあげられている。そのためか島根には、「八千矛」というブランド名の日本酒もあり、もちろん出雲大社の御神酒《おみき》とされている。

※ 代表的な国津《くにつ》神（出雲地方）。天孫降臨で出現した天津《あまつ》神（アマテラスの大和王権）に国土を献上した「国譲りの神」である。『日本書紀』では、スサノオの息子とされている。

まぁ、酒やちょっとエッチぽい話はいいとして、「九万八千」の「八千」が「八千矛命」ということであれば、すべてのツジツマが合うのである。たとえば、武蔵一の宮である氷川神社は、出雲系の神社であり、諏訪大社—氷川神社—香取神宮—鹿島神宮のラインは、すべて出雲系である。ということは、この「高麗の里」が武蔵の国の中に創られた、朝鮮系の国だとすると、その双方から名前をとった、ということは十分に考えられることである。つまり「高麗」から「クマン」、出雲から「ハッセン」ということである。朝鮮の系統と、日本（大和王権以前の）の神を混合ミックスした神社、ともいえるのではないか。たとえばダイタンにも、神なんていう代物は、せいぜい故郷の親分のようなものではないか。（安倍公房『終わりし道の標べに』）

という考え方からすれば、双方から名前をとることが、この地で「親分」として生きていくうえでは、非常に好都合であったであろう、と想像できるからである。私は、この考えが正解だと思っているが、この説は、専門家もふくめて誰もいわない。私には、なぜスナオに解釈しないのか、理解に苦しむ。事実は、案外と単純なものなのかもしれないのだ。いずれにしても、不思議な名前の神社であることにはかわりない。かつて「九萬八千神社」を研究したある郷土史家は、この名前の神社は、

全国他にナシ、（関口芳次『平沢の歴史』）

と断定していたが、そうであるなら、この命名の〈謎〉を逆手にとって、これぞ埼玉の名所、としようと思った私であった。しかし、この「九万八千神社」、この郷土史家には悪いが、実は静岡市（清水区山切）にもある。そしてこちらの名前は、日本武尊《やまとたけるのみこと》に従った諸神々を総称して「九万八千」とつけられた、としっかり説明されている。非常にわかりやすい由来の説明である。

これに対して、わが埼玉の「98000」は、いまだ真相はベールに包まれ、その〈暗号〉は、誰にも解読されていないのである。

【1】という、始原の数の奥に隠された〈神秘〉

自然数の最初の数である「1」は、インドで「0」が発明されるまで、※すべてにおいて〈始原〉〈端緒〉とされてきた。当然、神々の世界でも、「1」は特別な数とされてきたであろう。げんに埼玉の「1」の神社でも、様々なエピソードが見られた。

※　数としての「0《ゼロ》」の概念は、古代インドで発明（発見）された。

古来、雄大に流れ、時には氾濫を引きおこしてきた利根川。その利根川の堤防が見える場所――本庄市田中――に鎮座しているのが、「一之《いちの》神社」である。

「一之」などというからには、かなりの格式があるのかと思いきや、そうでもなかった。事実はその逆で、『児玉郡誌』によれば、その創建は不詳だが、往古、利根川の氾濫によって流れてきた、上野国《こうずけのくに》※の「一の宮貫前《ぬきさき》明神」を拾い、「一宮明神」として祀った、とある。

一之神社（本庄市）

※　現在の群馬県。もと下野《しもつけ》国とともに毛野《つけぬ》国と称したが、のちに上、下に分かれ、上毛野《かみつけぬ》（上毛と略すことも）となり、さらに「こうずけ」となった。現在でも「上州《じょうしゅう》」とか、「両毛《りょうもう》鉄道」として残っている。

事実、社《やしろ》にかかっている社号額には、「正一位稲荷大明神・一宮大明神」と併記されている。ところが明治のはじめのころ、村人たちが〝いくらなんでも一宮大明神では、本社の一の宮貫前神社に対して、恐れ多い〟という理由から、「一之神社」と改めたようなのだ。たしかに、境内の入口に立っている鳥居の社号額は「一之神社」となっており、その右隣には大きな石の標柱があり、ここにも「村社　一之神社」と刻まれていた。一つの神社に、もともとの「稲荷大明神」はいいとしても、同じような神社名、「一宮」と「一之」という二種類が表記されている謎は、村人たちのヒカエメな〈謙遜〉の気持ちから生まれたのであった。

ところまではいいのだが、実は村人たちはそのとき、とんでもない間違いを犯したのかもしれないのだ。というのは、「一の宮」というのは、ご存知のとおり、全国津々浦々どこにでもある神社名なのだが、逆に「一之神社」は、かなり格式が高いということを、知らなかったのかもしれないのだ。

天皇を天皇たらしめるのが、「三種《みくさ》の神器《かむだから》」※である。そのうちの一つ、「天叢雲剣《あめのむらくものつるぎ》」＝「草薙剣《くさなぎのつるぎ》」を御神体としているのが、名古屋の熱田神宮である。この由緒正しい熱田の神宮にも、実は同じような名前の「一之御前《みさき》神社」がある。摂社・末社を合わせると45社にものぼり、2000年近い歴史をもつ熱田神宮の中でも、この「一之御前神社」は、もっとも神聖な場所（本殿のさらに北西奥）に祀られているのである。

※　もちろん「さんしゅのじんぎ（しんき）」とも読む。「八咫鏡《やたのかがみ》」「八尺瓊勾玉《やさかにのまがたま》」と「草那芸之太刀《くさなぎのたち》」のセットで、歴代天皇が継承してきた宝物のこと。

そしてこの神社、熱田大神《あつたのおおかみ》の荒魂《あらたま》を祀る神社であり、熱田神宮の本質的な神社ということで、規模こそ小さいがその造りは、熱田神宮本殿、あるいは伊勢神宮と同じ神明造り——高床式で妻側には棟持柱《むなもちばしら》もあり、千木《ちぎ》はもちろん、棟上には6本の鰹木《かつおぎ》がならぶ——である。しかも本殿にもないような木製の塀でぐるり囲われ、その外には二重にはりめぐらされた金網の鉄柵で守られている。もちろん厳重なカギまでつけられ、おまけに専用のガードマンまで配置されている。なんというモノモノシイ警備なのであろう、と感心したしだいである。つまり、「一之—」と名づけられた神社が、いかに格式が高く、大切な神社なのか、ということを想像させる熱田神宮の例であった。

この熱田の例を見てしまうと、本庄にあった「一之神社」は、ひょっとしたら「一の宮」よりさらに高貴な神社名に、村人たちが意識的にしたのでは、と思ってしまった。だが、これでは村人たちの〈謙譲の美徳〉に申し訳ない。やっぱり、遠慮から「一之神社」にした、としておこう。

【1】に封印された哀しすぎる神社名の〈秘密〉

交通事故のような、即死の場合ではなく、病などの理由で、あの世に行かなければならないとしたら、誰しも最後に何かいいたいであろう。栗橋町（現・久喜市）には、その最後の言葉、いわゆる「今はのきわの一言」を祀った、哀しくも珍しい神社がある。

その名も――「一言《ひとこと》神社」。

一言神社（久喜市）

ＪＲ宇都宮線の栗橋駅を降りてすぐの地には、**静御前**の墓や「義経招魂碑」があり、毎年9月15日の静の命日には、そこで墓前祭が、また10月中旬には「静御前祭」がおこなわれている。そして、そこから50㍍ほどの北東の地に、民家に囲まれてひっそりと鎮座しているのが一言神社である。でこの神社、実は、静の侍女**琴路**が建てた、といわれており、とすると文治5（一一八九）年あたりの創建、ということになろう。

で、その奇妙な「一言」という神社名だが、話の流れからすると当然、静にまつわる「一言」ということになりそうだが、不思議なことに、伝承は二つあった。

まず静御前の「一言」であるが、彼女は源義経の妾であった。義経が平泉で藤原泰衡《やすひら》に討たれた、といわれているのは、文治5年閏4月30日とされている。その根拠は、

> 卅日　己未　今日陸奥国において、泰衡、源豫州を襲ふ。～中略～豫州持佛堂に入り、まづ妻 廿二歳 子 女子。四歳 を害し、次に自殺すと云々。
>
> （『吾妻鏡』）

という、鎌倉幕府の公認記録書のたったこれだけの記述である。私は、この記述の信憑性については、まったく信じていないし、義経がこの時点で死んだという説にも、反対をとなえており、いずれかの時期にそのことを証明したいと思っているが、悲しいかな、ネットやスマホなどを持っていなかった当時の静には、「その死」を確認する手立てはなかった。そのため彼女は、その知らせを聞き、絶望感から病に倒れ、やがて死亡してしまう。死の間際《まぎわ》、彼女は「義経さま～」と言い残して息絶えた、といわれている。そのいまわのきわの「一言」に心を揺さぶられた琴路が、その「一言」を祀った、という言い伝えである。

もうひとつは、旅の母子に由来する、という説である。嵐の空模様のとき、ある母子がこの地を通りかかった。そのとき利根川は、まさに洪水になりそうな様相であった。村人たちは氾濫を鎮めるため、誰かを人身御供にしようと、殺気だっていた。しかし自分たちの仲間を犠牲にするわけにはいかない。ということで、見ず知らずの、旅の母子を人柱にしようと二人にせまった。当然母子は抵抗もし、必死に何かを訴えたのだが、殺気立ち、洪水を恐れる村人たちは、パニック状態のなかで、彼女らを利根川に投げ込んでしまった。やがて嵐は去り、利根川も、もとの流れにもどった。落ち着いた村人たちは、せめて彼女らの「最期の一言」を聴いてあげればよかった、と反省し、慰霊のために彼女らの「一言」を祀った、という話である。

前の神社は、全国でここだけ、唯一の神社ということのようである。

というこことで、全国に数多《あまた》ある一言主神社《ひとことぬしじんじゃ》とは、由緒という点ではまったく無関係である。つまりこの名

どちらにせよ、悲しい物語であり、「一言」にこめられた悲劇の神社といえよう。

【1】という〈栄光〉の数を冠したその他神社

一山神社《いっさんじんじゃ》　〔名前の由来〕人名から

〈所在地〉与野市本町（現・さいたま市中央区）――市街地の中で、本町通り（旧鎌倉街道）に面している。

〈由　緒〉このあたりの御嶽講を再興した「一山」[※1]を慕《した》った講員たちが、木曽の御嶽大神を嘉永年間（1848～54年）に勧請し、「一山神社」として創建したのがはじまり。

〈特　記〉与野七福神のうちの「恵比寿様」も祀っている。そのため入口には、「七福神唯一の日本の神様」と書かれた、ちょっと自慢げな巨大な看板が目立っている。[※2]もともとは八幡社の境内に祀られたが、今この地は完全に「一山神社」となっており、八幡社は小さな石の祠となって参道の左側に、ひっそりと置かれている。「庇を貸して母屋を取られる」といった諺そのままである。

※1　一山とは、御嶽講四大講祖の一人とされる「一山行者」のことで、本名は「治兵衛」であった。相模国津久井郡の出身。

※2　釣竿と鯛を持ったこの神様、「釣りして網せず」で知られている。利益を求めすぎず、そこそこに儲けよう、という清廉な、商売繁盛の神様とされている。で、この神さまが「唯一の日本の神様」かどうかについては、なかなか判断が難しい。たとえば**司馬遼太郎**などは、

一本木諏訪大明神（川口市）

一山神社（さいたま市）

えびす神が日本人であるかどうかはべつとして、日本製であることはまぎれもない。（『この国のかたち　三』）と評している。この論法でいけば、大黒様だって大国主命ではないか、といいたくなる。しかし、大黒様は、もともとはインドの神さまで、中世以降の神仏習合のなかで、出雲の大国主命との融合がはかられたのである。

一本木諏訪大明神　〔名前の由来〕地名から

〈所在地〉川口市東川口　――　市街地の中、御成道に面している。

〈由　緒〉創建は不詳だが、かつて戸塚村に「小名一本木」という地区があった。そこの鎮守として祀られたと思われる。明治40（一九〇七）年に、「七《なな》郷《さと》神社」に合祀されている。正式名は「諏訪大明神」なのか、鳥居の社額はそうなっている。神社内には「一本木」という名称を明示しているものは、境内地にある「会館」以外どこにもない。

〈特　記〉神社の前面道路は、旧御成道であり、将軍の日光社参のさいには、小休所となった。安永5（一七七六）年に行われた10代将軍家治と天保14

（一八四三）年の12代家慶のときの記録が残っている。「一本木」という地名、今はない。昭和48（一九七三）年にJR武蔵野線の「東川口駅」が開設され、駅付近の地域では、町名変更が行なわれた。それまであった「一本木」「佐藤」「平沼」の三つの町は、すべて味気のない「東川口」となり、「一丁目」から「六丁目」とされた。しかし、いろいろなところにその名残はある。たとえば境内地にある「一本木町会会館」とか、「一本木坂」である。この坂、長さ150㍍あり、登るには少々キツイ（平均斜度3・2度）。その交差点には、「一本木坂下（東川口駅北）」の標識があり、今はなき地名を、毎日訴えているかのようである。（「七郷神社」を参照）

二霊神社（春日部市）

【2〜18】の数字を名前にしちゃった神社たち

二霊《にれい》神社　〈名前の由来〉二人の神様から

〈所在地〉庄和町（現・春日部市）——庄内古川（中川）の左岸ほとりにある。

〈由　緒〉明治39（一九〇六）年、この地にあった稲荷神社に、近くの日枝神社が合祀され、この名前になった。そのため土地の人は、いまでも「いなりさま」と呼んでいる。

〈特　記〉祭りの日には、「宿」（当番のような役目）になった家は、最大限のご馳走で氏子たちをもてなす。また「宿」の家の床の間には、縁起物の「蓬萊山」が作られる。蓬萊山とは、大根とにんじんで男女の性器を作り、その周囲に雪や高砂爺さん、高砂婆さん、鶴、亀などを飾りつけたもので、子孫繁栄を祈願している。

〈追　記〉この神社、本当に川の土手の脇にある。正面には倉田橋が架かっており、その反対側（右岸）の土手下にも、稲荷社が鎮座している。まるで川をはさんだ双子の神社のようだ。どちらも小さな神社だが、稲荷社の本殿をのぞいてみたら、なんと蓬莱山らしきものが奉納されており、油揚げ（おいなりさん）でまわりをかためて作られていたのが、印象的であった。さすがに稲荷社である。

二柱《ふたはしら》神社

〈名前の由来〉二人の神様から

〈所在地〉本庄市下野堂　――　市街地の中。

二柱神社（本庄市）

〈由　緒〉伊邪那岐命《いざなぎのみこと》と伊邪那美命《いざなみのみこと》の夫婦神様を祀っていることから、二柱神社である。もともとは「四門堂聖天」であったが、のちに「聖天社」になり、明治の神仏分離後、今の社名になった。

〈特　記〉鳥居をくぐった左側には、五つの石の祠が並んでいた。向って左から「蚕影大神」「八坂神社」「天満天神宮」「稲荷大明神」「御手長宮」であるが、面白いことに他の四つと比べて「蚕影大神」の碑が、四～五倍も大きい。かつてこのあたりでは、養蚕が主要産業だったのか、どの神様より「お蚕さま」のほうが、大切だったのだろう。
〈追　記〉同名の神社は、深谷市の上手計や熊谷市、岡部町、美里町の猪俣にもある。特に美里の二柱神社は規模も様相も立派で、左側には11もの小社が並んでいた。10月〔神無月〕に全国の神様が**出雲大社**に集まり、出雲では「神有月」と呼ばれる。そのため〈神様たちのホテル〉が大社の横に並んでいるのだが、それに似た小社の並びだった。

二ノ宮神社　〔名前の由来〕不明
〈所在地〉春日部市花積――自然が豊富に残っている市街地の崖地のきわ。
〈由　緒〉元は「聖天《しょうてん》社」であったが、明治のはじめのころ「二ノ宮社」を合祀し、「二ノ宮神社」とした。廃仏毀釈・神仏分離の令をうまくかわし、「聖天社」を生き延びさせるためにとられた苦肉の策だったようだ。ただし、白い鳥居にかかっていた社号額には、赤い字でなぜか「二の宮神社」と書かれていた。
〈特　記〉この神社、もともとは造り酒屋をしていた斎藤家のものであった。斎藤六右衛門の代のとき、「今後七代に授ける財産を一代に授けてください」と願をかけ、当社のご神体をてんぷらに揚げた。この神事は「浴油供」と呼ばれている。その霊験あってか、店は大いに繁盛したが、かけた願のとおり、その後は衰退してしまった。やがて斎藤家は、神社を維持することができなくなり、村に寄付してしまった、ということである。
〈追　記〉たとえば武蔵の国の一宮は大宮の**氷川神社**であり、二宮は神川町の**金鑽神社**というように、全国に「一宮」とか「二宮」はある。しかしこの神社は、そういう類の「三ノ宮」ではない。鎮座している場所は、崖の上にあり、太古の昔は、崖の下は海（奥東京湾）であったであろう。その証拠は、すぐ近くにある「花積貝塚」である。

三光《さんこう》神社　（名前の由来）日・月・星の三つの光から

〈所在地〉小川町木部　――　山地の入口にある。

〈由　緒〉建久年間（1190～99年）に、武蔵七党[※1]の一つである児玉党の竹沢氏によって創建された。江戸時代までは、「妙見社」といわれ、北辰妙見大菩薩[※2]を祀っていたが、明治の神仏分離により、「日」「月」「星」を祀る「三光神社」と改称した。

三光神社（小川町）

〈特　記〉小川町から秩父に通ずる地域では、妙見信仰が盛んで、妙見様は三姉妹で、長女はこの神社、次女は東秩父村安戸の身方《みかた》神社、三女は秩父神社、という伝承がある。境内でみつけた狛犬の、今にも跳びかかろうとするようなカッコウが、ちょっとオチャメな感じで面白い。境内地周辺には多くの沢・川が流れており、古くから人が住んでいたであろうことが想像できる場所である。

〈追　記〉同名の神社が大阪の天王寺区にもあるが、

こちらの「三」は「日・月・山」を表わしている。この神社、最近NHKの大河ドラマで有名になった「真田丸」があったところにあり、境内地には**真田信繁**（幸村）の像がある。新たなパワースポットになる神社かも。

※1　98頁の※を参照のこと。

※2　「北辰」とは北極星を表す言葉で、「妙見」とは北斗七星のことである。

三幸神社《さんこう》　〔名前の由来〕三つの神社が合併したから

〈所在地〉熊谷市上中条　――　熊谷ドームの真北約3キロの田園地帯。

〈由　緒〉明治6（一八七三）年、千形・桜・雷電神社を合わせ、村のほぼ中央にあった女体神社の境内に移し、「三幸」と名のった。

〈特　記〉境内地の入口、鳥居の右側に立っている円筒形のポールが、なんともいえない景観を作り出している。高さ5メートルほどの細長い碑なのだが、見あげてみると「殉國英霊塔」であった。また、浜松市北区にも同じ字の神社があるが、こちらの読みは「みゆき」であり、「三幸町」にあるので、地名からきた名前であろう。また唐津市にもあるが、こちらの読みは不明である。

三輪神社《みわ》　〔名前の由来〕地名から

〈所在地〉吉川市三輪野江　――　市街地の中。

〈由　緒〉『**新編武蔵風土記稿**』には、慶長17（一六一二）年、このあたりを開墾した平本主膳が「隣村三輪野山村の三輪明神を移し祀れりと云」と記されている。

〈特　記〉この「隣村三輪野山村」は、現在の千葉県流山市三輪野山である。たしかにその地には、三輪神社が鎮座している。

〈その他〉同名の神社は、埼玉県には他に四つ（入間市、三郷市、飯能市、上里町）あり、全国でも10社以上はある。

三箇《さんが》神社　〔名前の由来〕地名（村名）から

〈所在地〉菖蒲町三箇（現・久喜市）——国道122号線（旧道）沿いの市街地の中。
〈由　緒〉『**新編武蔵風土記稿**』では、三箇村という村名は、明応年間（1492〜01年）に、「社」「寺」「大蔵」の三か所が合併して、そう名付けられたとなっている。そのため「三ケ村」とも書かれた。当初は「富士浅間神社」であったが、大正2（一九一三）年、村内の25社を合祀して、地名にあわせて「三箇神社」とした。
〈特　記〉浅間神社の名残は、小高い塚（富士塚）の上に神殿が祀られていることからも、偲ばれる。
〈追　記〉埼玉の偉人で、日本の「公園の父」と呼ばれた林学博士**本多静六**は、この村で生まれた。同じ名前の神社が、栃木県にもある。那須烏山市の三箇にある三箇神社だが、こちらもその地名（三箇村）から名前がとられており、その三箇村も「塙」「戸田」「入江野」の三つの村が合併して三箇村となっている。

三ツ木神社　〔名前の由来〕地名から

〈所在地〉鴻巣市愛の町※　——　市街地の中、県道76号線に面している。

※ 川の項を参照のこと。

〈由　緒〉天正年間（1573～92年）に僧・雲海が、この地から発せられている瑞光《ずいこう》※を感じ、そこに小さな祠を建て、山王（大山咋神《おおやまくいのかみ》）を祀ったのがはじまり。ということで当初は、「山王社」（山王権現）と呼ばれてきた。

※ めでたいしるしをあらわす光。

三ツ木神社の女性器（鴻巣市）

〈特　記〉元亀2（一五七一）年、「天下布武」をかかげた織田信長は、比叡山を焼打ちした。そのとき雲海上人は、延暦寺にいた。彼は命からがら逃げ、諸国を旅していた。そしてこの地に流れ着いたのが、さきに述べたように、天正年間であった。とすれば、この神社、間接的には信長がそのキッカケを作った、といえなくもない。名前が「三ツ木神社」になったのは、明治40（一九〇七）年2月25日である。この地にあった村社・氷川神社と無格社・天満社を合祀し、「三ツ木神社」となった。『埼玉県地名誌』によれば、「三ツ木」という地名は、古木、名木あるいは伝説・由緒のある木が生息している地を表す、とされているが、この神社の入口脇に屹立してい

三ツ木神社の大欅

る大欅《けやき》は、まるで門番のような風格をそなえた樹齢430年以上の古木である。その根元には神が宿っているような、人が入れるくらい大きい洞ができている。そしてこの洞、女性器そのものに見える。

〈追記〉なぜか6000体ものメス猿の石像が奉納されており、衝撃的にもそれらにはすべて女性器が彫られている。それもかなり精巧に。そしてその性器に赤い粉（御朱《ごしゅ》）がかけられており、ちょっと異様な雰囲気を漂わせている。御朱がかけられる理由は、子宝祈願のようだ。山王には、次のような伝説がある。山王が丹《に》塗りの鏑矢《かぶらや》に姿を変えて川を下っていた。すると川遊びをしていた玉依《たまより》姫命《ひめのみこと》の陰部にその矢がささり、姫がその矢を寝床において寝ていたら、やがて妊娠し子宝に恵まれた、という内容である。猿は山王の眷属《けんぞく》※である。ということは、赤は生理の血の色、矢は男根、川は性交を表す話なのだろう。もともとこの鴻巣では、「鴻巣の赤物」といわれるぐらい「赤」が有名である。獅子頭やだるま、熊金、天神などの「赤物」は、江戸時代から庶民に縁起物として親しまれてきた。それらの製作技術は、いま国の重要無形文化財に指定されている。

またこの神社で売っている「猿の置物」は、鴻巣の地名の由来となった鴻神社の「鴻の鳥」の置物とセットで購入すると、縁起がよく幸せになれる、ということらしい。神社の社務所にはってあった説明書にそう書かれていた。理由は、「鳥」と「猿」で「災いをトリサル」である。神さまも、ダジャレをいうのである。

※【眷属】一族。親族。更に広く、郎党。従者。（『岩波 国語辞典』）ここでは、従者とか神の使いという意味で使った。

三角稲荷神社　〔名前の由来〕境内地が三角形をした土地から

〈所在地〉浦和市本太（現・さいたま市浦和区）――　市街地の中、ＪＲ京浜東北線と国道４６３号線が交差する地点。

〈由　緒〉地元の石井、石塚の両一族の氏神とされ、創建年代は不詳。京都の伏見稲荷を勧請したようである。

〈特　記〉鳥取県にも同名の神社がある。三角山の山頂にあり、地名からきた神社名のようである。

【3】の神社には、他にも**三社神社**（岩槻市徳力）、**三社大神社**（越谷市大間野）、**三宮《みつみや》神社**（庄和町上柳）などがある。**三島神社**は吹上町、日高町、熊谷市（二ヶ所）、騎西町、浦和市瀬ヶ崎などにあり、字が違う**三嶋神社**は鳩山町、寄居町、秩父市にある。川越市には**三島日光神社**があり、わらべ歌「とおりゃんせ」発祥の地とされている**三芳野天満宮**もある。大滝村には、秩父三山（武甲山、両神山、三峯山）の一つ三峯山があり、その関係の**三峯神社**がある。また上福岡市には**三笠山神社**がある。

四《よ》津山《つやま》神社　〔名前の由来〕山の名前から

〈所在地〉小川町高見　――　険しい山の山頂。

四津山神社の扁額（小川町）

〈由　緒〉明治39（一九〇六）年、政府は「神社寺院仏堂合併跡地譲与に関する勅令」を発し、全国の寺院などの土地を没収して、そこに公園などを整備していった。つまり、合併によってあまった土地を国が接収する、ということだ。当初は愛宕神社であったこの神社も、その余波をうけ、近隣の11社を合祀し、地（山）名に因んでこの名前に改称した。

〈特　記〉この地は、もともとは山城の「四ツ山城」（高見城とも）であった。古文書などによればこの城、文明12（一四八〇）年には、すでにこの地にあった。また長享2（一四八八）年には、山内《やまのうち》VS扇谷《おうぎがやつ》の両上杉氏が、このあたりで「高見原合戦」をくり広げている。四ツ山の頂に建てられたこの城、その要害の地を活かして周辺に睨《にら》みをきかせていた。山の南には鎌倉街道上道《かみつみち》が走っており、鉢形城（寄居町）と松山城（吉見町）の真ん中に位置することから、戦略上重要な拠点であった。山城だったころの幻影はところどころに残っており、土塁、掘切跡とか郭跡などが、時の流れのなかでとり残されたような雰囲気をただよわせていた。今は、その山上に、山の名をとった四津山神社だけが、静かに鎮座している。長いなが〜い参道に並んでいる石碑などは、どの神社にも負けないぐらい大きくて立派なものばかりであった。

〈追　記〉想像を絶する場所だった。大げさではなく、死ぬかとおもった。参道を登りはじめたのはいいが、行けどもいけども神社本体の姿が見えない。急峻な坂道、これ以上の急な角度にはできないほどの階段を一歩一歩。汗を1リットルほどかいたであろうか。やっとのことで着いた本殿は、山頂にポツンとあった。なぜこんなところに、と思ったのだが、由緒をしらべて納得。たしかにここからは、眼下に走る鎌倉街道がよく見える。移動する敵の様子が、手に取るようにわかるのだ。そのためか、頂上からの眺望はすばらしく、その絶景にしばし時を忘れたほどであるが、その時、一つの疑問が頭をかすめた。

天正18（一五九〇）年の**豊臣秀吉**の小田原城攻め＝北条氏討伐＝関東平定のさい、この城ではもちろん北条方が籠城し、いったんは秀吉軍に徹底抗戦を決めた。ところが史料（『**関八州古戦録**』）では、戦わずして鉢形城に逃げた、となっている。忍城が「のぼうの城」として、勝たずとも負けなかった感動的・伝説的な戦いをしていたときである。これだけの要害なら、まちがいなく難攻不落の城になりえたであろう。なぜ**楠正成**の不敗の戦法※をとらなかったのか、という疑問である。

※ 後醍醐天皇の倒幕計画のさい、「千早城」に籠城した彼は、ゲリラ戦法で幕府軍の大軍を相手に、奮戦した。

四所《ししょ》神社　〔名前の由来〕神様の数から

〈所在地〉岩槻市尾ヶ崎（現・さいたま市岩槻区）――海（今は田んぼ）に突き出た岬の先端。

〈由　緒〉「神功皇后《じんぐうこうごう》」「底筒男命《そこつつおのみこと》」「中筒男命《なかつつおのみこと》」「上筒男命《うわつつおのみこと》」の祭神四柱から「四所」に。岩槻台地の先端部にあたる尾ヶ崎は、往古、海に突き出た「崎」であった。※ということで、海上交通の神として祀られた。そのため船でこのあたりを通過する旅人は、いったん上陸し参詣してから、再び旅を続けた

四所神社（旧岩槻市）

といわれている。

〈特　記〉鎮座している場所は、小高い台地の上で、正面には川（用水）が流れていた。神社は東向きに建てられており、目の前は見渡す限り田んぼで、その昔、まさに海（奥東京湾）だったという光景である。赤い小さな鳥居があり、「昭和五十三年一月十四日」と書いてあった。それ以外に、この神社の由緒らしきものはなかった。しかも、道路からは車はもちろんのこと、人間が入る道もなく、他人の土地（畑）を無断で通過しなければならない。境内地は雑草にかこまれ、クモの巣が張り、荒れ放題になっていた。神様も、さぞ悲しんでおられるだろう。

〈注　記〉神社などの場合、「所」は「社」と同じ意味の語として使われる。【数】が大きくなると、両者が使われる傾向にあるが、特に【12】の神社がわかりやすい。つまり「十二社神社」と「十二所神社」は、同じ内容である。

※この海、縄文海進の影響でできた「奥東京湾」である。詳しくは、拙著『〈さいたま〉の秘密と魅力』を参照のこと。

【4】の神社には、他にも都幾川村に**四幡《しばた》神社**があり、神泉村には**四阿山《しあさん》神社**がある。また川越市には**四ツ塚稲荷神社**（**六塚稲荷神社**を参照）がある。

五社神社　〔名前の由来〕五つの神社から

〈所在地〉宮代町東　──　大昔は海だった低地（今は田んぼ）に突き出したちょっと小高い丘地。

〈由　緒〉創建は不詳だが、養老年間（717～24年）に**行基**がこの地を訪れ、お告げによって西光院を建立し、その寺の鎮守として創建した、という伝承が残っている。「熊野三社」※「白山社」「山王社」の五社を等間隔に祀り、「五社権現社」とか「五社宮」と呼ばれてきたが、現在は「五社神社」とされている。

※　本宮の「熊野本宮大社」、新宮の「熊野速玉大社」それに「熊野那智大社」の三つを「熊野三社」と呼ぶ。ちなみに伊勢神宮は「内宮」と「外宮」のセット、諏訪大社は「上社本宮」「上社前宮」「下社春宮」「下社秋宮」の4点セットである。埼玉の氷川神社は、ちょっと複雑で、いうならばトリプル3点セットの存在である。氷川祭祀圏全域では、大宮の氷川神社、中宮の中氷川神社（所沢）、奥宮の奥氷川神社（奥多摩）の大三点セットであり、大宮の場合さらに、大宮氷川神社、中川氷川神社（見沼区）、氷川女体神社（緑区）の小三点セットである。そして女体神社も極小3点セットを作っている。これらの三つの〈3点セット〉は、その配列がすべてオリオン座の形をしていて、きわめて神秘的である。詳しくは拙著『**〈さいたま〉の秘密と魅力**』を参照のこと。

〈特　記〉宮代といえば、「姫宮神社」と「身代《このしろ》神社」の一字ずつをとって町名にした町である。しかもこの町には、神社寺院がかなり豊富に存在している。その中でも歴史にすぐれた五社神社であるが、あまり有名とはいえない境遇にある。すぐ北の西光院の持ち、といわれており、この西光院の玄関前の交差点の標識が「東」であることに、可笑しさをかくせなかった。

青毛五《ご》柱《ちゅう》神社　〔名前の由来〕神様の数から

〈所在地〉久喜市――田園地帯と集落の境界にある。

〈由　緒〉五柱の祭神――天穂日命・菅原道真公・誉田別命・倉稲魂命・猿田彦命――を祀っているので、「五柱神社」と命名された。その前は鷲宮天満社であった。明治40（一九〇七）年に八幡社、猿田彦神社、稲荷社を合祀し、いまの名前になった。「青毛」は、このあたりの地名である。

〈特　記〉市街地の、本当のはずれにある。神社の向って右側には、広大な畑地が広がっており、のどかな雰囲気につつまれている。平成7年に再建された赤い朱塗りの鳥居には、「鷲宮大明神」「天満天神宮」と書かれた社号額がかかっていたが、「五柱」という表現は、境内のどこにもなかった。神社の左隣のおじさんにいろいろ聞いてみたら、面白い話が出てきた。

「一週間ほど前に、子供たちがスマホをもってたくさん来ていたよ。何だと思ったら、ポケモン・ゴーをやっていたんだよ。神社の入口にポケモンがいっぱいいたそうだよ。」

【5】の神社には、他にも行田市や秩父市に**五所神社**があり、越谷市には**五社稲荷神社**がある。

六塚稲荷神社　〔名前の由来〕六つの丘、あるいは六つのお稲荷様から

〈所在地〉川越市元町――「札の辻」の近く、新河岸川の右岸。

〈由　緒〉川越城主だった**太田道真**（**道灌**《どうかん》の父）が、まだ荒野であった当地を開拓するさいに、六つの丘を切り崩して造成し、その上に稲荷社を祀ったことから、という説と、六つの塚にあったそれぞれの稲荷社を当地へ合祀したから、という説がある。

〈特　記〉かつてはこの街の中心地であった「札の辻」に近く、坂戸方面へ通ずる街道に面していたため、

その盛況ぶりは「江戸日本橋の如し」（『三芳野名勝図会』）と書かれたほどである。祭神は「豊受姫命」で、伊勢神宮の外宮の神様である。面白いことに、境内入口脇には「四ツ塚稲荷神社」が鎮座している。この神社、大正初期に札の辻の道路拡張でここに遷座されたのだが、同じ境内に、「六塚」と「四ツ塚」の二つの数字の神社が同居しており、ほほえましいかぎりである。この街の六軒町にも、同名の神社がある。

第六天神社　〔名前の由来〕神様の名前から

〈所在地〉岩槻市大戸（現・さいたま市岩槻区）――元荒川の左岸。

〈由　緒〉もともとは神仏習合のなかから生まれた「第六天魔王」を祀る神社であったが、明治の神仏分離令により、日本の第六代の神である面足命《おもだるのみこと》・惶根命《あやかしこねのみこと》に祭神を変えた

〈特　記〉この神社、大戸にあることから、地元では「大戸の第六天」※と呼ばれるが、同系の〈神々〉の名前は、びっくりするほど多種である。すべてあげれば、第六天神社・大六天神社・第六天神宮・第六天王宮・大六天・大六天社・第六天社・第六天宮などで、奇抜なところでは大六天尊・大六天王宮・大六天王神社・第六天榊神社・魔王社・魔王天神社・大六天魔王神社などである。

　関東、特に旧武蔵国を中心にかなりの数（何百と）あるが、面白いことに長野県・静岡県以西には、まったくない。一説によると、**秀吉**の政策が原因らしい。**織田信長**はこの神を篤く信奉し、自らを「第六天魔王」と名のり、「毘沙門天」の生まれ変わりと称していた**上杉謙信**に対抗していたのは、よく知られた話である。信長が非業な最期をとげた後、天下を織田家から盗み取るようにして掌握した

秀吉は、信長の祟り、第六天の神威を畏れ、自らの拠点であった愛知以西のこの神社を、ことごとく潰していった、という話である。

県内には、浦和市岸町、同鹿手袋、岩槻市馬込、同小溝、大宮市東宮下、狭山市鵜ノ木、飯能市飯能、杉戸町下野にもあるが、ここでとりあげた「大戸の第六天」は、**円地文子**の**『人形姉妹』**にも登場しており、かなり有名である。

※「大戸の第六天」の〈男根〉説、〈イケメン〉説、円地の作品については、拙著**『〈さいたま〉の秘密と魅力』**を参照のこと。

【6】の神社には、他にも所沢市、久喜市、浦和市、杉戸町などに**六所神社**がある。

七郷神社（川口市）

七郷《ななさと》神社　〔名前の由来〕七つの神社が合併して

〈所在地〉川口市戸塚　――　市街地の中。

〈由　緒〉元は「氷川社」だった。創建年代は不詳だが、別当の西光院が天正元（一五七三）年創立なので、その頃からといわれているが、調べてみるとその前史ともいう歴史もあるようだ。というのは、この近くから弥生時代の遺跡も出ており、そのころからここは、祭祀の場所だったらしい。また神社の小高い裏山は、古墳の可能性もある。

〈特　記〉現在の「七郷」という神社名は、明治40（一九〇七）年近隣の六社を合祀し、そのとき「七郷神社」と改名されている。そのうちの一社は、先にとりあげた「一本木諏訪神社」である。

七社権現社　〔名前の由来〕神様の数から

〈所在地〉久喜市江面《えづら》――県道端の農地と市街地の間。

〈由　緒〉不明。

〈特　記〉市内循環バスの停留所「七社大権現前」のすぐ横にあった。県道春日部・菖蒲線に面しており、小さな鳥居をくぐると正面にコンクリートでできた大きな台座のような上に、七つの小さな石の祠が横一列に並んでいた。バス停の名前に、「大」がついているのが、不思議でもあり、可笑しくもあった。

【7】の神社には、他にも江南町に**七社神社**、上里町には**七本木《しちほんぎ》神社**があり、皆野町には**七社様**がある。

八咫《やた》神社　〔名前の由来〕八咫烏《からす》から

〈所在地〉川越市上寺山――入間川の堤防のすぐ下。

〈由　緒〉文献に、奈良時代の天平勝宝年間（749～57年）に僧**祐阿弥**によって再興された、とあるぐらいなので、かなり古い。その後、後北条氏、川越藩などから後援をうけてきた。棟札には、永禄12（一五六九）年と慶安5（一六五二）年に、社殿等の修復が行なわれたことが明記されている。長い歴史のなかで、社名も変わっている。当初は「八口社《やつくち》」と称し、大正時代あたりまで「やつくちさま」

八咫神社（川越市）

八咫烏の彫刻

で地元の人々に親しまれていた。

〈特　記〉この近くに「八ツ口」という小字が残っており、出雲神話の影響が考えられる。スサノオノミコトが大蛇を退治した神話の原点は、氾濫する簸《ひ》川（島根県の川・大宮の氷川神社の命名の由来となったともいわれている）である。8本の支流が八岐大蛇にたとえられたのだが、ここでは入間川である。それが「八ツ口」の地名であろう。ということで入間川の氾濫を鎮めるために、この河原のような地（入間川右岸土手下）に祀られた。また社名の変更は、神社の森にカラスが群棲していたため、とされているが、いつ、なぜ変えたのかは不明である。

神鳥としての八咫鴉についての詳細ははぶくが、神武天皇を導いた烏《からす》であり、三本足で知られている。現在では、日本サッカー協会の代表エンブレムであり、日本代表チームのユニホームにも印刷されている。拝殿の軒に、この鳥が彫られていた。

〈追　記〉この神社には、「まんぐり」という面白い無形民俗文化財がある。毎年7月14日に行なわれる天王祭りの一種で、ボンテンと呼ばれる飾りのついた大きなワラの束をかつぎ、町内をまわり、最後は入間川のなかにそのボンテンを立て、それに水をかけあうことで終了する。川の悪魔祓いの儀式である。

八剣《やつるぎ》神社　〔名前の由来〕八振りの剣から

〈所在地〉都幾川村（現・ときがわ町）――都幾川の左岸。

〈由　緒〉地元では「みょうじんさま」と呼ばれている。創建は不明だが、伝承では、大蔵館の戦に敗れた**源義賢**の家臣らが落ち武者になり、この近くに土着し、義賢や**木曽義仲**の霊を鎮めるために創建された、とされている。「八剣」は、戦の象徴であろう。

八剣神社（ときがわ町）

〈特　記〉「剣」「劍」「剱」「劔」と字はそれぞれだが、同名の神社は、全国で100社ちかくある。ご神体は、8本の剣であるが、なかには素戔嗚尊《すさのおのみこと》、日本武尊《やまとたけるのみこと》、大国主神《おおくにぬしのみこと》などを祭神とするところもある。

八合神社（上尾市）

八合《やごう》神社 〔名前の由来〕八つの大字の合併から

〈所在地〉上尾市小泉 —— 市街化が進む地。

〈由　緒〉祭神は「素戔嗚尊《すさのおのみこと》」「大雷命《おおいかずちのみこと》」「菅原道真朝臣」であるが、明治40（一九〇七）年、大石村の8つの大字——小泉・中分・井戸木・中妻・沖之上（浅間台）・弁財・小敷谷・領家——に点在していた39社（境内社を入れると64社）が合祀され、こう命名された。元は氷川社の境内地であった。そのため今でもこの地は「氷川山」と呼ばれている。この氷川社に合祀されたのは、この「小泉」の地が大石村のほぼ中心だったのと、村役場が置かれていたためである。鳥居から拝殿までの参道の左には、小さな「氷川社」の祠があり、往時を偲ばせる。

〈特　記〉この合祀、「上から」のもので、当時の内務省から発せられた「一町村一神社」の方針に合わせられたものだった。で、合祀はうまくいったのか。そうでもない。『**上尾百年史**』によれば、大石村は10の大字からなっていたが、藤波、畔吉地区の神社は、いずれも合祀に応じなかった。戦前の権力の中枢であった内務省も、神様のアイデンティティには負けたのだ。それにしても、64もの神様の合併劇は壮観なものだったであろう。

八枝神社《やえだ》

〈所在地〉上尾市平方　〔名前の由来〕京都の「八坂神社」から

〈由　緒〉江戸時代から「牛頭天王社」として祀られていたが、明治になって京都の「八坂神社」と同じ牛頭天王を祀っていることから、八坂神社の枝社として「八枝神社」と改称した。

〈特　記〉祭神は「素戔嗚尊《すさのおのみこと》」と「狛狗大神《はっくだいじん》」で、一般には「平方のおしさま」※で親しまれている。毎年7月の夏祭り（祇園祭）には、「どろいんきょ」と呼ばれる奇祭がくりひろげられる。またこの神社の地から発信された「平方電報」は、今でいう「災害アラーム」の魁《さきがけ》ともいえるシステムであった。

※　この「おししさま」と「どろいんきょ」「平方電報」については、拙著**『埼玉の街ものがたり92』**を参照のこと。

八和田神社《やわた》

〈所在地〉小川町奈良梨　〔名前の由来〕地名から　——　関越自動車道の嵐山ＰＡの西側。

〈由　緒〉明治40（一九〇七）年、五つの大字内にあった11の神社を、この地にあった諏訪神社に合祀し、当時の村名「八和田」から、八和田神社と改称した。

〈特　記〉かなり立派な神社であった。参道が長く（300㍍くらい）、並ぶ石灯籠はみごとである。一の鳥居の前に立っている大きな標石には、社号が力強く刻まれていた。この神社には諏訪神社の痕跡が、多く認められる。たとえばこの地域では、「千野《ちの》」という姓の家が何軒かあるが、それらは元は「茅野」であり、諏訪氏とともに信濃（長野）から移住した人たちである。全国に数多《あまた》ある「八幡神社」とは無関係である。

【8】の神社には、他にも嵐山町に四つ、小川町にも四つある八宮《やみや》神社がある。深谷市には**八王子神社**があり、**八ツ嶋稲荷神社**もある。また、全国でもっとも多い神社の一つである**八幡神社**はそれこそあちこちにあり、熊谷市には**八幡大神社**もある。同じように多い**八雲社**や**八雲神社**も各地にある。これらに引けをとらない**八坂神社**も、数え切れないほどある。ただし小鹿野町の**八阪神社**は、ちょっと注意が必要である。総本社は他の八坂神社と同じで、京都の八坂神社であるにもかかわらず、「阪」を使っている。神社側の説明では、ますます栄えるという「弥栄《いやさか》」に通じ縁起が良いとしてこの字を使った、とされているが、その意味がわからず「?」というところである。

九重神社

〔名前の由来〕九つの神社が合併し

〈所在地〉川口市安行原 ―― 市街地の中。

〈由　緒〉**平将門**が砦を築いたという久保山の丘に鎮座している。享保年間（1716〜36年）に武蔵一の宮の氷川神社から勧請され、もとは氷川社だった。明治の神社合祀令によって、近隣の32社が当社に合併され、そのうちの九社が村社だったことから、九つの神社が重なった、ということでこの神社名になった。

〈特　記〉秋の例大祭には、「狂い」と呼ばれる、迫力ある舞いが行なわれる。大分県には「九重町」という自治体があるが、そこにはこの名前の神社はない。

十社神社

〔名前の由来〕祭神（祀られた戦死者）の数から

〈所在地〉毛呂山町大類 ―― 深い森の中。
〈由　緒〉このあたりは、中世に活躍した武蔵七党の「児玉党」の一族・大類氏の支配地であった。所在地の地名は、そこからきている。貞治2（一三六三）年、大類氏は**足利基氏**と戦ったが、戦死者が10名出た。そのとき**秀賀**という僧が、亡くなった武士の霊を祀って十社明神と称した、と伝わっている。
〈特　記〉長い参道の脇には「大類古墳群」があり、古戦場跡、大類氏館跡などもあわせて、なかなかの歴史スポットである。風格のある境内地、森の中の神々《こうごう》しい雰囲気が印象的であった。

十二《じゅうに》神社　〔名前の由来〕12人の神様たち
〈所在地〉児玉町田端（現・本庄市）―― 田園地帯。
〈由　緒〉元もとは、「十二天社」だった。この世のすべての方角（八方、上下の二方と日・月の二天で十二方向）の神様を祀っている。具体的には、密教の修法道場を守護する、帝釈天・火天・閻魔天・羅刹天・水天・毘沙門天・伊舎那天・梵天・日天・月天・地天の十二の神様。
〈特　記〉元は村の北東部にあった。いわゆる鬼門除けとして鎮座されたが、境内地が狭かったため、大正13（一九二四）年、当時、皇太子であった**裕仁親王**（昭和天皇）のご成婚を記念して、この地に遷座させられた。

十二所《じゅうにしょ》神社　〔名前の由来〕神様の数から
〈所在地〉川口市南鳩ケ谷 ―― 市街地の中。

十二所神社（川口市）

〈由緒〉地元では「前田の権現さま」と呼ばれ、旧前田地区の守護神である。そもそも「十二所」といった神社は、熊野三山を起源とする神社である。熊野三山は、「熊野本宮大社」「熊野速玉大社」「熊野那智大社」からなり、熊野三所権現と呼ばれた。後にこの三権現に、天照大神《あまてらすおおみかみ》＝「若一《にゃくい》王子《ちおうじ》」とその他の八柱を加え、「熊野十二所権現」と呼ばれた。しかしこの神社での「十二」は、それとはちがって、天神《あまつかみ》七柱、地神《くにつかみ》五柱を合わせての「十二柱」ということである。

〈特記〉にもかかわらず、この神社の御祭神は「國常立神《くにのとこたちのかみ》」他十九柱ということである。神様の世界は、実に不可解である。近くの阿弥陀堂にある鰐口《わにぐち》に「奉治武州下足立十二月田《しわすだ》郷前田阿弥陀宝前敬白応仁三年　己丑七月十一日願主西誓」と刻銘されているところからすると、ひょっとしたら「十二月田」という地名からきている可能性もある。「応仁三年」は1469年にあたり、すでにそのころからこのあたりは、「十二月田」と呼ばれていたのだから。

〈追記〉行田市北河原にも、同名の神社がある。また川島町には**若一王子社**があるが、こちらの読みは「わかいちおうじ」で、地元では「王子さま」の通称で呼ばれている。

【12】の神社には、他にも秩父市浦山や深谷市には**十二社神社**があり、本庄市東富田には**熊野十二社神社**、

秩父市や吉田町、花園町には十二天神社、小鹿野町には十二御前神社がある。

十八《じゅうはち》神社　〔名前の由来〕不明

〈所在地〉吉田町太田部（現・秩父市）――崖の上の山の中。

〈由　緒〉神社の「由緒書」には「古老ノ伝説ニ曰ク、日本武尊《やまとたけるのみこと》酒折ノ宮ヨリ三峰山ニ登リ給ヒ其ヨリ諸山ヲメクリテ此地ニ至リ給ヒ当時村社十八神社申奉ル…」とあるが、実際には、永徳年中（1381～84年）の創建といわれている。

〈特　記〉所在地の「太田部」は、景行天皇の57年（西暦127年）に、「田部屯倉《みやけ》」がこの地におかれていたことにちなんでつけられた、といわれていることから、〈由緒〉で記した日本武尊の伝説も、あながちウソともいえない雰囲気である。この神社、半世紀前までは〝花火の神様〟と呼ばれ、吉田の名物である「竜勢ロケット」をかなり奉納していた。

【99】という「つくも」が神社名になる〈悲劇〉

国道140号線は、埼玉と山梨を山の中で結んでおり、昔は秩父往還ともいわれていたが、最近では「彩甲斐街道」などとも呼ばれている。沿道には、本書でもとりあげた、「大達原手掘り隧道」や「三峯神社」「滝沢ダム」などがあり、埼玉県のもっとも奥、西域を通っている。その大達原集落のあたりから左折して、南の方に行く道がある。大血川にそったその道の終点は、かつて「東女人高野《あずまにょにんこうや》」※として知られた「大陽寺」である。もうその先は、山だけである。

※　山伏などの修験道場のある山は、そのほとんどが女人禁制であった。これにたいして大陽寺では、女性の参拝・修行が自由だったので、誰ともなくこういわれてきた。「高野」とは、もちろん**空海**ゆかりの高野山を表している。

その道のちょうど中間点あたり、大血川の右岸に、その神社は静かに鎮座していた。

神社の名は――九十九《つくも》神社。

もちろん、「きゅうじゅうきゅう」ともいわれる。場所は、大滝村（現・秩父市）であり、すでに記したように、大陽寺への参道の途中にある。

この不思議な名前、いったいどこからきたのか。伝承では、祀られた自決者の数から、ということになっている。つまり、「99人」の犠牲者を祀ったことから、とされているのだ。ところが、こんなに個性的な名前にもかかわらず、この神社、「九万八千神社」のところで、すでに紹介しておいた「全三巻で4500ページにものぼる」埼玉県神社庁が発行した**『埼玉の神社』**には、なんとのっていないのである。どうしたことなのか。

現地に行ってみると、山の奥の奥にある神社のわりには、かなり立派な社殿であった。この謎めいた神社名、実は**平将門**伝説からの「九十九」ということであった。

その伝説の中身は――「新皇」を宣言した将門は、その叛乱に敗北して首を取られた。一方、彼の妾であった**桔梗姫**と従者の、あわせて99人は、この地まで逃亡してきたが、もう逃げられないとのことで、この地で自害する。その99人を祀ったのがこの神社といわれ、自害したときの血が谷川に流れ、七日七晩、その川

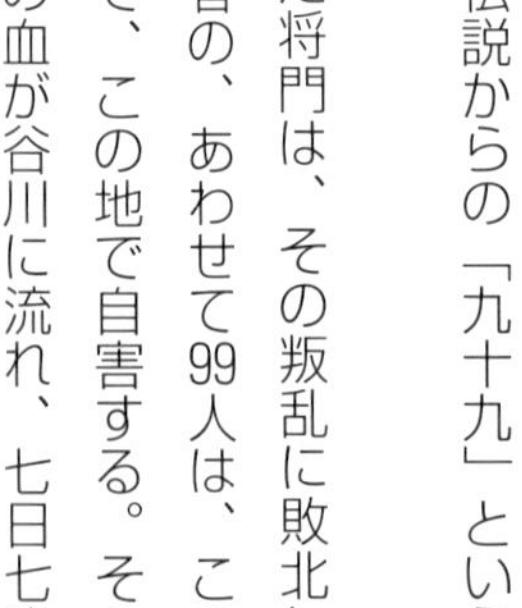

の水が血に染まったということで、それ以来、この川は「大血川」と呼ばれるようになった、というものである。

なるほどなるほど、と思っていたら、この「大血川」には、もう一つの伝説があった。「大蛇」伝説である。桔梗らは無事「大陽寺」に逃げ、そこで平和に暮らしたのだが、目の前の川がまるで大蛇《おろち》のように見えたことから、「おろち川」と呼ぶようになり、それがいつのまにか「おおち川」に転訛して、「大血川」になった、という伝承である。そしてこの言い伝えには、グリコのような〈おまけ〉がついていた。それは、大陽寺の僧と諏訪湖に棲む大蛇の化身である女との間に、一人の子供が生まれた。しかしまわりの者たちは、その子を不浄だとして、大血川に流してしまった。捨てられた赤子は畠山庄に流れ着き、**畠山重能**《しげよし》に拾われ、重忠《しげただ》として育てられた、という伝承である。そしてこの伝説を裏付けるかのように、この寺の本堂には、なんと「畠山重忠誕生の間」という部屋がある。埼玉の三偉人の一人である**畠山重忠**は、驚くべきことに、なんとこの大滝の奥の奥で、しかも大蛇の子として生まれた、というのである。お釈迦様もびっくりするような伝承であるが、もう少し現実的な伝説もあった。

それは――、

重忠はこの邊にて誕生せし川筋なればとて、於乳川と書せしとも傳・・・

（『新編武蔵風土記稿』）

というもので、「於乳《おちち》」が「大血」となった、という伝承である。

「大血」なのか「大蛇」「於乳」なのかは、神のみぞ知るジャンルであるが、「大血川」にノメリコンデ、「九十九」はどこかにマギレコンデしまった。まぁ、ここでは将門伝説を信用しておくしかないようである。

【1000】に変身し、変転を得意とする神社

久喜市の吉羽・本町・中妻・伊坂という地区に、数としてはかなり大きい名前の神社が、それぞれ鎮座している。埼玉県の中では、「98000」についでデカイ「1000」の神社であり、その名も——千勝《ちかつ》神社。

なかでも、吉羽の神社では、おもしろい話が残っている。この神社、毎年の祭礼は、七月の最初の酉の日と決められている。理由は、この神社に合祀されている「鷲宮神社」の祭神が、賊に追われたとき千勝神社で宿泊し難を逃れたのだが、その日が酉の日だった、ということである。そのためこの日には、氏子の家では、朝は赤飯、昼は小麦饅頭、夜はうどんを食べる習慣になっている。そして翌日は「ナイダー」※1の日である。朝から長いながい数珠を皆で持ち、鉦《しょう》※2を先頭に、「ナイダー　ナイダー」と唱えながら、地区の境の辻（8ヶ所）を回る行事がおもしろい。

千勝神社（久喜市）

※1　この言葉、サンスクリット語で、日本語では「百万遍」とされている。

※2　まるい、ひらたいかね。たたきがね。

すでに述べたが、久喜には、四つの地区に千勝神社があり、さらに上早見には**千勝社**がある。では、この「千勝」というネーミングは、いったいどこから来たのか。実のところ、これがよくわからない。しかし、ヒントはどうやら〈北〉の方にあるらしい。

ということで、話は〈北〉にとんで、いきなり福島県棚倉町である。この町、その南西の隅は茨城県に接し、西は栃木県と接している。この町の北東部を鉄道が南北に縦断している。水郡線[※1]である。その路線上に「近津駅」という名の駅がある。近くには「近津小学校」「近津幼稚園」「近津郵便局」などがあり、この付近が「近津」という地区であることが想像できる。この駅から700メートルほど南に、実にかわった名前の「都《つ》都《つ》古《こ》別《わけ》神社」[※2]がある。八槻というところにあることから、「八槻都々古別神社」とも呼ばれている。そして、近津駅から二つ北の駅「磐城棚倉駅」の西600メートルのところにも、都都古別神社が鎮座している。馬場というところにあることから、「馬場都都古別神社」と呼ばれている。この二つの神社、実はかなりの格式があり、「陸奥国一宮」とされている。

※1　水戸駅―安積永盛駅（福島県郡山市）の本線（137・5キロ）と、上菅谷駅（茨城県那珂市）で分岐し常陸太田駅（茨城県常陸太田市）までを結ぶ（9・5キロ）、JR東日本の鉄道路線。「奥久慈清流ライン」という愛称がついている。沿線には日本三名瀑の「袋田の滝」や、奥久慈温泉郷、八溝山などの観光スポットがある。

※2　**『続日本後紀』**では「都々古和氣神」、**『延喜式神名帳』**では「都都古和氣神社」と表記されている。

次に、話は隣の茨城県に移る。先ほどの棚倉町の南西の隅で接しているのが、大《だい》子《ご》町《まち》である。この町の下野宮という地区に、「近津神社」がある。いまでこそ県も、町も違っているが、これら三つの神社は、昔から「近津三社」と呼ばれてきた。これらの関係を表せば、

「近津三社」
- 上宮（上社）＝都都古別神社（馬場）〔現在、正式名は「都都古和氣神社」〕
- 中宮（中社）＝都々古別神社（八槻）
- 下宮（下社）＝近津神社〔同名の神社は、このあたりにはかなりある〕

ということになる。

「近津」の語源は、久慈川の流域からはじまった神社であることから考えると、この場合の「津」は、「久慈川」をさし、この川の「近く」ということからきているのでは、と思わざるを得ない。そして、久喜市にある「千勝神社」のみならず、埼玉に点在する様ざまな〈ちかつ系列の神社〉は、すべてこの「近津三社」をルーツとしているらしいのだ。そしてこれらの〈ちかつ系列の神社〉の分布は、南奥州から北関東にかけて広がっており、埼玉県内では、北埼玉郡と南埼玉郡の北部、大里郡の一部にのみ散見できるのである。

源義家が奥州征伐に遠征したさい、「八槻都々古別神社」を「千勝大明神」と改称した、ということが、この神社の境内にあった説明板に書かれていた。戦勝祈願から「千回戦っても勝つ」という縁起をかついだことから、である。げんに冒頭であげた久喜（吉羽）にある「千勝神社」も、中世では「近津」であった、といわれている。それが戦国の世になって、戦に縁起のいい「千勝」になったようなのである。

ということでこの「近津」が、「千勝」になったようなのだ。しかし実際には、「近津」は「千勝」にだけ変身したわけではなく、その他多くの字があてがわれたし、またその読みも、けっして「ちかつ」だけではなく、たとえば、「ちかた」などに変わってもいった。ということは逆にいえば、音《おん》で「ちかつ」「ちかた」とか「ちかと」と発音する神社は、たとえその祭神が違っても、ルーツは同じ、と考えられるのである。また、音は同じでも字に表すと、さまざまな表記になり、そのためまったく違った神社のようになっていく、という現象も、みられてきた。ということで、そのすべて（埼玉県内）をとりあげてみると、

千勝神社　久喜市（千勝社もふくめ、5社）、鷲宮町、栗橋町
千方神社　羽生市、加須市（2社）

千形神社　熊谷市（2社）
知形神社　川本町
智方神社　本庄市
智形神社　深谷市（現・富士浅間神社）
近殿神社　熊谷市、行田市、妻沼町
近津神社　杉戸町
近戸権現社　越生町

となり、そのバラエティーさに驚かされる。これ以外にも、こんな名前もかつてあった。熊谷市の千形神社である。この神社、当初は「血形」と書いていたのだ。**熊谷次郎直実**の父である**直貞**が熊退治をし、その熊の血が流れたところに祀った神社だから、**「血形」**だったのである。ところが時が過ぎていくうちに「千方」になり、さらに「千形」になった、とされている。理由については、わからない。ということで、「ちかつ」「ちかた」「ちかと」は、さまざまな字を使っていても、いうならば〈親戚〉みたいな関係、といえよう。

「近津」がさまざまな地に〈転移〉し、〈遷座〉され、それぞれの地で新しいイメージを持たされ、その結果、いろいろな字と読みになっていった【1000】の神社の物語である。

以上【1】から【98000】の神社まで紹介してきた。「九万八千神社」で打ちどめかな、もうこれ以上〈大きな数字〉の神社はないだろう、と思ってはみたが、ひょっとしたら高知県の「四万十市」なら、たとえば「四万十神社」があるかな、と調べてみたが、あったのは〈小数〉神社※だけだった。ということで、

もういいか、と安心していたら、まだまだ興味深い〈数字〉が出てきた。

※　あったのは、「三室大荒神」「五社神社」「八幡宮」と「八坂神社」だけだった。

たとえば特攻隊の基地で知られた鹿屋市（鹿児島県）には、**「万八千《まんはっせん》神社」**があったのだ。しかもこの街には、埼玉にはない**十五社神社**や**四十九所神社**などもある。また島根県の出雲市斐川町には、**万九千《まんくせん》神社**があった。武蔵一の宮の大宮の「氷川神社」の命名の由来ともされている「斐川《ひかわ》町」にである。日本国中の「八百万神」を集結させる、いかにも神々の国・出雲らしい名前である。

しかし、【18000】も【19000】も、どちらも【98000】より小さい数である。よかった、鹿児島や島根に負けなかったのだ、いいぞいいぞ、と思って安心していたところ、なんと【40008】の神社があったのだ。冷や汗が、タラ〜リ背中を落ちていった。

その神社があるのは、金沢市の四十万町である。カンのいいあなたは、もうおわかりだと思うが、名前は**四十万八幡《しじまはちまん》神社**。創建は不詳だが、藩主の前田家からは崇敬をうけてきたようである。地名では、ある意味どうしようもない。とはいっても、【40008】の神社である。

残念ながら――負けは負けである。金沢に負けたのだ。上には、上があるものである。

畏るべし、日本の神様・日本の神社名である。

家並がとぎれたら　お寺の鐘がきこえる…〈数の巡礼〉

仏　「百」の天才と季節の「七」をはじめ、仏様だって負けていない

わたしの城下町
家並がとぎれたら
お寺の鐘がきこえる
四季の草花が　咲きみだれ
わたしの城下町

詞　安井かずみ
曲　平尾　昌晃
歌　小柳ルミ子

【100】を発想した天才プロデューサーの企画

「坂東三十三カ所（札所）」という巡礼コースがある。**源頼朝**によって発願され、その子どもで鎌倉幕府の三代将軍の**源実朝**《さねとも》によって制定された札所順路である。この「坂東―」のそもそものはじまりは、平家追討のため西にのぼった坂東武者たちが、西国にすでにあった観音霊場をその目で見たことからのようである。

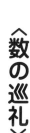

命をかけて戦った東国武士たちには、カタルシスとしてのこうした観音霊場の存在が、垂涎《すいぜん》の的だったのであろう。武士たちの心の底を知りぬいて武士政権の鎌倉幕府を開いた頼朝である。彼はすぐに実行した。坂東にも「西国――」のような巡礼コースを作ろう、と動いたのである。その頼朝の〈発願〉を〈制定〉したのが実朝で、13世紀初頭のことであった。「将軍」としてはからっきしダメだった実朝は、28歳で暗殺されているが、歌をはじめとする文化の世界では、実に天才であった。※

※　歌人としての実朝を高く評価した文人は多い。たとえば**小林秀雄**は、**「実朝」**という小文の冒頭を、

芭蕉は、弟子の木節に、「中頃の歌人は誰なるや」と問われ、言下に「西行と鎌倉右大臣ならん」と答えたそうである。

という文ではじめ、終わりごろに、

彼の歌は、彼の天稟の開放に他ならず、言葉は、殆ど後からそれに追い縋《すが》る様に見える。

と、その天才性を「天稟《てんぴん》の開放」と表現している。「鎌倉右大臣」とは、もちろん**源実朝**のことである。また**太宰治**も、小説**『右大臣実朝』**で彼を評価しているし、戦後の思想家の中で〈巨星〉とされた**吉本隆明**も、その作品**「実朝」**で、「中世における最大の詩人の一人」と評している。

「坂東――」の場合、当初は、こうした心を痛めた武士や、修験者、僧侶などのためのようなコースであったが、江戸時代あたりからは、余裕のできた一般庶民も巡礼するようになる。一番札所から三十三番札所まで順番どおりに回ってくると、その行程はおよそ「三百三十里」（約1300キロ）ともいわれた。坂東全域――神奈川（9寺）、東京（1寺）、埼玉（4寺）、群馬（2寺）、栃木（4寺）、茨城（6寺）、千葉（7寺）の都県――に散らばっているためである。「三十三」を構成している寺々を紹介すると（有名な寺院のみ）、

第1番札所　大蔵山杉本寺（神奈川・鎌倉市）	天平2（七三〇）年、行基によって開かれ、鎌倉最古の寺院。
第4番札所　海光山長谷寺（神奈川・鎌倉市）	本尊の十一面観音立像は、背の高さ9・18メートルあり、木像としては、日本最大級。ちなみに日本一は、福岡市博多区の東長寺にある、10・8メートルの「福岡大仏」である。ちなみに「長谷寺」という寺号は、「坂東三十三」の中には他にもある。「第六番」「第十五番」であり、全部で三つある。
第9番札所　都幾山慈光寺（ときがわ町）	白凰2（六七三）年に創建され、関東最古とも、比叡山延暦寺の別院ともいわれている。
第10番札所　巌殿山正法寺（東松山市）	通称・岩殿観音。**北条政子**の守り本尊がある。
第11番札所　岩殿山安楽寺（吉見町）	通称・吉見観音。「関東八十八カ所霊場」の七十五番札所。「東国花の寺百カ寺」の埼玉五番寺。**行基**が開創し、**坂上田村麻呂**が堂宇を建て、**源頼朝**の弟の**範頼**が三重塔を建てている。
第12番札所　華林山慈恩寺（さいたま市岩槻区）	十三重の塔に眠る**玄奘法師**の遺骨で知られている。
第13番札所　金竜山浅草寺（東京・台東区）	通称＝「浅草観音」。東京では、唯一の札所。
第16番札所　五徳山水沢寺（群馬・伊香保町）	通称＝「水沢観音」。「水沢うどん」で知られている。
第18番札所　補陀洛《ふだらく》山中禅寺（栃木・日光市）※1	世界遺産「日光山輪王寺」の別院。本堂の近くにある石の灯籠を担いでいる「天邪鬼《あまのじゃく》」が、なんとも可愛ら

	しい。
第25番札所　筑波山大御堂（茨城・筑波町）	筑波山の山腹にあるので、筑波山神社とよく間違われる。
第29番札所　海上山千葉寺（千葉市）	読み方は「せんようじ・ちばでら」どちらも。毎年の大晦日には近隣の住民がお面や頬かむりをして、権力者の不正や人の悪口などをいい、笑って年を越す、という面白い風習がある。
第33番札所　補陀洛山那古寺（千葉・館山市）	結願寺《けちがんじ》。「関東八十八カ所霊場」の五十六番札所。

である。ちょっと寂しい気がするのだが、埼玉県のエントリー寺は四つのみである。※2

※1　補陀洛《ふだらく》とは、サンスクリット語の「ポタラカ」の音訳で、観音様が住まわれる浄土、を表している。この「補陀洛」が「ふたあら」になり「二荒山《ふたらさん》」などと表記され、「二荒」は「二荒《にこう》」と読めることから、それを「日光《にっこう》」と改めたのは**空海**である、ともいわれている。

※2　このコースには、こうした表からはなかなか見えてこない、もうひとつ特徴がある。というのも、一番の「杉本寺」から、まず鎌倉の中をまわり、その後、鎌倉を中心にして関東を時計回りに一周し、最後は「那古寺」から海上コースで鎌倉に帰る、というルートになっているのである。しかもこの「那古寺」、**頼朝**が石橋山の合戦で平家に敗れ、安房の国に逃げ、再起を祈願したときの寺であった。つまり、あくまでも鎌倉（頼朝）中心のコースになっているのだ。鎌倉が、当時の「首都」であったためである。そのため江戸時代になると、ある「不都合」がおきてしまった。明和3（一七六六）年、**沙門円宋**という僧が――、

坂東は武蔵、相模、安房、上総など八州にわたる。其の行路堪へ難し・・・

と、ぐちっている。江戸から順番に回るには、車のない時代、きわめて不都合な「堪へ難し」のコースになってしまったのだ。

ちなみにこの「坂東――」の場合、これらすべてを回り、「33番」の那古寺までできても、それで結願したわけではない。〈総〉結願霊場のような寺院が、不思議なことに、他にあるのだ。「三十三番札所」の結願寺は、たしかに那古寺であるが、三十三すべての札所を巡拝したあとは、なぜか番外の「善光寺」と「北向観音」※1にお礼参りをする習わしが、江戸時代あたりからあった。つまり、「牛に引かれて善光寺詣り」といわれたあの善光寺と、別所温泉にある北向観音が、〈総〉結願寺※2のように位置づけられていたのである。まことに不思議な、「お礼参り」である（このことは、後でもう一度とりあげる。）

※1　〝信州の鎌倉〟と呼ばれる別所温泉（長野県上田市）にあり、天長2（八二五）年に慈覚大師**円仁**によって開創された。その後、**木曽義仲**の兵火により焼失したが、**源頼朝**によって再興されている。名前の「北向」は、善光寺が南向きに建てられているのにたいし、北斗七星信仰の影響からか北を向いており、あたかも向き合っているかのように見えることから、そう呼ばれている。善光寺が来世の利益を、北向観音のほうは、現世の利益をもたらすということで、善光寺のみの参拝では、「片参り」になってしまう、ともいわれている。

※2　この「坂東――」では、よほど〈総〉結願寺の存在が好きなのか、昭和51（一九七六）年には、新たに三つ目の総結願寺を開創している。犬吠崎の山上（銚子市）にある「補陀洛山満願寺」である。ますます腑に落ちない、別格の「三十四番」に思えてくる。

一方「坂東――」の手本ともなった「西国三十三ヵ所」のほうは、すでに12世紀には、三井寺（滋賀県）の修験僧たちによって開かれている。その範囲は2府4県（奈良・滋賀・兵庫・和歌山）と岐阜県にまたがり、一番札所は紀伊の国・那智山の青岸渡寺《せいがんと》である。熊野古道から歩きだし三十三番札所の谷汲山《たにぐみさん》華厳寺（岐阜・揖斐川町）までのコースになっている。
そしてわが埼玉にも「三十三ヵ所」ができた。「西国」「坂東」をマネての、「秩父三十三ヶ所」である。その成立については、こんな説がある。

いつ始まった、と断じるのは難しい。札所の始まりを伝える〝縁起〟も、寺々によって諸説まちまちだ。その中で、信仰上では文暦元年（一二三四年）甲午《きのえうま》が札所創始の年というのが定説。この年の三月十八日播磨書写山円教寺（兵庫県姫路市）開山・性空上人ら十三人の聖者が秩父の聖地を巡って観音霊場を開いたという。

（東京新聞浦和支局『埼玉事始』）

しかし残念なことに、この「定説」を裏付ける〈証拠〉は、いまのところない。確実なところとすれば、昭和6（一九三一）年に発見された史料である。そのタイトルは、**『長享番付』**。法正寺（三十二番）の住職が発見したのだが、そこには、「長享二年戊申《つちのえさる》五月二日」の日付があり、33の寺の名前が、しっかりと墨書きされている。長享二年は1488年にあたり、戦国時代の扉を開《ひら》いたといわれている**北条早雲**の伊豆制覇の3年前である。この史料からいえることは、「秩父―」の成立は、遅くとも15世紀の半ばあたり、ということになろう。

成立時期はともかくとしても、こうして三つの巡礼コースが、それぞれの地域で別々にはじまり、庶民はそれぞれ好きな、あるいは地理的に近いコースを歩きはじめたのである。多くの人びとが巡礼に訪れることはいいことだが、これら三つのコースには、常に頭の痛い問題、とても気になる存在があった。かなり強力な〈敵・ライバル〉が存在していたのだ。というのもこれら三つが、いわゆる地方のスーパーマーケットとすれば、敵はブランド品がならぶ銀座のデパートのような存在だった。三つが束になってもかなわない、光り輝く一流デパートだったのだ。

その〈一流デパート〉とは——四国八十八ヵ所だった。

そもそもから、その歴史も格も違う。たとえば「秩父——」の場合では、その範囲は、秩父盆地という狭く、限られた地域にはじめから限定され、構成する三十三の寺院も、ほとんど無名に近い、寂れた寺々であった。

そしてもうひとつ。一流デパートを開拓したのも、超メジャーな伝説的人物だった、という点である。

——空海なのだ。そう、超スーパースターだったのだ。

この超メジャーに対抗するには、手立ては一つしかない。「八十八」にケンかを売るには、それ以上の「数」をそろえることである。マイナーに沈んでいた者たちは考えた。

「百」——でいこう！

すばらしいアイデアであった。しかし、「西国」「坂東」「秩父」のローカルコースを足し算しても、「九十九」にしかならない。「一」足りないのだ。しかし、どうしてもキリのいい「百」にしなければ、あの超メジャーには対抗できない。そしてその刹那《せつな》、秩父の誰かが叫んだ。

「歴史の浅いウチを三十四にすればいい！」

勇気ある発言であった。しかしヘタをすれば、バチがあたるかもしれない発言でもある。というのも「三十三」には、ちゃんとした根拠があるのだ。ダテや酔狂で「三十三」にしたわけではない。それは、『**妙法蓮華経観世音菩薩普門品第二十五**』、いわゆる「観音経」に「観音は三十三体に変化《へんげ》して人びとを救う」と表されており、僧俗あわせてずっと信じられてきた教えなのである。しかし、かといって背に腹はかえられない、ということで勇気ある決断がなされた。「秩父三十三ヵ所」は、バチをおそれず一カ所追加し、「三十四ヶ所」に増加された。こうして（33＋33＋34＝百）という数式が完成した。「日本百観音」の出現であった。

今となっては、誰がいい出したのか知るすべはないが、このアイデアがいつごろ実行されたのかの記録は残っている。そのドキュメントともいえる木札が、秩父の瑞龍山法雲寺（現・三十番札所）に保管されていたのだ。「天文五年三月吉日」の日付が書かれた、納札された木札には、

奥州葛西住赤萩伊豆守平清定西国坂東秩父百ヶ所順礼只一人　為ニ親菩薩

と、記されている。※「天文五年」は１５３６年であり、織田信長が桶狭間で今川義元の首を切った24年も前の年である。記録はこれだけではない。

※　この場合は、「百ヶ所順礼」記念に木札を納付した、ということだが、こうした行為は今でも健在である。本書執筆のため、宮代町の五社神社に行ったときである。せっかく来たのだから、すぐ北にある西光院を訪れた。入口の左のほうに白い標柱が立っていた。かなり立派である。表面には「弘法大師　新四国八十八箇所霊場」と書かれていた。なるほど、この寺はそういう寺だったのか、と思いながら、左横の面を見ると、そこには「西国　阪東　秩父　日本百観音満願記念」と書かれていた。えっと思い、真後ろの面を見てみた。そこには「平成六年三月吉日　金子三春」とあったのだ。つまり金子さんが、百観音巡礼を無事済ませ、その記念にこの寺に、立派な標柱を寄進したのだ。本文の「天文五年」の木札と趣旨は同じである。ただし、先ほど傍点をつけたように、「坂東」の「坂」か、なぜか「阪」になっていた。

長野県佐久市の岩尾城跡に、一つの石碑が建っている。「大永五年」と銘うたれたこの碑には、「秩父三十四番　西國三十三番　坂東三十三番」と刻まれているのだ。まるで先ほどの数式である。「大永五年」は１５２５年にあたり、すでにそのころ、巡礼コースとしての「百観音」があった、ということがわかる。

いずれにしてもこの「百」という企画は、かなりの効果を生み出したようである。それまで超ローカルコ

ースと思われていた「秩父――」の知名度も、「日本百観音」ということで一躍全国区となり、空海というブランドに、かろうじて対抗できたのである。おりから時代も、庶民が〈旅〉や〈移動〉を楽しむ世相になってきており、あちこちにミニ・ローカル順礼コースが、続々と生まれだしていた。

このころになると、足立板東《ママ》札所・比企西国札所・高麗札所・東武蔵（埼玉・葛飾郡）札所が組織され、あらそって巡拝者を誘致するようになってきた。札所めぐりは、元来信仰に基づくものだが、当時は、それに加えて一種のレクリエーションともなり「旅は道連れ世は情け」の場ともなっていたようである。

（柳田敏司『埼玉歴史点描』）

こうした「レクリエーション」に、さらに火をつけたのが、「百」の企画だったのかもしれない。いつの時代にも、天才プロデューサーはいるのだ。

ところで先ほど、「バチがあたるかも」と心配がちに書いたが、予想をはるかに超えた、バイタリティあふれる秩父の人たちであった。というのも、「三十三」を「三十四」にするには、バチを覚悟しただけでは、すまない問題が発生するのである。「もう一寺」増やすといっても、そう簡単ではないのだ。一寺であろうと増やせば、多くの寺の「番号」が変わり、巡礼コースも変わってしまう。事実、新しく入った真福寺は、いきなり「二番札所」になり、その結果ほとんどの寺がその「番号」を変えられたのである。なぜ「秩父三十三ヵ所」が、バチが当たる危険をおかし、さらにこのような貧乏くじを引いたのか。「西国」や「坂東」ではダメだったのか。私には、謎であった。というのも先ほど記したように、「坂東――」には、〈別格の「三十四」番〉が、二つもあったではないか。そのうちの「一寺」を追加すればすむことであったはずだ。どちらかを、プラス・ワンにすれば、なんてことはない。はじめから「百観音」は、成立していたのである。

しかし、そこが「秩父」のしたたかさである。あくまでもプラス・ワンを「秩父――」にしたかったのである。多少の犠牲をはらっても余りある戦略が、実は「秩父」にはあったのだ。

それは――最終地点の確保、つまり「日本百番目」というラスト・テンプルの地位獲得である。

こうして百観音巡礼の結願寺（巡礼完了・百番札所）の栄冠を勝ちとったのは、新たに秩父三十四番札所になった水潜寺※であった。ゴールテープを切るという、誰よりも目立つアンカーの役割を獲得したのである。「百寺」の輝かしいフィナーレを飾る結願寺に、秩父の水潜寺が指定されたのである。あの善光寺の地位さえもおびやかそうという、ダイタンな発想であった。

※　166頁の滝の項を参照のこと。

今、ふり返って考えてみれば、足し算の数式といい、アンカーの地位確保といい、秩父には実にしたたかなアイデアを持ったプロデューサーがいたのだ。しかしこうした天才は、突然現れるわけではない。秩父には、それまでも商魂たくましい戦略の蓄積があったのである。その〈商魂〉の蓄積の一例を紹介すると、

弥陀の化身性空上人が庶民救済のため閻魔王との盟約により定めた観音札所の第一が秩父、第二が坂東、第三が西国であった、これを拝するものは現世安穏後生善処なること疑いなし（前掲『長享番付』の後書）

というものである。つまり、「秩父が一番いいよ」という宣伝・アピールである。「西国――」には京都のビップな清水寺があり、「坂東――」には東京の浅草寺、日光の中禅寺など、超有名な寺々がラインナップされているにもかかわらず、である。大先輩である「西国――」「坂東――」よりも、「第一が秩父」というように「秩父」のほうがいいよ、とアピールしているのだ。おまけに「閻魔王との盟約により定めた」ということだそうだ。このように、普通ならいえないセリフ、「いつ閻魔様と約束したのだ！」といわれかねないような

「盟約」を、悪びれもせずサラッといえるところが、「秩父」のしたたかさなのかもしれない。
こうした秩父のサギまがいの「したたかさ」のウラには、実は、なりふりかまわずそうせざるをえない〈弱み〉があったのだ。それは――、

秩父札所の寺の選定には、有力なスポンサーのある大寺を除き、無住寺を第一にあげた。これは順礼者の落としてゆく浄財によって、これらの寺の救済を目的としたためだ。それにもまして秩父の町は今様にいえば、順礼者からの観光収入によって、息づくことができたのである。

（神山弘『秩父　奥武蔵　伝説たわむれ紀行』）

という〝お家の事情〟であった。「寺の救済」のためには、多少のバチなど恐れてなんかいられなかったのかもしれないのだ。さらには、〈弱み〉を完全に払拭するために、

秩父七湯といわれた順礼者のとまる鉱泉宿は大いに賑わい、そこには彼等に一夜の伽《とぎ》をする遊女もいたという。（中略）神社に付随する巫女《みこ》や白拍子《しらびょうし》などの職業的な女性をあげるまでもなく、寺や社《やしろ》がむかしの観光のポイントであり、そこに遊女が集まるのは、今の温泉芸者とおなじである。

（同右）

というように、秩父全体の「観光収入」を上げる、「遊女」も「温泉芸者」も動員するという瀬戸際戦略で、バクダイな経済波及効果を生みだそうとしたのである。したたかな戦略はさらに徹底化され、
札所の寺々は金を出しあって、たびたび江戸の護国寺や浅草寺で出開張を行なった。これは秩父に来られない江戸の人々に、ありがたい仏を拝んでもらう行事だが、本当の目的は順礼誘致の宣伝展なのであった。出開帳の効果はてきめんで、春の順礼シーズンだけで四、五万人が訪れたというから、この時秩父路は白装束の旅人で数珠繋ぎだったであろう。

最初秩父神社を中心に配置していた札所を、江戸から粥新田峠や、釜伏峠を越えてくる人々の参拝に便利なように、順番の変更をした。（同右）

というような、いわゆるプロモーションを企画し、キャラバン隊を組んでの江戸への出張営業をかけていたのである。また参拝者のためには、「便利なように」コースの変更までしてしまったのである。

しかしこうした「したたかさ」は、単に〈弱み〉からだけの戦略ではなかったことも、また事実である。こうした積極的な戦略が成功するには、秩父独自の〈強み〉があったればこそ、ということなのだ。たしかに秩父には、ほかの札所コースにはない、地理的な強みを二つ持っていたことは事実である。

一つは、〈西〉である。当時、世界一の人口を擁したメガロポリス江戸から見れば、

ある種「西方浄土」をイメージさせる雰囲気が、方角的にも、この「秩父」にはあった。なにせ江戸の夕暮れは、この秩父連山に陽がかくれることではじまる。夕陽が秩父の山々に沈む光景が、神々しい光を発すればはっするほど、それは「後光」にも見え、人びとの心に〈聖〉なる気持ちを宿らせ、憧れをいっそう掻き立てる。（拙著『埼玉の街ものがたり92』）

という強みである。〈彼岸〉〈異界〉〈あの世〉つまり〈黄泉《よみ》の国〉を連想させ、〈憧れ〉の気持ちをわきたたせる方角に、「秩父―」は恵まれていたのである。

そしてもうひとつは、やっかいな〈関〉がなかったことである。秩父へは、箱根や栗橋などのような関所を通らなくても来られ、そのため事前の手続きや通過の際におこる、めんどくさい準備が無用なのだ。つまり、かなり気軽に旅に出られる、という強みを持っていたのだ。

こうした地理的優位性を十分に理解していた秩父の「天才プロデューサー」は、それを武器に「プラス・

ワン」、つまり「三十四」を、かなり強気に主張したのであろう。
畏るべき、秩父のしたたかな戦略であった。

【7】草を巡るコースで季節を味わう長瀞の仏

一方埼玉には、これら百観音のグループには入っていないが、こじんまりと「七」で〝連帯〟している寺々もある。なぜ「七」なのか。ラッキーセブンの「7」なのか、それとも「七福神」からきているのか。そうではない。

ここでの「七」は――「秋の七草」からきている。

今でも、慣習などを大切にする家では、正月七日に「七草粥《がゆ》」をたいて祝う。この日にそれを食べると、万病から逃れられる、という古くからの言い伝えに従ってのことである。そのため昔は、六日の夜、この七草粥の食材（若菜）を、まな板の上で派手にたたき、

七草、なずな、唐土《とうど》の鳥が日本の土地に渡らぬ先に――、

などと唱えながら、すりこ木や包丁で叩きつつ、七日の暁におよんだようである。

しかしこれは、あくまでも「春の七草」のことであり、「七草」といえば、「秋」もある。※しかし、現代において、では「春の七草」って何、と聞かれても、多くの人は瞬時に答えられないかもしれない。対して「秋の七草」のほうは、文学作品などにもかなり登場していることから、日本人にはけっこう知られているように思われる。

日本で最古の歌集である『万葉集』に、こんな歌がある。

秋の野に咲きたる花を指折り《およびを》かき数ふれば七草の花
萩の花、尾花、葛花、撫子の花、女郎花また藤袴、朝貌《あさがお》の花※　　山上憶良

※ここでの「朝貌の花」は、今の「朝顔」ではなく「桔梗」を指している。「朝顔」が日本に伝来したのは平安時代であり、憶良の時代にはまだ日本にはなかった。

この歌が「秋の七草」の原点になったのである。これに対して「春」のほうは、一般には、

せり、なずな、おぎょう、はこべら、ほとけのざ、すずな、すずしろ、これや七草（あるいは春の七草）

という文句を、リズムをつけて歌のように口ずさみ、それから食べる、という民間行事で伝承されてきた。しかし時代は、かなり後のほうであるらしいし、また「春」の「七」には、蓬《よもぎ》、葵《あおい》、蕨《わらび》、苣《ちさ》※1、水蓼《みずたで》の五種類を加えて、十二種ともいわれるように、〈確定〉という点では、ちょっと弱い感じがするのである。ということで「七草」とは、もともとは「秋の七草」だった。いってみれば、由緒正しい「秋の七草」からすれば、「春の七草」なんてものは、どこの〝ウマの骨七人衆〟なのだ、ぐらいの存在だったのかもしれないのだ。今ではどちらも「七草」といっているが、そもそも春の方は「七種」と書いて、「ななくさ」と読んでいた。少なくとも憶良の時代では、そうであった。そしてその「七種」は、小正月である1月15日のお祝い膳の材料になった野菜たち、つまり「若菜」だったのだ。ところが平安時代も中ごろを過ぎると、1月7※2日の日に「七草粥」として食べるようになり、さらに歴史をへたころから、「七種」が「七草」になり、15日も7日になって伝わってきたようである。

※1【苣】①草の茎などを束ねた、たいまつ。②野菜の名。チシャ。レタス。ちさ。通 炬キヨ　（三省堂『全訳　漢

辞海』）つまり、今でいう「レタス」のこと。

※2　清少納言の『枕草子』には、「七日　雪間の若菜つみ」「十五日　節句まゐりすゑ、粥に木ひきかくして」などと記されている。七日の「若菜つみ」が「七種の菜＝野菜」を意味し、十五日の「節句」は天皇に「もち粥《がゆ》」のお膳をお供えする、という日である。

ということでここでは、〈正統な七草〉をライトアップしようと思っている。とはいっても、季節感の失われた現代では、とりわけ大都会の中では、「七草」にあたる草花など、あまり身近な存在ではなくなっている。いや、「あまり」どころか、まったく無関係な環境のなかで生活している、といってもけっして大げさではないであろう。しかし縁遠さも、こうした理由ならまだ許されるが、事態はさらに深刻になっている。それそのものが、無くなってしまうおそれだ。たとえば藤袴、桔梗などは、すでに絶滅危惧種のレッドリストに、登録されているありさまなのである。

そんな危機的状況のなかで、ありがたいことに、埼玉には「七草寺」という、風流な寺々があるのだ。殺伐とした環境のなかで生活している都会人たちには、特にお勧めの寺々である。

その「七草寺」があるのは、秩父の手前・長瀞の風景の中である。「七草寺」といっても、一軒の寺ではない。「秋の七草」それぞれの「草」が堪能できる、「七つ」の寺からなる「七草寺」である。秋の景色の中で、寺院巡りを楽しみながら、それぞれの七草を鑑賞するという「七草寺」なのだ。季節はもちろん秋であるが、草によって微妙に時期が違うのも注意していただきたい。

それでは、それぞれの草と寺のマッチングと、七寺のラインナップを見てみよう。

※春の七草と秋の七草

春の七草		秋の七草	
名称	現在名	名称	現在名
せり（芹）	セリ	くず（葛）	クズ
なずな（薺）	ナズナ（ぺんぺん草）	はぎ（萩）	ハギ
ごぎょう（御形）	ハハコグサ（母子草）	おばな（尾花）	ススキ
はこべら（繁縷）	コハコベ（小繁縷）	ききょう（桔梗）	キキョウ
ほとけのざ（仏の座）	コオニタビラコ（小鬼田平子）	なでしこ（撫子）	カワラナデシコ
すずな（菘）	カブ（蕪）	おみなえし（女郎花）	オミナエシ
すずしろ（蘿蔔）	ダイコン（大根）	ふじばかま（藤袴）	フジバカマ

長瀞の秋の七草寺

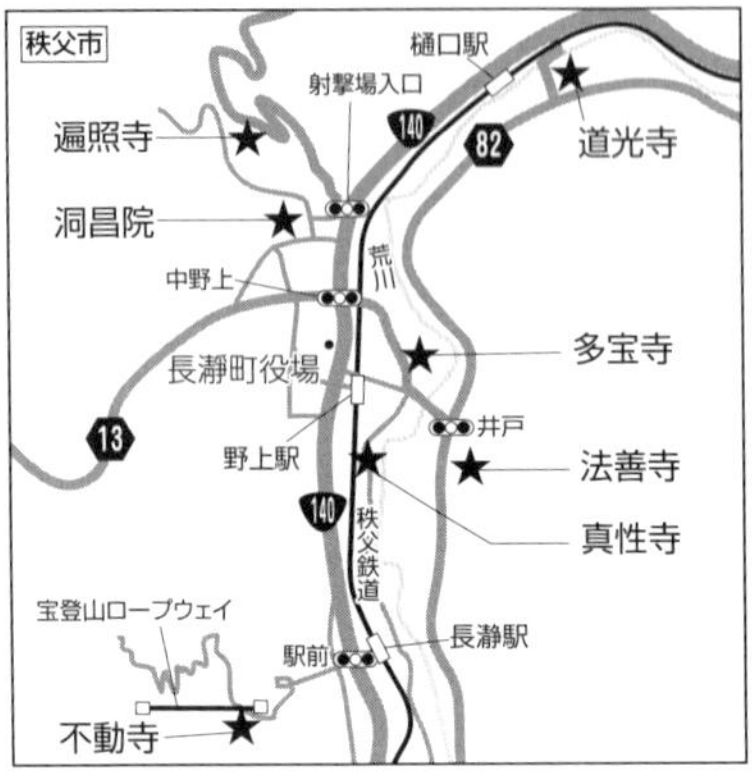

葛《くず》の〈遍照寺〉――本尊は、「神変大菩薩《しんぺんだいぼさつ》」であり、その木像が安置してある。神変大菩薩とは役行者《えんのぎょうじゃ》の尊称である。彼については、205頁の※1を参照していただくことにして、彼の木像には「元和四年戊十二月吉日」の銘がある。一六一八年の作ということだ。

クズという名前は、大和の国の吉野川（紀の川）上流の「国栖《くず》」が、葛粉の産地であったことからきている。いまでも吉野葛は超ブランドである。そのためかこの葛、英語名もkudzuなのだ。また根は「葛根《かっこん》」と呼ばれ、解熱剤になり、最新の漢方医学ではリウマチにも効くとされている。つる（幹）は行李《こうり》などの材料に、その繊維は葛布《くずふ》になる。

【代表的な歌・二首】

おとづれしまさきの葛ちりはてて外山も今は霰《あられ》をぞきく　藤原定家

忘るなよ路におふる葛の葉の秋風吹かば今かへりこむ　よみ人しらず『拾遺集』

萩の〈洞昌院〉――関東三十六不動のひとつでもあり、二十九番札所である。ハギは、その字のごとくまさに秋の草である。本堂の裏には萩山といわれる急勾配の場所があり、一万本の萩がみごとである。また萩といえば、花札の「赤丹」「猪」が連想されるのだが、やっぱり強烈な印象は、日本海が見える北陸の「市振」で〈俳聖〉が詠んだ句であろう。

――一つ家に遊女も寝たり萩と月（『おくのほそ道』）

芭蕉の作品では、きわめてめずらしく、ちょっと〝異色な〟感じ、物語の広がりを想像させる句である。なにか思わせぶりな、記憶に残ってしまう作品であるが、専門家たちにいわせると、この〈場面〉は、芭蕉の作り話、つまりフィクションだそうだ（残念！）。

【代表的な歌・二首】

なきわたる雁《かり》の涙や落ちつらむ物思ふ宿の萩のうへの露　よみ人しらず『古今集』

を鹿鳴く岡べの萩にうらぶれていにけむ君をいつとか待たむ　賀茂真淵

尾花の〈道光寺〉―― 本尊の釈迦像は、写実的で力強い作風で知られる、天才**運慶**の作である。尾花とはススキのことで、てっぺんの黄色っぽい穂が、動物の尾（しっぽ）に似ているところからそう呼ばれた。昔は、葉や茎は屋根を葺《ふ》くのに使われた。

この寺の「尾花」には、ちょっとびっくりした。「ススキ」のイメージで行くと、度肝を抜かれることになる。かなり、デッカイのだ。背の高さはゆうに3㍍をこえ、先端の白い穂先は、まるで愛車のホコリをとるときの、あの道具である。それは、いわば「西洋すすき」であり、学名は「シロガネヨシ」、またの名を「パンパスグラス」※という草であった。ということで、これ「尾花？」「ススキ？」という感想をもってしまった。

※　原産地はブラジル、チリ、アルゼンチンなどの南米大陸。パンパスは、アルゼンチンのラプラタ川流域に、ヴェノスアイレスを中心に広がる温帯大草原のことであり、「パンパ」ともいう。

【代表的な歌・二首】

すがる鳴く野べの夕暮あはれなり尾花が末に風をまかせて　慈円

つたへてもいかに知らせむおなじ野の尾花がもとの草のゆかりに　公衡『新勅撰集』

桔梗の〈多宝寺〉―― 寺宝は有形文化財とされた「奉納絵馬」。「念仏講十七人　文久元年」と書かれた、男女が念仏踊りをしている絵である。文久元年といえば1861年で、ペリーが浦賀にきた8年後である。また**福田柳儀斉**の顕彰碑も立派である。彼は幕府講武所の師範であり、後に江戸で町道場を開いている。この道場に入門してきたのが、**嘉納治五郎**だった。日本柔道の父といわれた嘉納の恩師である。

中国では桔梗は「キチコウ」だが、日本にきてその音が「キキョウ」となった。またこの花、日本では家紋としても有名で、**清和源氏**の流れをくむ一族や土岐氏などが桔梗紋を使用している。なかでも、土岐一族の**明智光秀**の桔梗紋はよく知られている。また**加藤清正**も使用しており、変形型の「清明桔梗」と呼ばれる紋は、**安倍清明**の紋である。**坂本龍馬**が用いていたのは、「組み合い角」の桔梗紋であった。明智光秀の娘婿であった明智光春の子・明智太郎五郎を先祖としていた坂本家としては、当然のことである。

【代表的な歌・二種】

秋ちかう野はなりにけり白露のおける草葉も色かはりゆく※　紀　友則『古今集』

桔梗の涼しき花に集まりて水のごとくに照る日は燃えぬ　宮　柊二『軍鶏』

※　この歌には、かなり高度な言葉遊びが隠されている。冒頭の「秋ちかう」は、「あきちかう」であり、「きちかう」＝「桔梗」で「桔梗の花」が隠されているのだ。

藤袴の〈法善寺〉―― 寺宝としての銅が有名。重さ16キロで、高さ36センチにもなる三角形をした自然銅である。和同開珎の銅が産出された地・長瀞らしい寺宝である。

藤袴は、香料・薬用の草であり、別名「香草」ともいわれる。そのため**紀貫之**などは――やどりせし人

のかたみか藤袴　わすれがたき香ににほいつつ（『古今集』）――と歌っているほどである。また忘れてならないのは、この花『源氏物語』の三十帖のタイトル名になっていることである。内容は、女口説きの天才であった主人公光源氏の、数少ない失敗例・失恋である。この帖の主役は玉鬘《たまかずら》といい、かつて源氏に愛された夕顔の娘である。つまり源氏は養父にあたり、その養父が若い彼女をテゴメにしようとする内容である。まぁ、病気ともいえる女ったらしの失恋話はいいとして、気になったのは〈字〉である。タイトル名はたしかに「藤袴」となっているが、原書の本文のほうでは「蘭」という字が使われているのだ。そしてその「蘭」という漢字には、たとえば、岩波書店の「新日本古典文学大系」や、小学館の「日本古典文学全集」では、「らに」とルビがふってある。ところが与謝野晶子の翻訳本では、「蘭」につけられたルビは「ふじばかま」であった。藤袴そのものは、キク科の草であるが、中国名では「蘭草」とか「香草」などと表記され、おそらく紫式部はその中国名をもちいたのであろう。その結果、様ざまな翻訳者がその都度、頭を悩ましながら、原文のイメージと格闘してきた結果なのかもしれない。ちなみに「らに」は、後に「らん」と転訛したのであろう。

この草、花は小さいが形が袴に似ていることから、こう呼ばれた。ただし色は、藤色ではなく淡いピンクに近い。

【代表的な歌・二首】

おなじ野の露にやつるる藤袴あはれはかけよかごとばかりも　紫式部『源氏物語』

藤ばかま嵐たちぬる色よりもくだけて物は我ぞかなしき　藤原俊成『後拾遺集』

撫子《なでしこ》の〈不動寺〉――昭和53（一九七八）年創建の、大変新しい寺である。本尊は寺号からわかるように、不動明王である。不動明王そのものが勇ましいのだが、他に「降三世明王」「軍荼利《ぐんだり》明王」「大威徳明王」それに「金剛夜叉明王」があり、強そうな仏様のオンパレードである。

なでしこは、サッカーの女子日本代表チーム「なでしこジャパン」で、最近の人々にも有名である。大和撫子は、日本の女性をたたえる代名詞となっている。

【代表的な歌・二首】

あな恋し今も見てしか山がつの垣ほに咲ける大和撫子　よみ人しらず『古今集』

山がつの垣ほに咲ける撫子の花の心を知る人のなき　源実朝

女郎花《おみなえし》の〈真性寺《しんしょう》〉――寺宝の薬師如来像は空海の作といわれている。そのためか境内には弘法大師の像が立っている。

女郎花がなぜ「おみなえし」と読むのか、ちょっと不思議である。漢方では、根を乾燥させて利尿剤とする。

【代表的な歌・二首】

をみなへし見るに心はなぐさまでいとど昔の秋ぞこひしき　藤原実頼『新古今集』

わが机袖にはらへどほろろちる女郎花こそうらさびしけれ　与謝野晶子『春泥集』

いずれの寺の七草も、それはそれはみごとである。これらの寺は、長瀞町役場もしくは秩父鉄道「野上駅」

真性寺（長瀞町）

を中心に、まるで楕円を描いたように位置しており、一筆書きの総延長は、18キロである。歩くには少しシンドイかもしれないが、平日ならば、ありがたいことに無料バスも走っている。

　で、肝心なことである。これらの「七寺」、いったいいつごろからあるのか。また、なぜできたのか、ということである。

　長瀞には、秩父七福神の一つ、総持寺がある。「福禄寿」を祀った寺なのだが、不思議なことに「秩父三十四観音」の札所・霊場は、一ヵ寺もない。もちろん「坂東三十三観音」にも、どの寺も入っていない。かろうじて関東三十六不動に入っていたのが、洞昌院（萩寺）だけである。せっかくの観光地であるのに、これではあまりにも寂しすぎる、と関係者たちはかねがね思っていた。こうして、「三十四観音」に負けない何かを〝創り出していこう〟という機運が町に盛り上がり、さまざまな企画が検討された。そうした状況の中で、一つのアイデアが――、

　長瀞に秩父の七草に因んで（七草霊場）を作ろうという案件は、秩父鉄道の久保部長、NHK飯島記者の提案で、長瀞の新しい魅力をもつ目玉として開発すべく、昭和五四年より企画開発部で検討を重ねていた。

（小見山憲彦『秩父七福神　長瀞七草寺めぐり』）

というように検討されていたのである。ただしここでの「企画開発部」が、どこの部署なのか、長瀞町なの

か、はたまた秩父鉄道のそれなのかは不明であるが、昭和60（一九八五）年7月、ともかく七草寺は一斉にスタートした。もちろん、日本ではじめての企画であり、はじめての実施であった。

長瀞をこよなく愛する二人の男の「提案」から生まれた「七草寺」構想は、いま「三十四」にも「百」にも負けない、巡礼コースとなりつつある。この街は季節感あふれる、七色の景色を創りだすことに成功したのだ。今流行の「御朱印」を集めるのもいいし、景色や歴史的文化財などを見学してまわるのも、また写真を撮りに訪れるのもお勧めである。

秋の一日、ぜひ長瀞の「七」を楽しんでいただきたい。

最後に、私の感想。女郎花の真性寺に行ったときである。まだ暖かい秋の陽射しが降り注いでいたこの寺は、あたり一面背の高い（70センチから1メートルほど）〈黄〉の女郎花の群生に囲まれていた。そして片隅に、真っ赤な帽子とヨダレカケをつけたお地蔵さんが、同じ方向を見つめながら六つ黙って立っていた。その隣には、これまた真っ赤なのぼり旗が一基、静かに風にゆられていた。白ぬきで書かれた文字は、「長瀞七草寺霊場」だった。そんな光景を、しばらく眺めていた。

そうか、お地蔵さんはいつだって六人でセットなのだ。ということで、「七」草寺に「六」地蔵か。数字の妙といえばそれまでなのかもしれないが、なぜか可笑しかった。

【8】福神など日本にはないが、栗橋にはある

七草寺の話の後ときたら、次は「七福神」となりそうである。ところがここでは、そうはいかない。せっかく「六地蔵」「七草寺」ときたのだから、次はなんとしても「八」につなげたい。ということで、「八福神」

に話を移す。しかし、「七福神」ならともかく、日本には「八福神」などという神様たちのグループはない。そう、たしかに日本にはないが、不思議なことに栗橋町（現・久喜市）にはちゃんとあったのだ（?）。

というわけで——「八福神」である。

カレーには、なぜかセットのようにあの赤い福神漬けが、お皿のふちにのっている。この漬物、実は七福神からきている。ダイコンやレンコンなど七種類の野菜を塩漬けにして、みりん・しょうゆなどに漬け込んだものなのだが、縁起のいい七福神から「福神漬け」と命名されたのである。

ではその「七福神」そのものの発祥は、いつごろなのか。一般的な説では、おおよそ室町時代の末期ころ、とされている。つまり、時代が殺伐としてきた、戦国時代の幕開けあたりのころ生まれたようである。

ところで正月の二日には、この七人が乗った船の絵「七福神船遊びの絵」を枕の下に入れて寝る風習がある。自分のもとに宝船がやってくるのを願ってのことである。では、そもそもなぜ「七」福神なのか。これだけ縁起がいいとか、おめでたい、といわれながら、実はその由来は謎なのである。中国の「竹林の七賢人」がモデルになったとか、般若心経のなかの「七難即滅七福即生」からきた、などといろいろ説がある。たとえ由来がわからなくても、おめでたいことには間違いない。

こうして、日本列島に「七福神」の神社仏閣が、雨後のたけのこのように生まれてきた。埼玉県だけでも、その数はかなりある。列記してみると、

深谷七福神——この深谷にも、長瀞のと同種の「秋の七草寺」があるが、その寺々に「七福神」が安置してある。ただ「なでしこジャパン」でなじみの「撫子」の寺は、おデブさんの

「布袋尊」となっており、唯一の女性である「弁財天」は「尾花」とセットになっていた。なんとなくチグハグで、違和感をおぼえる。

北本七福神――「大黒天」の高尾氷川神社は、筒の長さ2㍍、くじ棒1・8㍍の日本最大のおみくじで有名。

秩父七福神――「秩父三十四観音霊場」とは異なる寺々からなる古刹めぐり。

与野七福神――新春3日に行なわれる「七福神仮装パレード」、とりわけ弁天様は見ものである。

草加七福神――旧日光街道周辺の寺々からなる。

三郷七福神――市内のすべての寺院（24寺院）が参加している、きわめてめずらしいケース。

武蔵野七福神――範囲は、飯能・入間・所沢にまたがっている。

武州本庄七福神――旧中山道沿いの10寺社に安置されている。

武州寄居七福神――5つの寺に安置されている。高さ6・5㍍、幅5㍍で黄金に輝く布袋尊（蓮光寺）は圧巻だった。

武州川口七福神――市街地の中の寺々めぐりになる。

武蔵越生七福神――コースには越生の梅林や黒山三滝などがある。

行田忍城下七福神――2011年にはじまった新しいコース。ひょっとしたらこれも、55頁で述べたように、『のぼうの城』のブームにあやかってスタートした七福神かな？

小江戸川越七福神――七つの寺すべてに水琴窟《すいきんくつ》があり、音色がすべて違う。

日光街道すぎと七福神――「まいう〜！」の七福神グルメも楽しめる。

というように、14もの〈七福神グループ〉があり、ひょっとしたら、まだ他にもあるのかもしれない。

そもそも「七福神」とは、

神名	利益	栗橋での所在寺
寿老人	長寿の神様	浄信寺
弁財天	学問・芸術の神様で唯一の女神	迎盛院
福禄寿	長寿・幸福の神様	福寿院
大黒天	財や幸福をもたらす神様	常薫寺
布袋尊《ほていそん》	未来を予知する福徳の神様	定福院
恵比寿神	商売繁盛の神様	深廣寺
毘沙門天	知恵と勇気の守り神様	顕正院

というラインナップで知られている。ところがここ栗橋では、「八福神」なのだ。

では、なぜ――「八」なのか。

理由は、この街の寺の数と神様の数が合わなかった、ということである。

今から20年ほど前、この街で石材店を営む**酒井勲**、**鉱治**親子が、町内の寺院に七福神の各神様を寄贈しようとした。ところが町内には、寺は八つあったのだ。一つだけ残すわけにはいかない。寄贈しなかった寺に恨まれるのもこまる。またこれがもとで、寺院間の戦争、いわゆるもらった寺ともらわなかった寺との、宗教戦争がはじまってしまっては申し訳ない、と二人は考えた。(ほとんど私の想像!)そして悩んだすえに、妙案が浮かんだ。「よし、〈八〉にしてしまえ。八福神なら末広がりで縁起がいい」といったかどうかは知らないが、彼らはもう一つの神様を造り、めでたくすべての寺々に「八福神」を安置したのである。

新しくチームに加えられたのは、「吉祥天《きっしょうてん》」だった。幸福・美・富の神様である。

もともと日本では、「七」という数字よりも、聖数とされていたのは「八」であった。しかし「七」にまつわる諺なども多い。たとえば、「色の白いは七難かくす」「親の光は七光り」とか「猫を殺せば七代たたる」「なくて七癖あって四十八癖」、それに「七つ道具」などがすぐにでもうかぶ。けれども、こうしたコトバの根拠は、さかのぼっていくと仏教にたどり着くのである。つまり538年に仏教が日本に伝来し、法事などの日数・年数の周期が「七」だったことや、「北斗七星」（妙見様）信仰などから、「七」は、それなりの大切な数字とされ、一躍スーパーナンバーとしてスポットライトをあびることになった結果であり、インド・中国の影響があったのである。また一週間が七日という制度は、もちろんユダヤ教からであり、「ラッキー7」※などといわれはじめたのは、つい最近のことで、これも海の向こうからやってきた船来品である。

※ アメリカ大リーグでのシカゴ・ホワイトストッキングスのリーグ優勝がかかった試合から生まれた話である。7回のホワイトストッキングスの攻撃のとき、味方の選手が平凡なフライを打ってしまった。ところがこの日、強風が吹いており、あれよあれよというまにホームランになってしまった。それが決勝打になり、おかげで優勝。試合後インタビューに答えた勝利投手（ジョン・クラークソン）が「幸運な七回」と表現したことで、この「ラッキーセブン」は、全世界に広まった。これが語源である。ただし正確にいえば、彼のそのときの言葉は「ラッキー・セブンス」だった。つまり「幸運な七回」である。

これに対し日本では、神代の昔（仏教が来る前）から縁起のいい数字は、あくまでも「八」とされてきた。

事実、**『古事記』**でも**『日本書紀』**でも、やたらと「八」——たとえば「大八洲《おおやしま》」「八尋殿」「八衛」「八重雲」

であり、天皇の三種の神器も「八咫鏡」「八十握剣」「八坂瓊勾玉」――といったように、大切なモノはすべて「八」なのである。また7世紀後半から8世紀にかけて造られた天皇陵は、八角古墳であり、天皇が即位するときに使われる「高御座」も八角形である。さらには法隆寺の夢殿も、京都・吉田神社の大元宮、日光東照宮の奥の院も、やはり八角形である。

また、「八方塞がり」「八方美人」などの「八方」は、方位のすべてをさしており、そのまま宇宙とされてきた。ちなみに数字の「8」をヨコに寝かせると、無限を表す「∞」になる。

このように「八」は日本人が好む数字であり、古来より最高位を占める数字とされ、宇宙さえ表す数とされてきたのである。もちろんこの「八」にも、紀元前10世紀ころ中国ではじまった易経、宇宙は陰と陽を八卦で組み合わせたもの、というような考え方※の影響はあったと思われるが、日本における〈聖数〉の地位は、もともと「八」だったのである。

※ 日本の国技・相撲《すもう》のさい、行司は「ハッケヨイ！」と力士にハッパをかけるが、これは「八卦良い」という意味であり、仏教よりも古い陰陽道からきている。「八卦」とは、東西南北、南東、南西、北西、北東といった八つの方位、つまりすべての方角を基本として、あらゆる現象を読み解こうとする〈古代思想〉である。

だから酒井親子のアイデアと決断は、日本古来の伝統を守り、寺院間戦争を回避し、間違っていなかったといえよう。

しかし、と同時に「八」にしたことで新たな問題が発生するという恐れもあった。というのはこの吉祥天、実は女神なのだ。しかも美女の代名詞ともいわれるほどの美人神である。そしてもともとの七福神には、ただ一人の女神である弁財天がいて、他の神様をはじめ、すべての男性たちの注目を一身に集めていた。そこに新たなる美女の出現である。バチバチの〈女の闘い〉がはじまりはしないか、という深刻な問題である。

しかしこうした心配をよそに、いまでは「くりはし八福神」めぐりとして観光化され、多くの人たちがそのコースを歩いている光景が、栗橋のあたらしい景色として生まれつつある。ちなみに最後に登場した「吉祥天」は、寶聚寺に安置された。「弁財天」がいる迎盛院からは、もっとも距離的に遠い場所である。

やっぱり酒井親子は、宗教戦争あるいはバチバチの女の闘いを心配していたのだ。

【12】の寺々。「八百屋お七」も！　干支巡礼

「あいつは丑だから、モーのんびりしてるよな！」とか「ヤツは亥歳《いのししどし》だから、ホントに猪突猛進だよ！」などといわれているうちはまだいい。最悪は、丙午《ひのえうま》なのかもしれない。

人口減少がはじまった日本である。有史以来、特別の時期をのぞき、一貫して増加してきた人口が減りはじめたのである。原因は、戦争でも飢饉でもなく、出生率の恒常的低下である。ところがこうした「恒常的」というのではなく、極端に低い出生率を記録している年がある。たとえば昭和41（一九六六）年である。前後の年とくらべると、数の上でおよそ25パーセント、100万人少ないのだ。※

※統計では、前の年である昭和40年の出生率は2・14で、昭和42年は2・23であるが、真ん中のこの丙午の年のそれは、なんと1・58でしかない。

なぜか？——その年、昭和41年が「丙午《ひのえうま》」だからである。

丙午とは、何なのか。字から判断すると、「午年」であることはわかる。しかし年賀状などでおなじみの「子《ね》」とか「巳《み》」といったような、単なる「午」というものでもない。それらは正確には「十二支《じゅうにし》」であり、

ここでとりあげている「丙午」の場合の干支《えと》ではない。では、干支とは何なのか。自然界の摂理とも思われていた出生率をも左右する、干支なるものとはいったい何なのか。

このように大上段にかまえてしまうと、なにかトテツモナイもののようにも思えるが、事実はその逆で、「干支《えと》」は日本人にはおなじみの、いまや日本社会の深層にまで沈殿している文化である。紀元前1600年ころの中国で生まれ、日本には553年に伝来した、とされている思想＝文化であり、ダイタンにいえば、天文学から生まれた考え方、木星の毎年の位置を表すための研究から生まれた思想である。天を十二等分し、それぞれに「子《し》・丑《ちゅう》・寅《いん》・卯《ぼう》・辰《しん》・巳《し》・午《ご》・未《び》・申《しん》・酉《ゆう》・戌《じゅつ》・亥《がい》」という漢字※をあてたことからはじまっている。まずこれが、「十二支」である。

※ ちなみにこの〈思想〉が日本に伝わったとき、私たちの先祖は、それに日本的な漢字をあて、わかりやすく、日本の風土になじみやすいようにした。「鼠・牛・虎・兎・龍・蛇・馬・羊・猿・鶏・犬・猪」という字である。この字のおかげでこの舶来文化は、日本の風習の中に深く入りこんでいったのである。

そして、この「十二支」に「十干《じっかん》」※をかけあわせ、六十通りの組み合わせから生まれたのが、「干支《かんし》」（えと）である。60の組み合わせの最初は「甲子《きのえね》」で、最後が「癸亥《みずのとい》」であり、「丙午」は組み合わせの順序では、43番目に巡ってくる。このサイクルが60年で一周し、元に戻ってくり返すため、60歳が「還暦」の歳といわれる。つまり「暦が還《かえ》る」ということである。

※「十干」とは、「甲・乙・丙・丁・戊《ぼ》・己《き》・庚《こう》・辛《しん》・壬《じん》・癸《き》」であり、戦前までの学校での通知表（成績表）では、これらの「甲」（優秀）とか「乙」（やや優秀）、「丁」（劣る）が使われていた。

二つの組み合わせで有名なのは、先ほどの「丙午」とか「戊辰戦争」「庚申塚」とか「壬申の乱」「乙巳《いっし》の変」※などだが、いずれにしても「十二支」や「干支」は、この国の人びとの心に深く根づいており、慣習あるいは文化として、この国に定着しているようである。

※　いわゆる「大化の改新」。最近では、こう呼ばれている。

前座の話がムズカシクなってしまったが、本題に入ろう。

中世は「鉢形城」の城下町として、また近世では宿場町として栄えた寄居の街には、全国でもきわめて珍しい、この「十二支」の寺々がある。そしてそれらは、四国八十八カ所のように、

――「武州寄居十二支守り本尊まいり」

と呼ばれ、巡礼コースとなっている。それらを表にすると、

〈子〉歳	白狐山善導寺	花園城址の南東山麓にあり、かなりの古刹である。狩野派の絵師**金竜斎宗信**が描いた100枚の百人一首の格天井で知られている。山号は「白狐」なのに、〈子〉の寺になっている。
〈丑〉歳	清澄山天正寺	
〈寅〉歳	同右	
〈卯〉歳	萬年山少林寺	背景には羅漢山があり、500体をこえる石の羅漢像は圧巻である。
〈辰〉歳	高根山正龍寺	〈辰〉の寺だけあって、寺号に「龍」がついている。
〈巳〉歳	同右	

〈午〉歳	紫雲山大正寺
〈未〉歳	宝林山天澤寺
〈申〉歳	同　右
〈酉〉歳	木持山浄心寺
〈戌〉歳	鶉沢山西念寺
〈亥〉歳	同　右

ここの不動明王は、多くの人から「財与不動」と呼ばれ、商売繁盛のお不動様として親しまれている。

この寺にある阿弥陀如来像は、**聖徳太子**の作といわれている。山号に鳥の「鶉《うずら》」の字が使ってあるのに、なぜか〈犬〉と〈猪〉の寺になっている。


であり、「十二支」のわりには、八つの寺で構成されている。これら八つの寺は、いずれも寄居駅から歩ける範囲にあり、巡礼コースとしては、手ごろな距離（約12キロ）である。自分の十二支の寺に参詣するもよし、大切な人の十二支の寺を訪れるのもよしである。ご朱印もさることながら、各寺で売っていた、十二支それぞれの「起き上がりこぼし」が、とても可愛らしく、年回りを信じる人には、うってつけの参拝コースであろう。


最後になってしまったが、丙午の年には、なぜ出生率が極端に低下したのか。

それは――一つの強烈な迷信からである。

もともと「丙」も「午」も、五行思想では「火」の運気を表す字とされている。このため中国では〝丙午の年は火災が多い〟とされてきた。当然、この考えは日本にも伝わり、この年には特に火の元には注意していたらしい。ところが江戸時代、ある少女が、放火をしたのである。おかげで江戸の街は灰燼に帰してしまった。彼女は、なぜそんな過激なことをしたのか。

それは——恋に燃える、乙女心からであった。

ここまで書けば、もうその女の名はわかるであろう。

そう——「八百屋お七」[※]である。

※ 生年、命日については諸説あるが、寛文8（一六六八）年～天和3（一六八三）年3月28日という説が有力である。

井原西鶴の『**好色五人女**』[※1]にも取りあげられ、歌舞伎、浄瑠璃、文楽、浮世絵、落語、演劇、映画、小説、歌謡曲などでおなじみの、あの彼女である。江戸本郷の八百屋の箱入り娘で、恋人に会いたい一心で放火をし、市中引き回しのうえ、鈴ヶ森刑場で火あぶりに処された「お七」[※2]である。彼女は、丙午の年に生まれた、とされたのである。この事件以降、〝丙午生まれの女は気性が激しく、夫の命を縮める〟とか〝夫を食い殺す〟[※3]などといわれるようになった。当然、親はもしこの年に女の子が生まれたらどうしよう、嫁のもらい手がないのでは、と心配し、この年には子どもを作らなくなる。こうして出生率が低下し、その年の子は少なくなる、ということである。

※1 昭和29（一九五四）年に上映された、映画「**八百屋お七　ふり袖月夜**」の主役「お七」を演じたのは、**美空ひばり**だった。

※2 「八百屋お七」という語呂には、どこか〈妖艶な女〉というイメージが付きまとっている。まさか**坂本冬美**の「**夜桜お七**」の影響とはいわないが、恋に生きる多情な女と想像されてしまうのである。しかし先ほど述べた「有力説」では、十四～十五歳の、今でいえば中学生であり、まるっきり少女なのである。

※3　同じようにいわれるのが「五黄《ごおう》の寅」であり、特に女性の場合、「強《ごう》の寅」とも呼ばれ、〝頑固で強すぎる女〟というイメージがもたれているが、こちらは九星占術の「五黄土星」の年と寅年が重なった年に生まれた人のことで、計算上では36年に一度訪れる年回りのものである。

もちろん、何の根拠もない迷信※だが、干支が「日本社会の深層にまで沈殿している文化」だということの、証にはなっているようである。

※　先ほど私は、あえて「彼女は、丙午の年に生まれた、とされた」と記したが、もし彼女が丙午の生まれなら、※で述べたことと矛盾してしまう。というのも、丙午の年は寛文6（一六六六）年であり、「有力説」を採用するなら、彼女は丙午とは何の関係もないことになる。丙午の「迷信」どころか、「八百屋お七」の史実も怪しくなってきてしまうのである。

【13】の秩父十三仏霊場は「108」キロコース

【12】のつぎは、【13】である。しかし、なぜ【13】なのかとくれば、またまたややこしい説明が必要となってくる。できるだけ簡潔に、説明しておこう。

人間、死んだ後はどうなるのか、どこ（天国なのか極楽浄土なのか、はたまた地獄なのか）に行くのか、は誰にもわからない。もし天国があるとすれば、そこはかなりいい所であろう。その証拠に、逝った人は誰一人、帰ってこない。その昔**フォークルセダーズ**が「天国よいとこ　一度はおいで　酒は美味いし　ネエちゃんはきれいだ」とヘンな声で歌っていたが、帰ってきたのはこの〈ヨッパライ〉だけで、他には誰も帰ってきてはいない。

とすれば、遺された家族・親族の者たちには、その帰ってこない故人のさまざまな「命日」で、いろいろな「法要」をし、あの世にいる故人を偲ぶことぐらいしかできないのである。こうして日本では、さまざまな「法要」が営まれることになった。

人は死んでから四十九日間は、生前の家にとどまる、といわれている。そして死後の時間単位は、「七日」を基本とし、初七日《しょなぬか》、二七日《ふたなぬか》……というように数えられ、一般的には三十三年（回）忌を弔い上げとし、最後の年忌法要とする、ようである。こうしたそれぞれの基本単位には、それぞれの仏様があり、それらの仏様たちが死者の道先案内人、つまりツアー・コンダクターのような役をして極楽浄土へ導いてくれる、とされている。まことに、ありがたいことである。

秩父郡には、こうした〈ありがたい〉仏様たちを拝むことができる巡礼コース、

――「秩父十三仏霊場まいり」というのがある。

その寺々を紹介すると、

初七日《しょなぬか》	不動明王	西光山萬福寺	皆野町
二七日《ふたなぬか》	釈迦如来	龍王山宝円寺	両神村（現・小鹿野町）
三七日《みなぬか》	文殊菩薩	伊豆沢文殊堂	小鹿野町
四七日《よなぬか》	普賢菩薩	向岳山宝林寺	秩父市
五七日《いつなぬか》（三十五日）	地蔵菩薩	金龍山徳雲寺	秩父市
六七日《むなぬか》	弥勒菩薩	大東山源蔵寺	秩父市

七七日《なななぬか》（四十九日）	薬師如来	四阿屋山法養寺薬師堂	両神村（現・小鹿野町）
百カ日	観世音菩薩	融興山瑞岩寺	秩父市
一周忌	勢至菩薩	師慶山医王寺	皆野町
三年忌	阿弥陀如来	大応山阿弥陀寺	荒川村（現・秩父市）
七年忌	阿閦《あしゅく》如来	大日向山大陽寺	大滝村（現・秩父市）
十三年忌	大日如来	石雲山昌安寺	秩父市
三十三年忌	虚空蔵菩薩	上宮山虚空蔵寺	秩父市

というラインナップである。

この十三の寺々が、いわゆる「秩父十三仏霊場」として巡礼コースとされたのは、まだ最近のことで、昭和55（一九八〇）年から、ということである。しかしこれは、あくまでも〈正式に〉ということであり、

『続・秩父の言いぐさ』に「昭和五年八月、皆野町・円明寺の盆踊りに、皆野町下田野の人たちが十三仏の仮装をして踊って、大喝采をうけた」とあるように、秩父地方では古くから十三仏信仰が行なわれていた。

（井口一幸『秩父歴史散歩　Ⅲ』）

という「証言」もあるように、こうした信仰はこの地では、かなり以前からあったようである。

訪れた各寺々には、その縁起などを書いた「十三仏霊場巡拝帖」が用意されていた。いわゆる「ご朱印帖」である。亡くなった大切な人のため（追善供養）だけではなく、これから旅立ちする予定の自分のため（ご祈願）にも、「十三」という数は、手ごろなコースなのかもしれない。しかし、後出しジャンケンみたいで

恐縮だが、このコースたった13にもかかわらず、全部をまわるとおよそ108キロにもなり、なんと「秩父三十四観音霊場」の距離より長いのである。それはそうだろう。これらの寺は「皆野町」から「大滝村」の奥まで広がって分布しているのだから。だがそのため、武甲山や三峰連峰、両神山などを拝め、荒川の源流域、赤平川、浦山川などの清流で身を清めることもできるコースになっている。そして、よく考えてみれば、この巡拝距離の108キロは、大晦日の除夜の鐘「百八つ」と同じであり、まわってきた暁には、すべての煩悩から解放されることマチガイないのである。

ちなみにこうした「十三仏霊場」、全国にどのくらいあるのかといえば、

「山形十三仏」「鎌倉十三仏」「京都十三仏」「おおさか十三仏」「神戸十三佛」「淡路島十三仏」
「大和十三仏」「紀伊之国十三仏」「出雲国十三仏」「伊予十三佛」と埼玉の「秩父十三仏」

ということで11コースだった。残念ながら、〈十三〉では、なかったのである。そしてこれらの「十三仏まいり」は、「十三」が「とみ＝富」と呼べることから、「とみまいり」ともいわれている。しかしこの音感・イメージでは、死者を供養するというより、お金が儲かるといった感じがし、死者もおちおち眠っていられなくなるのでは、と逆に心配してしまう。

【33】の観音札所巡り。プラス1の秩父以外の

秩父の観音札所コースが、「三十三」から「三十四」になった、深いフカ〜イ話はすでに記したが、埼玉には他にも、「三十三」の観音札所コースがある（あった）。

たとえば「高麗三十三ヵ所観音札所」である。江戸時代あたりから、一般庶民にも〈旅〉の文化が広まっ

ていき、そうした〈流行〉のなかでこのコースが確立したのは、おおよそ享保年間（1716～36年）といわれている。範囲は飯能、日高、入間の地域で、行程は「十九里十五町」とされていた。現代的に表せば、約76キロになる。江戸時代であれば、当然歩いてまわる。所要日数は二泊三日だった。有名なところをピックアップすれば、第十三番の能仁寺（飯能）であろう。しかしこのコース、現在では有名無実のような存在になってしまっている。武蔵野の幻影をいまだに留めている景色、名栗川や高麗川ぞいの山紫水明な風景といった、自然美の贅を極めたような順路であり、再現・復活を祈念したいところである。

ほかにも「忍領西国三十三ヵ所」「足立坂東三十三ヶ所」などがあるが、面白いのは「忍三十四ヵ所」の存在である。この「三十四ヶ所」は、元禄2（一六八九）年に龍花院（騎西町）の**観照和尚**が創設したとされているが、巡礼コースをはじめから「三十四」とし、先ほどの「忍領―」と「足立―」を組み合わせ、ローカル・ミニ「百観音」コースを創設したのである。

まさか、秩父のアイデア＝「日本百観音―」の真似・模倣では、と思えてくる。

【36】の不動様たちで「発心」から「涅槃」へ

先ほどの「秩父三十四ヶ所」や「坂東三十三ヵ所」などは、すべて観音信仰による巡礼であった。しかし信仰の対象は、なにも観音様だけではない。

母親のような優しいイメージで、現世でのご利益《りやく》をもたらしてくれ、そのため慈悲の仏様といわれる観音様にくらべて、「お不動様」こと不動明王は、父親のように厳しく、憤怒のイメージの仏様である。しかし〈お母さん〉の観音様が、多くの民衆に巡礼されているのをヨコで見ていれば、〈お父さん〉だって黙っては

いられない。ということで、「お不動様」も、その名に反して動きはじめたのである。いわゆる、

——「関東三十六不動」の制定である。

しかし、その動きは、お母さんにくらべて実に遅かった。スタートしたのは、なんと昭和61（一九八六）年である。しかし遅ればせながらも、「三十六のお不動様の霊場」が巡礼コースで結ばれたのだ。※そして、ここでちょっと気になるのが、数字の「三十六」である。

※ 他には「近畿三十六不動尊霊場」があるが、こちらは「関東―」よりもちょっと古く、昭和54（一九七九）年の成立である。構成している寺には、**デューク・エイセス**の歌**「女ひとり」**の歌詞にも登場する、「京都大原三千院」や「京都嵐山大覚寺」があり、**吉田兼好**の『**徒然草**』にもとりあげられている「仁和寺」などがある。

観音信仰は、すでに記したように「三十三体に変化《へんげ》して人びとを救う」という根拠から「三十三」だったが、不動様の場合、根拠はその「眷属《けんぞく》」※である「三十六童子」からきており、その三十六は人間の煩悩の数「三十六支」をもさす、といわれている。

※ 365頁の※を参照。

で、「関東―」の範囲は、神奈川、東京、埼玉、千葉にまたがっており、この順番で札所番号がつけられている。特筆すべきは、それぞれの県でその巡礼の意味がちがい、そのため四国八十八ヵ所や秩父三十四ヵ所のように、勝手に行きやすいところから回る、というようなことが出来なくなっているのである。わかりにくいので、整理してみよう。（ただし有名な寺のみ。）

神奈川県――「発心」の道場（7カ所）	
第一番　雨降山大山寺（伊勢原市）	「大山」
第七番　金剛山平間寺（川崎市）	「川崎大師」
東京都――「修行」の道場（19カ所）	
第十八番　泰叡山瀧泉寺（目黒区）	「目黒不動尊」※
第二十六番　五智山総持寺（足立区）	「西新井大師」
埼玉県――「菩提《ぼだい》」の道場（5カ所）	
第二十七番　成田山本行院（川越市）	「川越不動尊」
第二十八番　星野山喜多院（川越市）	「川越大師」
第二十九番　不動山洞昌院（長瀞町）	「苔不動尊」（「七草寺」の一つ、萩の寺。）
第三十番　玉山総願寺（加須市）	「不動ヶ岡不動尊」
第三十一番　光岩山岩槻大師（岩槻市）	「喜多向厄除不動尊」
千葉県――「涅槃」の道場（5カ所）	
第三十六番　成田山新勝寺（成田市）	「成田不動尊」

※　その実態は**明智光秀**ではないか、ともいわれている〈黒衣の宰相〉**天海**は、江戸という都市を作るにあたり、都市プランナーとしての天才的能力を発揮した。

もともと地勢のよくなかった江戸を、平安京の都市づくりにまねて、江戸の都市計画を設計したのであった。「寛永寺」～中略～の正反対の裏鬼門には、「増上寺」を配置した。それだけではない。江戸を取り囲むように「目黒不動(目黒区竜泉寺)」「目赤不動(文京区南谷寺)」「目白不動(豊島区金乗寺)」「目青不動(世田谷区最勝寺)」「目黄不動(台東区永久寺)」を配し、江戸を守ろうとした。五つの色は「陰陽五行説」からきており、それぞれの色が「水・火・金・木・土」を表している。「目黒」と「目白」だけは、今でも有名だが、実際には、「江戸五色不動尊」なのである。

というように彼は、江戸の鬼門の位置に「寛永寺」を置き、その延長上の日光に東照大権現になった家康を安置し、さらにその延長上に北極星が輝くという、壮大で完璧な都市を作り出したのである。

(拙著『〈さいたま〉の秘密と魅力』)

このように巡礼コースは、「発心」から「涅槃」へとなっており、そのため逆から回るということはできない。「涅槃」から「発心」という順序では、論理矛盾を引きおこしてしまうからである。

ところで「関東三十六不動」という名称だが、地域と名前が一致していない点が気になる。関東という地域には、他にも「群馬」や「栃木」「茨城」「山梨」もある。そうした県にも、不動様はいる(ある)はずである。にもかかわらず、それらの県にある不動様は、「三十六不動」には入っていないのだ。なぜこうなってしまったのかは、よくわからないのだが、埼玉人の私としては、埼玉が入っているのだから、「まぁいっか！」で終わらせるべきなのであろうか。

いずれにしても、埼玉の不動様には「菩提」などという名誉な地位を授けてくださり、巡礼する埼玉人にとっては、誠に幸せなことである。ちなみに「菩提」とは、迷いをはなれて得られた悟りの智恵をいい、今ある命のほんとうの喜びを、お不動さまとともにするコースになっているのである。

【88】の仏様たちは、四国だけの特権ではない

この章のはじめに、空海の四国八十八ヵ所を〈メジャーな一流デパート〉と表現したが、たしかに真言宗の宗祖**弘法大師**によって開かれたといわれている※「四国八十八カ所」の場合、仏教の信仰だけではなく、その有名性ゆえに、時にはセンチメンタル・ジャーニーの行き先などにも選ばれることもある。

※ この章のはじめで、四国八十八カ所を開いたのはスーパースター空海である、と記した。しかし伝説としてはたしかに空海によって開かれた、とされているが、四国八十八カ所が成立したのは、歴史学的には17世紀の半ばごろとされている。

そもそも〈旅〉とか旅行のはじまりは、洋の東西を問わず、宗教的な〈移動〉からではないかと思われる。げんに『**旧約聖書**』には、エルサレムをめざす巡礼の光景が描写され、日本でもすでに平安時代には、南都七大寺詣などが企画され、巡礼がおこなわれたという記録が残っている。こうした、宗教と旅の関係が、さらに深まったのは近世以降であった。特に江戸時代に入ると、庶民の間にも〈旅〉という新たな楽しみが生まれてきた。折しも**十返舎一九**によって書かれた『**東海道中膝栗毛**』※が空前の大ベストセラーになり、庶民の間に旅ブームが爆発的に広がっていった時代である。しかし同時に、封建制という〈しばり〉のなかでは、旅は〈宗教〉とのセットでないとなかなか実現が難しい、というのも事実であった。そのため多くの場合は、四国や伊勢を〈理由〉とした旅になり、崇高な気持ちもさることながら、物見遊山といった観光の様相も見られたのである。しかし〈理由〉はともあれ、もっともらしい巡礼姿の旅人も、多く見られるようになったようである。

※ 当初は、伊勢参りの道中を描いた作品であったが、あまりの人気のため企画をさらにのばし、ヤジさん、キタさん

には、その後「金毘羅様」「宮島の厳島神社」「善光寺」まで足をのばしてもらうことになるほどのベストセラーであった。

そして当然のごとく他の地域の寺院も、こうした現象をただ指をくわえて見ているだけ、というわけにはいかなかったようである。先にとりあげた「日本百観音」もそのひとつだが、驚きなのは、

──「新四国八十八カ所」の出現である。

仏様の世界にも、なんと「新」という概念があったのだ！

わが埼玉でも、こうした「新たなる八十八」としての「新四国八十八カ所」が生まれ、前後して、各地にその種の「八十八カ所」が、続々と出現してきたのである。その典型が鷲宮であった。

平成22年3月、鷲宮町は久喜市と合併し、いまその名前の自治体はない。しかし、なくなってしまったその町には──、

江戸時代に入り、四国霊場めぐりが庶民の間に広まるとともに「新四国八十八カ所」と称し、各地に霊場が設定されていったが、鷲宮ならびにその周辺を一団とした霊場が設けられたのは寛政十年（１７９８）のことと伝える。

おそらく鷲宮ならびにこの地域の人びとは、例年春には「送り大師」と称し、この新四国八十八カ所を巡礼して御札を受けていたであろう。なおこれらの霊場には、それぞれ定められた御詠歌が掲げられている。

（『鷲宮町史　通史　中巻』）

という大切な記録が残っていた。「寛政十年」といえば、１７９８年であり、フランス革命から9年後のことである。きっかけは地元民の発願だったとされている。今でいえば、住民のイニシアチブである。創設さ

れた「八十八カ所」はすべて、その当時の埼玉郡の東部地域を範囲としていたため、はじめのころは「埼東八十八カ所」とも呼ばれていたらしい。

しかしこの「八十八カ所」、その後順調に維持されてきたわけではなく、明治維新後の廃仏毀釈によって、多くの寺院が統廃合され、それとともに庶民の巡礼もしだいに消えていった。その後、時代も落ちついた明治36（一九〇三）年、かろうじて残っていた「八十八」の番付表が整理され、翌年には欠けた番付の寺をおぎなうため、新規の寺院が選ばれてもいる。そしてチャンスは、昭和59（一九八四）年だった。この年は、弘法大師入滅1150年にあたり、これを契機に「八十八霊場」の復活が企画され、順路の番付については、明治のときの番付がそのままうけつがれたのであった。こうして今に到っているのだが、残念なことに、時の経過のなかで、いくつかの寺がすでに廃寺となってしまった。そのため、現在もあるにはあるが、いわゆる欠番が目立つ「八十八カ所」となっている。

この「新四国八十八カ所」は、頭に「四国」がついていても、構成する寺院のすべてが、わが埼玉一円に点在する寺であり、文字通り「埼東八十八ヵ所」である。場所は「埼東」よろしく、「鷲宮」「幸手」「杉戸」「久喜」「加須」「白岡」「宮代」にまたがり、その一番札所は、鷲宮の東光山密蔵寺になっている。白鳳11（六八二）年、**行基**によって創建されたという古刹である。また結願寺は、宮代にある百間山光福寺、通称「西光院」※と呼ばれ、これまた行基の草創といわれている古刹である。

※ 369と396頁で取り上げた寺である。

埼玉県内には、他にも、

「武蔵国八十八ヵ所」——文化2(一八〇五)年に開創され、範囲は東京・足立区(5)、東京・北区(1)、草加市(16)、越谷市(17)、川口市(37)、蕨市(1)、旧・浦和市(4)、旧・岩槻市(7)である。

「新四国四箇領八十八ヵ所」——天保12(一八四一)年に開創され、範囲は東京・足立区(16)、東京・葛飾区(24)、東京・江戸川区(1)、八潮市(16)、三郷市(18)、吉川市(7)、草加市(3)、越谷市(3)である。

「北足立八十八ヵ所」——足立八十八カ所は少なくとも宝暦10(一七六〇)年にはあり、それをうけた北足立—は、明治31(一八九八)年に創設されている。範囲は、朝霞市(1)、和光市(1)、戸田市(9)、川口市(22)蕨市(5)旧・浦和市(31)旧・与野市(6)旧・大宮市(13)である。

(以上カッコ内の数字は、寺の数。)

などがある。しかし「武蔵国—」には、東京の寺院も6ヵ所入っており、同様に「四箇領—」にも、41ヵ所の東京の寺院が入っている。さすがに「北足立—」の場合は、その名のとおりすべてが埼玉である。

また面白いのは、つい最近の平成7(一九九五)年にできたばかりの、「関東八十八カ所霊場」である。そしてそれには、先ほどの「関東三十六不動」の〈意味のある巡礼コース〉を、まったくマネしたような形跡があるのだ。こちらも紹介すると(有名な寺院のみ)——、

群馬県　――「発心」の道場（15カ所）	
第一番　慈眼院（高崎市）	「高崎観音」
第五番　蓮花院（前橋市）	「前橋厄除大師」
栃木・茨城・千葉県　――「修行」の道場（24カ所＋3カ所）	
特　別　満願寺（栃木市）	「出流観音」（出流山）
第三十番　観音寺（益子町）	「益子観音」
特　別　楽法寺（桜川市）	「雨引観音」
第四十三番　明星院（取手市）	「取手大師」
特　別　満願寺（銚子市）	「犬吠埼観音」
東京都・神奈川県　――「菩提」の道場（15カ所＋3カ所）	
第六十番　大山寺（伊勢原市）	「大山不動尊」（大山）
特　別　平間寺（川崎市）	「川崎大師」
特　別　總持寺（足立区）	「西新井大師」
第七十二番　観音寺（青梅市）	「塩船観音」
埼玉県　――「涅槃」の道場（16カ所＋1カ所）	
第七十五番　安楽寺（吉見町）	「吉見観音」
第八十三番　龍泉寺（熊谷市）	「熊谷観音」
第八十八番　歓喜院（旧・妻沼町）	「妻沼聖天」

というように、巡礼コースには、ブロック別に意味があり、逆行はできない仕組みになっている。ただしこちらには、お気づきのように、「特別」という札所が7カ所もあるのだ。この「特別」の意味についてはわからないが、これでは厳密にいえば、「88＋7＝95」ということで、「関東九十五カ所霊場」になってしまう。まさか、有名どころをコースに入れることで、お遍路さん（観光客）の数を増やそう、などという誠に不埒《ふらち》な考えからではないだろうね、と疑ってしまう。

まぁ、そこらへんは「日本百観音」の「秩父」の例もあることなので、優しい目で見ることにしよう。こうした、やたらと〈例外〉が多いコースであるが、「埼玉県」にとってのプラス材料は、「涅槃」のブロックになっていることである。「涅槃」とは、一言で表せば〈悟り〉である。人生の最終目的であり、いわば、この最終コースを終了すると、巡礼者たちは、迷いのない人生を得たことになる。つまり、わが埼玉は、いちばん美味しいところを確保しているのだ。「関東八十八カ所霊場」、まことにワンダフルな巡礼コースといえよう。

以上見てきたこれらの「八十八カ所」※は、長い間（最近できたのもあるが！）、埼玉人たちの心の〈安らぎ〉だったり、〈癒し〉だったりしてきた。これからもこの地で、ずっと残っていってほしいと思っている。これからも歴史・文化の香りを、私たちの郷土埼玉に根付かせていってもらいたい。ITやSNS万能の現代にこそ。

※　最後に本書での記述は、「八十八カ所」というように、すべて省略してきたが、それらの正式な名称は、たとえば「足立八十八カ所弘法大師霊場」とか、「新四国八十八カ所弘法大師霊場」といったように、空海の別名＝「弘法大師」がつけられているのである。

【数字】から感じられる、「神」と「仏」の違い

「神」と「仏」、どう違うのか。といっても、哲学的あるいは宗教的な論理を、ここでふりかざすつもりは毛頭ない。あくまでも〈数字から感じる〉雑感であるが、結論からいえば、両者はまったく違っていた。一言でいえば、孤独で独立心が旺盛な神さまにたいし、連帯してグループでまとまっている仏さま、といった感じがするのだ。ただしこのことは神さまと仏さまというよりは、それらを信じる人間、あるいはそれらを「経営」する人間の考え方の違い、といったほうがいいのかもしれない。つまり、「神社」と「寺院」の違い、といったほうが、正確なのかもしれないのだが。

数字ということで気がつくのは、【1】の神社からはじまった神さまの社《やしろ》は、【40008】の神社まで、その広がりをみせてくれた。しかしこれらの数字は、あくまでも神社の名前であり、それぞれが単独でそれらの神社を守り、維持している、ということであった。これに対して、【7】からはじまり、【100】まであった仏さまたちの数字は、いずれもグループとしての数であり、日本中探しても「一之寺」とか、「九万八千寺」という寺院など、見たことも聞いたこともない。※

※　もちろん例外はある。たとえば、グループの神さまには、「七福神」とか「八福神」があり、数字の名前の寺には、京都大原の「三千院」がある。この場合の「三千」は、中国の天台宗の開祖といわれている天台大師・**智顗**の教え、一念の心に三千の諸法を観《かん》ずるという「一念三千」からきている。しかし先ほど（398頁）も※で述べたが、**デューク・エイセス**が歌ったこの寺の名前、意外にも新しく、なんと明治4（一八七一）年からである。それまではその寺、「円融院」とか「円徳院」などと呼ばれていたのである。

日本の神さまの場合、ユダヤ教やキリスト教それにイスラム教のように、唯一の神を信仰するといった「一神教」ではない。反対に、「八百万《やおよろず》の神」というように、日本の神さまは、いたってバラエティーにとん

でいる。にもかかわらず、神社というハコモノになると、とたんに独立心が強くなり、単独で信者（人間）に向きあうという傾向になっている。

ところが仏さまの場合は、【三十三観音巡礼】といい【百観音】といい、いろいろな寺院が巡礼のラインに並び、相乗効果を生み出している様相が見てとれる。いわゆる政治学的にいう、グループダイナミックス（集団の動力学）の効果を有効に活用しているのである。しかも、「三十三」とか「八十八」といった仏さまたちを回るにしても、けっして冷たく「じゃ、好きなように回ってきたら」といった感じではなく、「同行二人」といったように、ちゃんとしたケアがついている。つまり、「四国八十八ヵ所」ではお大師さまと二人連れ、「百観音」の場合は観音さまと二人連れ、「三十六不動」ではお不動さまと二人連れ、といったように、長いお遍路の道のりを、それぞれの仏さまが、パートナーとして「同行」してくれるサービスまでともなっているのである。

神さまが、こうしたサービスをしてくれる話を、私は聞いたことがない。

仏教が日本に伝来したのは、西暦538年といわれている。伝来当初は、いわゆる〈新興宗教〉であった。しかし、後から、しかも外国からきた、という立場は、はじめのうちこそ弱々しい存在であったのかもしれないが、その先進性によってまたたくまに、この国を席巻していったことは、歴史が雄弁に物語っている。

政治的には、〈神道派〉の物部氏と〈仏教派〉の蘇我氏の対立をうみ、この国の景色を「古墳」から「伽藍」に変え、人びとの心を「神社」から「仏像」へシフトさせていくという革命を、まずこの国にもたらしたのである。それはそうであろう。仏教伝来とは、「仏教」が日本に伝わってきた、というような単純なことではなく、仏教を軸にした〈哲学・イデオロギー〉〈技術〉〈建築〉など、つまり〈文化〉はおろか〈文明全般〉が、海を渡ってきたことを意味していたのである。そのときの日本人の驚きは、こんなふうだった——。

六世紀といえば、古墳におさめるための埴輪《はにわ》がしきりに生産されている時代である。その程度の古拙な塑像《そぞう》しか持たなかったこの時代に、生けるがごとき人体彫刻が、釈迦像の形をとってもたらされたのである。

しかも、鋳銅に金メッキがほどこされていた。金メッキを見たのも、このときがはじめてであった。

西蕃《にしのとなりのくに》の献《たてまつ》れる仏の相貌《かほ》、端厳《きらきら》し。

と、欽明天皇の驚きの表情が、記せられている。

（司馬遼太郎『この国のかたち　五』）

このように当時の日本人には、仏教という宗教より、黄金色でキラキラ光っている、綺麗このうえない仏像などに、まずは心を動かされたのである。こうした圧倒的な〈文明力〉をそなえて上陸した仏教ではあったが、見知らぬ風土の中で意外にも心細かったのかもしれない、と思うのは、私だけなのか。もしそうだとしたら、肩を寄せあい、グループを作っていく、という気持ちもわからないわけではない。

しかし逆に、圧倒的な先進性の〈文化力〉から集団の動力学を導入していった、というような遺伝子をこの国に根付かせてきたのなら、もはやアッパレとしかいいようがない。

どちらかはわからないが、神と神社、仏と寺院のあまりにも対照的な〈数〉の現象であった。

えぴろーぐ　「ゴミ箱」からの生還――《埼玉シリーズ》第三弾を書きおえて

タイトルが、かなり衝撃的だったかもしれない。「誰も知らない」などと、きわめて挑戦的な題名をつけてしまった。これじゃ、この本を購入した「埼玉愛」にあふれるあなたの場合、「冗～談じゃない！　オレは埼玉のことだったら、何でも知っているんだぞ」と立腹してしまうかもしれない。だから、まずはそうした異例で奇特な読者には、心から謝罪しておく。

「ごめんなさい。もし知っていたら謝ります。」

私の場合、前著『〈さいたま〉の秘密と魅力』『埼玉の街ものがたり92』で、埼玉の人・モノ・コト・場所にかんしてはほぼ書き尽くした、と思ってきた。だが出版されてから思いかえすと、それらのどちらの著書にも載せられない〈モノ〉や〈場所〉などのケースが、かなりあった。理由は、ボリュームの問題だった。特に『埼玉の――』のほうは、それでなくとも字数が多くなり、製本が不可能なぐらいの分量になってしまった。製本が技術的に出来ないのであれば、方法はたったひとつ。原稿のスリム化である。ということで、ゴミ箱行きの原稿が、全体の三分の一ほどになった。それらの大半は、あまりにも「マイナー」だったり「ふさわしくない」、などという理由から、捨てられたのだ。

しかし、視点を変えれば、それらの「ゴミ箱行き原稿」は、人によってはむしろ読みたかった内容なのかもしれないのだ。

——と、こんなイイカゲンかつカッテな動機で、またまたパソコンに向いはじめてしまった。

たしかに「誰も知らない」は、ちょっとオーバーだったかもしれない。「ほとんどの人が知らない」とタイトル化したほうが、正確であるのは間違いない。だがそれでは、〈衝撃〉という点でなにか物足らなくなってしまう。

こうして、「ぷろろーぐ」で書いたように、「変わった人」「ヘンな人」と思われてもしょうがない、と割り切って（居直って）、「誰も知らない」と思われる項目ばかりを探し書き進めた。まさに、「こんな本、この世になくても何にも困らない！」と思われるだろうと想いつつも、ある作家の言葉に励まされて書いてきた。


書くということは、単に事実を文字の配列に置きかえるだけのことではなく、それ自身が一種の冒険旅行でもあるのだから。郵便配達夫のように、決まった場所だけを、廻り歩くといったものではない。危険もあれば、発見もあれば、充足もある。

（安部公房『他人の顔』）


いま書きおえて、ふりかえってみると、まさに安部がいうように、「一種の冒険旅行」の連続であった。

「危険」（こんなもの書くに値するのか？）

「発見」（自分自身も知らなかった！）

「充足」（やっぱり埼玉はすばらしい！）

を、私自身が十分に味わわせていただいた。

また、編集方針についてだが、本書は、やたらと※が多い作品になっている。本文に入れれば、またまたボリュームが大きくなってしまう。かといって説明しておかなければ、文章が分かりづらくなる。という理由で多くなってしまったのだが、※の部分は、あくまでも本文の流れの中で、文脈《コンテクスト》として読んでいただきたい。そのために、巻末にすべてをずら〜と並べるのではなく、あえて本文の中に編み入れておいた。おかげで文章が立体的になり、かえって読みやすくなった、とまたまたカッテに自己満足している。

本書は、私の《埼玉シリーズ》の第三弾にあたる。前作の二冊とあわせて読んでいただければ、私たちの「埼玉」が、より身近に、より立体的に見えてくるであろう。そしてなによりも、私たちの「埼玉」のすごさ、すばらしさ、たのもしさが、実感されてくるであろう。

最後になってしまったが、さきたま出版会の星野和央さん、春田髙志さんには、大変お世話になりました。また私の《埼玉シリーズ》の三冊すべての編集を担当していただいた大岡正幸さんには、今回もさまざまなアドバイスをいただき、大変お世話になってしまった。そしてもう一人。取材先での写真を一手に引き受けてくれ、運転までしてくれた角田行雄さんにも大変お世話になった。多くの人に支えられて本書が完成したことに、感謝しつつ筆をおく。

平成29（二〇一七）年12月6日

鶴崎敏康

【著者略歴】

鶴崎敏康（つるさき・としやす）

1949年　名古屋に生まれる。

早稲田大学政治経済学部政治学科卒業。

現在、さいたま市見沼区に在住。

平成元（1989）年、大宮市議会議員に当選。以後７期連続当選。現在の「さいたま市」の骨格を創った、浦和・大宮・与野の３市合併では、大宮の議会代表をつとめ、３市間での火花を散らす「論争」をつうじて、合併をなしとげた。平成17年には、さいたま市議会議長に就任し、〈大宮〉からの初議長として注目をあつめた。

議員になる前は、評論家、記者、ジャーナリストとして活躍。

著書『革命の現象学』（1978年　イザラ書房）
　　『全共闘から対抗社会へ』（1986年　せきた書房）
　　『アカシアの雨に打たれてこのまま死んでしまいたい』
　　　　　　　　　　　　　　　　　　　（1988年　少年社）
　　『〈さいたま〉の秘密と魅力』（2010年　埼玉新聞社）
　　『埼玉の街ものがたり92』（2014年　埼玉新聞社）

共著『80年代戦略をめざして』（1981年　社会タイムス社）
　　『この人たちを視よ！』（1984年　自由国民社）
　　他、新聞、雑誌などで論稿多数。

誰も知らない埼玉

2018年2月15日　初版第1刷発行

著　　者　鶴崎敏康
発 行 者　岩渕　均
発 行 所　株式会社　さきたま出版会
〒336－0024　さいたま市南区白幡3－6－10
電話048－711－8041　振替00150－9－40787

組　　版　でーた工房
略　　図　田辺　桂
印刷・製本　関東図書株式会社

　ISBN978-4-87891-444-7　C0021